무엇이 여성을 병들게 하는가
젠더와 건강의 정치경제학

김남순·김동숙·박은자·송현종·이희영·정진주·지선미 옮김
레슬리 도열 지음

한울
아카데미

이 도서의 국립중앙도서관 출판시도서목록은 e-CIP 홈페이지http://www.nl.go.kr/ecip에서 이용하실 수 있습니다.(CIP제어번호: CIP2010000610)

What Makes Women Sick

Gender and the Political Economy of Health

Lesley Doyal

WHAT MAKES WOMEN SICK

Gender and the Political Economy of Health

by Lesley Doyal

ⓒ Lesley Doyal 1995

Korean translation copyright ⓒ 2010 by Hanul Publishing Group
All rights reserved. Korean edition is published by
arrangement with Palgrave Macmillan.

First published in English under the title Lesley Doyal,
What Makes Women Sick, 1st edition by Palgrave Macmillan,
a division of Macmillan Publishers Limited. This edition has been translated
and published under licence from Palgrave Macmillan.
The Author has asserted the right to be identified as the author of this Work.

이 책의 한국어판 저작권은
Palgrave Macmillan과의 독점계약으로 도서출판 한울에 있습니다.
저작권법에 의해 한국 내에서 보호를 받는 저작물이므로
무단전재와 무단복제를 금합니다.

옮긴이 서문

부끄럽게도 필자가 젠더(gender)라는 용어의 뜻을 정확히 알고 사용한 지는 그리 오래되지 않는다. 글이나 대화에서 생물학적 성을 구분하는 의미로 젠더를 사용하던 시절도 있었다. 여성으로 살아온 필자 개인의 경험에 비추어볼 때, 여성은 대부분 성장하면서 사회적으로 구조화된 성 역할과 여성다움이라는 규범과 충돌하게 된다. 여성이 젠더를 이해할 때 이러한 충돌이 발생하는 원인을 객관적으로 바라볼 수 있으며, 여성으로서 겪는 모든 문제를 자기 탓으로 돌려버리는 버릇을 교정할 수 있다. 이런 점에서 『무엇이 여성을 병들게 하는가: 젠더와 건강의 정치경제학(What Makes Women Sick: Gender and the Political Economy of Health)』은 독자에게 여성의 삶 전반에 걸친 건강 문제에 대한 지식과 통찰력을 제공할 뿐만 아니라 여성 또는 인간으로서의 삶을 풍부하게 하는 데 도움을 줄 수 있는 책이라고 확신한다.

이 책은 여성의 건강에 젠더와 정치, 경제가 미치는 영향에 관해 서술하고 있다. 여성의 질병과 건강에 관련된 제반 현상을 여성학적 관점에서 창조적으로 재해석했을 뿐만 아니라 기존 학문에서 다룰 수 없는 주제와 내용을 광범위하게 포괄하고 있다. 페미니스트적 관점에서 여성의 건강 문제에 접근하는 방식의 새로운 전형을 보여주는 이 책은 여성의 건강을 탐구하려는 후학들이 반드시 섭렵해야 할 고전이다.

옮긴이로서 이 책을 보면서 감탄한 점은 한두 가지가 아니다. 우선 저자인 레슬리 도열(Lesley Doyal)의 학술적 깊이와 열정에 놀라지 않을 수 없었다. 사회과학자인 레슬리 도열이 이 책을 쓰기 위해 섭렵한 보건학과 의학에 관련된 논문과 저서, 각종 보고서는 수천 종에 달한다. 또한 사회, 정치, 경제, 문화가 여성 건강에 미치는 영향을 일목요연하게 분석한 방식은 독자들에게 여성의 건강을 바라보는 새로운 관점을 제시한다.

두 번째로 여성의 건강 문제를 매우 균형 잡힌 시각으로 바라보았다는 점이 중요하다. 페미니스트적 관점과 상상력으로 방대한 자료를 분석했으되, 여성이라는 정서에 치우쳐 지나치게 일반화하지 않았고, 여성 내부의 집단 간 차이도 무시하지 않았다. 저자는 이러한 접근 방식을 여성의 '공통된 차이'라고 명명했으며, 이러한 방식만이 도덕적이고 정치적인 이론을 구성할 수 있다고 했다.

세 번째로 생의학적(biomedical) 개념에서 나온 지식을 활용하되, 여성 건강에 미치는 의료 기술의 영향을 비판적으로 고찰했다는 점이 독특하다. 현대의학이 질병 치료와 이해에서 큰 성과를 거둔 것은 사실이지만, 여성 건강 문제를 생물학적 요인으로만 설명하는 경향이 있을 뿐 아니라 때로는 남성을 기준으로 한 질병 해석을 여성에게 적용하는 오류를 범한다는 점을 이 책은 일깨워준다.

네 번째로 '여성의 불건강'에 대해 매우 생생하게 묘사한 점이 인상적이다. 이 책은 제3세계는 물론 동유럽이나 선진 서방 국가에 사는 여성들의 빈곤과 성차별에 따른 건강 문제를 세밀하게 분석한 결과를 자료로 제시하고 있다. 이는 매우 학술적인 내용이지만 그 어느 고발성 기사보다 더 적나라하게 여성이 처한 현실을 보여준다. 그뿐만 아니라 한 편의 영화나 소설처럼 읽는 사람에게 여성들의 고단하고 힘겨운 삶을 공감하게 하는 힘이 있다.

마지막으로 이 책은 여성 건강을 향상시키기 위한 전략을 제시하고 있다. 또한 재생산의 권리, 직업과 관련된 건강과 안전 및 여성폭력에 대한 투쟁을 포함하고 있는데, 이는 매우 실천적인 의의를 지닌다.

옮긴이들은 수년 전 여성의 건강 문제에 대한 공통의 관심으로 모였던 보건학도 가운데 7명이다. '젠더와 건강'이라는 소규모 연구 그룹으로 출발해 여성 건강에 대한 성 인지적 분석(gender based analysis)을 공부했고, 「한국 여성의 건강통계」라는 보고서를 내는 데 중요한 역할을 하기도 했다. 그러나 한동안 각자의 이러저러한 삶의 궤적에 따라 모임의 구심력이 사라져 특별한 활동을 하지는 못했다. 사실상 그룹은 해체되었지만 몇몇 이들이 우리의 삶을 관통하는 여성 건강에 대한 끈을 놓을 수 없다는 사실을 자각하게 되어, 이 책을 번역하기로 뜻을 모았다. 그러고도 열두 달이 지나서야 간신히 원고가 나왔고, 그 뒤 몇 차례 수정을 거듭해 세상에 내놓게 되었다.

행여 번역에 소홀한 부분이 있어 저자에게 누를 끼칠까 두렵기도 하지만, 공부한 사람으로서 의무를 다했다는 마음에 안도감이 들기도 한다. '젠더와 건강'이라는 연구 그룹 시절에 세미나를 함께했던 장숙랑·진영란·장명화 선생에게 감사하다는 말과 함께 이번 작업을 같이 하지 못해 아쉽다는 인사를 전한다. 아울러 도서출판 한울의 협조와 편집에도 깊이 감사드린다.

이 책의 원저가 출판된 것은 10여 년 전이지만 여성 건강에 대한 풍부한 내용과 세밀한 분석, 독창적 연구 방법은 오늘의 현실에도 여전히 유효하다고 확신한다. 국민들 사이에서 건강이 주요한 화두가 된 현시점에 젠더, 즉 여성이 처한 사회경제적 현실이 여성의 건강에 영향을 미치는 주요한 차원이라는 점은 건강습관 개선과 치료에만 치우친 최근의 흐름에 일침을 가한다. 이 책이 지구의 반인 여성의 삶과 건강에 관심이 있는 모든 사람에게 커다란 도움이 되기를 바란다.

2010년 2월
옮긴이들을 대신하여
김남순

감사의 글

이 책을 집필하는 데는 표지에 적힌 저자 외에도 수많은 사람들이 참여했다. 이 작업의 대부분은 웨스트잉글랜드 대학에서 완성되었다. 그 대학의 동료들에게 깊이 감사드린다. 보건 및 지역공동체 연구학부의 '여성집필 그룹(The Women and Writing Group)'은 지적 자양분, 좋은 비료, 많은 웃음의 끊이지 않는 원천이었다. 필립 우키(Philip Wookey)는 이 책이 완성될 수 있도록 많은 별도의 작업을 수행했고, 진행이 어려웠을 때 항상 같이 있어주었다. 말컴 매키치랜(Malcom McEachran)은 필자의 과학기술 공포증을 참아주었고, 눈에 띄지 않는 참고문헌을 찾을 수 있게 도와주었으며, 도서관 대여 한도 이상의 책을 빌릴 수 있게 허락해주었다. 헬렌 잭슨(Helen Jackson)은 이 프로젝트에 뒤늦게 참여했으나, 왕성한 의욕으로 출판 과정 막바지의 고통스러운 단계를 도와주었다.

대학 밖의 캐럴 마크스(Carol Marks)는 굉장한 솜씨로 필자가 쓴 악필을 명료한 문서로 바꾸어주었고, 케이트 우드하우스(Kate Woodhouse)는 헌신적으로 책과 참고문헌을 모두 점검했다. 소피 왓슨(Sophie Watson), 앤 해머스트롬(Ann Hammarstrom), 낸시 우스터(Nancy Worcester), 메리앤 와틀리(Marianne Whatley), 수 리스(Sue Lees), 케이트 영(Kate Young),

메리 아슬럼(Mary Haslum), 탬신 윌턴(Tamsin Wilton), 노마 데이킨(Norma Daykin) 모두 매우 가치 있는 지적을 해주어 좀 더 나은 최종본을 볼 수 있게 도와주었다. 사려 깊은 출판자인 스티븐 케네디(Steven Kennedy)는 풍부한 요리법과 솜씨로 최종 산물에 의미 있는 기여를 했다.

필자의 아들 댄 윌셔(Dan Wilsher)는 언제나 지원을 아끼지 않았다. 그가 만들어준 생선 파이 덕분에 심각한 절망의 늪에서 헤어날 수 있었다. 때때로 질문 부호에 대한 우리의 논쟁은 중단의 미를 새로운 절정으로 끌어올렸다. 해나 도열(Hannah Doyal)은 이 책을 더 성숙하게 하는 데 기여했고, 그녀와의 연대와 우정은 이를 발전시키는 데 크게 기여했다. 마지막으로 렌 도열(Len Doyal)의 신뢰, 사랑, 페미니즘, 결단력, 워드 처리 기술, 지적 엄격함을 유지하는 끈질긴 책임이 없었다면 이 작업은 결실을 맺지 못했을 것이다.

그들 모두에게 감사드린다.

레슬리 도열

일러두기
1. 이 책은 MACMILLAN PRESS에서 1995년 발행한 *What Makes Women Sick: Gender and the Political Economy of Health*를 번역한 것이다.
2. 각주는 옮긴이 주이다.
3. 각 장의 끝에 장별 내용과 관련된 읽을거리를 넣었고 참고문헌은 책 뒤로 모았다.

차례

옮긴이 서문 5
감사의 글 9

제1장 질병과 건강　　　　　　　　　　　　　　　19

1. 서론 _20
2. 이 책에서 다루는 것과 다루지 않는 것 _22
    '단순한' 일반화를 거부하며 24
    '복잡한' 차이 이론을 거부하며 27
3. 건강이 중요한 이유 _29
    건강과 인간의 욕구 30
    다양한 문화권의 건강 비교 30
4. 건강의 불평등 _32
    죽음의 불평등 32
    풍요와 질병 34
    빈곤과 질병 36
5. 의학이 여성의 건강 문제에 대한 유일한 해답인가? _38
    생의학적 모델 39
    환원주의의 위험 40
    젠더 관점의 연구 41
6. 여성은 정말 약한 성인가? _43

여성의 생물학적·사회적 장점 44
차별이 기대여명에 미치는 영향 46
7. 여성 건강을 재정의한다 _47
읽을거리 _53

제2장 가정과 가사노동의 위험　　　　　　　　　　55

1. 서론 _56
2. 가정 경제 내의 여성 노동 _56
   가사노동의 내용 57
   가사노동의 대가 58
3. 여러 문화권의 가사노동에 대한 다양한 견해 _60
   부족한 시간 60
   죽기 전까지 일하기 61
4. 가사노동의 직업적 위험 _65
5. 가족의 요구, 여성의 고통과 딜레마 _68
   결혼과 건강 69
   육아와 건강 71
   돌봄 노동과 건강 73
6. 우울증, '신경쇠약'인가, '단순한 골칫거리'인가? _75
   인도의 사례 76
   '신경쇠약'의 다양한 해석 78
7. 정신적 고통의 사회적 중요성 _80
8. 돌보는 사람은 누가 돌보는가? _81
9. 여성 개개인의 욕구에 맞는 자원의 배분 _86
10. 가정폭력의 신체적·정신적 피해 _90
    문제의 범위 90
    가정폭력의 실체 93
    구타의 심리적 영향 94
11. 결론 _96
    읽을거리 _97

제3장 안전한 섹스? 99

1. 서론 _100
2. 이성 간의 섹스는 여성에게 이로운가? _100
3. 자신의 욕망에 충실하기 _105
4. 성과 폭력 _111
   성폭력 측정의 문제 111
   성적 학대와 남성 권력 113
   강간의 신체적 영향 115
   성폭력의 심리적 영향 118
5. 섹스로 인한 죽음 _120
   섹스와 자궁암 121
   자궁암 조기검진의 중요성 122
   침묵의 문화: 생식기 감염이라는 무거운 짐 123
6. 섹스, 젠더, 에이즈 _125
   왜 여성이 더 위험한가? 126
   HIV 감염의 경제학 127
   빈곤과 HIV 양성 반응 130
   여성의 낮은 권력: 예방의 장애물 132
   임신과 안전한 섹스 사이의 양자택일 135
   치료의 동등한 기회? 136
7. 여성 생식기 절단 _141
8. 결론 _146
   읽을거리 _147

제4장 재생산과 관련된 규제 149

1. 서론 _150
2. 건강과 재생산 _150
3. 출산은 누가 통제하는가? _152
   가족이라는 끈 152

종교의 권력 153
국가주의와 인구 증가 정책 154
사회우생학과 사회적 통제 156
4. 피임의 혁명? _159
피임 기술의 발전 160
피임은 여성만의 문제인가? 162
5. 출산 조절의 장애물 _163
충족되지 못하는 가족계획 서비스의 현실 163
인구 결정의 다이내믹스 164
가족계획 서비스의 부족 166
6. 홉슨 부인의 피임 방법 선택 _167
성차별주의와 단산 시술 168
단산 시술의 남용 169
자궁 내 피임기구는 해결책인가? 172
경구 피임약의 편익과 위험 174
주사제 피임약의 도입 177
피임약 공급자: 보호인가 통제인가? 179
7. 낙태: 세계적 유행병 _180
낙태에 관한 통계 181
낙태: 공적 혹은 개인적 선택? 183
낙태에 따른 위험 185
낙태에 소요되는 막대한 비용 189
RU486: 기술혁신의 정치학 191
8. 결론 _192
읽을거리 _193

제5장 사랑에 따른 수고와 고통   195

1. 서론 _196
2. 모성 사망 _197
모성사망률의 사회적 원인 199
임신의 위험 200

적절한 치료에 대한 요구   205
3. 새로운 산과학: 과학인가, 사회적 통제인가? _207
전통적 분만에서 새로운 기술로의 변화   207
분만의 의료화   211
제왕절개: 임상적 자유? 의료적 지배?   214
의사의 선택권   217
4. 불임은 종신형인가? _224
5. 결론 _230
읽을거리 _232

제6장 임금노동과 복리   235

1. 서론   236
2. 성별 분업과 임금노동 _236
3. 여성의 일과 건강 _237
4. 여성노동의 위해 요인 _241
산업노동의 위험   241
농업노동: 위험의 증가   246
산업 보건 연구의 남성 편향적 관점   249
미래에도 지속될 재생산 위험과 비용   251
5. 직무 스트레스와 젠더: 혼내주고 모욕하기 _254
일에 대한 압박   254
낮은 지위, 높은 스트레스   259
6. 여성에게만 적당한 직업? _260
간호사도 간호가 필요한가?   261
사무직의 숨겨진 위험 요인: 상사가 신경에 거슬린다   265
7. 결론 _269
읽을거리 _271

제7장 남용: 스스로 학대하는 여성   273

1. 서론 _274
2. 그녀를 들뜨게 하는 것 _274
3. 가슴을 도려내는 슬픔: 섭식장애 _277
4. 타락한 천사: 알코올 남용 _279
5. 아픈 사람들을 위한 약: 신경안정제 남용 _283
   - 처방의 정치학 284
   - 약물과 사회적 통제 287
   - 적응 전략으로서의 안정제 288
   - 약물 사용의 위험과 이득 평가 290
6. 유행처럼 번지는 흡연 _291
   - 흡연에 따른 질병의 증가 293
   - 흡연의 유혹 295
   - 평생 가는 흡연 중독 298
7. 결론 _301
   - 읽을거리 _302

제8장 여성건강운동   305

1. 서론 _306
2. 여성 건강의 국제 정치 _306
3. 재생산의 권리와 선택 _307
   - 변화를 위한 캠페인: 공통점과 다양성 308
   - 성적 자기결정권의 추구 311
   - 피임을 위한 싸움 313
   - 선택할 수 있는 여성의 권리? 316
   - 여성 스스로 출산을 조절 319
4. 의료계에 대한 도전 _323
   - 여성의 자조활동 324
   - 여성주의자의 대안 327

시스템의 개혁 331

여성의 세력화 333

5. 기본적인 요구와 지속 가능한 발견 _336

생존의 정치 337

식품과 연료의 생산 338

안전한 물과 위생의 보장 339

적절한 주택의 제공 340

6. 건강을 위한 노동 _342

조직적 차원의 전략 342

행동하는 사무노동자 343

성희롱에 맞서기 344

공장노동자들의 저항운동 345

성 노동자의 건강과 안전 346

국제적 연대 347

7. 여성폭력을 정치적 어젠다로 _348

생존자에 대한 지지 349

예방을 위한 캠페인 351

8. 결론 _353

읽을거리 _355

참고문헌 357

제1장

질병과 건강

IN SICKNESS AND IN HEALTH

1. 서론

사람들은 일반적으로 의사가 여성 건강[1]을 가장 잘 아는 전문가이고 생의학이 건강 증진에 중요한 역할을 한다고 생각한다. 이 책에서는 이러한 접근법의 한계를 밝히고, 몸 내부가 아닌 삶이 여성의 몸을 병들게 하는 방식에 대해 논의할 것이다. 또한 여성의 안녕(well-being)에 대한 경제적·정치적·문화적 영향을 조사함으로써, 최상의 건강 상태에 장애가 되는 것이 무엇인지 파악할 것이다.

남녀의 질병과 건강 유형에는 분명한 차이가 있다. 일차적으로 이는 양성 간의 생물학적 특성의 차이에 기인한다. 그러나 현실은 생각보다 복잡하다. 모든 사회는 젠더(gender)를 나누는 '일정한 기준(fault line)'이 있으며, 이는 남성과 여성 모두의 안녕에 중요한 영향을 미친다(Moore, 1988; Papanek, 1990).

젠더 차이는 일반적으로 여성에 대한 불평등과 차별을 의미하므로, 특히 여성에게 중요한 영향을 미친다. 한 사회에서 여성의 종속은 다양한 형태로 나타나지만, "끝없는 다양성과 그럼에도 공유하는 동질성"으로 표현할 수 있다(Rubin, 1975). 이것은 물론 모든 여성이 모든 남성보다 항상 좋지 않은 상태에 있다는 의미는 아니다. 그러나 대부분의 사회에서 남성이 여성보다 더 높은 가치를 부여받는 것은 분명한 사실이다. 남성은 보통 자원 배분에서 우위를 차지하며, 이러한 구조화된

---

[1] 질병에 대한 원저의 표현은 sickness이다. sickness와 disease를 모두 '질병'으로 번역하게 되나, sickness나 illness는 '건강하지 못함'과 주관적인 '아픔'을 나타내고 disease는 병의 원인과 종류 등이 밝혀져 구체적으로 병명이 붙은 경우에 사용한다. 여기서 질병(sickness)은 건강(health)과 대비되는 개념으로 건강하지 못한 상태를 의미한다.

불평등은 여성 건강에 중요한 영향을 미친다.

물질적 측면에서의 여성에 대한 차별은 널리 보고되어왔다. 세계적으로 여성이 남성보다 더 많은 노동을 하지만, 여성 노동의 가치는 낮게 평가되어왔다. 여성은 대부분 남성보다 30~40% 정도 낮은 임금을 받고, 가사노동에 대해서는 한 푼도 받지 못한다. 여성이 관리직과 행정직에 종사하는 비율은 10~20%에 불과하며, 권력, 정치 및 의사 결정 순위에서 매우 낮은 위치에 놓여 있다(United Nations, 1991: 6). 결과적으로 여성이 건강한 삶을 위해 필요한 물질적 자원을 얻는 과정은 순탄하지 않다.

비록 측정하기는 어렵지만 여성이 문화적으로 폄하되는 양상을 살펴보는 것은 중요하다. 어떤 사회든지 젠더 차이와 불평등을 자연스러운 것으로 만드는 다양한 담론이 있다. 여성은 이러한 문화적 구조에서 상충되는 다양한 여성성의 정의에 직면하면서 자신의 정체성을 만들어가야만 한다(Martin, 1987; Ussher, 1989). 여성은 어머니나 도덕의 수호자로 숭배받기도 하지만, 병약하고 신경질적이며 정신병적이고 사회적으로 열등한 존재로 여겨지기도 한다. 여성에 대한 다양한 시각 속에서도 분명한 메시지는 여성이 단지 다르기만 한 것이 아니라 신체적·정신적·사회적으로 열등하다는 것이다. 남성에 의한, 그리고 남성을 위한 세상에서 여성은 '타자'에 불과하다(de Beauvoir, 1972). 이러한 환경에서 여성이 긍정적인 심리 상태와 관련된 자부심과 능력을 계발하는 것은 쉽지 않다.

그러나 여성의 종속적 지위 때문에 이러한 공통적 특성이 나타난다고 해서 모든 여성이 단일하며 동질적인 집단이라고 말할 수는 없다. 성 정체성과 생물학적 특성을 공유하고 있더라도 여성은 연령, 성적 취향, 인종, 계급, 지정학적 위치(살고 있는 국가의 빈부 상태를 반영하는)

와 같은 요인에 따라 서로 다른 집단으로 분류된다.

시몬 드 보부아르(Simone de Beauvoir)에 의하면 여성(female)이라는 이유만으로 여성(woman)이 '되지는' 않는다. 여성성(womanhood) 이데올로기는 여성이 지닌 생물학적 성만큼이나 인종 및 계급과 깊은 연관이 있다. 우리가 여성으로 불리게 되는 것은 계급, 인종, 섹슈얼리티, 국가 간의 다양한 네트워크의 상호 작용에 따른 결과이다(Mohanty, 1991: 12~13).

이러한 여성 집단 내부의 차이는 국내외 보건 통계에서도 명확히 나타난다(Momsen and Townsend, 1987; Seager and Olson, 1986; United Nations, 1991). 이 책은 여성 집단 간의 의료 이용과 건강 상태의 불평등을 밝히는 것뿐만 아니라, 여성과 남성 사이에 존재하는 건강과 질병 유형의 다양성을 기술할 것이다. 또한 생물학적·사회적 현실을 형성하는 복잡한 과정에 대해서도 언급할 것이다. 여성 건강의 향상을 위한 전략은 남성과 여성의 차이가 어떻게 만들어지고 유지되는지에 대한 명확한 이해가 선행되어야 한다.

2. 이 책에서 다루는 것과 다루지 않는 것

이 책에서는 남녀 모두의 건강을 다루지는 않는다. 이 책은 여성에 관한 책이며, 남성은 여성의 삶에 미치는 영향을 설명하는 과정에서 등장하게 될 것이다. 그러나 이러한 접근 방식이 남성의 건강이 중요하지 않다거나 동일한 분석 방법을 쓸 수 없다는 것을 의미하지는 않는다.

만약 여기서 제시하는 설명 방식이 남성의 건강 문제에 젠더가 미치는 영향과 같은 연구에 적용될 수 있다면, 이 책의 방법론은 성공한 것이다.

이 책은 여성에 관한 것도, 의료에 관한 것도 아니다. 의료적 차원에서 여성 건강에 대한 종합적 해결 방안은 여기서 모두 다루기 어려울 정도로 광범위하고 다양한 접근이 필요하다(Lupton, 1994; Martin, 1987). 특히 의사를 포함한 의료 종사자들이 치료 과정에서 여성을 어떻게 다루는지에 대한 자세한 분석도 수반되어야 한다(Miles, 1991: Ch. 6; Roberts, 1985: isher, 1986).

그 대신 이 책은 현대의학의 두 가지 특징에 중점을 두고 분석할 것이다. 첫째, 여성의 건강과 질병을 전체적으로 이해하기 위해 생의학적 개념에서 만들어진 지식을 다른 학문의 지식과 접합한다. 둘째, 여성 건강에 대한 의료 기술의 영향을 비판적으로 검토하며 다른 요인과 비교할 것이다. 때로는 의사가 여성의 삶에 중요한 역할을 하기도 하지만, 현대의학이 여성 건강을 결정하는 주요한 원인이 되지 않는다는 사실을 강조할 것이다.

이러한 분석은 여성 건강 문제에 대해 객관적인 설명—그런 설명이 가능할지 모르지만—을 제공하지는 않는다. 그 대신 가장 포괄적인 의미에서 여성주의적인 것이 되리라고 본다. 여성주의에 대한 이러한 주장은 자료 수집을 위한 특별한 방법이나 특정 유형의 주장에서 나온 것이 아니다(Harding, 1986; Harding 1987; Maynard and Purvis, 1994). 여기에 제시된 근거는 학문적 방향성과 자료 수집 및 결과 제시의 차원에서 매우 포괄적이다. 양적·질적인 자료를 모두 포함했으며 여성주의자가 아닌 사람들이 작성한 자료도 일부 포함했다. 하지만 여성의 삶에 심각하게 해를 끼칠 수 있는 요인을 파악하려는—또는 변화시키려는—근본적 관심에 맞춰 분석을 수행했다.

신체적·정신적 건강은 인간의 기본적 욕구(needs)이지만 수백만 여성들은 이를 충족하지 못한 채 살고 있다. 앞으로 살펴보겠지만, 이는 결코 피할 수 없는 자연적 현상이 아니다. 문자 그대로 '인간이 초래한' 것이 대부분이며, 이러한 현상에 대한 궁극적인 이해를 위해 여성주의자의 상상력이 요구된다. 그러나 1990년대 여성주의를 분명하게 이해하기 위해서는, 최근 여성주의에서 논쟁의 핵심이 되어온 '차이'의 문제에 대한 명확한 설명이 필요하다.

여성 건강에 대해 분석할 때 우리는 단순한 일반화와 복잡한 차이 이론을 모두 거부할 것이다. 그 대신, 우리는 여성의 상태에서 공통점을 파악하는 동시에 사회·경제·문화적 다양성도 고려할 것이다. 달리 말하자면 우리는 남성과 다르지만 여성만이 공유하고 있는 차이, 즉 '공통된 차이(common difference)'를 주목할 것이며(Joseph and Lewis, 1981), 이러한 방법만이 도덕적이고 정치적인 이론을 구성할 수 있다.

'단순한' 일반화를 거부하며

지난 10년 동안, 다양한 여성 집단이 ― 여성 노동자 계급, 레즈비언, 흑인 여성, 장애 여성, 제3세계 여성 ― 백인, 서구, 중산층 중심이 된 여성주의 이론과 실천에 도전해왔다(Humm, 1992: Ch. 5; Lovell, 1990; Segal, 1987; McDowell and Pringle, 1992). 그들은 특히 일부 여성주의자들이 남성 우월주의에 대한 경험과 독특한 여성 정서로 뭉쳐, 다른 사회적 차별보다 성을 우위에 놓고 모든 여성이 같은 피억압 계층의 일원이라고 간주하는 것에 대해 공격했다. 이 같은 정치적 비판은 여성주의가 포스트모더니즘으로 전환되면서 더욱 강화되었다. 이러한 입장에 선 여성들은 부정확하고 부적절한 일반화의 위험을 지적하며, '다양한 목소리를 듣는 것'의 중요성을 강조한다(Barrett and Phillips,

1992; Braidotti et al., 1994; Mohanty et al., 1991; Nicholson, 1991).

이러한 주장에 호응해 많은 여성주의 작가가 여성들 간의 차이를 강조하고 있다. 1980년대 주류 여성주의가 지녔던 '보편적 자매애'라는 생각을 거부하고 인종, 계급, 성의 복잡한 관계에 대해 고민하기 시작했다. 이 책에 포함된 건강과 질병의 사회적 구성에 관한 분석은, 구체적인 역사적 맥락에서 이러한 관계가 어떻게 전개되었는지에 대한 중요한 사례를 제공한다.

여성이라고 해서 모두 건강 상태가 같은 것이 아니라 어떤 계급과 인종에 속하는지에 따라 건강 상태가 달라진다. 이 책에서는 이러한 불평등을 자세히 다룰 것이다. 가장 큰 차이는 선진국에 사는 여성과 이른바 '제3세계'에 사는 여성 간의 격차이다. 제3세계에도 매우 다양한 사회가 존재한다. 그러나 여성의 질병과 사망은 선진국과는 다르지만 동질적인 양상을 띤다. 따라서 '제3세계'라는 용어를 정확히 정의하는 것뿐만 아니라 제3세계의 공통된 특성을 파악하는 것이 중요하다.

전 세계 여성의 3분의 2 정도가 1인당 소득이 낮고, 기대여명(life expectancy)[2]이 짧으며, 출산율은 높지만 상대적으로 임금은 적고, 계급과 성에 따라 건강과 부의 불평등이 매우 크며 국가가 보건복지 서비스를 거의 제공하지 않는 나라에서 살고 있다. 비록 이러한 국가의 문화적·물질적 측면은 다양할지라도 대부분이 식민주의와 제국주의에 대한 경험을 공유하고 있으며, 이는 결국 세계경제체제하에서 다양한 수준의 종속을 가져왔다. 이러한 국가는 지리적으로 남미, 카리브 해 연안, 아프리카, 아시아, 태평양 지역 등 지구의 남반구에 집중되어 있다.

---

2 어느 연령에 도달한 사람이 그 이후 몇 년이나 생존할 수 있는지를 계산한 평균생존년수를 말한다. 특히 출생 시 평균기대여명을 평균수명이라고도 한다.

그러나 사회경제적으로 복잡한 현실을 압축하여 표현하는 모든 용어에는 문제가 있다. 아시아, 남미의 신흥 개발도상국과 아프리카 국가 간에는 큰 차이가 있는데, 이를 단순화하여 경제적·문화적·이데올로기적 서열 구조를 더욱 강화하는 측면이 있다(Mohanty, 1991). 제3세계에서도 국가 간의 차이가 존재하지만 그렇다고 이러한 모든 단어의 사용을 돌연 중단할 수도 없다. 아마도 '제3세계'는 현재 가장 자주 쓰이고 널리 이해되는 용어일 것이다(Mohanty, 1991: 75, note 1; Sen and Grown, 1988: 9, note 3). 세계적으로 정치 활동가들이 제3세계라는 용어의 정체성을 수용했기 때문에, 지정학적 맥락에서 여성의 삶을 자리 매김하기 위해 이 책에서도 사용할 것이다.

그러나 전 세계를 제1세계와 제3세계로 구분하는 것이 이른바 '제2세계', 오늘날 '포스트 공산주의'나 '탈사회주의화'라고 일컫는 국가를 배제하고 있음을 우리는 인정해야 한다. 최근의 몇몇 보고서는 중부와 동부 유럽 여성의 삶을 훨씬 더 가시적으로 보여주고 있다 (Buckley, 1989; Corrin, 1992; Funk and Muller, 1993). 이 보고서들이 비록 건강을 주로 다루고 있지는 않지만, 과거에 일어났던 급속한 사회 변화가 여성의 삶의 질을 악화시켰다는 것을 보여주고 있다.

근래의 정치적 현실과 사회경제적 압력으로 중부 유럽과 동유럽 국가에 사는 여성들의 기대여명은 유럽연합 국가에 비해 5년 정도 감소했고, 구소련의 신생 독립국에서는 6년이 단축되었다(WHO, 1944: 4). 일부 국가에서 여성의 기대여명은 1991년부터 점차 감소했고, 여성의 사망 원인으로 심혈관 질환이 주목받고 있다(WHO, 1944: 6). 이러한 차이를 인식하고 여성 건강의 질적인 측면에 대한 연구가 시도되고 있으나, 구체적인 근거는 여전히 부족하다. 따라서 이 책을 포함해 여성 건강과 관련된 대부분의 논의에서 제2세계의 여성 문제는 거의 다루고 있지 않다.

'복잡한' 차이 이론을 거부하며

여성의 삶은 매우 다양하다는 것과 실체를 파악하는 것이 여성 건강과 복지를 분석하는 데 핵심이라는 것은 분명하다. 그러나 단순한 보편주의에 대한 거부가 여성에게는 공통된 믿음, 가치, 관심이 있다는 일말의 가능성까지도 부정하는 복잡한 차이 이론을 수용한다는 뜻은 아니다.

현대 여성학의 몇몇 조류에서는 여성 내부의 근본적 차이에 의미를 부여하며, 서로 다른 문화에 속한 여성의 상대적 상태를 의미 있게 판단할 수 없다고 주장한다. 이러한 상대주의는 어떤 이들에게 서로 다른 문화적 신념과 행위를 받아들이는 데 정치적으로 동조하는 셈이 될 수도 있다. 다른 문화를 그대로 수용하지 않는다면 우리와 다른 가치를 지닌 사람들의 삶을 모욕하게 된다는 것이다. 여성 건강의 맥락에서 여성 생식기 절단(female genital mutilation)[3]과 같은 시술의 유해성을 밝히는 것에 대한 거부를 사례로 들 수 있는데, 생식기 절단이 그 문화에서는 '전통적' 행위로 인정되기 때문이다. 또 다른 예로는 남성 폭력이 널리 용인되는 문화에서 발생하는 폭력에 대해 비난하는 것을 주저하게 되는 상황을 초래하기도 한다.

몇몇 포스트모더니즘 작업에서도 분명 비슷한 경향이 드러난다 (Maynard and Purvis, 1994; Nicholson, 1991). 그들이 무엇이 옳고 그른가, 좋고 나쁜가, 사실이고 허구인지에 대한 어떠한 보편적 결정을 거부하는 것은 다양한 문화에 속한 여성의 상태를 유의미한 방식으로 비교할

---

[3] 여성의 음핵 또는 생식기 일부를 절개하는 것으로 여성 할례, 여성 성기 절단이라고도 한다. 여성 생식기 절단에 대한 내용은 제3장에서 자세히 다룬다.

수 없다는 것을 말한다. 아마도 가장 단순한 측정 도구인 생존을 제외하고는, '나쁜' 혹은 '좋은' 건강 수준 역시 측정할 수 없는 것이다. 일부 논자들은 '여성'이라는 구분 자체가 문화적으로 매우 다양하고 특별해서 사회 분석의 유용한 카테고리가 될 수 없다고 한다.

이러한 주장은 일부 지역에서 납득할 수 없는 정치적 무기력증을 낳는다(Maynard and Purvis, 1994; Ramazanoglou, 1993). 여성은 명백한 이질성이 있지만, 삶의 중요한 측면에서 공통점이 있다. 여성이 자신의 신체적 경험에 부여하는 의미가 매우 다르다고 해도, 모든 여성은 비슷한 신체적 경험을 가지고 있다(Martin, 1987). 인간의 몸은 일부 포스트모더니스트가 주장한 것과 같이 단순한 사회적 구조물은 아니다(Haraway, 1991). 여성의 몸은 스스로에게 거대한 가능성을 제공하지만, 여성의 삶에 실제적 제약을 가하기도 한다. 몸에 대한 자기결정권을 획득하려는 여성의 투쟁은 다양한 문화권에서 페미니스트 정치의 주요 부분을 차지한다(Jacobus et al., 1990; Lupton, 1994: Ch. 2; Morgan and Scott, 1993; Pringle, 1992).

여성은 또한 대부분의 사회문화적 맥락에서 많든 적든 종속적 지위에 있다면 현실을 공유한다. 이렇듯 여성의 종속은 인종, 계급, 국적 구분에 의한 차별과 복잡한 방식으로 연결되어 있지만, '성차별'의 대상으로서 공통된 경험을 공유한다. 여성은 상대 여성을 타자화하고 여성은 열등하다는 문화적 메시지에 직면하면서 심리적으로 자아 형성을 위한 투쟁을 경험한다. 물질적 차원에서는 양성 간의 경제적 불평등과 빈곤이라는 결과에 직면하고 있다. 그리고 매우 다양한 문화 속에서 유사한 성차별적 과정을 거치면서 신체적·정신적 안녕을 획득하는 데 심각한 장애를 겪고 있다.

앞으로 살펴보겠지만, 여성 스스로 몸을 통제하려는 욕구와 여러 건강 문제의 사회적 기원에 관한 공통적 인식이 많은 여성을 정치적 행동으로 이끌었다. 신체적·정신적 건강은 보편적이며 기본적인 인간의 욕구이다. 그리고 모든 여성에게는 그들의 기본적 욕구를 충족할 동등한 권리가 있다.

3. 건강이 중요한 이유

얼핏 보기에 건강이 중요한 이유는 명확하다. 가벼운 질병이라도 일시적으로 괴로움을 주며, 심각한 질병은 개인이 자신과 타인, 세상에 대해 갖는 느낌에 중대한 영향을 미치기 때문이다. 질병은 또한 죽음을 가져올 수도 있다. '행복'하다는 것과 심하게 아프다는 것은 보통 상반된 의미로 쓰인다. 질병에는 신체적 결과뿐만 아니라 통증, 두려움, 불안, 우울과 같은 괴로움을 수반하기 때문에 무서운 것이다. 따라서 건강이 일반적으로 모든 사람이 성취하고 유지하기를 바라는 '좋은 상태'로 간주되는 것은 놀라운 일이 아니다. 그러나 건강에 따른 편익은 주관적 행복으로 표현되는 느낌을 넘어선 많은 것을 포함한다.

사람은 자신의 삶을 풍요롭게 하기 위해 다른 이들과 관계를 맺어야 한다. 사회적 참여를 통해 자신이 무엇을 할 수 있으며, 어떻게 자신의 능력이 최선으로 사용될 수 있는지도 배운다(Sen, 1985). 개인의 정체성은 가족 관계, 친구 관계, 임금노동과 같은 다양한 사회활동을 통해 형성된다(Braybrooke, 1987). 사회생활의 여러 영역에서 사람들과 관계를 맺는 개인의 능력을 인위적으로 계속 억압하는 것은, 그것이 무엇인지에 관계없이 심각하고도 부정적 결과를 가져온다. 이는 개인이 주관적으로 그러한 상황에 대해 고통과 불행을 느낄 뿐만 아니라, 한 인간으로서 자아실현이나 능력 발휘가 사회적으로 제약되기 때문이다.

건강과 인간의 욕구

어떠한 문화에서든 개인은 이러한 위험을 최소화하기 위해 적어도 두 가지 기본적 욕구가 충족되어야 한다(Doyal and Gough, 1991). 첫 번째이자 가장 직접적인 욕구는 생존과 신체적 건강이다. 죽음은 치명적인 위해이며, 신체적 질병은 다른 이들과 상호 관계를 맺는 능력과 여기서 편익을 얻는 능력 모두에 심각한 영향을 줄 수 있다. 그러나 신체적 건강만으로는 충분하지 않다. 여성과 남성은 모두 건강한 정신에 대한 욕구가 충족되지 않으면 자신의 잠재력을 실현할 수 없다. 물리적·사회적 현실에 대응하는 인지적·감정적 무능력이 지속되면, 무엇인가를 선택하고 실행하는 데 제약을 받게 된다.

따라서 사회집단 간 건강 불평등은 단지 바람직한 주관적 안녕 상태에 대한 불평등만을 의미하지는 않는다. 개인의 자아실현과 사회에서 능동적 역할을 수행하는 능력에 대한 객관적 불평등을 의미하기도 한다. 그런 까닭에 여성 건강을 향상시키고자 하는 사람들에게 신체적·정신적 건강은 전략적 쟁점이다. 신체적·정신적 건강은 그 자체가 중요한 목표이며, 더 공정하고 건강한 사회를 만드는 데 여성이 효과적으로 참여하는 것을 보장하는 중요한 열쇠가 된다.

다양한 문화권의 건강 비교

질병과 건강 개념의 문화적 다양성에 관한 연구는 상당히 많은 편이며, 그 중요성에 대해서는 다음 장에서 명확히 제시할 것이다(Baer, 1987; Kleinmann, 1988; Lock and Gordon, 1988; Lupton, 1994;

Whelehan, 1988; Wright and Treacher, 1982). 그렇다고 해서 다른 사회에 속한 여성의 건강 상태를 비교할 수 없다는 뜻은 아니다. 만일 우리가 '질병'의 객관적 증상과 '아픔(sickness)'의 주관적 경험을 명확히 구분할 수 있다면 완벽히 비교할 수 있겠지만(Eisenberg, 1977), 이 두 가지 요소는 인간의 몸과 마음에 뒤섞여 존재한다. 우리는 아픔의 문화적 상대성을 이해하고 존중하면서도 질병과 사망의 사회적 분포를 측정할 수 있다.

예를 들어 서로 다른 문화에서 결핵이나 골반염[4]에 걸린 여성은 매우 다양한 방식으로 질병을 경험하지만, 그들의 경험에는 공통적인 부분이 많다. 이러한 병에 걸린 여성의 일부는 사망하고, 대부분은 ―다소의 차이는 있지만― 아프다고 느낄 것이며, 모든 여성은 비슷한 신체적 징후를 (다양한 수준으로) 경험하고, 항생제 같은 과학적으로 검증된 치료에 유사한 반응을 보일 것이다. 이와 같은 반응은 우리가 측정할 수 있는 공통점이며, 사회집단 간 건강 상태를 비교하는 데 사용할 수 있다(Doyal and Gough, 1991: 56~59).

서양 의학에서 정의하는 정신질환이란 일반적으로 주관적 증상과 무관한 객관적 '징후'가 없기 때문에 측정과 해석이 더욱 어렵다. 그러나 여러 문화에 걸쳐 정신질환이 미치는 영향력에 동질성이 있다는 점을 발견할 수 있다. 정신질환의 양상 및 그것을 기술하는 데 쓰이는 단어나 개념과는 무관하게, 정신건강이 좋지 않은 여성은 자기 문화에서 사회적 참여가 저조해진다. 정도는 다를지라도 인지 및 감정 능력에 장애가 발생하며 이는 서로 비교될 수 있다(Doyal and Gough, 1991: 62~63).

---

4 여성의 골반 내에 있는 자궁, 난관, 난소 등의 부속 장기에 염증이 생기는 질환이다.

4. 건강의 불평등

따라서 신체적·정신적 건강에 손상을 입은 모든 여성은 대개 비슷한 방식으로 피해를 입게 된다. 이환율(罹患率)과 사망률은 이러한 피해의 세계적 분포를 보여주는 예비적 지표이다. 물론 이러한 통계는 질환의 주관적·경험적 측면을 측정하지 못하기 때문에 건강의 일부 측면을 보여줄 뿐이다. 더욱이 이는 건강의 긍정적인 측면보다 질병과 사망의 부정적 단면을 제시한다. 그러나 이러한 지표는 불평등의 구조적 요인에 대한 실마리를 제공할 뿐만 아니라 여러 사회와 사회집단을 비교할 수 있는 중요한 포인트를 제공한다.

죽음의 불평등

선진국 대부분에서 여성의 기대여명은 약 75세이다(United Nations, 1991: 55). 그러나 이러한 수치는 서로 다른 사회집단에 속한 여성 간에 존재하는 심각한 변이를 숨기고 있다. 영국에서 반숙련 또는 미숙련 직업 남성과 결혼한 여성의 약 70%가 전문직 남편을 둔 여성보다 먼저 사망한다(OPCS, 1986). 미국에서도 유사한 사회적 편차가 나타나고 있는데, 백인 여성의 기대여명이 79.2세인 데 비해 흑인 여성의 기대여명은 73.5세로 매우 낮을 뿐만 아니라, 임신과 출산 중 사망 위험은 약 3.5배 정도 더 높다(US National Institutes of Health, 1992: 8, 13). 그리고 대부분의 저개발국가에서 건강의 사회적 불평등은 놀랄 만큼 심각하다.

부유한 나라와 가난한 나라의 사망률은 상당한 차이가 있다. 남미, 카리브 해 연안국가의 평균여명은 선진국보다 낮지만, 그래도 70세 정도로 상대적으로 높은 편이다. 아시아와 태평양 지역에서 여성의 기대여명은 64세, 아프리카 여성은 54세 이하이다(UN, 1991: 55). 아프가니스탄, 동티모르, 에티오피아, 시에라리온 등에서는 여성의 기대여명이 43세로 전 세계에서 가장 낮다(UN, 1991). 이러한 불평등은 임신과 관련된 사망에서 더 극단적으로 나타난다. 선진국에서는 이런 종류의 사망은 매우 드문데, 출산 여성 10만 명당 5명 미만이 사망한다. 반대로 남부 아시아 국가에서는 그 비율이 10만 명당 650명에 이르며, 아프리카는 600명 정도이다(UN, 1991: 56). 이러한 차이는 불평등이 매우 심각하다는 것을 보여주고 있으나, 이는 전 세계 여성이 재생산 과정에서 직면한 불평등 중 일부를 제시한 것에 불과하다. 모성사망률은 여성이 한 번의 임신에서 겪는 위험을 나타낸다. 그러나 임신과 관련하여 사망한 여성의 일생 동안의 위험을 평가할 때는 출산율도 고려해야 한다. 이렇게 계산하면 아프리카 여성의 생애 모성 사망 위험(lifetime risk of maternal mortality)[5]은 23명당 1명으로, 선진국의 1만 명당 1명에 비하면 매우 높은 수준이다(Rooney, 1992). 선진국에서 가임기 여성의 임신이 사망의 원인이 되는 경우는 극히 드물지만, 다른 지역에서는 사망 원인의 약 3분의 1에서 4분의 1 정도를 차지한다(Fortney et al., 1986). 따라서 재생산에 따른 사망은 남성과 달리 여성이 직면하는 건강 위험일 뿐만 아니라 여성 집단 사이에서 나타나는 이질적 건강 위험의 중요한 지표가 된다.

다음으로 이환율 통계를 살펴보면 우리는 곧 모순적 현상에 부딪히게 된다. 전 세계적으로 동일한 사회경제적 환경에서 여성은 보통

---

5 생애 모성 사망 위험은 한 여성이 가임 기간인 15~49세 사이에 임신, 분만과 관련하여 사망할 확률이다. 첫 임신과 분만에서 사망할 확률인 모성사망률과 달리, 가임 기간에 임신 횟수가 증가할수록 확률은 더 높아지므로 출산율을 고려한 모성 사망 통계지표라고 할 수 있다.

남성보다 오래 산다. 선진국 대부분에서 여성과 남성의 기대여명 차이는 약 6.5년이다(UN, 1991: 55). 남미와 카리브 해 연안국에서는 5년, 아프리카 3.5년, 아시아와 태평양 지역은 약 3년이다(UN, 1991). 아시아의 일부 국가에서만 여성이 남성보다 먼저 사망한다. 그러나 일반적으로 여성이 남성보다 오래 살지만, 더 많은 질병과 고통을 호소한다. 이와 같이 여성의 질병이환율이 더 높게 나타나는 양상은 선진국에서도 익히 알려져 있는데, 여기서는 그 근거를 먼저 살펴보려고 한다. 제3세계 국가 여성의 질병 이환에 대해서는 후반부에서 다룰 것이다.

풍요와 질병

건강 상태에 대한 여성의 주관적 평가가 남성보다 나쁘다는 사실이 영국에서 시행된 몇몇 연구에서 밝혀졌으며(Blaxter, 1990; Whitehead, 1988) 비슷한 결과가 미국에서도 나타났다(Rodin and Ickovics, 1990; Verbrugge, 1986). 미국 여성은 건강 문제로 활동 제한을 받는 경우가 남성보다 25% 정도 더 높고, 급성 질환으로 앓아눕는 일수는 35% 정도 많았다(US National Institutes of Health, 1992: 9). 선진국에서 실시된 지역사회 조사를 보면, 불안과 우울 증세를 보고한 여성이 남성보다 2배 정도 많았다(Paykel, 1991; Weissman and Klerman, 1977).

남성에 비해 여성은 의료 서비스를 자주 이용한다. 그러나 남성보다 여성이 아프다는 것을 더 쉽게 인정한다는 점에서 남녀의 건강을 비교하는 직접 지표로 간주될 수 없다. 그런데도 이러한 현상이 여성 건강에 주는 중요한 시사점은, 여성의 의료 서비스 이용이 증가하는 가장 직접적 원인이 장수라는 점이다. 피할 수 없는 노화 과정상, 건강 악화와 장애는 더 자주 발생한다. 노인 인구에서 여성이 차지하는 비율이 높아지고 있으며, 특히 고령 노인층에서 두드러진다(Doty,

1987). 미국의 경우 85세 이상 노인 중 72%가 여성이다(US National Institutes of Health, 1992: 8). 그러나 여성 노인들이 관절염, 알츠하이머, 골다공증, 당뇨병 등 장애를 유발할 수 있는 특정 질환의 유병률이 더 높지만 같은 연령대의 남성 노인에 비해 친척 혹은 친구에게서 받는 지원은 적은 편이다(Heikkinen et al., 1983; Verbrugge, 1985).

또 출산 조절과 출산을 의료 영역으로 편입시켰기 때문에, 젊은 여성은 의료 서비스를 더 자주 이용한다. 이는 임신과 출산(또는 임신 중절)이라는 '정상'적 과정에서 의료의 기능이 증가하고 있다는 것을 보여준다. 여성은 또한 생식기관과 관련하여 남성보다 많은 문제를 겪게 되므로, 공식 의료 체계를 자주 이용하게 된다.

마지막으로 선진국에서 이루어진 연구를 살펴보면, 정신적 고통으로 의사와 상담하는 경우도 여성이 더 많았다. 영국에서 우울증과 불안으로 일 년 동안 일반의에게 상담을 받는 여성의 비율은 각각 남성의 3배, 2.5배이다(Office of Health Economics, 1987; UK Royal College of Practitioners, 1986). 25~74세 여성 20명 중 1명이 정서적 문제로 의사를 방문하는데, 남성의 경우 그 빈도는 50명에 1명꼴이다. 또한 여러 국가에서 경증의 진정제를 처방받는 여성은 남성의 최소 2배이다(Ashton, 1991; Balter et al., 1984).

대체로 선진국에서 나타나는 현상은 여성이 남성보다 오래 생존하지만 더 자주 아프고 더 많은 장애를 겪고 있다는 것을 의미한다. 남성은 좀 더 생명에 위협적인 건강 문제를 겪지만 여성처럼 잦은 질병으로 고통을 받지는 않는다. 그러나 여성 간 차이점을 다시 살펴보면 알 수 있듯이, 성과 젠더만이 여성의 건강 상태에 영향을 미치는 유일한 요소는 아니다.

심지어 선진국에서도 다양한 사회집단 사이에 여성 건강의 주요한 변이가 존재한다. 미국 흑인 여성의 뇌졸중 발생률은 백인 여성보다 2배가량 높으며, 임질과 매독도 많이 발생한다(US National Institutes of Health, 1992: 13). 흑인 여성의 유방암 발생률은 백인보다 낮지만, 유방암에 따른 사망률은 백인보다 높다(US National Institutes of Health, 1992). 영국의 최하위 계층 여성은 상위 계층 여성보다 만성질환을 많이 앓는다. 국가조사에 의하면 미숙련 또는 반숙련 직업을 가진 45~64세 여성의 40%가 만성질환을 앓고 있지만, 전문직과 관리직 여성은 34%로 그보다 적은 수준이다(Bridgwood and Savage, 1993). 또 질병 때문에 일상 활동을 제약받는다고 답한 경우는 최하위 계층 여성의 30%, 전문 관리직 여성의 20% 정도였다(Bridgwood and Savage, 1993).

빈곤과 질병

여성의 건강 상태가 최악인 곳은 최빈국이다. 물론 최빈국에서도 풍족한 여성들은 선진국 여성만큼 건강하지만 수백만 명의 여성들은 만성적 쇠약 상태이며 출산과 빈곤에 따른 질병으로 고통을 받고 있다(Jacobson, 1992; Smyke, 1991). 매년 여성 50만 명당 1명이 임신과 관련된 질병으로 사망하고 최소 16명은 장기적으로 장애를 겪는데, 전체적으로 보면 연간 800만 명에 달한다(Royston and Armstrong, 1989: 187). 생식기 감염(reproductive tract infections: RTIs)[6] 또한 매우 흔하다 (International Women's Health Coalition, 1991). 일부 아프리카 국가에서는 여성의 40% 정도가 임질에 감염되어 있다(WHO, 1992). 임질에 감염된 것만으로도 심각하고 고통스러운데 종종 여성의 안녕에 심각

---

6 여성 생식기 감염은 나팔관, 난소, 자궁 등의 상부 생식기관과 질, 자궁 경부, 외음부 등의 하부 생식기관에 발생하는 염증을 말한다. 감염의 원인이 성 전파성 (sexually transmission)일 경우 성 전파성 질환으로 분류되기도 한다.

한 영향을 주는 만성질병으로 되기도 한다.

그리고 제3세계 국가의 수백만 여성이 빈곤으로 감염성 질환과 영양실조에 직면해 있다. 여성이 겪게 되는 풍토병의 위험은 남성과 같지만, 생물학적·사회적 요인으로 질병에 노출될 기회가 많고 더 심각한 영향을 받는다. 예를 들면 말라리아, 간염, 나병과 같은 질병은 임신 중인 여성에게 특히 위험하며, 여성은 가사 활동으로 수인성 감염에 노출될 위험이 더 커졌다.

소녀와 성인 여성에게 만연한 영양실조는 빈혈의 발생을 통해 알 수 있다. 세계보건기구(World Health Organisation: WHO)의 조사에 따르면 선진국 여성의 빈혈 유병률이 12%이다(WHO, 1992: 62). 그러나 제3세계 국가에서는 적어도 44%의 여성이 빈혈을 앓고 있으며, 인도 여성의 경우는 88% 정도가 빈혈을 겪는다(World Bank, 1993: 75). 이는 일반적 건강 상태의 중요한 지표로 제3세계 여성이 만성적인 쇠약 상태에 놓여 있다는 의미한다.

빈곤에 빠져 있는 상황에서 겪는 박탈과 분열, 정신적 고통은 건강에 분명한 위험 요소가 된다. 비록 유병률로 나타나는 통계적 근거는 미약하지만 많은 지역 조사에서 선진국과 비슷한 양상이 나타나는데, 여성이 남성보다 더 불안해하고 우울해했다. 그러나 치료의 양상은 사뭇 달라서 남성이 여성보다 정신과적 치료를 더 많이 받는다(Paltiel, 1987). 사실 제3세계 국가 대부분에서 발표된 자료에서는 여성의 의료 수요가 더 많은데도 대부분의 남성보다 의료 서비스를 적게 받는다고 했다. 특히 농촌 지역 여성은 현대적 의료 서비스는 물론, 산과 치료에 대한 접근성도 떨어진다. 의료진 없이 출산하는 비율은 선진국에서는 1%에 불과하나, 남부 아시아에서는 75%, 아프리카에서는 62%이다(UN, 1991: 58). 이것은 전체적 의료 이용 수준이 매우 낮을 뿐만 아니라, 여성의 건강에 투자되는 서비스가 특히 적다는 것을 보여준다.

대부분 제3세계 국가에서 여성의 기대여명이 계속 증가하고 있기는 하지만 1980년대 '역경의 10년(harsh decade)'과 경제적 구조조정은 많은 여성의 건강 상태를 악화시켰다(Smyke, 1991; Vickers, 1991). 영양실조에 걸린 여성이 늘어나면서 고위험 임신과 저체중아 출산이 증가했다. 이른바 풍요의 질병이 증가하면서 25~35세 여성의 주요 사인 중 하나가 악성종양이 된 반면, 결핵과 같은 빈곤의 질병도 다시 출현했다. 환경 파괴는 많은 여성의 삶을 더욱 힘겹게 했고 수많은 여성이 깨끗한 물이나 상하수도 시설을 이용할 수 없게 되었으며, 여성의 건강을 위해서는 극히 일부의 자원만이 사용되었다. 아프리카와 남미의 경우, 4분의 3에 해당하는 국가에서 1인당 보건의료비가 감소했는데, 이러한 정책의 주요한 희생자는 여성이었다(UNICEF, 1990).

5. 의학이 여성의 건강 문제에 대한 유일한 해답인가?

앞에서 살펴본 여성 건강의 모습에서 다양한 질문이 나올 수 있다. 왜 대부분의 나라에서 여성이 남성보다 오래 사는가? 왜 어떤 나라의 여성은 다른 나라의 여성보다 2배 정도 오래 사는가? 왜 그토록 많은 여성이 출산 중에 사망하는가? 왜 여성은 남성보다 더 많은 질병을 호소하는가? 인종과 문화가 여성의 건강과 의료 경험에 영향을 미치는 경로는 어떠한가? 앞으로 살펴보겠지만, 의학은 이러한 질문이나 현실의 변화에 단지 제한된 설명만을 제공할 뿐이다.

생의학적 모델

서양 의학은 개인이 겪고 있는 많은 질병을 기술하고 분류하는 강력한 분석 틀을 제공한다. 의사들은 생의학적 모델을 이용하여 많은 질병을 예방하고 치료하며 증상을 완화시키는 방법을 개발해왔다. 그러나 여전히 생의학적 모델(Biomedical Model)에 부합되지 않는 건강 문제가 많이 남아 있다. 그렇기 때문에 의사와 보건의료인들이 복잡한 인간 현상을 이해하는 데 차용한 개념적 도식의 한계에 대한 관심이 고조되었다. 그중에서도 의학의 두 가지 측면, 즉 협소하게 생물학적으로 지향하는 관점(narrowly biological orientation, 생물학적 관점)과 개인을 사회 환경에서 분리해 보는 관점(개인주의적 관점)이 특히 주목을 받고 있다(Busfield, 1986: 28).

그러나 서양 의학을 어려운 과학과 고도의 기술에만 집중하며, 정형화되고 획일적인 학문으로 간주하는 것은 이제 더는 적절치 않다. 최근 공중보건에 대한 관심이 커지고 있으며 '인도주의적' 임상치료나 연구가 다시 주목을 끌고 있다. 그런 반면 여전히 인체의 내적 활동에 주로 관심을 기울이는 자연과학은 의학의 유일하고도 '진정한' 기초로 여겨진다.

건강과 질병은 일차적으로 기계공학적 은유 — 인체를, 분리되어 있으나 서로 의존하는 유기적인 시스템으로 여기는 — 를 통해 설명되고 있다(Doyal and Doyal, 1984). 즉, '건강하지 못함'은 인체 시스템 한 부분의 기계적 작동이 실패한 것이며 의학의 역할은 그 손상을 수리하는 것이라는 설명이다. 이러한 모델에서는 정신과 신체 사이의 복잡한 관계는 탐구하지 않으며, 개인은 그들이 살아가는 사회와 문화적 맥락에서 분리된다.

질병 그 자체는 개인 내부에서 펼쳐지고 진행되는 과정을 의미한다. 사람들 사이 또는 사람과 환경의 상호 관계보다 개인 내에서 무엇이 일어나고 개인이 무엇을 하는지가 의학적 관심과 노력의 중요한 대상이 된다(Busfield, 1986: 25).

이러한 현대의학의 생물학적·개인주의적 방향성은 다양한 질병과 치료를 이해하는 데 크나큰 성과를 가져왔다. 사실 이러한 설명 모델을 바탕으로 집중적으로 노력한 결과, 마취제, 항균제, 항생제 및 진통제와 같이 현재 선진국에서 당연하게 여기는 중요한 치료법이 개발되었다. 이 '마법의 총알'은 강력한 무기로 작용한다. 그러나 이러한 성공은 질병의 원인에 대한 설명과 질환을 경험하는 다양한 방식을 탐구할 때 예방을 무시하고 치료 모델에 과잉 의존하는 문제를 낳았다.

환원주의의 위험

일차적으로 특정한 생물학적 위해를 근거로 질병의 모든 원인을 설명하려는 환원주의에는 많은 제약이 따른다. 그러한 병인이 창궐하는 환경의 사회경제적 측면에 대한 연구가 별로 이루어지지 않고 있기 때문에, 생의학적 모델은 어떤 개인이나 그룹이 왜 다른 사람보다 더 자주 아픈지를 이해하는 데 별로 도움을 주지 못한다. 질병의 주관적 경험은 개인과 사회적·문화적 환경 간의 상호 관계가 포함된 복잡한 과정에서 생성된 산물이다. 생의학적 모델이 '환자'의 정신적 면보다 신체적 측면에 초점을 두기 때문에 이러한 경험을 설명하고 정의하는 데 별 도움이 되지 않으며, 특히 정신적 고통과 장애를 설명하는 데에는 더욱 그러하다.

특정한 생물학적 병인론으로 질병과 건강의 복잡한 문제를 정리해

버리는 현대의학의 경향은 건강하지 못한 상태를 줄이고 이해하는 데 성별을 막론하고 제한적인 역할을 할 뿐이다. 특히 여성 건강에 대한 관심은 이러한 협소한 접근 방식 때문에 더 확산되지 못하고 있다(Birke, 1986). 예를 들어 여성의 높은 우울증 유병률을 간단히 호르몬 분비 탓으로 돌려 부적절한 치료를 받게 했을 뿐 아니라, 사회구조에서 비롯된 젠더 구분을 자연스러운 것으로 받아들이게 했다. 생산과 재생산의 사회적 관계에 대한 검토가 필요한 경우에도 너무나 많은 여성 문제를 생식기관의 탓으로만 돌려왔다.

젠더 관점의 연구

여성 건강 문제에 대한 의학의 능력을 제한하는 것은 단지 좁은 생물학적 방향성 때문만은 아니다. 의학 자체의 우선순위 설정과 의료 기술 이 두 측면에 전문직 백인 남성의 우위가 반영되고 있다(Kirchstein, 1991). 또 연구 주제의 선택과 정의, 연구 수행 방법, 결과의 적용과 해석에도 그러한 편견이 존재한다(Cotton, 1990; Rosser, 1992: 129~130). 보건의료를 제공하는 인력 중 여성이 다수이나 이들은 의사를 보조하는 소수자의 위치에 있을 뿐이다(Doyal, 1994a; Lorber, 1984). 여성은 권력과 지위를 갖지 못하기 때문에 기금 배분과 연구 수행 방식에 영향력을 행사하지 못한다(Rosser, 1992; US National Institutes of Health. 1992; Witz, 1992).

생식기 질환 이외에 여성에게 영향을 미치는 주요 질환에 대한 연구—예컨대 요실금이나 골다공증 같은—는 상대적으로 적은 편이다. 1990년에 열린 미국 의회 청문회에서 여성 건강 문제에 사용되는 정부 연구 기금이 13%에 불과하다는 사실이 밝혀졌다(US National Institutes of Health, 1992). 심지어 월경주기는 더는 연구 대상이 되지 못한다. 즉, 여성에게 많은 고통을 주며 여성의 몸에 상당히 영향을 미치는 중요한 기능에 대해 거의 알지 못한다(Koblinsky et al., 1993). 건강 문제가 남성과 여성 모두에게 영향을 미치지만 기전과 증상, 치료에서 나타나는 성별 차이에 관한 연구는 거의 이루어지지 않았다 (American Medical Association, 1991).

예를 들어 심혈관 질환은 단지 남성의 문제인 듯 다루고 있으나 사실 완경기7 여성의 중요한 사망 원인이며, 미국에서는 한 해 50만 명의 여성이 심혈관 질환으로 사망한다. 심혈관 질환 예방을 위한 아스피린 복용의 효과를 검증하는 '의사 대상 건강 연구(The Physician Health Study)'는 남성 2만 명만을 대상으로 했다. 심장질환, 콜레스테롤, 생활 습관과의 관계를 연구하는 'Mr. Fit(MR FIT)'8에 남성 1만 5,000명만을 참가시켰다(Freedman and Maine, 1993: 165). 에이즈(후천성 면역결핍 증후군) 역시 주로 남성의 병으로 다뤄지고 있다. 에이즈는 남성보다 여성의 경우에 더 빨리 진행되는데도, 우리는 여전히 에이즈가 남녀 간에 어떤 다른 영향을 미치는지에 대해 거의 알지 못한다(Bell, 1992; Denenberg, 1990b; Kurth, 1993).

대부분의 생의학적 연구가 남성 실험군을 대상으로 이루어지는 한 여성에 대한 지식에는 중요한 공백이 생긴다. 여성에게 적절하지 않을 수도 있는 치료가 남성에게 효과가 있었다는 이유로 여성에게 행해질 수 있다(Hamilton, 1985). 예를 들어 항우울제는 남성과 여성에

---

7 menopause를 폐경(閉經)이라는 부정적인 표현 대신 완경(完經)이라고 부르자는 의견이 늘고 있다.
8 MR FIT(Multiple Risk Factor Intervention Trial)는 관상 동맥 심장질환의 여러 가지 위험 요인(흡연, 고혈압, 고지혈증 등)에 대한 1차예방 효과를 알아보기 위해 시행된 임상연구로 1973년부터 1975년까지 35~57세의 남성 1만 5,000여 명이 참여했다.

게 전혀 다른 효과를 주며, 월경주기에 따라 다른 영향을 미칠 수도 있다는 것이 최근 연구에서 밝혀졌다. 그러나 항우울제의 주 사용자인 여성은 예비실험에서 배제되었다(Hamilton, 1985).

생의학이 여성 건강 향상에 가치 있는 지식을 만들어온 것은 사실이다. 그러나 이러한 지식들은 국소적이거나 잘못되었을 수도 있다. 생의학 분야에서 성별 간 생물학적 차이를 선택적으로 무시했을 뿐만 아니라, 여성의 정신적·사회적 환경에는 거의 관심을 기울이지 않았기 때문이다. 따라서 생의학은 이 장 서론에서 제기한 문제에 답하는 데 별로 도움을 주지 못한다.

이러한 부족함을 채우기 위해 생물학의 경계를 넘어설 필요가 있다. 여성 건강과 일상적인 삶의 질 사이의 복잡한 관계를 이해하는 데 어떠한 단일한 학문도 적절한 개념 틀을 제공할 수는 없다. 그 대신 역사, 사회학, 심리학, 경제학, 인류학, 문화적 연구를 포함하는 다양한 분야의 방법과 시각이 고전적인 생의학 및 역학적 접근과 통합되어 다학제적이고 상호 작용하는 분석 틀이 만들어져야 한다(Lupton, 1994: Ch. 1; Turner, 1992: Ch. 4). 다음에 설명할 남녀 간 수명 차이의 역사를 밝힌 연구에서 이러한 접근 방식의 가치를 찾아볼 수 있다.

6. 여성은 정말 약한 성인가?

어느 경우나 여성이 남성보다 오래 살지는 않는다. 사실 산업화시대 이전에는 대부분의 지역에서 여성의 기대여명이 남성보다 짧았다(Shorter, 1984). 유럽과 미국에서는 남성과 여성의 기대여명이 모두 증가한 19세기 후반에 이르러서야 상대적으로 여성이 장수하는 현상이 명확해지기 시작했다. 성별 간 차이는 그때부터 점차 커졌다(Hart, 1988: 117). 대부분의 나라에서 이제 여성의 기대여명은 남성보다 더 길고, 그 차이는 전체 인구의 기대여명 연장과 비례한다. 몇 안 되는 국가에서만 남성이 여성보다 장수한다. 수명과 관련된 중요한 역사적 변화는 생물학적 혹은 사회적인 요인 한 가지만으로는 설명되지 않는다.

여성의 생물학적·사회적 장점

여성은 '더 약한 성'이라는 이미지와는 달리 남성보다 더 많은 생물학적 장점을 지니고 태어난다(Waldron, 1986a). 전 세계적으로 여아보다 남아가 더 많이 잉태되지만 자연적으로 유산되거나 사산되는 경우도 남아가 더 많다(Hassold et al., 1983). 출생 시까지 비율은 여성 100에 남성 약 105 정도이며, 대부분의 사회에서 생후 6개월간 남아의 사망률이 현저하게 높다(Kynch, 1985; Waldron, 1986a: 66).

선천적으로 여아가 더 강한 이유는 명확하지 않다. 그러나 염색체 구조상의 성 차이와 남아의 폐가 성숙하는 속도가 테스토스테론의 영향으로 느리기 때문으로 보인다(Waldron, 1986a: 66). 또한 성인 시기에도 여성은 완경기 전까지는 허혈성 심질환을 방지하는 내부 호르몬이 나온다는 생물학적 이점이 있다. 따라서 생물학적 요인은 여성에게 일차적 이점을 부여한다. 그러나 사회적 요인 또한 수명에 중요한 영향을 미친다. 어떤 사회에서는 이러한 요인이 선천적인 생물학적 이점을 향상시키기도 하지만, 또 다른 사회에서는 그 이점을 감소시키거나 심지어 사라지게까지 한다.

남성과 여성의 기대여명 차이는 경제 개발과 사회 변화에 의해 여성 건강의 두 가지 주요한 위험이 제거되면서 증가했다. 이는 유럽의 경험에서 알 수 있는데, 식량을 좀 더 쉽게 구하게 되면서 여성은 음식을 적절히 섭취할 수 있게 되었다. 이러한 영양 향상은 특히 결핵과 같은 전염성 질환으로 사망하는 비율을 감소시키는 데 기여했다(Hart, 1988). 이와 동시에 출산율 저하와 안전한 출산으로 모성사망률이 낮아졌다.

이렇게 여성 건강에 대한 위해 요인이 감소하기 전에도, 노동에서의 성별 분화에 따라 남성은 새로운 위험에 직면하게 되었다. 이렇게 된 데는 복잡한 원인이 있지만 특히 중요한 두 가지 원인이 있다. 산업사회가 되면서 남성은 '생계를 책임지는 가장'이 되었고, 위험성이 높은 직업에 여성보다 남성을 채용하게 되었다. 이와 동시에 남성이 보유한 자원과 자유에 대한 권한이 증가하면서 위해물질이 포함된 위험한 일을 주로 담당하게 되었다(Hart, 1988).

젊은 남성은 젊은 여성보다 사고(특히 교통사고)와 폭력으로 사망할 가능성이 훨씬 높다. 특히 미국에서 남성 사망의 주요 원인 중 하나가 총상이며, 아프리카계 미국인에게서 더욱 빈번하게 발생한다. 영국에서 사고와 폭력은 35세 이하 남성 사망 원인의 70%를 차지하며, 이는 여성 사망 원인의 35%와 비교해 매우 높다. 남성은 노년기에 관상동맥 심장질환과 폐암으로 주로 사망하는데, 두 질병 모두 직업적 요소의 영향을 받기도 하지만 주로 흡연과 관련된다. 한 연구에 따르면, 미국과 스웨덴의 기대여명에서 전체 성차의 50%는 흡연에 의한 것이라고 했다(Waldron, 1986b). 남성의 과도한 음주 또한 남성이 같은 연령의 여성에 비해 높은 사망률을 보이는 데 영향을 미친다.

많은 사회가 산업화되면서 다양한 사회문화적 요인이 여성의 선천적·생물학적 이점을 드러내고 있다. 감염성 질환과 임신의 위험은 줄어들고, 남성이 처하는 위험이 증가하면서 여성은 더욱 장수하고 있다(물론 충분한 건강 상태로 사는 것은 아니지만). 그러나 이러한 양상에도 중요한 예외가 있으며, 이는 어떻게 생물학적·사회적 요인이 다양한 상황에서 상호 작용을 하는지 보여준다.

차별이 기대여명에 미치는 영향

방글라데시를 포함한 남부 아시아의 일부 국가에서는 남성이 여성보다 오래 살고, 인도와 파키스탄에서는 남성과 여성의 기대여명이 거의 비슷하다(UN, 1991: 69). 이러한 사회에서는 아동기와 가임기 연령인 여성의 사망률이 높으며, 많은 연구자들이 이를 소녀와 여성에 대한 물질적·문화적 차별 때문이라고 설명한다. 아주 극단적인 경우는 이러한 성적 차별이 임신 중이나 출산 후에 여아 살해로 나타난다. 더욱 흔한 것은 만성적인 차별이며, 일반적으로 유년기의 소녀들은 다양한 방면에서 소년보다 보살핌을 받지 못한다(Sundari Ravindran, 1986; UNICEF, 1990; WHO, 1992: 17~26). 전 아동기에 걸쳐 여자아이는 남자아이보다 더 짧은 기간에 더 적은 횟수로 모유 수유를 받으며, 음식을 적게 공급받고, 의료 혜택도 덜 받는다(Koenig and d'Souza, 1986; Kynch and Sen, 1983; Sen, 1988). 인구 집단에서 평생 동안 지속되는 차별은 성비의 불균형을 낳는다.

예를 들어 세계 여러 나라에서 남성에 대한 여성의 성비가 증가한 반면, 인도에서는 1901년 남성 1,000명당 여성 972명에서 1981년 935명으로 감소했다(Kynch and Sen, 1983: 377; Sen, 1990b). 이렇게 '고전적인 가부장제에서' 여성의 생물학적 이점은 사회적 단점으로 소멸된다(Kabeer, 1991). 이러한 사실은 경제 발전이 반드시 여성을 더 풍요롭게 해준다는 생각이 전혀 근거 없다는 말임을 명확히 보여준다(Kabeer, 1991). 차별이 계속된다면 여성에게 주어지는 삶의 기회는 남성에 비해 감소할 것이다.

여성은 생물학적으로 남성보다 더 강하고 오래 살며, 자연적으로 남성보다 더 많다. 만일 남성이 더 많다면 그것은 전쟁의 결과거나 여성이 일자리를 찾아서 이주했거나, 심각하고 조직적인 차별로 여성이 고통을 받았기 때문이다(Seager and Olson, 1986: 12).

7. 여성 건강을 재정의한다

사망이라는 생물학적 결과물이 좀 더 넓은 사회적 맥락에서 설명될 수 있는 것이라면, 여성의 질병과 건강에 대한 복잡한 현실 또한 그러한 방법으로 탐구되어야 한다. 이를 위해 고전적인 역학 연구 방법은 이제 그 방향을 선회해야 한다. 질병을 찾아내고 원인을 조사하는 대신, 여성의 삶을 구성하는 주된 활동 영역이 무엇인지를 밝히는 것부터 시작할 필요가 있다. 그리고 나서 그러한 활동이 건강과 안녕에 어떠한 영향을 주는지 분석해나가야 한다.

이러한 방식으로 여성 삶의 다양한 부분을 구분해내는 것은 무척 어려우며, 개인의 일생을 통해 변화할 뿐만 아니라 한 사회 내부에서, 각각의 사회 사이에서도 매우 다양하게 나타난다. 더군다나 많은 사회에서 여성의 삶을 남성의 삶과 구분할 수 있는 다양한 작업은 경계가 불분명하게 뒤섞여 있다.

생산과 재생산의 영역 모두에서 일하는 것은 여성의 업무가 동시에 가중된다는 것으로 염려될 만큼 긴장감을 지속시키며 일의 시작과 끝이 불명확해진다는 것을 의미하며, 이는 '이중부담(double day)'으로 불린다(Petchesky, 1979).

이런 식의 다양한 노동으로 쌓인 결과는 여성의 건강 상태를 결정하는 데 중요하게 작용한다. 이는 노년층에서도 마찬가지이며 대부분은 노동을 중단하고 나서도 여전히 건강에 영향을 미친다. 한편 여성의 삶을 각 측면에서 살펴볼 필요가 있다. 그것은 여성 사이에 존재하는 중요한 동질성뿐만 아니라 차이점을 찾아내는 데 도움을 준다.

이러한 종류의 분석은 건강이 내포한 사회적·심리적·생물학적 차원의 복잡한 상호 관계를 밝히는 기회를 제공한다. 거시적 차원에서 여성 건강을 구성하는 물질적 맥락을 기술할 수 있으며, 여성 건강에 영향을 미치는 선택에 내재된 문화적 억압을 밝힐 수 있다. 이러한 광범위한 쟁점을 여성 개인의 신체적·심리적 상태, 건강과 질병에 대한 경험에까지 연결시켜 생각할 필요가 있다.

현재 이러한 분석을 위한 개념적 도구는 충분히 개발되지 못했으며 계속 논쟁의 주제가 되고 있다(DiGiacomo, 1992; Scheper-Hughes and Lock, 1987). 예를 들면 '어떻게 각기 다른 사회에서 나타나는 모성의 사회적 구성과 출산 후 우울증이라는 개인 경험 사이의 복잡한 관계를 알 수 있을까?', '어떻게 다양한 경제 조직과 목표에 도달하려는 여성의 몸(mindful bodies) 사이의 관계를 밝힐 수 있을까?'(Scheper-Hughes and Lock, 1987)와 같은 논쟁이다. 다음 분석이 모든 답을 제시하지는 않지만, 몇 가지 문제를 좀 더 명확하게 구조화할 수 있으며 향후 연구를 위해 중요한 부분을 제시하고 관련된 경험적 자료를 제공할 것이다.

우리는 제2장에서 여성의 가사노동에 관해 논의할 것이다. 세계적으로 여성의 삶에서 가장 기본적인 모습은 가정, 가족, 가사노동에 대한 책임이다. 다른 사람을 돌보고 신경 쓰는 것은 세계 어디서나 중요한 활동이다. 그러나 이 작업의 내용은 가난한 나라와 부유한 나라, 농촌과 도시 지역, 산업화와 비산업화에 따라 많은 차이가 있을 것이다.

선진국 여성들은 일차적으로 전통적으로 '집안일'로 여겨왔던 것을 책임지는데, 이는 보통 다양한 도구를 사용하여 가족구성원을 위해 요리하고 청소하는 것을 가리킨다. 그런 반면에 여성이 연료, 식수, 물질적 생필품뿐만 아니라 식량까지 스스로 생산해야 하는 나라도 있다. 가정은 가족의 생존을 돕기 위한 다양한 경제활동을 수행하는 또 하나의 작업장이 될 수 있다.(Young, 1993: Ch. 6) 우리는 가사노동에서 나타나는 문화 간 동질성과 상이함이 건강에 미치는 영향에 관해 논의할 것이다.

다양한 사회에서 다양한 형태로 나타나기는 하지만, 가정은 여전히 대부분의 여성 노동이 물질적으로나 감정적으로 보상받는 기본 단위이다(Young, 1993: Ch. 7). 그러나 여성이 가족을 돌본다는 이미지가 있음에도 자원은 필요에 따라 분배되지 않는다(Bruce and Dwyer, 1988; Folbre, 1988; Kabeer, 1991). 가정에서 남성은 보통 감정적 지지를 받고, 높은 지위와 의사 결정 권한뿐만 아니라 수입과 부의 분배에서도 많은 것을 차지한다. 특히 그들은 보통 신체적 권력 또한 독점하여 많은 여성을 심각한 폭력의 위험에 몰아넣기도 한다. 따라서 우리는 가족 내에서 불평등한 자원 배분이 가져오는 신체적·정신적 결과를 검토할 것이다. 이 분석은 특히 정신건강에 중점을 두는데, 많은 여성이 자원에 대한 접근이 제한되는 가사노동의 성격에 의해 감정적 안녕에 많은 위협을 받고 있기 때문이다.

제3장은 가정이 내포하는(항상 그런 것은 아니지만) 성(sex)과 재생산의 다양한 측면, 즉 성과 건강 사이의 관계를 좀 더 자세히 살펴볼 것이다. 성적 활동은 즐거움의 중요한 원천일 뿐만 아니라 감정적 안녕에도 기여한다. 그러나 남성과의 섹스가 때로는 여성 건강에 심각한 위험을 준다. 이것은 강간이나 성폭력에만 해당되는 것이 아니라

동의된 섹스에도 적용된다. 에이즈가 유행하면서 섹슈얼리티와 섹스에 대한 여성의 결정력과 성병 방어 능력이 논의되고 있다. 이러한 주제는 이성 간의 섹스에 따른 건강 위험 분석에서 좀 더 자세히 논의될 것이다.

많은 여성에게 임신은 이성 간 섹스의 바람직한 결과이다. 그러나 어떤 이들은 가임기 동안 섹스와 출산이 완전히 분리되기를 원하기도 한다. 그들은 가능하다면 임신을 예방하기를 바라며 낙태를 원한다. 우리가 제4장에서 다룰 것이 바로 이 출산 조절 정책이다. 여성 스스로 출산 패턴을 결정하지 못하면 삶의 나머지 부분에서도 심각하게 조절 능력이 제한될 것이다. 그러나 뒤에 살펴보겠지만, 많은 사람이 여전히 물질적·사회적·문화적·종교적 압력으로 사전 동의(informed consent)[9]를 통해 선택할 수 있는 능력을 제한받고 있다. 여성이 임신 조절을 위해 의학적 도움을 구하려고 할 때, 의사가 여성의 선택권에 대해 알려주기를 꺼릴 수 있고 여성을 대상으로 제공되는 기술이 여성 건강에 해를 끼칠 수도 있다.

어떠한 환경에서든 전 세계 여성 대다수는 삶의 한 지점에서 어머니의 길을 걷게 된다. 제5장에서 우리는 이러한 임신의 사회적 맥락이 건강에 심각한 영향을 미치는 방식에 대해 논의한다. 과로와 영양부족인 여성에게 임신은 치명적일 수 있기 때문에 여성의 생명과 관련된 문제로 볼 수 있다. 그러나 우리가 보았듯이 사망이나 장애의 위험 또한 가난한 나라와 부유한 나라에서 큰 차이가 난다.

---

[9] 사전 동의는 의료 행위를 하기 전에 환자가 충분히 이해하도록 설명하고 자발적 의지에 의한 동의를 얻는 것을 의미한다. 즉, 의사에게서 충분한 설명을 들은 뒤 환자나 보호자가 동의하는 것으로, 통고된 동의보다는 서로 합의했다는 의미를 강조한다.

의학과 여성의 관계는 임신과 출산 경험에 중대한 영향을 미치는 요인 중 하나이다. 임신이 잘못되었을 때 산과 진료를 받지 못하면 여성에게 치명적인 결과를 초래하지만, 많은 제3세계 국가에서 매해 수백만 명의 여성이 이러한 상황에 처한다. 그 반면에 선진국에서는 엄마와 아기의 손상에 대해 의사를 고발하는 경우도 있다. 이 책에서는 좀 더 넓은 사회경제적 배경에서 현대의 임신에 대한 역설적 상황을 설명하려고 한다.

수백만 명의 여성이 집 안팎에서의 경제활동뿐만 아니라 모성과 가사를 동시에 책임지고 있다. 공식적으로 전 세계 약 40%의 여성이 작업장에서 일하는데, 이는 분명히 과소 추정된 것이다. 왜냐하면 많은 사람들이 공식적으로 기록되어 있지 않으며, 특히 임시직이나 비정규직은 공식 기록에서 제외된다(Rowbotham and Mitter, 1994; UN, 1991; Young, 1993).

제6장에서는 여성의 노동이 지지 네트워크를 넓히고 사회적 지위를 높이며 신체적 건강을 위한 기본적인 접근성을 증대시켜 직장 여성의 일반적 건강 상태를 향상시키는 것에 관해 논의한다. 그 반면에 일부 여성의 고용 환경은 임금노동이 줄 수 있는 잠재적인 건강 편익을 감소시킬 수 있다. 여성 노동자는 보통 가사노동도 책임지기 때문에 많은 여성 노동자가 신체적으로나 정신적으로 소진되기 쉽다. 이는 신체적·사회적으로 가장 적은 지원을 받는 여성들의 경우에 심하며, 하고 있는 노동의 성격 또한 유해할 가능성이 있다. 노동 그 자체의 성격 또한 유해할 수 있다. 고용은 많은 여성을 남성과 마찬가지로 유해한 환경에 부딪히게 하는데, 여성 노동이 지닌 고유의 위험에 대한 연구 결과도 증가하는 추세이다. 따라서 여성의 경제활동이 건강에 미치는 영향에는 매우 주의 깊은 평가가 필요하다.

이렇게 다양한 차원에서 여성의 삶을 연구하는 것은, 건강과 질병의 사회적 맥락을 이해하기 위한 틀을 제시한다. 여성의 삶의 다양한 활동이 증가될 때 불평등과 차별이 존재하는 상황에서 요구되는 노동의 압력은 많은 여성에게 적지 않은 고통을 줄 것이다. 가임기 여성은 거의 휴식을 취하거나 재충전하지 못한 상태에서 중대한 책임에 대해 스스로 부담을 느끼며 살아간다. 말년에는 빈곤, 고독, 쇠약함 때문에 오래 사는 것을 그리 달가워하지 않을 수도 있다. 제7장에서는 이러한 경험과 관련된 부정적 감정을 치유하는 방법을 찾아볼 것이다.

한 종류 이상의 향정신성 약물이 대부분의 사회에서 이용되고 있고 주된 사용자는 남성이다. 그러나 지난 20년간 건강에 부정적 영향을 미칠 수 있는 약물 사용과 오용이 여성에게서도 뚜렷하게 증가했다. 여성의 흡연과 음주가 증가하고 있으며, 선진국에서는 일부 의사들의 공모로 안정제 사용이 한때 유행했고, 많은 여성이 약물에 신체적·정신적으로 의존하게 되었다. 이러한 현상은 의료와 여성 간의 복잡한 관계와 그것이 여성 건강에 미치는 모순된 영향을 분석할 수 있는 기회를 제공한다.

이 책의 많은 부분은 여성이 겪는 문제를 다룰 것이다. 그러나 이 책의 주요한 목적은 여성의 삶을 좀 더 건강하게 하는 과정을 제시하는 것이다. 따라서 마지막 장은 자신과 가족의 건강을 향상시키기 위해 전 세계적으로 시도된 많은 전략을 조명해볼 것이며, 의료 개혁에 관한 내용도 포함할 것이다. 또 재생산의 권리와 직업 건강과 안전을 위한 싸움, 여성폭력에 대한 투쟁, 환경과 개발 정책에서 여성의 역할 등 좀 더 폭넓은 이슈를 포함하고 있다. 이 책에서는 좀 더 넓은 사회적 변화와 생의학 개혁 모두가 여성 건강 향상에 잠재적으로 기여한 부분을 탐구할 것이다.

읽을거리

E. Fee and N. Krieger, *Women's Health, Politics and Power: essays on sex/gender, medicine and public policy*(Baywood Publishing Company, 1994).
건강에 대한 여성의 투쟁을 이해하는 틀(framework)을 제공하는 논문 모음집이다. 보건의료 노동자, 여성 산업 보건, 국제 재생산 건강 이슈와 에이즈에 관한 주제가 포함되어 있다.

M. Kobinsky, J. Timyan and J. Gay, *The Health of Women: a global perspective*(Boulder, Colorado: Westview Press, 1993).
여성 건강, 보건의료 쟁점에 대한 국제적 데이터를 검토한 논문 모음집이다. 모성 사망, 폭력, 영양, 재생산 권리와 정신건강에 대한 내용을 포함한다. 주로 제3세계에 초점을 맞추었으며 향후 연구에 대한 유용한 기초를 제공한다.

E. Martin, *The Woman in the Body: a cultural analysis of reproduction*(Milton Keynes: Open University Press, 1987).
여성 건강 문제 연구에 인류학적 방법을 사용하는 것에 대한 중요한 입문서이다. 다양한 미국 여성들과의 인터뷰를 바탕으로 여성 자신의 몸에 대한 관점과 의학적 관점을 비교했다.

A. Miles, *Women, Health and Medicine*(Milton Keynes: Open university Press, 1991).
선진국에서의 여성, 건강, 보건의료에 대한 사회학적 문헌을 소개했다. 영국과 미국의 문헌을 다루며, 사회과학과 보건의료를 전공하는 학생들에게 특히 유용할 것이다.

P. Smyke, *Women and Health*(London: Zed Books, 1991).
여성, 건강, 개발 간의 관계를 연구한 캠페인 책자로 사례 연구, 참고자료, 활동을 위한 제안을 포함했다.

United States National Institutes of Health, *Opportunities for Research on Women's Health*, US Department of Health and Human Services(NIH Publication no.92~3457, 1992).
미국 여성들이 겪는 건강 문제와 해결을 위한 연구 주제에 관해 폭넓게 검토했고, 의학 분야에서 남성에 치우치는 연구에 직면했을 때 논쟁할 필요가 있는 주요 쟁점을 명시했다.

E. White, *Black Women's Health Book: speaking for ourselves*(Seattle: Seal Press, 1990).
아프리카계 미국 여성의 건강 문제에 대한 경험과 인식을 폭넓게 다룬 책으로, 흑인 여성 건강 문제를 다루는 미국 내 조직의 명단뿐만 아니라 자서전, 시, 인터뷰도 싣고 있다.

N. Worcester and M. Whatley, *Women's Health: readings on social economic and political issues*, 2nd ed(Dubuque: Kendall/Hunt, 1994).
다양한 여성 건강 문제를 포괄하는 논문 모음집으로, 특히 인종, 계급, 젠더, 섹슈얼리티, 장애에 대한 중요한 자료를 제공하며 학생들에게 유용하다.

World Health Organisation, *Women's Health Across Age and Frontier*(Geneva: WHO, 1992).
전 세계 여성 건강과 보건의료에 대한 유용한 데이터 모음이며, 교육과 토론 그룹에 중요한 자료를 제공한다.

제2장

가정과 가사노동의 위험

HAZARDS OF HEARTH AND HOME

1. 서론

가정이라는 사적 공간은 전통적으로 여성의 영역으로 여겨져 왔다. 공적 영역을 남성이 차지하게 되고, 여성의 양육 능력이 여성을 가사 영역에 묶어 놓게 되면서 남성은 공적 영역을 차지하게 되었다(Moore, 1998: 21). 물론 현대인의 일상은 남성이 가족의 생계를 책임지고 여성이 양육을 담당하는 이런 양태와는 크게 다르지만, 대부분의 사회에서 여성은 가정과 가족 세계에 매우 긴밀하게 연결되어 있다고 생각된다. 우리가 앞으로 살펴볼 것처럼 이러한 사회경제적 제도는 여성의 건강에 많은 영향을 미칠 수 있다.

서로 다른 사회와 공동체에 속하는 가족의 상황을 일반화하는 것은 불가능하다. 가구 구성(가족구성원으로 정의되는 사람들과 정의되지 않는 사람들)과 가족 내 관계의 역학(일을 조정하는 사람, 일을 하는 사람, 이익을 얻는 사람 등)은 다양하다. 어떤 가족은 가족 내에서 필요한 것을 생산해 소비하고, 어떤 가족은 모든 자원을 임금, 정부 보조금, 친척에게서 얻는다(Kabeer, 1991; Moore, 1988; Young, 1993: Ch. 7.; Young et al., 1981). 그러나 이러한 다양성에도 여성 건강에 영향을 미치는 가정생활의 중요성을 분석하기 위해 '가구 운영(household operation)'에 대해 이해할 필요가 있다.

2. 가정 경제 내의 여성 노동

나일라 카비르(Naila Kabeer)는 가정이란 사회에서 재생산 활동이 조직화되는 관계라고 정의했다(Kabeer, 1991: 10). '재생산'은 생물학적 재생산뿐만 아니라 사회적 재생산 — 가정의 범위에 속한 개인의 안녕을 유지하는 것 — 을 포함한다. 따라서 가정 내의 일은 생존에 반드시 필요한 일을 비롯해 다양한 가치를 지닌 자원의 생산, 획득, 분배로 구성된다.

세계 도처에서 선택에 의해서든 필요에 의해서든, 남성이 없는 가정이 점점 보편화되고 있다. 그러나 수많은 여성이 삶의 대부분을 남성과 같이 보내고 있으며, 거의 모든 사회에서 남녀에게 일이 할당되는 방식과 노동의 결과물이 분배되는 방법에는 규칙이 있고, 이러한 규칙에 따라 가사노동을 하게 된다.

가사노동의 내용

여러 공동체 간에 문화적 다양성이 존재하는데도 '가사노동'으로 간주되는 식사, 청소, 아이와 부양가족 돌보기 등 일상의 노동을 떠맡는 사람은 보통 여성이다. 또한 여성은 추가 수입을 위해 여러 가지 경제활동을 하며, 가족들의 욕구를 충족시킬 음식과 물건을 생산한다. 임금노동에 종사할지라도 여성의 대부분이 가사노동을 책임진다. 결국 과도한 노동을 하게 되는데, 특히 임신·출산기에는 심각하다. 완경[1] 후에는 성인 부양가족을 돌보는 일이 추가된다. 현재 미국 여성들은 자녀의 양육보다 나이든 부모를 돌보는 데 평균적으로 더 많은 시간을 쓴다.

가사노동은 끝이 없고 시시하다는 특징이 있다. 해야 할 일은 기간과 분량이 정해지지 않았으며 휴일이나 식사 시간도 고려되지 않는다. 이 일은 끝이 없다는 중요한 특징 때문에 많은 여성의 생활에서 일과 휴식, '여가'를 구별하기는 어렵다. 어린아이가 있는 여성에게는 '휴

---

[1] 페미니스트들은 폐경 대신 완경이라는 단어를 제시해왔다.

일'이 없으며 수면 시간도 부족하다. 따라서 여성은 대부분 매우 힘든 신체적·정신적 부담을 안고 있다.

가사노동은 전통적으로 겉으로 드러나지 않게 마련이며, 연구하거나 조정하는 것이 불필요한 '자연스러운' 일이기 때문에 여성에게 '적합한 일'로 여겨졌다. 그러나 가사노동의 실상이 더 많이 드러나면서 이러한 가정은 의문시되고 있다. 선진국에서는 정신건강, 즉 우울증 환자 중에 여성이 많다는 사실이 주요 논점이 되었고, 가난한 지역에서는 사회 혼란, 경제 악화, 생태학적 쇠퇴에 따라 가사노동의 신체적 강도가 증가한다.

가사노동의 대가

여성에게 가정은 일터만을 의미하지 않으며 물질적·비물질적 자원을 할당받는 단위이다. 제3세계 대부분의 국가에서 여성이 받는 공공 보조금은 매우 적거나 없다. 선진국에서는 국가 보조금에 의존하는 사람 대부분이 여성이지만, 남성 없이 사는 여성만이 보조금을 받을 수 있다. 그 외 여성은 보통 남성 '가장'을 통해 가족 단위로 보조금을 받는다. 임금노동에 종사하는 여성의 수는 증가하고 있으나 대부분의 여성들에게는 임금소득을 소비할 결정권이 없다(Bruce and Dwyer, 1988).

따라서 가정 내의 경제적 분배는 여성 건강에 중요한 영향을 미친다. 건강에 영향을 미치는 요인에는 식품, 물, 소득, 의료와 같은 필수적인 요소뿐만 아니라 수면 시간, 반성과 재충전, 감정적 지지, 사회적 지원, 미래의 안녕을 보장하기 위한 교육 투자 등 눈에 보이지 않는 자원도 포함된다. 공중보건 및 복지 서비스가 없는 사회에서는 사적 자원의 분배가 특히 중요하다. 결국 자원의 분배는 여성의 생과 사를 결정한다고도 볼 수 있다.

정책 결정자들과 학자들은 가족 개개인의 안녕을 최대화하는 이상적인 가정/가족 모델을 전제로 연구를 진행하고 정책을 수립해왔다(Becker, 1981). 가정 내 개인들이 서로 이타적으로 행동하며 같은 몫은 아닐지라도 각자에게 필요한 몫을 가져간다고 가정한 것이다. 그동안 부유한 국가의 사회·경제 정책에 기반이 되고, 제3세계 국가들의 개발 전략에 사용된 것은 이러한 이상적인 가정이었다.

그러나 여성 복지에 대한 관심이 가족이라는 '블랙박스'를 열게 되면서 점차 비판적인 검토가 진행되었다(Dwyer and Bruce, 1988; Kabeer, 1991; Sen, 1990a; Young, 1993: Ch. 7). 객관적 이해관계, 이해관계를 표현하는 능력, 자신의 요구를 관철시키는 능력이 가족구성원 간에 다르게 나타난다는 연구 결과가 보고되고 있다. 가족 내 영향력과 힘의 불평등은 여성과 여자아이가 자원에 접근하는 것을 극히 제한하는 결과를 낳는다.

이 장은 가사노동이 여성의 신체 건강에 미치는 영향을 탐구하는 것에서 시작한다. 그런 다음 가사노동의 감정적·심리적인 측면과 사회적 지지에 대한 여성의 접근성을 살펴볼 것이다. 이어서 여성이 노동한 대가인 식품, 소득, 시간 및 기타 가치 있는 자원이 가족 내에서 어떻게 배분되는지를 분석하고, 가정폭력의 위험에 관한 논의로 결론을 맺는다. 신체적 힘은 때때로 남성이 지닌 가장 강력한 무기이며 가정생활의 성격상 여성은 이에 저항하기 어렵다. 하지만 가정과 여성의 건강 관계를 고려할 때 가정폭력은 종종 논의에서 제외되기도 한다.

3. 여러 문화권의 가사노동에 대한 다양한 견해

 문화적 차이는 있지만 대부분의 사회에서 여성은 종종 자신의 건강을 크게 희생하면서 가족의 안녕에 궁극적인 책임을 진다. 그러나 사회·경제적 환경에 따라 그 영향은 다양하게 나타날 것이다. 영국 버밍엄의 가사노동과 양육은 미국 앨라배마의 버밍햄에서 볼 수 있는 모습과 유사하지만 상파울루 빈민가 또는 사헬(Sahel)[2]과 비교했을 때는 크게 다르다.

부족한 시간

 부유한 국가에서 여성 또는 여성의 배우자는 노동시장 및 국가와 협상해 생존 전략을 세울 수 있다. 이것은 어렵고 시간이 많이 걸리며, 심신을 지치게 한다. 가난한 여성은 임금, 공공 급여, 환급금을 모아 근근이 살아가기 때문에 건강에 주는 영향을 과소평가해서는 안 된다 (Blackburn, 1991; Graham, 1993).

 가정용 기기가 발달하고 상수도, 가스, 전기와 같은 기본적인 서비스가 도입되면서 19세기와 20세기 초에 많은 노동계급 여성을 힘들게 했던 육체노동은 감소했다(Lewellyn Davies, 1978; Oren, 1974; Pember Reeves, 1980). 그러나 여전히 여성이 전적으로 '가사노동'을 책임져야 한다. 현재 미국에서 남성은 1주일에 15시간을 가사노동에 사용하지만 여성은 1주일에 30시간을 사용한다. 그리고 서부 유럽에서는 여성이 1주일에 31시간, 남성은 11시간을 가사노동에 쓴다(United Nations, 1991: 82). 1975년 이래 여성의 가사노동 시간이 감소하고는 있으나,

---

2 사하라 사막 남부의 건조한 대초원 지역을 말한다.

이는 가사노동이 줄었다기보다 여성의 임금노동 시간이 증가한 것이다.

이와 같은 평균값은 자원이 거의 없고 아이가 어린 가난한 여성들의 무거운 짐을 은폐한다(Blackburn, 1991; Graham, 1993; Payne, 1991). 과거 20년 동안 대부분의 선진국에서 빈곤선에 있거나 빈곤선 아래에 있는 여성의 수가 급격히 증가했다(Evason, 1991; Glendinning and Millar, 1992; Scott, 1984; Zopf, 1989). 이 중 대다수는 국가의 공공 보조에 의존하는 노인 여성이나 비혼모이다. 많은 노인 여성이 생계유지에 어려움을 겪고 있으며 비혼모는 자신의 안녕을 챙길 시간과 자원이 부족한 경우가 많다(Graham, 1993; Popay and Jones, 1990).

영국에서 실시된 한 연구를 보면, 아이들을 혼자 키우는 엄마는 부모가 둘인 가구의 여성보다 건강 상태가 좋지 않았다. 무거운 양육 책임과 돈 걱정 때문이라고 여성들 대부분은 말하고 있다. 한 여성은 다음과 같이 표현했다. "당신도 아는 것처럼 여러 가지 작은 스트레스가 모이면 큰 스트레스가 된답니다"(Popay and Jones, 1990).

죽기 전까지 일하기

그러나 가사노동이 가장 힘겨운 사람은 제3세계의 가난한 여성이다(Buvinic, Lycette and McGreevey, 1983). 많은 여성이 경제적으로 어렵고 복지 서비스는 이를 도울 만큼 충분하지 않다. 결과적으로 자신과 가족이 쓸 필수품을 직접 생산하여 삶을 유지할 수밖에 없다. 돈이 없어서 살 수 없는 식품을 직접 재배해 먹는 여성이 많다. 가스, 전기보다 나무를 연료로 쓰며, 물은 수도가 아니라 가까운 곳에서 길어다가 쓴다. 따라서 가사노동을 하는 데 신체적 부담이 매우 클 수밖에 없다.

가난의 결과물을 떠안아야 하는 것도 보통은 여성이다. 이는 신체적으로 힘겨운 일을 해야 한다는 것을 뜻하며, 임신과 수유 기간 중에는 문제가 더욱 심각해진다(Dankelman and Davidson, 1988; Momsen and Townsend, 1987; Sen and Grown, 1988). 아프리카와 아시아 지역의 최근 통계를 보면 여성이 남성보다 평균적으로 1주일에 12시간을 더 일한다는 것을 알 수 있다(UN, 1991: 82). 매우 가난한 많은 나라에서는 경기 침체로 최소한의 생활수준을 유지하기 위해 1주일에 60~90시간을 일해야 한다(UN, 1991). 수백만 명에 이르는 한부모가족 여성들의 고통이 특히 심하다.

인도 카르나타카(Karnataka) 지역을 대상으로 한 연구에 의하면 청소, 세탁, 아이 돌보기와 같은 가사노동을 제외해도 여성과 아이들의 노동이 마을 총 노동력의 약 70%를 차지했다(Kishwar, 1984: 4). 이렇게 강도가 센 일은 힘이 많이 들기 때문에 사람을 쇠약하게 할 수 있다. 잠비아의 최근 연구는 많은 여성이 가사노동과 강도가 심한 농업노동을 병행하면서, 섭취한 칼로리보다 더 많은 칼로리를 소모한다는 것을 보여주었다. 결과적으로 체중이 줄어 건강을 심각하게 해칠 수 있다 (Kabeer, 1991: 29).

부유한 나라에서는 깨끗한 물이 꾸준히 공급되는 것을 당연하게 여긴다. 그러나 방글라데시의 시골 지역부터 남미의 인구과밀 도시까지, 수백만 명의 여성은 가족에게 필요한 물을 얻기 위해 매일 애써야 한다. 이는 육체적으로 매우 고달픈 일이며 시골에서는 종종 아주 먼 거리를 오가야 한다는 것을 의미한다.

물은 마시는 것뿐만 아니라 위생, 쓰레기 처리, 설거지, 아이 양육, 채소 가꾸기, 식품 조리에 필요하다. 또 가축 기르기, 농작물에 물 대기, 맥주 만들기 같은 경제적인 목적을 위해서도 필요하다. 이 모든 일에 필요한 물을 여성이 길어야 하는데 수레나 당나귀를 사용할 수 없기 때문에 보통 머리에 이고 나른다. 많은 사람들이 소량의 물을 얻기 위해 매일 몇 마일씩 걷는데, 깊은 우물에서 물을 긷는 일은 매우 어렵다. 심지어 일부 여성은 물을 길어 오기 위해 하루 동안 섭취한 식품 에너지의 4분의 1 이상을 소비한다(Rodda, 1991: 84). 도시에 사는 여성은 공중 수도를 사용할 수 있지만, 오래 기다려야 하고 목욕할 때 사생활이 보장되지 않는 것을 감수해야 한다.

이러한 조건에서는 물을 아껴야만 하기 때문에 가사노동은 더 어려워진다. 물 부족과 오염된 물 때문에 여성과 다른 가족이 병들 수도 있다. 예를 들어 설사가 아동의 주요 사망 원인이 되는 것은 깨끗한 물이 부족하다는 것과 밀접한 관련이 있다. 특히 여성의 경우 종교적·도덕적 금기로 날이 저물어 잘 보이지 않을 때까지 배변을 참아야 한다. 이것은 변비와 방광의 긴장으로 이어질 수 있으며, 성폭행 위험 또한 증가시킨다(Dietrich, 1986).

시골의 여성들은 물을 길어 오는 것뿐만 아니라 요리, 물 끓이기, 난방, 조명을 위해 필요한 연료 준비도 담당한다(Agarwal, 1986). 그러나 남성은 이같이 어려운 작업을 거의 하지 않기 때문에 이런 일은 오로지 여성들의 몫이 된다. 세계 도처에 35킬로그램의 짐을 지고 10킬로미터를 이동하는 여성들이 있다. 이동 거리는 천차만별이지만 보통 하루에 3~4시간을 왕복하며, 몇몇 지역에서는 산림의 황폐화로 시간이 점점 더 길어지고 있다(Agarwal, 1986: 17).

게다가 가족을 위해 식품 생산에 직접 뛰어드는 여성도 많다. 가금류나 작은 동물을 기를 뿐만 아니라 먹고 판매하거나 물물교환을 하기 위해 다양한 농작물을 재배한다. 팔거나 교환할 식품이 부족하면 식물 뿌리나 잎처럼 먹을 수 있는 것을 찾아 들판을 헤맨다. 날것을 가공하려면 손이 많이 가고 시간도 오래 걸린다. 마두 키시워(Madhu Kishwar)의 설명을 보면 인도의 한 지역에서 식사를 준비하는 일이 얼마나 고된지 알 수 있다.

곡물과 가루는 요리 전에 손으로 씻고 작은 돌과 먼지를 없애기 위해 체로 거르거나 끈질기게 하나씩 골라내야 합니다. 음식을 만들기 위해 1주일에 2~3일은 손으로 벼를 찧거나 밀을 빻아야 하지요. 벼는 도정하기 전에 끓여 햇빛에 말려야 해요. 벼 20파운드를 도정하려면 여성 두 명이 2~3시간 동안 일해야 하는데 혼자 하면 시간이 더 많이 걸려요 (Kishwar, 1984: 3~4).

잠비아에서는 가족들에게 필요한 하루 분량의 곡물을 빻는 데 분당 5칼로리씩 총 6시간(1,800칼로리)이 걸린다(Kabeer, 1991: 27).

따라서 많은 여성에게 가사노동은 아주 고되다. 신체적·감정적으로 힘들고 시간이 많이 걸리며 결국 지치게 된다(Popay, 1992). 임금노동과 병행할 경우 가사노동의 압박은 가중되며, 특히 물질적 자원과 사회적 지지가 거의 없는 여성의 경우에는 더욱 심각하다(Belle, 1990). 캐롤라인 화이트(Caroline White)는 사회·경제적인 박탈로 가사노동은 줄지 않으면서 노동 강도가 강화되는 현상에 주목했다. 그녀의 연구에서 요하네스버그의 한 흑인 여성 노동자는 다음과 같이 말했다.

남자들은 잘 조리된 음식과 북부 주택 지구의 남자들처럼 말끔하게 세탁되고 다림질한 옷을 찾지요. 하지만 그렇게 하기 위해서는 좋은 스토브, 평면 다리미, 수도에서 나오는 차가운 물이 필요해요(White, 1993).

4. 가사노동의 직업적 위험

가사노동은 사람을 쇠약하게 할 뿐만 아니라 여성 건강에 더욱 특별한 위협이 될 수 있다. 가정에서는 사고가 비교적 빈번히 일어나며 나이 든 여성은 사고에 더 취약하다. 오스트레일리아에서는 여성이 겪은 모든 사고의 절반이 집에서 일어난 것에 비해 남성이 집에서 사고를 겪은 경우는 21%에 불과했다. 개발도상국에서도 비슷한 상황이 나타났다(Broom, 1986: 20).

제3세계의 경우, 가정 내 사고에 대한 자료는 거의 없지만 가정에 사고 위험이 있다는 것은 확실하다. 인도 첸나이(Chennai: 전 Madras) 지역에서는 발생한 가뭄으로 밤에만 물이 나와, 여성들은 잠도 못 자고 가족에게 충분한 물을 대기 위해 아주 무거운 물동이를 들어야 했다.

> 의사의 말에 따르면 코담[3]을 들어 올리는 것은 자궁탈출증(uterine prolapse)[4]을 일으킬 수 있다고 한다. 37세의 라시미(Lashmi)가 그 예이다. 그녀는 두 명의 자녀를 둔 엄마이다. 펀칭 오퍼레이터로 일하면서 450루피를 벌지만, 지난 5개월 동안 물을 구하는 데 많은 시간을 허비했다. 펌프나 수도가 있는 곳까지 가기 위해 코담을 허리에 매고 집에서 2개 거리를 지나 물을 운반했다. 그 결과 자궁이 탈출되어 수술을 받아야 했다. 당장은 병이 회복되겠지만, 다시 무거운 것을 들어야만

---

3 인도 등지에서 물이나 우유를 담는 데 쓰는 항아리의 일종이다.
4 자궁의 일부 또는 전체가 질에서 탈출해 있는 상태를 말하며, 자궁탈(子宮脫)이라고도 한다. 증세가 없는 경우도 있으나, 하복부의 중압감이나 질 입구에 이물감을 느낄 수 있고 방광에도 영향을 미쳐 요실금 증상이 나타난다.

하는 현실 앞에서 그녀는 "내가 어떻게 해야 하나요?"라고 물었다 (Kishwar, 1984: 112).

다음에 나오는 서아프리카 부르키나파소(Burkina Faso)의 사례처럼 나무 줍기 같은 일상적인 일 또한 여성을 위험에 빠트릴 수 있다.

여성들은 상당한 용기와 에너지를 가지고 일한다. 나무를 주우러 올 때 아기도 데려오기 때문에 나뭇가지를 흔들면 아기도 같이 흔들린다. 어린 여자아이들이 따라와 도와주는데, 여성들은 나무 위로 기어 올라가 날카로운 돌무더기로 된 가파른 경사를 맨발로 걷기도 하고 절벽에 있는 나무와 씨름하기도 한다. 나무 자르는 기구와 돌이 부서지면서 넘어지고 상처 입는 경우가 흔하다(Rodda, 1991: 49).

여성이 거주하는 집은 가사노동에 영향을 주어 직·간접적으로 건강에 영향을 미친다. 노숙하는 여성이 가장 위험하지만, 집을 주는 것만으로는 충분하지 않다. 축축하고 낡은 집을 깨끗하게 하려면 더 많은 노동이 필요하며, 축축한 집은 천식, 호흡기 질환 및 폐 질환과 같은 질병과 관련이 있다(Hyndman, 1990; McCarthy et al., 1985). 남성, 여성, 아이들 모두 영향을 받을 수 있으나 여성이 집에 오래 있고 때때로 신체적·정신적으로 스트레스를 받기 때문에 가장 취약하다.

집을 관리하고 가족을 보살피면서, 여성 대부분은 통제되지 않은 채로 종종 정식 시험 과정을 거치지 않은 다양한 독성물질과 접촉하게 된다(Dowie et al, 1982; Morton and Ungs, 1979; Rosenberg, 1984). 독성물질 중 대부분은 청소 세제, 표백제, 세탁 세제, 농약, 살충제처럼 집과 정원에서 흔히 쓰이는 것이다. 미국의 보통 가정에는 복용했을 경우

의학적 조치가 필요할 정도로 독성이 있는 화학물질이 250가지가량 있는 것으로 추정된다(Rosenberg, 1984: 229). 오리건 주의 연구에서는 일반적인 생각과는 달리 직장 생활을 하지 않는 여성에게서 암 발생률이 높았다(Morton and Ungs, 1979). 연구자들은 단일한 원인을 찾기 어렵다고 강조하면서, 이른바 '가내공업(cottage industry)'에 존재하는 화학물질의 위험성에 대한 추가 연구가 필요하다고 밝혔다(Rosenberg, 1984: 353).

가난한 나라에는 영국이나 미국에서 발견되는 것처럼 가정 내 화학물질 사용에 따른 위험은 거의 없다. 그러나 수많은 여성이 농업용 화학물질에 노출된다. 많은 시골 지역에서는 나무 연료가 부족하여 요리가 더 위험해지고 있다. 몇몇 지역은 나무 대신 가축의 대변, 농작물 찌꺼기 같은 연소 물질을 사용한다. 이러한 생물학적 연료는 요리하기에 불편하고, 계속해서 불을 지펴야 하며, 연소될 때 발생하는 연기가 나무 연기보다 더 해롭다(WHO, 1984).

가정용 연료는 집안의 공기를 오염시키는 주요 원인으로 어떤 여성들은 오염이 가장 심한 도시에 사는 사람들보다도 스모크와 오염 물질을 더 많이 마시기도 한다. 한 연구에 의하면 발암물질로 알려진 벤조피렌[5]의 1일 흡입량이 담배 400개비에 들어 있는 양과 같았다고 한다(WHO, 1984). 이러한 오염은 몇몇 제3세계 여성들에게서 주로 나타나는 호흡기 질환과 안과 질환의 원인으로 알려져 있다(Chen et al., 1990; Norboo et al., 1991). 연기는 급성 기관지염, 폐렴과 같은 호흡기 질환의 원인이 되며, 영아기에 노출되면 비인후두암을 일으킬

---

5 벤조피렌($C_{20}H_{12}$)은 발암물질의 하나로 타르(tar) 따위에 들어 있으며 담배 연기, 배기가스에도 들어 있는 것으로 알려져 있다.

수 있다(WHO, 1984).

부가적인 소득을 위해 가내에서 임금노동을 하는 전 세계 여성 수백 만 명에게 집은 특히 위험하다(Allen and Wolkowitz, 1987; Roldan, 1985). 영국 요크셔 서부의 가내 노동자들에게 노동의 위험에 관해 물어본 적이 있다. 그들은 안구 건조, 두통, 요통, 긴장감에 시달리고 있었으며 기계, 절단기, 접착제, 더러움과 '무질서'의 위험을 호소했고, 몇몇은 복도와 주방에 쌓여 있는 가연성 물질의 화재 위험성을 지적했다(Allen and Wolkowitz, 1987: 141). 인도의 많은 여성은 집에서 손으로 담배 마는 작업을 하는데 그녀들의 생활은 매우 어렵다. 그중 한 여성은 이렇게 이야기했다.

> 건강 때문에 힘들어요. 나는 담배를 700개 이상은 말 수가 없고, 잎을 계속 잘라야 해서 팔이 부었어요. 마사지를 해도 소용이 없어요. 눈이 아프고 담배 냄새 때문에 천식이 생겨요(Womankind Worldwide, n.d.).

따라서 가정 내 작업장은 산업 위험에서 자유롭지 않다. 독성물질이 역치(閾値)를 넘어섰고, 효과적인 규제 방법뿐만 아니라 위험을 알기 위한 연구가 필요한 상황이다. 또한 요리 같은 가사노동을 더 안전하게 수행하기 위한 기술 혁신이 필요하다.

5. 가족의 요구, 여성의 고통과 딜레마

선진국에서는 가사노동의 신체적 위험이 아니라 심리적 위험에 관심이 많다. 다수의 연구 결과에 따르면 전업 주부는 우울증에 걸리기 쉬운데, 특히 어린아이가 있는 경우에 그러하다. 이러한 여성 우울증에 대한 연구는 일차적으로 가사노동의 특성, 낮은 사회적 지위, 가사노동이 이뤄지는 상황에 주목했다. 남녀 관계에서 나타나는 여러 불평등 또한 원인으로 알려졌다. 전업 주부가 점점 감소하고는 있지만, 가사노동은 여전히 여성의 정신건강 문제를 설명하는 중요한 이슈다.

결혼과 건강

제시 버나드(Jessie Bernard)는 미국 남성이 결혼에 대해 상당히 불만족스러워하면서도 정신건강은 여성보다 좋다는 것을 발견했다(Bernard, 1972). 반면 여성은 행복한 결혼 생활을 한다고 말하지만 남성보다 정신건강은 좋지 않았는데, 버나드는 이를 '행복한 결혼의 패러독스'라고 불렀다. 전업 주부에게서 이러한 모순이 특히 심각한데, 많은 전업 주부들이 심각한 정신과 증상이 있으면서도 결혼에 만족도가 높다고 말한다. 버나드는 이를 '주부 신드롬'이라는 용어로 설명했고, 신경증, 기절, 불면증, 손 떨림, 악몽, 어지러움, 가슴 두근거림, 기타 불안 증상이 나타난다고 했다. 그녀는 '주부 신드롬'은 허구가 아니며 "주부가 되는 것이 여자를 아프게 한다"라고 결론을 내렸다(Bernard, 1972: 48).

우울증은 전업 주부, 특히 어린아이가 있는 전업 주부에게는 직업적인 위험이다. 임상 경험과 지역사회 연구에서 집에 있는 많은 여성은 강한 좌절감을 경험하며 이는 보통 공허감, 슬픔, 무가치함을 느끼는 것으로 표현된다(Brown and Harris, 1978; Nairne and Smith, 1984). 이러한 여성의 느낌은 흔히 무시된다. 여자들은 '그러한 존재'로 여겨지며, 집은 많은 슬픔과 고통 속에 닫혀 있는 공간이다.

브라운과 해리스(Brown and Harris)는 6세 미만 아동을 온종일 돌보는 런던 남부의 노동 계급 여성을 무작위로 추출해 연구한 결과, 이들 중 3분의 1이 '임상적인 우울증'으로 분류될 수 있는 상태라는 것을 확인했다. 가까운 신뢰 관계의 부재, 아동기에 어머니의 사망이 주요 위험 인자였다. 반면 집 밖에서 고용되어 일할 경우 우울증을 어느 정도 방지할 수 있는 것으로 나타났다.

영국의 전업 주부를 대상으로 한 앤 오클리(Ann Oakley)의 연구를 보면 자신의 일을 긍정적으로 느끼는 행복한 주부는 거의 없었고 70%가 자신의 생활이 불만족스럽다고 표현했다(Oakley, 1974). 여성들은 가사노동이 단조롭고 지루하며 반복적이라고 ─ 임금노동자가 가장 스트레스를 받는 일의 특성이라고 작업 심리학자가 말하는 ─ 묘사했다. 비록 주부가 공식적으로 감독을 받는 것은 아니지만 가사노동을 하는 여성 대부분이 다른 사람들에게서나 그들 내부에서 매우 강력한 압력을 받고 있다. 샐리 조던(Sally Jordan)이라는 여성에게 가사노동이 얼마나 단조로운지를 묻자 다음과 같이 대답했다.

> 매일 똑같은 일을 하기 때문에 정말로 단조롭죠. 하지만 해야만 하는 일이기 때문에 '안 하겠다'고 말할 수 없어요. 식사 준비를 안 하면 아이가 굶기 때문에 해야 해요. 당신도 익숙해지면 자동적으로 할 거예요. 집안일을 할 때 그 시간의 절반 정도는 내가 뭘 생각하는지 몰라요. 난 거기에 없어요 ……. 난 항상 최면에 걸려요. 사람들이 말을 걸어도 안 들려요(Oakley, 1976: 147).

많은 여성이 일상적인 일에 거의 만족하지 않으며 이러한 상황은 사회가 가사노동에 부여하는 가치가 매우 낮기 때문에 더욱 악화된다. 고용된 성인은 임금을 받지만 집에서 일하는 여성에게는 동등한 보상이 주어지지 않는다. 이 때문에 자존심이 상하고 무가치하다는 느낌을 받는다. 가사노동이 무시되지는 않더라도 거의 드러나지 않으므로, 여성에게 돌봄을 받는 사람들조차도 여성이 자신을 위해 노동했다는 사실을 알지 못하는 경우가 많다.

물론 많은 여성이 가사노동의 결과로 또는 가족으로 인해 상당한 성취감을 얻고 가사노동을 하는 데 상당한 기술을 갖추게 된다. 여성은 도전과 위기에 창조적으로 대처하는 방법을 배우고, 많은 가족이 여자의 문제 해결 능력과 고된 노동 없이는 살지 못할 것이다. 그러나 여성이 하는 가사노동은 자신의 선택이 아닌 경우가 많고 개인의 자율성이 증가되는 방식으로 이루어지지도 않는다.

육아와 건강

어머니가 된다는 것은 매우 가치 있게 여겨지며, 많은 여성이 아이와의 관계를 일생에서 가장 보람 있는 일 중 하나라고 생각한다. 아이들이 성장하는 것을 보는 것은 유쾌한 일이며 어린아이의 조건 없는 사랑은 한없는 즐거움을 준다. 그러나 매일 아이를 돌보는 것은 신체적으로나 감정적으로 아주 많은 것을 소모하는 일이며, 파트너, 친구, 친척의 지원이 거의 없는 사회에서는 더욱 어렵다(Boulton, 1983; Graham and McKee, 1980; Oakley, 1981; Stevens and Meleis, 1991). 특히 처음으로 어머니가 되면 갓난아이에 대해 매우 무거운 책임을 느껴 밤에 잠을 못 이뤄 힘들어 하고 지쳐버리는 경험을 하게 된다.

여러 나라에서 이루어진 연구에 의하면 많은 여성이 출산 후 수주 또는 수개월 동안 신체적인 문제로 크게 고통을 받는다(Cartwright, 1988; Romito, 1990; Romito and Zalateo, 1992). 정확한 수치는 알 수 없지만 많은 여성들이 오랫동안 우울증을 겪으며(Romito, 1990; Stein et al.,1989), 이는 어머니가 되는 사회경제적 환경과 밀접하게 연관된다. 겉으로 '평범한' 어머니가 되기 위해 여러 가지 어려움을 감내해야 하는데, 병적으로 우울한 어머니와 그렇지 않은 어머니가 되는 것은 종이 한 장 차이다(Romito, 1993: 213).

어머니가 되는 것을 사회적 의무로 높이 평가하면서도, 여성의 관점에서 자녀 양육의 현실을 연구한 연구자는 거의 없다. 영국 사회학자 메리 볼턴(Mary Boulton)은 집에 있는 젊은 어머니들과 일련의 심층 인터뷰를 했다(Boulton, 1983). 자녀 양육 노동에 대한 어머니의 감정을 아이에 대한 사랑이나 어머니가 되는 것에 대한 반응과 분리하여 살펴보는 것이 목적이었다. 거의 3분의 2에 해당하는 여성이 아이를 돌보는 것에 의미와 가치, 중요성을 느낀다고 응답했다. 그러나 3분의 1 이상은 그렇지 않다고 대답했다(Boulton, 1983). 게다가 중간 계급 응답자의 60%와 노동 계급 응답자의 44%는 아이를 돌보는 것이 매우 화나는 경험이라고 했다. 결국 대다수에게 자녀 양육은 '자연적으로 보상받기' 어려운 전업인 셈이다.

많은 여성이 강도 높은 스트레스를 받고 있다고 언급했고, 그것이 유발되는 여러 가지 원인을 스스로 알고 있었다. 자녀 양육의 범위가 명확하지 않다는 것은 심각한 문제가 되며, 신체적이나 정신적으로도 여유가 없다고 느낀다. 한 여성은 다음과 같이 말했다.

나는 아이들이 내 삶의 전부, 특히 나의 정체성을 빼앗고 있다고 생각합니다. 아이들은 요구가 많아서 내 모든 것을 가져가고 저녁이 되면 기진맥진해져서 원래의 나 자신으로 돌아올 수 없어요. 아이들은 확실히 엄마를 정신적·신체적·감정적으로 독점합니다(Boulton, 1983: 96).

아이들은 끊임없이 엄마가 일한 것을 허사로 만들기 때문에 아이 양육과 가사노동은 충돌한다. 또 다른 중요한 문제는 핵가족 환경에서 아이를 키우기 때문에 엄마가 고립된다는 것과 다른 성인들과 중요한 관계를 맺을 기회를 박탈당한다는 것이다. 미국 사무직 노동자에 대한 연구에서 이와 유사한 경험이 많이 보고되었다(Stevens and Meleis, 1991). 이 경우 생활에 대한 압박에 더해 직장 생활까지 하고 있다.

나는 매일 요리하고, 잡다한 일을 하고, 청소하고, 식료품점에 가고, 아픈 부모님을 방문하고, 출근하고, 아이 옷을 준비하고, 점심 도시락을 준비해야 해요. 내 딸은 방과 후 활동에 참여할 수 없어요. 직장 때문에 딸을 방과 후 활동에 바래다줄 수 없기 때무이죠. 기부이 좋지 않아요. 내 자신에게 쓸 수 있는 시간이 없어요. 나는 남편과 나에게 충분한 시간을 낼 수 없어요(Stevens and Meleis, 1991: 1429).

일부 여성에게 아이들이 집을 떠나는 시간은 새로운 일을 할 수 있는 기회를 주기 때문에 긍정적이다. 몇몇 사회에서 시어머니와 할머니의 역할은 매우 가치 있게 여겨져서, 인생의 다른 어떤 때보다 자율권을 갖게 된다. 그러나 여성의 정체성이 어머니의 역할에 국한되고 사회경제적 환경이 여성에게 성장과 개발에 대한 선택권을 주지 않을 경우, 여성들에게 삶은 매우 끔찍한 것이 될 수도 있다. 이런 환경에서는 우울증과 기타 정신건강 문제가 나타날 수 있다.

돌봄 노동과 건강

다른 사람을 돌보는 여성에게서 갈등과 충돌이 자주 보고된다. 영국의 노동연령 여성 중 15%가 아프거나, 나이가 많거나, 장애가 있는 사람들을 온종일 돌보고 있다(Green, 1988). 돌봄에 대한 요구가 늘어나고 있으며 '지역사회 케어(community care)' 정책 — 현재 많은 산업사회에서 유행하고 있는 — 은 여성이 이러한 무보수 노동을 계속하는 가정을 기반으로 한다(Dally, 1988; Finch and Groves, 1983). 하지만 그러한 지역사회 케어 정책이 돌봄을 제공하는 사람들의 안녕을 개선하지 못한다는 근거가 늘어나고 있다.

영국의 많은 연구에는 돌봄의 '일상 업무'가 면밀하게 기록되어 있다(Finch and Groves, 1983; Hick, 1988). 남을 돌보는 일의 성격 — 장시간 돌봄, 야간 돌봄, 케어를 대체할 수 없는 상황에 따른 고립 — 때문에 긴장을 한다. 성인을 돌보는 것은 특히 어렵다. 아이 양육에서는 발생하지 않는 감정적 문제를 흔히 일으키기 때문이다. 부모를 돌보는 딸과 남편을 돌보는 아내는 어려운 환경에서 새로운 관계에 직면하고 지원도 거의 받지 못했다. 남편을 돌보는 영국의 한 여성은 다음과 같이 그녀의 경험을 표현했다.

장애가 있는 사람을 돌보는 것은 적응하기에 가장 어려운 일이었다. 물론 힘든 원인은 다르지만, 힘든 것은 마찬가지이다. 나는 중증 다발성 경화증(multiple sclerosis)[6]에 걸린 남편을 돌보는 신체적인 고달픔과

---

[6] 뇌와 척수 등 중추신경계를 다발성으로 침범하는 염증성 질환으로 일종의 자기면역(自己免疫) 질환이다. 이 병은 중추신경의 파괴로 오랜 시간에 걸쳐 서서히 뇌의 퇴화 현상이 나타난다. 주로 젊은 연령층에서 발생하며 미국을 비롯한 서양인에게서 많이 발견된다. 증상은 침범하는 중추신경계의 부위에 따라 다양하게 나타날 수 있다. 뇌를 침범하면 뇌의 각 부분의 기능에 따라 운동 마비, 언어 장애, 의식 장애, 사고 장애 등이 발생할 수 있고, 척수를 침범할 경우에는 사지의 운동 마비나 감각 이상, 배뇨·배변 장애 등의 증상이 나타날 수 있다. 이러한 발병이 반복되면서 신경계의 손상은 점차 축적되어 결국 심한 장애에 이르기도 한다.

내가 가장 사랑하는 사람이 그러한 병으로 고통 받는 것을 보는 정신적 스트레스 때문에 힘들었다(Briggs and Oliver, 1985: 39).

많은 여성이 능동적으로 친척을 돌보는 것을 선택하고 그렇게 하는 데 깊은 만족감을 느낀다. 그러나 어떤 사람들에게는 이러한 '선택'이 강요될 수도 있다. 여성이 친척을 돌보리라고 기대하며, 돌봄을 받는 사람 또한 여성을 선호한다(Ungerson, 1987). 여성은 대부분 높은 임금을 받지 않기 때문에 다른 사람을 돌보느라 임금노동을 하지 못하는 것에 대한 기회비용이 남성보다 적다. 그 결과 많은 여성이 독립성을 잃고 자신의 건강을 해친다. 이러한 문제는 특히 '돌봄의 삼각 순환(caring tricycle)'이라고 불리는데, 아이 양육으로 시작해 중년에는 나이든 부모를 돌보고 노년에는 병약한 파트너를 돌보는 여성에게서 뚜렷하게 드러난다.

영국과 미국의 연구 결과는 매우 유사하다. 여성이 하는 가사노동의 성격, 가사노동이 이루어지는 환경, 돌봄을 받는 사람과의 관계, 거기에 깔려 있는 불평등 모두가 정신건강에 악영향을 미친다. 이러한 문제의 크기를 가늠하기 위해, 우리는 여러 사회 환경에서 여성의 일상을 탐구한 연구를 비교해볼 필요가 있다.

6. 우울증, '신경쇠약'인가, '단순한 골칫거리'인가?

여러 문화권을 포괄하여 여성의 정신건강을 살펴본 연구는 거의 없지만 흥미로운 유사성이 보고되고 있다. 우리는 먼저 인도 남부에서의 사례를 살펴보고 남미의 연구 결과를 제시할 것이다.

인도의 사례

헬렌 울리히(Helen Ulrich)는 인도 남부의 유복한 마을에서 결혼한 브라만 여성에 관해 연구했는데, 이들에게서는 미국이나 영국 여성의 경험과 유사한 면이 있었다(Ulrich, 1987). 인터뷰한 여성의 반수 이상이 우울증 증상을 경험했다. 여성들은 식욕이나 체중 감소, 수면 장애, 무가치하다는 느낌, 평소 활동에 대한 흥미 부족을 보고했다. 그러한 느낌의 원인을 물어보았을 때 사랑하는 사람의 죽음이나 이별이라는 대답이 빈번했다.

런던 남부에서 브라운과 해리스가 인터뷰했던 많은 우울한 여성들처럼, 많은 인도 여성들이 일찍 부모를 여의었다고 응답했다(Brown and Harris, 1978). 그러나 인도에서 부모를 잃은 상실감은 죽음 때문이 아니라 결혼 관습과 여성이 자신의 운명을 조절할 수 없다는 사실에서 비롯된 것이었다. 마을 여성 대부분에게 결혼은 부모와 이별하고 새로운 집으로 이사를 가서 부모와 만나는 것이 어려워짐을 의미한다. 사춘기 전에 부모와 떨어지게 되어 상당한 충격과 좌절을 경험하는 경우도 있다.

50세인 쿠수마(Kusuma)는 12세에 결혼했다. 그녀는 아버지가 자신을 사랑한다고 생각했고, 아버지의 선택이 자신의 선택이 아니라는 것을 깨닫자 아버지에게 그 사람을 선택하지 말라고 설득했다. 신랑감이 그녀를 보러 왔고 그녀는 마지못해 음식을 대접했다. 그녀는 고집스럽게 반대했다……. 그녀는 가장 친한 친구에게 자신의 좌절을 말했고, 그들은 이별하고 싶지 않았다. 쿠수마는 결혼을 원하지 않았으며 그녀의 친구는 혼자 남기를 원하지 않았다. 그들은 두 번이나 물에 뛰어들어 자살하려고 했다. 이것이 쿠수마가 경험했던 첫 우울증이었고, 이것은

2년간 지속됐다(Ulrich, 1987: 275).

또한 딸을 잃는 것은 어머니들에게도 매우 충격적인 사건이며, 이로 인해 심리적 좌절을 겪기 쉽다.

마을 여성들이 느끼는 우울증의 가장 빈번한 원인은 과부가 되는 것이었다. 울리히의 연구에 의하면 가장 두려운 것은 남편의 죽음이었고 '임상적인 우울증'을 보이지 않는 과부가 거의 없었다(Ulrich, 1987: 277, 284). 과부에 대한 전통적인 관습—보석 착용 금지, 특별한 옷 입기, 의식, 과거에 있었던 머리 밀기—을 가장 두려워했고, 몇몇 여성들은 남편에게 받았던 개인적인 지지를 잃게 된 것이 두렵다고 말했다. 그러나 역시 과부의 가장 중요한 손실은 지위와 정체성의 상실이다.

여성의 존재는 남편과 연관되어 규정되며 남편이 없을 경우 많은 여성의 존재가 없어지고 사회에서 자리가 없어진다고 느꼈다. 극단적인 예로 1985년에 과부가 된 60세 여성은 "계단 아래 쪼그리고 앉아 있으면서, 질문을 받을 때만 자신의 존재를 표시했다"(Ulrich, 1987: 280). 비극적이기는 하지만 많은 여성의 주요 희망은 남편보다 먼저 죽는 것이다.

울리히는 연구에서 나타났던 우울증의 상당 부분이 여성에 대한 문화적 가치 절하와 여성을 집 안에 가두어두는 것 때문이라고 생각했다. 이 마을은 과거 수년간 환경이 변해 여성들이 더 많은 목소리를 내고, 교육을 받고, 집 밖에서 일할 기회가 많아졌다. 그러자 젊은 여성들 사이에서 우울증 발생이 감소하는 경향을 보였다.

'신경쇠약'의 다양한 해석

의료인류학자들은 '신경쇠약(nervios)' 현상을 이해하려고 관심을 기울였고 많은 나라에서 연구가 진행되었다(Davis and Guarnaccia, 1989; Low, 1998a). 'Nevra, nerva, nervios, nevros, ataque de nervios'와 같은 단어는 다양한 사회에서 많은 여성과 일부 남성이 경험하는 상태를 가리키는 용어다. 라틴 문화권 대부분이나 몇몇 앵글로 커뮤니티에서도 신경쇠약이 흔히 발생하는 문제로 알려져 있다.

사회 집단에 따라 이 상태(증상)의 특징은 차이가 있으나 일반적 형태는 유사하다. 불안감, 화, 슬픔뿐만 아니라 두통, 현기증, 피곤, 쇠약감, 위장 장애가 포함된다(Davis and Guarnaccia, 1989). 이 느낌에 대한 의미는 문화권마다 다르나, 남성보다 여성이 경험하는 경우가 많고 주요 촉발 요인으로 생각되는 것은 집안 환경이다. 상대적으로 증상이 약한 경우도 있으나 일부에서는 장애가 생기거나 질병에 이를 수도 있다.

신경쇠약이 흔한 커뮤니티는 대부분 빈곤하며, 주류 사회에서 벗어나 있다. 이러한 환경은 종종 이주 또는 급격한 변화 과정의 결과로 나타난다. 이와 같은 환경에서 여성은 경제·사회·정서적으로 가족과 함께하는 삶을 유지하기 위해 많은 어려움에 직면한다. 여성에게 일상생활의 모순과 가족, 커뮤니티의 비현실적인 기대에서 비롯된 압력은 매우 고통스러운 것이며, 신경쇠약은 이러한 맥락에서 잘 이해될 수 있다.

세타 로(Setha Low)는 과테말라 시 외부 재정착촌 지역에 관한 연구에서 여성 스스로 신경쇠약과 연관 짓는 많은 요인을 파악했다. 중요한 순서대로 나열하면 그 원인은 다음과 같다.

격노와 화(clera, se enoja), 비탄과 슬픔(pena), 피임약, 기타 질병, 아이의 출산, 걱정(preoccupaciones), 문제, 공포(susto), 임신, 아이 양육, 밤일, 지진과 아이의 죽음(Low, 1989b: 123).

안데스 제국인 에콰도르에서 루스 피너먼(Ruth Finerman)이 인터뷰한 시골 여성들에게서도 매우 유사한 결과가 나타났다. 신경쇠약의 절반 이상이 본인 또는 가족의 질병 내지 사망에 의한 것이었으며, 4분의 1 이상이 '자녀의 불복종과 배우자의 좋지 않은 행동(음주, 타락, 논쟁)'을 포함한 집안 문제를 언급했다(Finerman, 1989: 45).

집안 '문제'와 심리적·신체적 고통 사이의 복잡한 관계는 한 에콰도르 여성의 이야기에서 분명하게 나타난다.

> 아이가 매우 자주 아픕니다. 아이들 건강이 내 책임이기 때문에 아이와 같이 있을 때 늘 치료약을 준비해두어야 해요. 아이들은 아프면 울고, 먹지도 않고, 나를 힘들게 합니다. 상황이 정말 안 좋으면 아무 생각도 할 수 없고 …… 떨리기 시작합니다. 심한 두통이 생기고, 땀이 나고, 먹을 수도 없어요. 유일하게 내게 도움을 주는 것은 아이가 음식을 먹고 건강을 회복하는 겁니다(Finerman, 1989: 146).

매우 유사한 무기력증이 44세의 아프리카계 미국인인 메이(May)에게서도 분명히 나타나는데 그녀는 네 아이의 어머니로 현재 손자 2명을 키우고 있다. 그녀는 '나쁜 소식'으로 그녀의 상태를 규정한다.

> 나는 가끔씩 내가 할 수 없는 일을 걱정합니다. 지불해야 할 청구서가 있는데 돈을 낼 수가 없어요. 아버지는 원래 아프지 않았는데 지금은

편찮으세요. 내가 아이를 사산했기 때문이지요. 두통이 심할 때도 있어요. 신경이 약해 약을 먹어야 합니다. 아주 작은 일이 나를 갈가리 찢어놔요. 신경질적이 되어 울고, 아주 작은 일이 걱정거리가 되어 신경질이 납니다(Finkler, 1989: 173).

7. 정신적 고통의 사회적 중요성

인류학자들은 문화적 경계를 초월하여 각 사회 환경에서 고유한 의미를 지닌 '고통의 언어'가 있다고 생각한다. 우리가 살펴본 것처럼 이 감정은 서양 의학에서 불안과 우울로 표현되는 것과 유사하지만, 양상과 경험 방식은 크게 다르다(Davis and Guarnaccia, 1989: 7~8). 이러한 고통의 언어에 담긴 개인적·사회적 중요성은 다양한 방식으로 이해될 수 있다.

한편 '신경쇠약'이나 '우울증'은 여성이 일상에서 겪는 모순과 어려움에 대한 복잡한 신체적·심리적 반응으로 이해될 수 있다. 실제로 몇몇 작가들은 신경쇠약(ataque de nervios)을 문자 그대로 '여성 억압의 표현'으로 기술했다(Finkler, 1989: 174). 이는 다른 분출구가 없을 때 분노와 슬픔을 표현하기 위해 문화적으로 허용된다. 즉, 심각한 신경쇠약은 다른 방법이 없는 문제에 대해 도움을 청하거나 대체하기 위한 방법이다.

일리스 앤 바네트(Elyse Ann Barnett)는 페루 완경기 여성의 신경쇠약에 관한 논의에서 고통이 주는 서로 다른 측면을 보여주었다. 푸엔테 피에드레(Puente Piedre) 지방에서 인터뷰한 여성의 80%가 크건 작건 간에 신경쇠약을 경험한다고 말했다(Barnet, 1989: 161). 많은 여성이 아이에게 소리를 지르는 것, 모든 것에서 잘못을 찾는 것, 기분이 매우 나쁜 것을 '화'의 증상이라고 말했다. 이는 완경기의 신경쇠약이 이전에 억제되었던 감정을 표출하는 것임을 말해준다.

푸엔테 피에드레 지방에서 신경쇠약으로 고생하는 여성에게 집을 떠나 더 독립적으로 행동—영화관에 가거나 친구와 산책 가기—을 할 권리를 주었더니 신경쇠약에 효과가 있었다. 실제로 남편과 떨어지게 되자 여성들은 원하지 않는 성적·정서적 서비스를 더는 제공하지 않아도 되었다. 그래서 다른 곳과 마찬가지로 이 커뮤니티에서 신경쇠약이나 다른 형태의 신체적·심리적 증상을 협상 방법이나 자신의 삶을 결정할 만큼 힘이 없는 사람이 살아남기 위한 전략으로 파악하는 것은 매우 중요하다. 몇몇 사례의 경우 이 전략은 성공적이지만, 우리가 앞으로 살펴볼 것처럼 많은 여성이 처해 있는 환경은 이러한 전략을 사용할 여지가 거의 없다.

8. 돌보는 사람은 누가 돌보는가?

전 세계 수백만 명의 여성이 '정서적 가사노동'이라고 불릴 만한 일에 많은 시간을 소비한다. 이것은 사회관계를 유지하고 가족구성원을 조화롭게 하며 다른 사람들의 정서적 건강을 위해 고안된 활동이다. 눈에 보이지 않는 노동이지만 여성에게는 많은 부담이 된다.

> 이반 일리치(Ivan Illich)는 다른 이들의 상태와 안녕을 개선하는 정서적인 노동을 '그림자 노동'이라고 불렀던 것이다. 가사노동처럼 보이지 않는 노력으로 계산할 수는 없지만, 노동이 완성되는 데 필수적이다.

정서적 가사노동과 신체적 가사노동 후 여성의 노력은 흔적도 없이 사라지고 깨끗한 집과 환영의 미소가 가족에게 제공된다(Hochschild, 1983).

그러나 여성이 다른 사람들을 위해 미소 지을 때 누가 여성을 돌보는가? 많은 사람들이 "아무도 없다"라고 답한다. 영국과 미국의 연구 결과를 보면 여성은 가장 친밀하고 사랑하는 사람에게 기대하는 정서적 지원을 받지 못한다. 성인이 된 딸이 엄마를 지지하지만 성장한 아들과 남성 파트너는 그렇지 않다(Miles, 1988).

최근 영국의 한 연구에서 아그네스 마일스(Agnes Miles)는 우울증으로 진단받은 남성과 여성을 인터뷰했다. 반수가량의 여성이 불행한 결혼을 고통의 요인으로 언급한 반면, 남성은 대부분 일과 건강 문제를 꼽았다(Miles, 1988: 28, 42). 본인이 받는 지지를 물어보았을 때 여성 65명 중 24명만이 남성 파트너를 주요 신뢰자라고 말했으며, 관계의 질에 모두가 만족하는 것은 아니었다.

> 아이리스(Iris), 24세, 아이 없음_____ 오직 남편뿐이에요. 나에게 다른 누군가가 있었으면 좋겠어요. 대부분 나 혼자 생각합니다. 화가 나면, 다른 사람이 없기 때문에 그동안 쌓인 생각과 감정을 남편에게 말합니다. 보통은 말한 것을 나중에 후회해요. 남편도 문제의 한 부분인데 내가 누구에게 말할 수 있겠어요?
>
> 브리지트(Bridget), 29세, 4세와 7세의 두 아이가 있음_____ 내게 사람이 더 많았으면 해요. 나는 여자 친구가 있었으면 좋겠어요. 남편이 있지만 말하고 싶어 하지 않아요. 남편은 나를 이해하지 않습니다. 그는 말도 안 되는 일로 괴롭히지 말라고 말할 뿐이지요(Mile, 1988: 94~95).

많은 여성이 다른 사람에게 너무 많은 부담을 주는 것을 걱정한다고 말했다. 도움을 거절하고 지원할 가치가 없는 존재로 자신을 간주하게 될까 봐 두려워했다. 흥미롭게도 연구에 참여한 남성들은 아내에게 도움을 받는 경우 동일한 문제를 보고하지 않았다. 마일스가 표현한 것처럼 "남성과 여성 모두 남성의 일이 여성의 일보다 우선하는 것을 당연시했다"(Miles, 1988: 113).

수잔나 긴스버그(Susannah Ginsberg)와 조지 브라운(George Brown)은 런던 북부 외곽 이슬링턴에 사는 여성에 관한 조사에서 유사한 양상을 발견했다(Ginsberg and Brown, 1982). 친척, 친구, 의사가 여성의 우울증에 어떻게 대처하는지를 알기 위해 임상적으로 우울증이 있는 여성을 다시 인터뷰했다. 이 연구를 통해 우울증이 여성에게 '당연시'되고, 특히 젊은 어머니들이나 완경기 여성의 경우 더욱 그렇기 때문에 (설명할 수 없는 울음 같은) 우울 증상에 대한 관심이 부족하다는 일반적인 사실이 재확인되었다. 남편과 같이 사는 여성의 4분의 3이 거의 지원받지 못하거나 받지 못한다고 느꼈다. 예를 들면 토머스(Thomas) 부인은 다음과 같이 말했다.

"나는 남편에게 내가 얼마나 우울한지를 말했습니다. 그는 아무 말 없이 앉아 있었지요. 그가 무언가 말하고 제안했었다면 ……. 그러나 그는 하지 않았어요."

"당신이 병원에 가야 한다고 그가 말하던가요?"

"아니요. 그는 무언가 잘못되었다는 것을 깨닫지 못했어요. 그는 내가 아무것도 하지 않고 있다는 것을 알아차리지 못했어요"(Ginsberg and Brown, 1982: 93).

남편과 사는 부인 대다수는 우울증에 대해 이야기하려 했지만 대부분 성공하지 못했다. 상당수가 "모든 것이 당신 상상이야", "바보처럼 굴지 마", "그렇게 말하면 안 돼. 애 같은 행동이야"와 같은 대답을 들었다(Ginsberg and Brown, 1982: 95).

미국인 심리치료사 루이스 아이첸바움(Luise Eichenbaum)과 수지 오바흐(Susie Orbach)는 양육에 대한 성 역할 분담을 연구하기 위해 정신분석학적 방법을 사용했다. 남성은 대부분 어머니, 여성 친척에서 여자 선생님을 거쳐 아내나 여성 파트너까지 일생 동안 여성들의 돌봄을 받는다. 그 반면에 여자아이는 남성과 결혼하여 남성과 아이들에게 양육, 돌봄, 정서적 지지를 제공해야 한다는 가정하에 양육된다. 여자아이에게는 '의존적이고, 유능하지 않으며, 좀 연약해 보일 것'을 기대하지만 실제는 좀 다르다.

이러한 여성의 겉모습 안에는 자신이 어떠한 상태이든 가족 관계의 감정적인 문제를 다루어야만 할 사람, 다른 사람이 자신에게 의존하리라는 것을 아는 사람, 자신이 결코 다른 사람을 진정으로 의지할 수 없다거나 의존 상태가 만족스럽지 않다는 데 두려워하는 사람의 모습이 공존하고 있는 것이다(Eichenbaum and Orbach, 1985: 21).

이에 따라 현대사회에서 수많은 성인 여성이 가장 많은 돌봄을 제공하는 존재로 널리 알려져 있는데도 정작 그 자신은 양육과 정서적 충족에 대한 기본적인 요구도 충족하지 못하고 있다. 물론 가족이 여성에게 제공하는 사회적 지지의 양은 가족마다 매우 다양하고 여러 문화권을 일반화하기는 어렵다. 예를 들어 우리는 많은 아프로-캐러비언과 아프리카계 미국 가족의 경우 어머니와 딸의 관계가 특별히 강하여, 필요할 때 서로 지원한다는 것을 알고 있다. 확대된 친족 네트워크가 여전히 존재하는 다른 커뮤니티에서는 친척들이 지원 네트워크를 제공한다. 예를 들어 인도 브라만 계급 여성에 대한 울리히의 연구를 보면 우울한 여성의 3분의 1이 가족 내에서 뚜렷한 지원을 받았다(Ulrich, 1987: 281). 이와 유사하게 남미 등에 관한 많은 연구에서 신경쇠약 증상이 있을 때 상당한 도움이 제공되는 것을 볼 수 있었다(Finerman, 1989).

그러나 여전히 수백만 명의 여성에게는 감정적 지지가 거의 없다. 그리고 자신의 가정이 따뜻하지 않다는 걸 알게 되는 것은 선진국 여성만이 아니다. 확대가족이 전통인 사회에서조차 관계가 지원적이기보다는 경쟁적이다. 실제로 많은 문화에서 어머니와 며느리 사이의 반목이 흔히 나타난다. 전 세계 몇몇 지역에서는 경제적 이주 및 도시화와 관련된 극적 혼란으로 가사 부담이 늘어난 반면, 전통적인 지지 자원은 파괴되었다. 에콰도르 여성의 경우 노년이 더는 안락하지 않게 되었다.

> 남편이 죽은 지 11년 되었소……. 남편이 죽었을 때 심정은 칼에 벤 것 같았지. 가슴이 고동치고 지진이 난 것 같았다오. 수개월 동안 울었지. 모든 사람이 내가 나아질 것이라고 말했지만 그렇지 않았소. 나는 돌봐줄 사람이 아무도 없다오. 모두 결혼해서 멀리 오리엔테에 살고 있소. 애는 둘, 사내아이와 여자아이가 죽었다오. 이야기를 할 가족도, 친구도, 아무도 없지. 그래서 집에 혼자 앉아서 울며 벽을 쳐다본다오(Finerman, 1989: 153).

우리는 사회적 지지가 신체적·정신적 건강을 증진하고 유지하는 데 필수 요소라는 것을 알고 있다. 여성은 자신 주위의 사람들을 지지하는 데 중추적 역할을 하지만 스스로 이를 부정한다. 여유가 있는 사람들은 우울증의 '아픔'을 치료하거나 '신경쇠약'과 관련된 고통을 제거하기 위해 의사에게 가지만, 찾으려고 하는 것을 거의 얻지 못한다. 아프리카계 미국 여성 2명의 경험은 많은 것을 말해준다.

나는 병원에 가서 신경과민에 대해 다 말했어요. 그들은 나에게 문제를 겉으로 드러내고, 다른 사람들에게 털어놓으라고 했어요. 유일한 문제는 말할 사람이 없다는 거지요.

내가 의사에게 말하면 의사는 항상 나에게 약을 주면서 걱정하지 말라고 해요. 하지만 어떻게 하라는 것인지 알려주지는 않아요(Camino, 1989: 307).

9. 여성 개개인의 욕구에 맞는 자원의 배분

지금까지 우리는 여성(그리고 소녀들)이 어렵게 일하는, 때때로 여성이 남성 파트너보다 더 심하게 일하는 가정의 그림을 그려보았다. 이것은 매우 충격적인 것으로, 많은 가족이 여자아이에게 더 적게 투자하고 어머니에게 얼마 안 되는 물질적 대가를 할당한다.

가정 내 자원 할당 형태는 상당 부분 사적인 일로 남아 있다. 그러나 부유한 나라와 가난한 나라에서 수행된 최근 연구에 의하면, 건강한 생활에 필요한 소득, 부, 기타 물품에 대한 접근에 성적 불평등이 존재한다는 것이 확인되었다(Dwyer and Bruce, 1988; Pahl, 1989). 문화적 가치, 가족 및 상위 경제 단위에서 인식하는 여성의 기여도에 따라 불평등 정도가 사회마다 다르다(Papanek, 1990; Sen, 1990a). 예를 들면 여성이 사회적으로 수동적이고 취약한 방글라데시와 같은 '전통적인 가부장제' 사회에서는 이러한 불평등이 더 크고, 여성의 경제적 독립이 더 큰 사하라 사막 남쪽의 많은 지역에서는 불평등이 더 적다(Kabeer, 1991: 20~25). 그러나 일반적으로 여성은 남성보다 자원을 적게 소유하며 가난한 사람 중에서도 가장 가난한 처지에 놓일 때가 많다.

이러한 불평등이 형성되는 과정과 여성의 건강과 안녕에 영향을 미치는 과정을 규명하기 위해서는 더 많은 연구가 필요하다. 우리는 영양과 보건의료 접근에 대한 젠더 차이를 밝힘으로써 복잡한 문제를 풀어나갈 수 있다. 여성은 보통 식품 구매와 음식 준비를 담당하며 종종 식품의 생산을 담당하는데도 많은 나라의 여성이 음식을 충분히 섭취하지 못하고 있다. 일반적으로 가족 내 식품 분배에는 연령 및 성별 치우침이 있고, 가장 가난한 몇몇 제3세계 국가에서는 특히 그러하다(Sen, 1990a). 남녀 모두 음식 부족으로 고통을 받지만 여성은 특히 취약하다. 재생산이라는 생물학적 과정과 관련해 영양에 대한 요구가 증가하기 때문이다(Hamilton et al., 1984). 더욱이 몇몇 공동체에서는 사회적으로 규정된 여성의 가사노동과 농업노동 때문에 더 많은 영양을 섭취해야 한다(Mebrahtu, 1991).

월경, 임신, 수유 모두 단백질, 비타민과 무기질에 대한 여성의 필요를 증가시킨다. 정확히 측정하기는 어려우나, 임신한 여성은 일반 여성보다 1일 350칼로리, 수유를 하는 여성은 550칼로리가 더 필요하고, 칼슘은 일반적인 섭취량의 3배, 비타민 A는 2배가 필요하다(Protein-Calorie Advisory Group, 1977). 선진국과 제3세계 양쪽의 연구에 따르면 임신한 여성 상당수가 이와 같은 권장량보다 부족한 음식을 섭취했다.

1988년 런던 기반 모성연합(London-based Maternity Alliance)에 의해 수행된 연구에 따르면 일부 영국 여성들은 복지제도가 있는데도 여전히 임신 기간 중에 충분히 음식을 먹지 못하고 있었다. 보건부가 임신한 여성에게 권장하는 식이의 평균 비용은 1인당 1주 보조금의 거의 절반, 2인 부부당 1주 보조금의 3분의 1에 달하는 수준이었다(Durward, 1988). 결과적으로 정부의 보조를 받는 임신한 여성 대부분이 자신과 태아의 건강을 유지하는 데 필요하다고 권장할 만한 수준의 영양을 섭취할 수 없었다.

많은 제3세계 국가에서 가난한 여성들의 영양학적 문제는 더욱 심각하다. 이러한 문제에는 식품의 부족이 부분적으로 기여하지만, 차별 또한 한 요소이다. 식품이 풍부해도 생계를 책임지는 남성이 우선적으로 고려된다. 곤궁한 상황에서는 여성이 먹지 못할 가능성이 더 커진다.

"우리가 생선을 거의 잡지 못했을 때, 나에게 남은 건 생선 머리뿐이었어요"라고 스리랑카의 한 마을 여성이 웃으며 말했다. 출산 후 젖이 충분치 않아 걱정하는 다른 스리랑카 여인은 나에게 웃지 않고 눈물을 흘리며 말했다. "나는 수유에 좋다고 해서 일한 돈으로 루라라는 생선을 샀어요. 생선을 요리하려고 할 때 남자 형제가 들어왔습니다. 그는 생선을 보고 내게 음식을 차리라고 했어요. 이건 내 생선이고 아기에게 충분히 젖을 주기 위해 먹어야 한다고 말하자 그는 심하게 화를 냈어요. 그는 그릇을 들고 생선을 모두 개에게 던졌어요(Schrijvers, 1988: 32).

이러한 차별이 성인 여성뿐만 아니라 아이들에게도 영향을 미친다는 점이 중요하다. 여자아이는 일생 동안 남자 형제보다 더 적게 먹는다(Sundari Ravindran, 1986). '남아 선호'가 강한 사회에서는 여아가 출생 후 오래 살아남지 못하게 하는 선택적인 유아 살해가 용인된다. 여아 살해는 지참금을 줄 여유가 안 되고 딸이 여럿인 가난한 부모들의 절망적인 현실이다(Venkatramani, 1986). 그러나 당면한 상황이 무엇이든 여아 살해는 가부장적 전통이 강한 몇몇 나라에서 성차별주의(sexism)의 문화적·경제적 영향을 보여주는 증거이다(Miller, 1981).

여아가 임신과 출산 과정에서 살아남았다고 하더라도 남아보다 모유 수유 기간이 짧고, 음식도 적게 먹는다. 방글라데시 매틀랩(Matlab) 지역에서 수행된 연구는 5세 미만의 여아가 남아에 비해 칼로리 섭취량이 낮은 것으로 분석했는데, 영양학적 요구도를 보장해도 낮았다고 보고했다(Chen et al., 1981). 또한 여자아이는 단백질과 비타민 A 섭취량이 남자아이보다 더 낮았다. 결과적으로 연구 표본 중 남자아이의 5%가 영양 부족인 데 반해 14%가 넘는 여자아이들이 심한 영양 부족 상태였다. 아시아, 아프리카, 중동을 대상으로 한 연구 결과와 마찬가지로, 남자아이가 아플 경우 여자아이보다 더 자주 병원을 방문했다(Sundari Ravindran, 1986; Waldron, 1987: 201~202).

이러한 종류의 차별이 건강에 미치는 영향을 평가하기는 어렵지만 사망률에는 뚜렷한 영향을 미치는 것으로 보인다. 인도 펀자브(Punjob) 지역 연구에서 딸이 1명 이상인 가족에서 태어난 여아는 다른 형제보다 아동기에 사망할 확률이 더 높았다(das Gupta, 1987: 93). 평균기대여명이 60세 미만인 대부분의 나라에서 여자아이의 사망률이 남자아이보다 높은 데는 차별이 한 요인으로 작용했다(Waldron, 1987: 196). 유럽과 미국은 남성 100명당 여성이 106명이지만 아시아는 남성 100명당 여성이 95명이다(Sen, 1990b: 124). 파키스탄은 남성 100명당 여성이 90명이고, '남아 선호'가 잔존하고 있는 중국은 남성 100명당 여성이 94명이다(Sen, 1990b: 124).

우리는 가족 내 자원 할당이 여성 가족구성원의 신체적 안녕을 심하게 해칠 수 있다는 점을 살펴보았다. 그러나 심리적 영향을 간과해서는 안 된다. 파파넥(Papanek)이 지적한 것처럼 여성과 소녀는 다른 사람들이 그들을 대하는 태도에서 자신의 가치에 대한 메시지를 받는다. 지속적으로 차별을 경험하는 것은 자존감을 없애며, 남성을 우선시하는 풍조를 재생산하는 '여성 희생 문화'로 이어지기 쉽다(Papanek, 1990: 173).

10. 가정폭력의 신체적·정신적 피해

가정은 일반적으로 외부 세계의 위협이 없는 천국으로 간주된다. 그러나 실상은 매우 다르다. 수백만 명의 여성과 소녀들이 안전해야 할 장소에서 신체적으로, 성적으로 남성에 의해 매일 학대를 받는다.

문제의 범위

친밀한 관계에서 파트너에게 가하는 신체적 폭력은 흔히 발생하며 이러한 폭행의 90%는 남성이 여성에게 가하는 것이다(Campbell, 1992; Dobash and Dobash, 1980; Levinson, 1989). 1970년대와 1980년대 초반의 연구는 주로 선진국에 중점을 두었으며 선진국에서는 폭력이 여성운동의 주요 관심사였다. 그러나 지금은 가정폭력이 세계적인 보건 문제가 되었음은 확실하다(Heise, 1993; United Nations, 1989b). 1993년 세계개발 보고서는 개발도상국에서 강간과 가정폭력이 15~44세 여성의 전체 질병 부담의 약 5%, 선진국에서는 19%를 차지한다고 지적했다(World

Bank, 1993: 50). 가정폭력은 개발도상국에서 더 흔한데, 각 나라 국민의 수용 정도에 따라 법적 제제의 차이가 있다. 그러나 여성이 완전히 안전하다고 느낄 수 있는 곳은 아마도 없는 듯하다(Brown, 1992).

많은 사람들이 개인적인 고통이 드러나는 것을 두려워하고 부끄러워하므로, 매 맞는 여성의 수를 정확히 추정하는 것은 쉽지 않다. 실제로 영국의 한 조사에서는 전체 가정폭력의 2%만이 경찰에 신고되는 것으로 나타났다(Dobash and Dobash, 1980). 그러나 선진국에서 이루어진 많은 연구는 여성이 경험하는 가정폭력 수준이 매우 유사하다는 것을 보여주고 있다(United Nations, 1989: 20). 미국의 여러 연구에 의하면 적어도 여성의 20%가 친밀한 관계인 남성에게 신체적으로 학대당하고 있고(Stark and Flitcraft, 1991: 123), 응급실을 방문한 여성의 22~35%가 구타를 당해서 온다(World Bank, 1993: 50). 영국의 최근 연구에서도 여성 4명 중 1명이 구타당하고 있으며 노르웨이도 유사한 수치를 보여준다(Andrews and Brown, 1988; Schei and Bakketeig, 1989).

현재 드러나는 증거에 따르면 일부 제3세계 국가에서는 폭력이 더 많이 발생한다(Cox, 1994; Heise, 1993). 파푸아뉴기니 법률위원회의 광범위한 조사를 보면 일부 지역에서 3분의 2 이상의 아내가 가정폭력을 경험한 것으로 드러났다(Gillet, 1990: 36). 전통적인 규제를 완화시키는 도시화와 급격한 사회 변화가 가정폭력을 증폭시키는 것으로 보인다. 유사한 현상이 남아프리카의 연구에서도 나타났는데 아파르트헤이트(Apartheid)[7] 기간 중 모든 인종 그룹에서 남성 지배가 강화되

---

[7] 남아프리카공화국의 극단적인 인종차별정책과 제도를 말한다. 원래는 분리·격리를 뜻하는 아프리칸스어이며, 백인우월주의에 근거한 인종차별이 17세기 중엽 백인의 이주와 더불어 점차 제도로 확립되었다. 1948년 네덜란드계 백인인 아프리카나를 기반으로 하는 국민당의 단독정부 수립 후 더욱 확충·강화되어 아파르

었다(Armstrong, 1994). 최근 연구를 보면 약 61%의 동거 관계에서 신체 폭력이 있는 것으로 추정된다(Motsei, 1993: 1). 또 내전 때문에 파키스탄에 난민으로 사는 아프가니스탄인 사이에서 여성에 대한 폭력이 증가한다는 증거가 있다(Bradley, 1994: 18). 세계적으로 여성 난민은 남성 폭력에 특히 취약하다(Cox, 1994).

인도에서는 가정폭력이 여성운동의 중요한 초점이 되어왔다(Gandhi and Shah, 1992: Ch. 3; Mies, 1986). 1983년까지 아내 구타가 범죄로 규정되지 않았으며 그 이후로도 법률은 남성 가해자에게 거의 죄를 묻지 않았다(Das, 1988). 도시 여성과 시골 여성, 노동 계급과 중간 계급, 젊은 여성과 나이 든 여성 모두가 학대의 대상이지만 가장 널리 알려진 학대는 인도와 방글라데시에서 행해지는 이른바 '지참금 살인(dowry murders)'이다. 이 경우 젊은 여성은 학대받다가 결국 남편과 남편의 가족이 부인이 결혼할 때 가져온 돈과 물건에 만족하지 못하기 때문에 죽임을 당한다. 많은 여성이 불타 죽었으나 '등유 스토브 요리 사건'* 한 건만이 유죄를 선고받았다. 1990년 경찰은 공식적으로 인도 전역에 지참금으로 인한 사망을 4,835건으로 기록했으나 아마다바드 여성 활동 그룹(Ahmedabad Women's Action Group)은 구자라트(Gajurat) 주에서만 매년 1,000명이 화형당한다고 추정했다(Heise, 1993: 175). 15~24세에 사망한 뭄바이 여성 4명 중 1명이 '화재 사고'로 죽었다고 공식적으로 발표되기도 했다(Karkal, 1985).

남성과 사는 여성 중 상당수가 폭력으로 건강이 손상되거나 사망한다. 문화적 차이가 있기는 했지만 수백만 명의 여성이 구타당한 경험을 공유하고 있으며, 즉시 용서하는 것이 아내나 어머니로서 그들이

---

* 트헤이트로 불리게 되었다.

하는 행동이다. 신성한 가정에서 임신이 여성에게 가해지는 폭력을 증가시킨다는 점은 모순적이다. 미국에서는 여성이 임신했을 때 파트너에 의해 구타당할 확률이 뚜렷하게 높은 것으로 나타났다(McFarlane et al., 1992; Stark and Flitcraft, 1991: 135).

가정폭력의 실체

신체적인 구타에는 밀기, 치기, 발로 차기, 머리카락 잡아당기기, 곤봉으로 때리기, 찌르기, 쏘기, 염산이나 뜨거운 물 붓기 등이 있으며, 이러한 구타로 심각한 상해를 입는다. 흔히 강제적인 섹스는 학대의 한 부분이다. 파푸아뉴기니 연구에서 남편의 섹스 요구가 아내를 때리는 주요 요인 중 하나라는 것이 밝혀졌다(Bradley, 1994: 17). 남미의 매 맞는 아내에 대한 연구에서는 30~58%의 여성이 남편에게 강간당했다고 말했다(Cox, 1994: 135).

폭력을 당한 사람들에 대한 영국의 연구에서, 거의 80%의 여성이 남편이 가한 상해로 한 번 이상 의사를 방문했다고 보고했다(Dobash and Dobash, 1980). 거의 40%는 다섯 번 이상의 상해로 의학적 치료를 받았고, 도움을 청하는 것을 남편이 막았다고 말한 여성이 많았다. 영국의 쉼터(refuge) 여성에 대한 또 다른 연구에서는 여성의 4분의 3이 3년 이상 폭력을 참아왔으며 3분의 1은 생명을 위협하는 공격을 당하거나 골절 등 심각한 상해로 입원한 것으로 나타났다(Binney et al., 1981). 많은 경우 폭력은 만성적이 되며 일부 여성은 '연속적인 희생자가 된다고' 한다. 장기간 학대에 대한 소름 끼치는 이야기가 요하네스버그 알렉산드라 타운십 클리닉에서 보고되었다.

B 부인은 1989년 10월 주먹과 벽돌로 공격당했다. 그녀는 여러 곳에

상처를 입었고 턱이 부어올랐으며, 진통제를 맞고 퇴원했다. 4개월 후 나이프로 어깨 부위를 찔려, 봉합 후 진통제를 맞고 퇴원했다. 신체적 손상 외에도 B 부인은 세 번이나 성병으로 클리닉을 찾았다. 그때마다 남편도 함께 치료받을 것을 권고했지만 남편은 거절했다. 마지막 방문 시, B 부인은 병으로 맞아 아래 입술이 잘렸고 치아가 부러졌다. 상처를 꿰매고 치과로 이송되었다(Motsei, 1993: 20).

일부 사례에서 여성은 치명적인 상해를 입었다. 대부분의 나라에서 여성은 다른 어떤 가해자보다 남성 파트너에 의해 살해당할 가능성이 더 크다.

구타의 심리적 영향

가정폭력은 신체적 피해와 함께 심리적 고통과 상처를 동반한다. 감정적 폭력이 신체적 학대보다 더 흔하며 가장 오랫동안 고통을 줄 수 있다. 쉼터에서 인터뷰한 영국 여성 중 3분의 2 이상이 정신적인 끔찍함이 집을 떠나게 된 주된 이유 중 하나라고 밝혔다(Binney et al., 1981). 대부분 매 맞는 여성은 다음 공격에 대한 불안으로 쇠약해지고 매 맞은 것에 대해 충격을 받을 뿐 아니라 화를 내고 씁쓸해한다. 그녀들은 사랑하는 사람에게 맞기도 한다. 많은 사람들에게 외상후 스트레스장애(post-traumatic stress disorder: PTSD)[8]가 나타나는데, 실제

---

[8] 신체적인 손상과 생명을 위협하는 심각한 상황에 직면한 뒤 나타나는 정신적인 장애가 1개월 이상 지속되는 질병으로, 전쟁, 천재지변, 화재, 신체적 폭행, 강간, 자동차·비행기·기차 등에 의한 사고로 발생한다. 생명을 위협하는 신체적·정신적 충격을 경험한 후 나타나는 정신적 질병이며, 증세는 개인에 따라 충격 후에

로 미국에서 성적으로 학대받고 신체적으로 공격당한 여성들은 외상 후 스트레스장애로 고통을 받는 가장 큰 집단 중 하나이다(Koss, 1990: 375).

많은 연구에서 가정폭력을 당한 여성에게 우울증과 약물 남용이 증가하는 것으로 보고되었다(Andrews and Brown, 1988; Koss, 1990: 376; Plichta, 1992; Stark and Flitcraft, 1991: 123). 수년간의 폭력은 대안을 찾기 어려운 상태로 만든다. 신체적 위협은 경제적 의존을 강화시키고 '학습된 무력감'을 유발하여 폭력에서 벗어나기 어렵게 한다(Walker, 1979). 사회사업가, 경찰, 기타 기관에서 지원을 받기 위한 시도는 더한 굴욕감으로 이어질 뿐이다(Stark and Flitcraft, 1991). 따라서 여성은 피신처가 없는 상태로 남겨지고, 결국 남성 폭력을 용인하는 가족 관계에 묶이게 된다(Counts et al., 1992).

일부 여성은 자살을 유일한 탈출구로 느낀다. 연구에 따르면 미국의 매 맞는 여성 중 30~40%가 일생에서 한 번은 자살을 시도한다(Stark and Flitcraft, 1991: 141). 역설적이지만 많은 사회에서 힘없는 사람들은 자살을 통해 자신의 삶을 스스로 조절할 수 있다고 느끼며, 이는 잘 알려진 문화적 현상이다(Counts, 1987). 1985년 뉴기니 지역에서 전체 자살 시도자의 3분의 2, 자살자 9명 중 8명이 여성이었고 대부분이 구타를 당했었다.

말하려고 시도했을 때 반복적으로 구타를 당한 한 여성은 '나쁜 기분(ailolo sasi)'을 가진다고 말했다. 이는 화, 부끄러움, 좌절이 복합된 것으

나타나거나 수일에서 수년이 지난 후에 나타날 수도 있다. 주로 과민반응, 충격의 재경험, 감정 회피 또는 마비와 같은 증세가 나타나며, 알코올이나 약물 남용, 자해적 행동과 자살 시도, 직업적 무능력, 대인관계 장애가 나타날 수도 있다.

로 사람을 자살로 몰고 간다(Counts, 1987: 200).

11. 결론

제2장에서는 가정환경의 몇몇 주요한 특징을 살펴보았다. 여성 대부분이 자원, 권리, 책임에 대해 남성 파트너, 다른 가족구성원과 복잡한 협력 및 갈등 과정을 겪고 있다(Sen, 1990). 데니즈 칸디요티(Deniz Kandiyoti)는 이러한 협상 과정을 '가부장적 거래'라고 칭했다(Kandiyoti, 1988; Kabeer, 1991). 우리는 여성에게 주어지는 책임과 분배되는 자원이 일치하지 않으며, 그 결과는 종종 여성의 안녕에 해가 된다는 것을 알 수 있었다.

이 패러독스는 뒤에 더 논의할 것이다. 섹스, 출산, 출산 조절, 임신 모두 가족 내의 협상 및 갈등 영역이고, 이에 대한 여성의 선택권은 매우 제한적이다. 임금노동에 종사하기 위해서도 가족 안팎에서 복잡한 거래가 필요하다. 마지막 장에서는 여성의 건강에 많은 영향을 끼칠 수 있는 가족 내 결정에 대한 영향력을 높이기 위해 '가부장적 게임'의 규칙에 대응하는 방법에 중점을 둘 것이다.

읽을거리

J. Bruce and D. Dwyer, *A Home divided: women and income in the third world*, Stanford(CA: Stanford University Press, 1988).
가정 내 자원 분배에 대한 논문 모음이다. 건강에 중점을 두었으며, 많은 여성이 자신의 안녕을 위해 투쟁하는 사회경제적 배경에 대한 훌륭한 안내서이다.

M. Davis, *Women and Violence: responses and realities worldwide*(London: Zed Press, 1994).
세계 여성폭력에 대한 논문을 모은 뛰어난 책으로, 다양한 사회적 배경에서 여성이 보이는 반응에 대해 매우 포괄적으로 설명하고 있다.

Graham, H., *Hardship and Health in Women's Lives*(Brighton: Harvester Wheatsheaf, 1993).
영국에서 아이를 키우는 여성의 일상적인 삶에 빈곤이 미치는 영향을 밝힌 중요한 연구다. 여성 사이에 존재하는 다양성뿐만 아니라 다른 사람들을 보살피면서 겪게 되는 여성의 건강 위험을 강조했다.

Ravindran, Sundari, *Health Implications of Sex Discrimination in Childhood: a review paper and an annotated bibliography*(Geneva: WHO/UNICEF, 1986)
많은 사회에서 존재하는 소녀에 대한 편견과 관련된 최신 근거를 살펴보았다. 문헌을 종합했을 뿐만 아니라 편견을 방지하는 일련의 활동을 제안했다.

Russo, N., Overview, "forging research priorities for women's mental health," *American Psychologist*, vol.45, no.3(1990), pp.368~373.

미국에서 이루어진 여성과 정신건강 관련 주요 연구를 정리했으며, 여성 정신건강과 가정환경 관계의 주요 측면에 대한 유용한 참고문헌을 포함하고 있다.

United Nations, *Violence Against Women in the Family*(Vienna; Centre for Social Development and Humanitarian Affairs, 1989)
가정 내 여성폭력에 대한 정보를 요약한 첫 번째 국제 보고서로 폭력의 양, 결과, 원인을 다루고 가능한 대응법에 관해 논의했다.

제3장

안전한 섹스?

SAFE SEX?

1. 서론

이 장에서는 이제까지 거의 밝혀진 바가 없는 여성의 성생활과 건강 간의 관계를 살펴보고자 한다. 간단히 말하면 '남성과의 성생활이 여성의 건강에 좋은가?'라는 질문에 관한 것이다. 출산 조절(birth control)이나 출산과 관련된 쟁점을 토론할 때, 해당 주제의 관련자뿐만 아니라 여성주의자조차 여성의 성생활이 건강에 미치는 영향을 간과해왔다. 이 장에서는 여성의 안녕을 향상시키거나 저해할 수 있는 중요한 요소로서의 성생활에 초점을 맞추려고 한다.

이 장의 주제는 여성의 삶 중 많은 부분을 차지하는 남성과의 성생활이다. 이성 간의 성생활로 논의의 초점을 제한하는 것은 레즈비언 섹슈얼리티의 정당성이나 중요성을 무시하는 것이 아니라 여성이 직면하는 성적 위험 대부분이 남성 파트너와의 경험과 관련이 있다는 현실을 반영한 것이다. 물론 사회경제적 생활의 많은 영역에서 발생되는 낙인과 차별 때문에 레즈비언의 성 정체성이 여성의 건강에 악영향을 미칠 수도 있다(Stevens, 1992). 그러나 아직까지는 남녀 간의 성생활보다 여성 간의 성생활이 더 안전하다고 알려져 있다.

2. 이성 간의 섹스는 여성에게 이로운가?

인간의 성이 빅토리아 식 점잔 빼기의 그늘에서 탈출했다는 것은 현대의학적·심리학적·사회학적 담론에서 주목할 만한 특징이다. 일부 지역에서는 이러한 자유주의 때문에 어머니와 할머니 세대가 경험한 것보다 성적 관계의 다양성을 더 많이 경험하게 되었다.

수많은 여성이 이제 그들의 삶에서 성적 즐거움을 기대하고 있으며, 이를 위해 기꺼이 투쟁하고 있다는 것은 의심할 여지없는 현실이다. 여성의 성적 즐거움에 대한 새로운 기대를 충족시키기 위해 많은 남성이 오래된 성적 습관을 바꾸기 시작했다. 남성들은 마지못해 그렇게 할 수도 있고, 또는 여성들이 무엇을 원하는지 물어보지도 않고 하는 경우도 있다. 그러나 성이 남성뿐만 아니라 여성에게도 기쁨을 준다고 기대할 수 있는 것 자체가 매우 중요한 역사적 변화이다(Valverde, 1985: 36).

그러나 이러한 발전에 대해 과대평가를 하는 것은 좋지 않다. 많은 사회에서 여성 및 여성의 성에 대한 태도는 세대를 넘어서도 거의 변하지 않았으며, 여성에게는 자신의 성적 선택을 지지하는 사회경제적 자율권이 거의 없다. 이슬람교, 힌두교를 비롯한 많은 종교의 근본주의 부활과 더불어, 최근 미국에서 대두된 '신우파'는 성에 대한 초기의 보수적 태도로 회귀한다는 것을 의미한다. 따라서 여전히 여성 다수가 경험하는 섹슈얼리티의 주된 영역은 전통적인 이성애 커플이라고 할 수 있다.

이성애에 대해, 이성애의 '자연스러움'에 대해 의문을 제기하는 것은 매우 위험한 것으로 간주된다. 마리아 발베르데(Maria Valverde)가 지적한 것처럼 오늘날 이성애는 너무 팽배해 있어 "물고기가 물을 의식하지 못하는 것과 비슷하다"(Valverde, 1985: 83). 성인 여성 대부분은 이성 간의 성생활과 연관된 관계 속에 살고 있다. 이러한 관계가 개인의 '로맨틱한 사랑'인지 아니면 가족과 친척 집단과의 협상으로 결정된 집단 계약의 한 부분인지와는 무관하게 성인 여성 대부분은 표면적으로 이에 동의한다. 더욱이 많은 여성이 결혼하고 어머니가 되는 것을 자신이 존재하는 주된 이유로 여기도록 교육받았다. 그러다

보니 이러한 관계에 깊숙이 존재하는 성적 활동이 여성의 건강에 위해를 끼칠 수 있다는 사실을 어떻게 알릴 수 있는가?

확실히 남성과 여성 간의 '섹스'가 항상 동일하지는 않다. 이것은 역사, 사회, 계급과 인종, 개인에 따라 다양하다. 또한 같은 사람이라도 상황과 발달 단계에 따라 다르다(Weeks, 1986). 이것은 자연스럽고 본능적인 생리적 행동일 뿐만 아니라 복잡하고 고도로 상징화된 방법을 통해 사회적으로 구조화된 행동이다(Foucault, 1979). 그러나 시간과 장소에 따른 차이가 있는데도 섹스에서 핵심 요소가 무엇인지, 대다수 문화권에서 성 행태가 어떠한지를 말할 수는 있다.

이성애에서 '정상'으로 여겨지는 일반적 형태가 있는데, 이와 다른 성적 정체성과 습관은 정상에서 벗어난 것으로 받아들여진다. 이성애의 본질은 페니스가 여성의 질에 삽입되고 뒤이어 사정하는 남성의 오르가슴 과정과 동시에 진행되는 것으로 여겨진다. 여성이 종종 '요부'로 묘사되기도 하지만 성은 일차적으로 남성 욕망의 관점에서 정의되었고 여성은 남성의 열정을 수동적으로 수용하는 존재로 간주된다. 많은 여성주의자들이 지적하는 것처럼 이 같은 섹스 방식이 여성의 성적 즐거움과 양립하기는 어렵다(Holland, Ramazanoglou and Scott, 1990: 508). 이보다는 이러한 일반적인 이성과의 섹스가 여성의 건강과 어느 정도 양립할 수 있는지를 질문하는 것이 더 타당할 것이다.

일부 여성은 이성애의 근본적인 원칙은 여성의 안녕에 긍정적으로 기여할 수 없다는 것이라고 생각한다. 이들은 모든 이성 간의 섹스가 신체적·심리적으로 남성이 주도한다고 주장하며 섹스 자체가 본능적으로 폭력적이고 통제가 불가능하다는 특성을 지닌 남성 정욕의 피할 수 없는 산물로 본다. 여성 자신이나 다른 여성 모두가 남성 권력의 무한한 강화로 피해를 입기 때문에 이성 간의 섹스를 피해야 한다고 조언하는 여성 집단도 있다(Daly, 1979; Dworkin, 1981; Rich, 1980). 이들은 이성애를 여성에 대한 남성 지배의 열쇠로 규정하고 금욕주의, 자위, 동성애를 여성 건강을 위한 바람직하고 건강한 선택으로 여긴다.

그러나 이와는 다른 관점을 지닌 여성주의자들은 이성 간의 섹스가 반드시 여성에게 위험한 것은 아니라고 주장한다(Segal, 1987; Snitow et al., 1984; Vance, 1984). 이들은 여성 중 상당수가 이성애를 통해 극도의 쾌락을 느끼고 이성애가 정서적인 요구를 충족해준다고 생각하는 점을 강조한다. 이성애에 도사리고 있는 위험은 인정하지만, 이것이 반드시 부정적이며 언제나 여성을 위험에 빠뜨린다는 것에는 동의하지 않는다.

여성의 삶에서 성적 위험과 성적 쾌락 간의 긴장은 매우 강력하다. 성애(sexuality)는 구속, 억압, 위험의 영역인 동시에 탐구, 즐거움, 주체적 행위(agency)의 영역인 것이다(Vance, 1984: 1).

남성과의 섹스가 여성에게 즐거움을 주는 동시에 어머니가 되는 수단이라는 것은 의심할 여지가 없다. 물론 원치 않는 상황에서 남성과 섹스를 하게 될 때 여성은 고통과 건강상 위해를 입을 수 있다는 점도 명백하다. 그러나 여성 대부분이 어떻게 느끼는지와 상관없이 전 세계에서는 상대적으로 극소수의 여성만이 성생활의 본질을 결정하는 위치에 있다. 따라서 이성애를 어떻게 더 건강하고 만족스럽게 할 것인지를 결정하기 위해서는 잠재적 위험을 좀 더 명확하게 규명하는 것이 중요하다.

대부분의 경우 섹스에서의 남성과 여성의 권력 차이는 광범위한 맥락에서의 남성과 여성의 관계와 마찬가지로 명백하다. 린 시걸(Lyn

Segal)이 「남근의 기능 부전이 만들어낸 심리적 손실」이라는 논문에서 지적한 것처럼 남성 개개인은 여성과의 섹스에서 주도권이 있다거나 대담하다고 느끼지 못한다(Segal, 1990: 218)라고 했다. 그러나 남성의 여성에 대한 성적 강압은 묵인될 뿐만 아니라 기대되고 심지어 장려되기까지 한다. 더욱이 남성 권력은 그 자체로 또는 자동적으로 여성을 성적으로 만족시킬 수 있다는 믿음이 팽배해 있다. 이처럼 이성애적 관계에서 사회적으로 허용된 남성 지배는 여성 건강에 다양한 영향을 미칠 수 있다.

모두가 원한다기보다는 단순히 기대되거나 요구받는 성생활이 여성의 정신건강에 주는 시사점을 살펴봄으로써 이 논의를 시작하려 한다. 이성 간의 '의무적'인 섹스가 있는 관계에서 여성은 종종 심리적 고통을 호소한다. 이는 애정 없이 이루어지고 때로는 노골적인 적대감을 표현함으로써 여성의 감정적 안녕에 심각한 영향을 준다. 수백만 명의 여성과 소녀가 몸 위나 몸 안에서 벌어지는 성적 행태에 찬성하지 않는다. 또한 다른 사람들 앞에서 무력에 의해 이와 같은 행위의 대상이 될 때, 원치 않는 섹스는 강간이나 성폭력이 된다. 우리가 쉽게 볼 수 있는 것처럼 이러한 공격으로 겪게 되는 신체적·심리적 폐해는 매우 심각하다. 여성이 섹스 자체가 아닌, 그것이 전염시킬 수 있는 질병에 의해 위해를 입는 경우도 조사했다. 이러한 질병의 상당수가 여성과 남성 모두에게 영향을 주지만 생물학적 특성과 사회적 불평등이 결합된 결과, 여성이 특히 취약하다. 이 장의 마지막에서는 '여성 생식기 절단'에 관해 논의할 것이다. 여성의 생식기 절단은 여성이 성적 잠재성을 깨닫지 못하도록 지속적으로 막는 내·외부적 지배력을 보여주는 강력한 상징이다.

3. 자신의 욕망에 충실하기

'성생활은 사람에게 좋다'라는 주장도 있지만, 정신건강 및 신체적 질병과 특정한 성적 행태의 유형을 연결 짓는 공식적인 근거는 거의 없다. 더구나 이러한 주장 대부분은 서로 다른 성과 성적 취향을 지닌 사람들이 경험하는 섹스의 객관적 실재와 삽입 현상의 차이를 무시하는 무성적 개념의 '성'을 전제로 한다. 당연히 이러한 주장은 이성과의 섹스가 여성의 정신건강에 미치는 영향을 이해하는 데 거의 도움을 주지 못한다.

선진국에서는 '억제된 욕망이라는 병'으로 도움을 청하는 사람들 중 여성의 비율이 두드러지게 높다(Richgels, 1992). 그 이유는 복잡한데, 부분적으로는 성적 관계에서 발생하는 모든 문제를 여성의 탓으로 돌리는 경향이 있기 때문이다. 또한 남성의 욕구를 우선시하는 이성 간의 섹스에서 많은 여성이 거의 즐거움을 얻지 못한다는 점 또한 중요하다. 욕망의 결여는 그 자체가 고통, 낮은 자아 존중감 ─ 특히 성적 만족감의 가치를 높게 평가하는 문화에서 ─ 의 원인이 될 수 있다. 이러한 피해는 여성이 자신의 희망에 반하는 성적 행동에 참여하도록 강요받았다고 느낄 때 더욱 커진다.

의사들이 '리비도(libido)의 상실'이라고 부르는 것은 종종 우울증의 증거라고 여겨진다. 따라서 여성의 욕망이 억제되는 것이 정신건강 문제의 원인이 아닌 증상으로 간주된다. 그러나 성생활을 하지 않는 것을 원하지 않는 섹스가 정신적 고통을 야기하는 상황을 피하기 위한 이성적인 반응이라는 해석도 가능하다. 강제적인 성행동이 불안과 우울의 주요 원인이라는 것은 명백하다. '일상적인' 섹스 역시 중요하지만, 이는 많은 여성의 자율권이나 자존심을 앗아가는 복잡한 원인 중에서 아주 소홀히 취급되는 요소이기도 하다. 거부하지 못하거나 원하지 않는 여성의 성에 대한 이야기는 매우 드물며, 특히 여성의 성적 관심이 거의 표출되지 않는 사회에서는 이러한 이야기를 좀처럼 찾기 어렵다. 그러나 이와 같은 경험에는 매우 많은 의미가 내포되어 있으며, 정신건강의 표준적 정의에 모순될 만한 성적 욕망에서의 소외감, 무력감, 감정 부재가 포함되어 있다.

최근 수행된 연구에서는 젊은 영국 여성들이 초기 성경험에서 광범위한 중압감을 받았다고 보고했는데, 이 중 상당수는 섹스의 주목적을 성기 삽입에 둔 남성이 섹스를 강요한 것처럼 느꼈다고 응답했다. 조사 대상자의 약 25%가 남성의 압력으로 원치 않은 섹스를 했다. 이와 같은 압력은 섹스를 하자는 그리 강하지 않은 강요부터 위협, 폭력, 강간에 이르기까지 다양하다. 연구자들은 "단지 소수의 여성만이 섹스를 거부한다는 의견을 밝히고 이러한 의견이 중요하게 받아들여지는 관계로 발전시킬 수 있었다"라고 보고했다(Holland et al., 1990).

유사한 결과를 보여주는 다른 연구도 발표되었다. 다양한 사회적 계층의 영국 여성 60명을 대상으로 한 리즈 켈리(Liz Kelly)의 연구에서는 대상자의 3분의 1 미만이 첫 번째 섹스에 대해 긍정적으로 느꼈다고 응답했다(Kelly, 1998: 82). 한 젊은 영국 여성은 다음과 같이 전혀 기쁨이라고는 찾아볼 수 없는 단어를 나열했는데 이는 매우 일반적인 경험으로 보인다. "나는 17세였다. 한 파티에서 내 남자 친구는 강제로 나를 2층으로 데리고 갔다. 모든 것이 너무 빨리 끝나버렸고 나는 어떤 만족감도 없었다. 나는 자발적이지도 않았다"(Hamblin, 1983: 110).

이러한 반응이 보편적인 것은 아니다. 이성애를 즐기며 감정적으로 건강하고 성적으로 완성된 성인기로 발돋움하는 중요한 단계를 경험하는 여성들도 있다. 그러나 다수의 연구가 현재 이러한 여성은 소수라는 것을 시사하고 있다. 특히 신체 및 심리적 외상이 될 수 있는 '처녀성의 상실'이라는 사회적 의식이 결혼과 연관되는 문화에서는 더욱 그러하다.

성인이 되어서도 많은 여성이 유사한 경험을 하는 것으로 보이는데, 이성애는 '계약'의 일부로 여겨지고 여성이 즐기거나 바라지 않아도 경제적·가정적 압력에 의해 정기적인 성생활을 강요받는다. 사회학자 켈리에게 한 영국 여성이 말한 것처럼 어떤 경우 성적 압박은 교활하기까지 하다.

> 마크(Mark)와 같이 살 때, 일을 마치고 집으로 돌아오면 기진맥진해서 그냥 쓰러져 자고 싶었다. 그가 나를 껴안고 만지기 시작하면 '오! 여기서 또 일을 해야 하는구나'라는 생각이 들었다. 이것은 집세를 지불하는 것과 같은 의무이다. 내 머리 위에 지붕이 있고 나는 집세를 지불해야 하는 것이다(Kelly, 1988: 110).

한 뉴질랜드 여성이 니콜라 가비(Nicola Gavey)에게 다음과 같은 말을 했다.

> 언제나 그렇듯이 일주일에 몇 번 밤샘을 하곤 했는데, 그는 항상 아침에 섹스를 원했고 그가 원하는 대로 해줬어요. 일어나서 섹스를 하고 차를 마시고 아침을 먹고(웃음), 정말이지 나는 전혀 섹스를 즐기지 않았죠. 내 말은, 나는 그런 것에 의문조차 갖지 않았던 것으로 생각된다는 거예요. 나는 내 감정에 맞추지 않았고 그렇게 할 수도 없었다고 생각해요(Gavey, 1993: 102).

남성에게 성적 기쁨을 주기 위해 자신의 욕구를 희생하는 여성이 느끼는 압력은 다른 사회적 맥락에서도 많이 보고되고 있다. 앤 코넬리슨(Ann Cornelisen)은 남부 이탈리아의 한 마을에서 여러 해 동안 생활하고 나서 그녀 주위의 여성들에 대해 다음과 같이 서술했다.

피할 길이 없다. 여성들은 대부분 불타는 욕망에 시달리지 않지만, 남성들은 그렇게 생각했고 여성들은 남성들이 그렇게 생각하도록 놔두었다. 여성들은 본능적으로 매우 실용적이어서 남성이 그런 환상을 갖도록 내버려둔다. 다른 것은 아무것도 갖고 있지 않은 남성에게 성생활의 중요성이 어떠한 것인지 알고 있기 때문이다. 혼자 있을 때 남편의 성적 매력을 자랑하는 부인은 자신 있게 똑같은 말을 한다. "그는 아주 세지. …… 그는 아주 아주 빨라. ……"(Cornelisen, 1977: 20).

미국의 인류학자 둘리 워스(Dooley Worth)도 뉴욕 시내의 에이즈 예방 클리닉에서 같이 일한 여성 그룹에서 유사한 경험을 했다.

센터의 강좌에 참여한 모든 여성은 사랑받으려는 욕망을 표출했다. 몬테피오르(Montefiore) 프로그램에 참여하는 한 마약 중독 여성은 "사랑은 단지 성적으로 원하는 것이 아닌 이해받는 것을 의미한다"라고 말했다. 여성들은 남성들이 애정과 성적 욕망을 혼동한다고 끊임없이 불평했다. 이러한 감정은 특히 목소리를 높여 성생활에 대해 불만을 표현하고 파트너의 성적 행동과 기술을 경멸하던 푸에르토리코 여성들에게서 두드러졌다(Worth, 1989: 302~303).

일부 사회에서는 섹스에 대한 남편의 권리(적절한 여성의 응대)를 공공연하게 명문화하기도 한다. 우타르프라데시(Uttar Pradesh) 주의 한 마을에 사는 젊은 인도 부인들의 삶에 관한 최근 연구는 다음과 같이 보고하고 있다.

부부 사이의 섹스는 즐겁게 누리는 것이다. 그러나 부인들은 성적으로 적극적이라는 태도를 암시하면 안 된다. 젊은 부부가 부모와 함께 산다면 시어머니는 그들이 함께 잘 때 (적어도 밤에는) 감시한다. 만약 그렇지 않으면 남편은 자신이 원할 때 부인에게 성적으로 접근할 권리가 있다. 부인이 주도권을 갖거나 남편을 거부할 수 없다. 부인을 지배하는 권력은 남편으로서 갖추어야 할 필수요소다(Jeffery et al., 1989: 29).

여성들이, 원하지 않을 때 남성과 섹스를 한다고 이야기하는 것은 명백한 무언가를 진술하는 동시에 말할 수 없는 무언가를 말한다는 의미이다(Gavey, 1993: 93). 여성들이 이렇게 하는 것은 남성들이 기대하기 때문이고, 임신하려는 의무나 희망 때문이며, 섹스에 따른 현실보다 응하지 않았을 때의 결과가 더 나쁘기 때문이거나 상대방의 요구가 충족되지 않으면 죄책감을 느끼기 때문이다(Kelly, 1988: Ch. 5). 이러한 상황에서 여성 자신의 성적 욕망은 중요하지 않으며 여성 자신에게조차 분명하지 않은 것이다. 게다가 섹스는 어렸을 때부터 습득한, 여성 자신의 몸에 대한 부정적 느낌을 더욱 강화한다. 많은 여성이 내재되고 억눌린 억압 때문에 결혼 후 잠자리에서 겪는 고통에 대한 분노를 레바논의 한 여성은 다음과 같이 표현했다.

우리는 어릴 때부터 성은 매우 더러운 것이라고 배우면서 자랐다. 내가 초경을 한 것은 12세가 채 되지 않은 무렵이었다. 숙모는 내게

"너를 만지지 마라. 만약 너를 만지면 결핵에 걸린다"라고 말하곤 했다. 정말 무서운 말이었다. 이 모든 것을 떨쳐버리고 성을 즐기고, 성을 아름답고 깨끗한 것으로 보기는 매우 어려운 일이었다. 수천 명의 아랍 여성들은 성을 좋은 것으로 즐기지 못하고 그들의 삶을 남편과의 생활과 자녀 양육으로 보낸다. 모든 것이 끝났을 때 그들은 안도한다. 나는 그런 사실이 매우 슬프다(Shaaban, 1988: 125~126).

일상적으로 반복되는 이러한 경험이 가져오는 심리적 영향을 측정하는 것은 쉽지 않고 더 많은 연구가 필요하다. 그러나 성이 다른 사람에게 즐거움을 주기 위한 수단으로 사용될 때 나타나는 부정적 결과를 과소평가해서는 안 된다. 신체적 삽입이라는 매우 친밀한 행동을 통해 이루어질 때는 특히 그러하다. 더욱이 많은 여성이 성적 즐거움을 자극해야 한다는 의무감을 느끼고 있고, 이러한 고통은 자신의 신체와 감각에 대한 소외로 이어진다.

우리의 정신건강을 위해 자신이 주체 또는 객체로서 자율적이기도 하고 의존적이기도 하다는 것을 경험하는 것은 중요하다. 일부 여성에게는 남성이나 다른 여성과의 섹스는 자신의 욕구를 서로 인정하고, 표현하고, 소중한 상대방에게서 이러한 욕구를 인정받는 장을 제공하기 때문에 욕구를 경험할 수 있는 가장 중요한 수단이다. 그러나 대다수 여성에게 이성 간의 성생활은 영향력이 있다거나 통제할 수 있다거나 그들의 느낌을 공유하는 기회를 거의 제공하지 못한다. 역설적으로 들릴지 모르지만 심리분석학적 이론에 따르면, 많은 남성이 여성에게 공격적이며 정서적 의존성이 있다는 사실을 거부하는 것은 여성이 지닌 심리적인 힘과 출산할 수 있는 생식적 힘에 대한 두려움을 반영하는 것이다(Hollway, 1983). 그러나 소수 여성만이 내부에 그러한 힘이 있음을 느낄 수 있고, 이성과의 성경험은 그들 삶의 다른 부분에서 느끼는 자율성 부족과 낮은 자아 존중감을 확인시킬 뿐이다.

4. 성과 폭력

이성과의 성경험은 여성의 건강에 악영향을 주며 이성 간의 섹스를 수용할 때에도 그러하다는 것을 알 수 있다. 만약 여성의 의견이 철저히 무시되거나 남성에 의해 섹스가 강요되었을 때 악영향은 더욱 커진다. 강요된 섹스는 권력과 통제의 모델이며 이것을 서로 사랑하는 성적 표현과 혼동해서는 안 된다 강요된 섹스이 부정저인 결과는 신체적·심리적 피해를 주며 심지어는 죽음에 이르게 할 만큼 광범위한 것이다. 게다가 여성폭력의 대부분이 이성 간의 섹스 과정에서 발생한다는 것은 중요한 사실이다.

성폭력 측정의 문제

강간당한 여성의 수를 수치화하는 것은 매우 어렵기 때문에 건강에 미치는 위해의 정도를 측정하는 것은 더욱 어렵다. 우선 강간의 법적 정의는 다양하다. 강요된 섹스는 공적 자리가 아닌 곳에서 사적으로 널리 묵인되고 있으며, 이는 전 세계의 많은 사회에서 결혼이라는 제도 속에 합법적으로 지속된다. 대부분의 강간 사례는 '성적으로 실패한 부랑자'에 의해 벌어지는 것이 아니라 집에 있는 남편이나 파트너에 의해서 자행된다. 성폭행 대다수는 여성들이 아는 남성이 저지르며('데이트 강간' 또는 '지인의 강간') 이런 점은 성폭행 신고를 더욱 어렵게 한다.

강간당한 여성들에게 어느 정도 책임이 있다는 것이—그들이 '자초했다'—널리 받아들여지는 믿음이다. 이러한 상황에서 발생한 일을 드러내거나 죄책감에서 벗어난다는 것은 많은 여성에게 매우 어려운 일이다. 특히 가족의 '명예'가 여성의 순결로 측정되는 사회에서는 더욱 그러하다(Douglas, 1966; Goddard, 1987). 강간에 의한 모독은 한 여성의 남은 삶을 파괴할 수 있다. 심지어 일부 문화권에서는 이를 피하기 위한 방법으로 강간 가해자와 결혼하기도 한다.

사법기관의 판결이 이러한 문제를 악화시키기도 하는데, 강간 고소가 받아들여지고 처리되더라도 이러한 사건은 대개 중요하게 다루어지지 못할 뿐 아니라 유죄 판결을 받기도 어렵다. 미국에서 경찰서에 신고된 강간 사건을 대략 추정해보면 4~40%까지 편차가 크다. 신고된 강간 사건의 15% 미만이 재판까지 이어지고, 겨우 1%만이 유죄 판결을 받는다. 즉, 250~2,500건의 강간 사건 중 단 1건만이 유죄 판결을 받는다는 의미다(Kelly, 1988: 51~52). 강간은 전 세계적으로 가장 적게 신고되는 사건 중 하나이며, 유죄 판결이 가장 적은 사건이고, 여성들의 건강에 미치는 영향이 눈에 띌 만큼 드러나지 않는 것이 일반적인 현상이다.

최근 몇 년간 강간이 여성주의자 주요 어젠다였던 영국과 미국에서 희생자에 관한 몇 가지 연구가 수행되었다. 놀랍게도 이 연구 모두에서 성폭행을 당한 여성의 수가 매우 높은 것으로 나타났다. 루스 홀(Ruth hall)의 연구에서는 런던의 여성 표본 중 17%가 강간을 경험했다고 보고했고, 20%는 강간 미수를 경험했다고 보고했다(Hall, 1985). 미국의 연구에서는 폭행당한 여성의 40% 이상, 무작위로 선정한 1,000명의 기혼 여성 중 14%가 파트너에게 강간을 당했다고 보고했다(Russell, 1982). 미국에서 최근 수행된 성폭력 발생률 연구에 따르면 적어도 성인 여성의 20%, 여대생의 15%, 여성 청소년의 12%가 일생 동안 몇 번의 성적 학대나 폭행을 경험한다(Koss, 1988).

연령, 인종, 계층에 관계없이 남성들은 모든 사회경제적 상황에서 성인 여성과 소녀들을 강간한다. 따라서 강간에 대한 잠재적 피해는 보편적인 것이다. 하지만 자신을 방어할 수 있는 자원이 거의 없는 취약한 여성들은 이러한 상황에서 더 큰 위험에 처한다. 인류학자 페기 샌데이(Peggy Sanday)의 보고에 따르면 가장 위험에 처한 여성은 '강간 경향이 있는' 사회의 여성이라고 한다(Sanday, 1981). 여성에 대한 폭력 정도가 남성 호르몬보다는 여성의 사회적 권력 및 영향력 부족과 관련이 있다는 것이다.

성적 학대와 남성 권력

남성 권력이 남용되었던 역사적 증거는 백인 노예 소유권자가 많은 흑인 여성에게 가했던 폭력에서 뚜렷이 드러난다. 특히 다음 사례는 심리적·신체적 피해를 보여준다.

린다(Linda)가 처음 그녀의 주인인 플린트(Dr. Flint)에게 서비스를 시작했을 때 그녀는 13세였다. 그는 그녀를 강간하지는 않았으나 그녀를 성적으로 얻고 싶다고 말하면서 지속적으로 괴롭히고 학대하기 시작했다. 마주칠 때마다 만약 순순히 따르지 않으면 폭력을 행사할 것이라고 했다. 15세인 린다는 자신을 이렇게 묘사했다. "나는 그와 한 지붕 아래서 살 것을 강요받았어요. 그곳에서 나는 자연의 법칙을 거스르는 나보다 마흔 살 많은 남자를 보았지요. 그는 내가 자신의 소유물이고 모든 일에서 그에게 복종해야 한다고 말했어요"(hoks, 1982: 25).

훅스(hooks)는 노예 여성을 대상으로 한 강간은 장기적인 영향을 미쳐 흑인 여성은 '강간당할 수 있는', '함락된' 여성, 매춘부라는 인식이 널리 퍼지는 데 기여했다고 주장했다(hooks, 1982: 52).

여성주의자들은 인도 경찰에 의한 강간을 남성 권력의 남용 사례로 주목하고 있다. 이러한 사건 대부분은 토지가 없는 노동자와 가난한 부족의 여성에게 일어났으며, 잘 알려진 다음 사건은 법과 질서의 수호자에게서 어떤 여성도 안전하지 않다는 것을 보여준다.

23세의 마야(Maya)는 가족과 함께 농사를 짓고 있다. 조카의 결혼식에 참석하기 위해 남편과 함께 자동차로 여행하던 마야는 임신 중이었고, 타이어에 구멍이 나자 바그파트(Baghpat)에 있는 경찰서 근처에서 차를 멈췄다. 사복 차림의 경찰이 차로 다가왔고 마야를 괴롭히기 시작했다. 마야의 남편이 그를 때리자, 경찰은 경찰서로 가서 완전무장을 하고 그들을 향해 발포하기 시작했다. 마야는 차 밖으로 끌려나와 얻어맞고, 장신구를 빼앗기고, 발가벗겨진 채 시장을 통과했다. 그리고 경찰서로 끌려가서 7명의 경찰관에게 강간당한 뒤 체포되었으며 그들의 소변을 마시도록 강요받았다(Miles, 1985: 155).

건달 공무원이 저지르는 이러한 강간 사건은 드러나지 않은 채 많은 국가에서 자행되고 있다. 정부 기관은 여성을 위압하고, 수치심을 주며, 처벌하고 겁주는 고의적인 수단으로 강간과 성적 학대를 사용한다. 이러한 사례는 페루, 필리핀, 우간다, 과테말라, 그리스, 팔레스타인, 터키, 북아일랜드 등에서 보고되었다(Amnesty International, 1991). 옛 유고슬라비아에서는 강간이 정치적 무기로서 이른바 '인종 청소'의 일종으로 작용하기도 했다.

모든 여성은 강간의 위험을 겪고 있고, 힘없는 여성은 이에 더욱 취약하다. 그러나 이러한 경험이 장기적으로 건강에 미치는 결과에 대한 연구는 거의 발표되지 않았다. 사회·경제·문화적 맥락에서 이러한 영향을 비교한 연구는 더더욱 희귀하다. 1980년대에 미국에서 수행된 연구는 이전까지 무시되었던 문제에 관심을 기울였다는 측면에서 가치가 있다. 예를 들면 '강간외상증후군(rape trauma syndrome)[1]'에 대한 정의는 성적 학대에 대해 여성들이 나타내는 반응의 다양성을 강조했다(Burgess and Holmstrom, 1979). 그러나 강간의 전반적 영향에 대한 우리의 지식과 이해 사이의 심각한 격차는 여전히 남아 있다.

강간의 신체적 영향

강간은 복합적이며 다층적이어서 이를 경험한 여성은 총체적으로 이해되어야 한다(Kelly, 1988: 186~189). 많은 여성은 글자 그대로, 절대 이전과 똑같을 수 없다. 따라서 강간에 의한 피해를 조사하는 것뿐만 아니라 이러한 경험에 대처해 살아남을 수 있게—그 공격에 지배되어 살지 않게—하는 방법을 배우는 것이 중요하다(Kelly, 1988). 이는 성적 학대가 피해 여성의 건강과 안녕에 미친 영향에 관해 그 자신이 하는 설명을 매우 주의 깊게 듣는 것을 의미한다.

대부분의 연구가 강간의 심리적·정서적 영향에 집중하고 있으나 강간은 폭력의 일종이다. 강간으로 응급 치료를 받은 성인 여성의 63%, 젊은 여성의 73%가 의무 기록에 적어도 하나 이상의 신체적 외상 증상이 적혀 있고, 43%의 성인 여성, 59%의 젊은 여성이 하나

---

[1] 성폭력 피해자가 강간 피해 후 지속적인 긴장과 특정 증상을 보이는 것을 말한다. 나타나는 증상으로는 강간이 저질러지는 동안 입은 심각할 정도의 신체적·심리적 외상으로 강간을 떠오르게 하는 공포와 같은 감정적 혼란이다.

이상의 부인과적 외상 증세를 보였다는 연구가 미국에서 발표되었다(Burgess and Holmstrom, 1979: 88). 이러한 신체적 손상은 심각하며 치명적이기까지 하다. ≪빌리지 보이스(The Village Voice)≫에 실린 필라델피아 강간 생존자의 편지는 이 점을 명확하게 지적하고 있다.

강제적인 강간은 정상적 차원의 섹스가 아니다. 대부분의 사례에서 애무(petting)가 전혀 이루어지지 않기 때문에 질을 미끄럽게 하는 행위는 존재하지 않는다. 이러한 이유와 희생자가 강간이라는 외상을 입은 상태이기 때문에, 질 입구의 근육은 이완되지 않고 삽입은 쉽게 또는 즉시 이루어지지 않는다. 강제적 강간은 잊을 수 없을 만큼 정신적인 충격이 크고 고통스럽다. 강간을 당했을 때 나는 내 몸의 가장 민감한 부분 중 하나가 칼에 반복적으로 찔리는 것처럼 느꼈다(Stanko, 1985: 35).

생식기나 항문 주위의 외상뿐만 아니라, 수많은 사례에서 흉기로 신체의 다른 부위를 가격당하는 고통을 받으며, 거의 죽음에 이르는 공포를 느낀다. 크리스(Chris)라는 여성의 사례를 살펴보자. 시카고에서 평화 시위에 참여했다가 집으로 향하던 그녀에게 낯선 사람이 말을 걸었다.

그는 그녀를 붙잡고 길가로 끌어냈다. 한 손으로 그녀의 입을 막고 몸을 숙여 그녀의 귀에 대고 나지막하게 속삭였다. 바로 이 블록에서 지난 석 달 동안 3명을 죽였고 만약 소리를 지른다면 죽일 것이라고. 그녀는 흉기를 보지 못했고 그를 믿어야 하는지 아닌지도 몰랐지만 그에게 도전하기에는 너무 무서웠다. 그녀는 고개를 끄덕였고 그는 그녀의 입술을 덮쳤다(Stanko, 1985: 45).

물론 강간 시도가 모두 성공하는 것은 아니다. 여성들은 삽입을 피할 수는 있으나 폭력과 심한 공포 없이 도망치는 것은 거의 불가능하다.

나는 계속 싸웠고 그가 나를 벽에다 내리꽂아서 머리를 약간 부딪쳤으며…… 정말 까무러치도록 맞았다. 머리가 어지럽고 한동안 기절할 것 같았다. 나는 완전히 겁에 질렸지만 한 손은 자유로워서 그의 얼굴을 할퀴기 시작했다. 그러자 그가 포기하기 시작했고, 더는 나를 제압하는 것이 어려울 것이라는 생각이 들었다. 그는 있는 대로 화가 나서 욕을 하며 나를 놓아주었고, 나는 겨우 도망칠 수 있었다(Kelly, 1988: 165).

강간당한 많은 여성은 임신 가능성에 직면하게 되고, '사후피임약'을 복용했어도 다음 월경 때까지는 임신에 대한 두려움을 갖게 된다. 만약 임신하게 되면 낙태에 대한 두 가지 상반된 감정으로 더욱 괴로워지며, 동일한 주기에 파트너와의 관계로 임신했을 가능성이 있다면 더욱 심각한 딜레마에 빠지게 된다.

메리 엘렌(Mary Ellen)은 의사가 들어와서 만약 임신이라면 무엇을 할 것 ― 병원에 예약하는 것 ― 인지 그녀에게 이야기할 때까지는 차분했다. 하지만 자신이 당한 일로 임신할 수도 있다는 것을 인식하기 시작하면서, 그녀는 평정심을 잃고 말을 더듬거렸다. 그녀는 거의 공황 상태로 매우 비통해하면서 물었다. "내가 뭘 해야 하죠?"(Burgess and Holmstrom, 1979: 84).

성병에 걸릴 가능성은 언제나 강간을 당한 여성들의 주요 관심사가 되었는데 에이즈가 확산되면서 그러한 공포는 극도로 심각해졌다. 가능한 예방 전략도 없고 확신을 줄 수 있는 즉각적인 검사도 없다 (Berer and Ray, 1993: 125~126). 강간에 의해 HIV2에 감염된 경우와 관련된 자료는 거의 없으나, 미어 키세카(Mere Kisekka)는 게릴라전이 끊임없이 벌어지고 있는 우간다 북부에 사는 여성의 사례를 다음과 같이 제시했다.

우간다 북부는 1986년 5월 무세베니(Museveni) 대통령이 승리한 뒤부터 전쟁터가 되기 직전까지 에이즈에서 자유로웠다. 그러나 군인들이 일상적으로 여성을 성희롱하고, 그들 3명 중 1명이 에이즈라는 사실 때문에 이 지역의 에이즈 유병률은 매우 높아졌다(Kisekka, 1990: 45).

성폭력의 심리적 영향

영국에서 수행된 한 연구에서는 모든 심각한 범죄 중에 여성이 회복되는 데 가장 오랜 시간이 걸리는 것이 강간이라고 보고했다 (Stanko, 1985: 46). 디트로이트에서 수행된 최근의 연구를 보면 강간당한 여성의 80%는 외상 후 스트레스 장애를 겪게 된다고 했다(Bresalu et al., 1991). 대부분의 연구가 성적 만족감에 대한 부정적 영향, 공포, 취약함, 우울, 신뢰감 상실, 악몽, 공포증적 반응, 자아 존중감 상실의 증가를 보고하고 있다.

켈리는 성폭력에 대한 여성의 심리적 반응을 이해하기 위한 연구에

---

2 HIV는 Human Immunodeficiency Virus로 에이즈(AIDS: Acquired Immunodeficiency Syndrome)를 일으키는 바이러스다. 에이즈는 HIV 감염 이후 증상이 발현된 상태를 의미하여, 감염되었더라도 증상이 나타나지 않는 잠복기가 오래 지속될 수 있으므로 HIV와 에이즈는 구분되어야 한다.

서는 성폭력과 상실이 관련된다고 강조했다(Kelly, 1988: 189~214). 많은 여성은 불쾌한 감정을 억누름으로써 성폭력 기억을 잊게 되고, 든든함과 안전감을 잃어버리게 된다. 이것은 특히 아는 남성에게 성폭행을 당한 여성에게서 나타난다. 여성에게 집은 더는 안전한 곳이 아니라고 생각되며, 남성은 종종 지속적으로 여성을 괴롭힌다. 좀 더 일반적으로 말하자면, 많은 여성이 자신을 적절하게 보호할 수 없는 자신의 취약함을 두려워하기 시작한다. 한 영국 여성은 이렇게 이야기한다. "내 태도가 영구적으로 바뀌었다고 생각한다. 다시는 길을 걸어갈 때 안전하다고 느낄 수 없고, 잘 알지 못하는 남자와 단둘이 있는 상황에서 절대 안전하다고 느낄 수 없을 것이다"(Kelly, 1988: 198). 성폭력에서 살아남은 한 인도 여성의 경험도 매우 유사하다. "나는 예전에는 아무 두려움 없이 나무 아래를 걷고 그늘에서 잠을 잤다. 하지만 그 일이 있고 나서는 두려움과 근심에 사로잡히게 되었다. 대체 무슨 권리로 나에게 이런 짓을 한 것일까? 나의 안전을 해치려고?"(Forum Against the Oppression of Women, 1994: 77). 많은 여성이 한동안은 이성과의 섹스에 대한 욕구를 잃는다. 켈리가 면접한 여성의 절반 정도는 성폭행을 당한 후 일정 기간 섹스를 하지 않았고, 50%는 향후 어떤 형태든 강압적인 섹스는 피할 것이라고 대답했다(Kelly, 1988: 205).

이 절에서는 주로 성인 여성의 강간이나 성폭력에 초점을 맞추었다. 그러나 소녀들 또한 심각한 위해에 노출되어 있다. 가족이나 다른 보호자가 소녀들에게 저지르는 성폭력의 정도는 측정하기 어렵다. 영국과 미국에서 실시된 조사를 보면 16세 정도의 소녀 25~40%가 성폭력을 경험한다고 보고되었다(Finkelhor, 1991: 84).

이러한 경험이 미치는 영향은 심각해서 강간당한 아이들은 과잉행동, 우울, 기분 동요, 수면 장애, 식이 장애, 적절하지 못한 성행동, 학교에서의 문제를 포함한 다양한 증상을 보인다고 한다(Browne and Finkelhor, 1986). 어린 시절 성폭행당한 여성은 성인이 된 뒤 이런 경험을 하지 않은 여성에 비해 정신건강 문제가 더 많이 발생하는데, 특히 우울과 약물 남용 문제가 심각하다(Finkelhor, 1991; Russell, 1986). 영국에서 수행된 한 연구에서는 정신과 의사를 만난 여성의 절반가량이 어린 시절에 성폭행을 당했다고 보고했다(Palmer et al., 1992). 따라서 합의하지 않은 섹스의 심리적 영향은 어린 시절과 그 이후의 삶 모두에 영향을 준다.

5. 섹스로 인한 죽음

여성이 특정한 성적 접촉을 원하건 원하지 않건, 동의하건 동의하지 않건 간에 섹스는 신체적 질병의 직접적인 원인이 될 수 있다. 가장 널리 알려진 잠재적 위해는 HIV 감염이지만 이것은 단지 성만 관련된 질병은 아니다. 모든 종류의 생식기 감염은 많은 제3세계 국가에서 흔한 일인데, 매우 큰 고통을 야기하며 때로는 죽음에 이르기까지 한다(Germain et al., 1992; Wasserheit, 1989; Wasserheit and Holmes, 1992). 생식기 감염은 선진국에서는 전반적으로 유병률이 낮지만 아직도 중요한 질병이다. 특히 미국의 도시에서는 임질, 매독, 연성하감[3]의 전염률이 증가하고 있다(Aral and Holmes, 1991). 이성 간의 섹스와

---

[3] 연성하감(Chancroid)은 헤모필루스 듀크레이(haemophilus ducreyi)균에 의한 성 전파성 감염 질환으로, 감염 2~3일 후 후외음부에 붉은 구진이 생기며 농포, 궤양을 거쳐 반흔이 된다.

자궁암은 밀접한 연관이 있다. 이미 알려진 바와 같이 여성이 이러한 질병에서 자신을 보호하는 능력은 극히 제한적인데, 첫째는 여성이 남성과 섹스를 맺는 기간을 통제할 수 없고, 둘째로는 효과적인 치료 서비스에 대한 접근성이 부족하기 때문이다.

섹스와 자궁암

전 세계적으로 여성과 밀접하게 관련된 암 중에서 자궁암 발생률은 유방암 발생률 다음으로 높다. 매년 50만 명의 새로운 환자가 보고되고 있으며 약 4분의 3이 제3세계에서 발생하는데 30~40세에 가장 발병률이 높다(WHO, 1986c: 607). 선진국에서는 사망자 수가 상대적으로 적고 50~60대에 가장 발생률이 높다. 그러나 선진국에서도 가장 가난한 여성들이 제일 취약하다는 것은 마찬가지다. 영국에서는 미숙련 노동자와 결혼한 여성들이 전문직과 결혼한 여성보다 자궁암으로 사망할 확률이 4배 정도 높다(Whitehead, 1988). 미국에서는 소수 인종에 속한 취약 계층 여성의 사망률이 가장 높다(Devesa and Diamond, 1980).

자궁암은 이성과 섹스를 거의 하지 않거나 전혀 하지 않는 여성에게는 극히 드물게 발생한다. 이성과의 섹스를 일찍 시작한 여성에게서 가장 많이 발생하며, 남성 파트너의 수와 비례한다. 19세기 초기의 연구는 수녀가 기혼 부인이나 매춘부에 비해 자궁암에 걸릴 확률이 적은 것을 근거로 여성의 '난잡함'이 자궁암의 주요 원인이라고 결론을 내렸다(Robinson, 1982; Saffron, 1983). 결국 암 진단으로 이미 고통을 받는 많은 여성이 그들의 '섹스 파트너 숫자'라는 배려하지 않은 질문 때문에 부과적인 모멸감을 느낀다. 실제로 이성 간의 섹스에 적극적인 여성들의 질병 위험이 증가하는 것은 파트너 수와도 관련이 있지만 남성 파트너의 성적 습관과도 연관된다. 영국에서 수행된 한 연구에서는 여성이 질병에 걸릴 상대 위험도는 남편의 혼외 파트너가 15명 이상일 경우 8배나 증가하는 것으로 나타났다(Buckley et al., 1981).

콘돔 사용은 자궁암을 예방하는 가장 효과적이며 유일한 방법이다 (WHO, 1986c: 608). 이러한 방법은 자궁이 감염되지 않도록 보호할 뿐만 아니라 남성이 직장에서 옮겨올 수 있는 먼지, 기름 등 잠재적 발암 물질에서 자궁을 보호할 수 있다(Robinson, 1982). 그러나 콘돔 사용이 여성의 건강을 위해 좋은 점은 거의 알려지지 않았고, 이를 피임에 이용하는 양상에 별다른 영향을 주지 못했다.

자궁암 조기검진의 중요성

공중보건 전략의 대부분은 2차 예방에 초점을 두고 있다. 즉, 암으로 진행되기 전에 비정상 세포를 발견하여 치료하는 자궁암 검사를 이용해 건강한 여성을 집단 검진하는 것이다. 일부 국가에서 이 방법은 매우 성공적이어서 유병률과 사망률 모두 50~60% 감소했다(WHO, 1986c: 610). 캐나다, 아이슬란드, 노르웨이, 핀란드, 스웨덴, 덴마크, 스코틀랜드 일부 지역에서는 사망률이 현저히 감소했다. 반면에 검진과 치료에 모두 낮은 우선순위를 부여한 잉글랜드, 웨일스 같은 지역에서는 사망률 감소폭이 적었고 지역 간, 계층 간 불평등이 계속되었다(Davey, 1986).

자궁암 발생률은 제3세계 국가에서 가장 높게 나타난다. 제공되는 서비스는 다양하지만, 소수 국가에서는 여성 인구 중 극히 일부에게만 실시되고 있다. 인도에서 검진과 치료를 위한 시설은 대도시에만 제한적으로 설치되어 훈련받은 검진 전문가 수가 12배나 늘었는데도 2000년까지 검진을 받을 수 있는 경우는 위험성이 높은 여성의 25% 정도

일 뿐이다(WHO, 1986c: 610). 1989년 남아프리카공화국의 트란스발 (Transvaal) 주에서는 자궁암 환자의 55%가 이미 자궁암에 걸린 후에 진단을 받았으며, 백인 여성보다 아프리카 여성의 사망률이 2.5배가량 높았다(Fonn et al., 1993). 전 세계적으로 선진국 성인 여성의 절반, 제3세계 여성의 5% 미만 정도만이 지난 5년 동안 자궁암 검사를 받은 경험이 있다고 보고되었다(WHO, 1986c: 610).

침묵의 문화: 생식기 감염이라는 무거운 짐

대부분의 나라에서 생식기 감염에 대해 괴로워하는 주요 이유는 제대로 치료를 받을 수 없기 때문이다. 박테리아와 유사 미생물(매독, 임질, 클라미디아,[4] 세균성 질증), 진균 및 프로토조아(Protozoa) 감염[5](질 캔디다증,[6] 질트리코모나스증[7])과 관련된 바이러스성 감염을 포함한 많은 질병이 성적 접촉으로 전염된다. 이는 안전하지 않은 출산 기술과 여성 생식기 절단, 피임이나 낙태를 유도하기 위해 질에 오염된 물질을 삽입하는 것과 관련된다.

전 세계적으로 성병 중에서 가장 흔한 질병이 임질이다. 선진국 대부분에 널리 퍼져 있고 중앙아프리카의 많은 지역에서 높은 유병률

---

[4] 클라미디아(clamidia) 감염증은 남성에게 요도염이나 부고환염을, 여성에게는 자궁경관염을 일으켜 불임의 원인이 되는 성 전파성 감염 질환이다.
[5] 기생충의 일종으로 원충(原蟲)이라고도 하며, 트리코모나스(trichomonas)가 이에 속한다.
[6] 진균(곰팡이) 종류인 캔디다(candida)가 질에 침범하여 일으키는 질환으로, 외음부에 심한 가려움을 느끼며 질 입구, 대음순, 소음순에 흰 막이나 알갱이 모양의 종기가 생긴다.
[7] 원충인 트리코모나스가 일으키는 질염으로, 성 전파성 감염 질환이다. 질 분비물이 많아지거나 외음부의 가려움증이 생기며 상호 감염으로 남성에게는 요도염을 일으킨다.

을 보인다(Dixon-Mueller and Wasserheit, 1991: 5). 임질은 복부 통증, 월경 곤란, 자연 유산, 신생아 조산과 안구 감염을 야기할 수 있으며, 나팔관 감염이나 상처를 유발하는 골반 감염 질환(pelvic inflammatory disease: PID)의 주원인이 된다. 급성인 경우 병원에서 치료를 받아야 하는데(가능할 경우) 만성이 될 수도 있고 불임이나 나팔관 임신을 유발할 수도 있다. 영구 불임으로 발전하는 경우가 15~25%이다(Dixon-Mueller and Wasserheit, 1991: 9).

생식기 감염의 발생률과 기타 부인과 질환의 통계를 얻기는 어렵다. 그러나 최근 인도 마하라슈트라 주의 농촌 마을 두 곳에서 수행된 연구는 여성의 92%가 부인과 질환과 성병을 가지고 있으며, 질환의 수가 각각 평균 3.6개라는 놀라운 결과를 보고했다. 이 중 50%가 감염되어 있었는데, 제대로 된 검사를 해본다면 그 수치는 더 높아질 것이라고 연구자들은 주장했다(Bang et al., 1989).

부인과적 문제가 있다고 인식하는 여성은 55%에 달했으나 단지 8%의 여성만이 부인과 검진을 받아본 경험이 있었다. 30명의 남성과 32명의 여성에게 여성의 건강 문제에 대한 중요도를 순서대로 나열하라고 했을 때 95%는 '질 분비물(white discharge)'[8]을 가장 높은 우선순위에 두었다. 한 여성은 "모든 나무가 꽃을 피우는 것처럼 모든 여성은 질 분비물이 있다. 그것 없이는 꽃처럼 부드러워지지 않는다"라고

---

8 여성의 질에서 나오는 분비물은 대하(leukorrhoea)라고 하며, 그 성분은 주로 외음부와 자궁 경부에서 나오는 점액이다. 월경주기에 따라 점도가 달라지기도 하며, 정상적인 경우는 점막에서 자체 분비물이 나오지만 생식기 밖으로 흘러나오지는 않는다. 분비물의 양이 많아지거나 생식기 내부에 병적인 문제가 생기면 밖으로 흘러나오는데, 이것을 냉증 또는 대하증이라고 한다. 혈액 같은 것이 섞여 나오거나 심한 악취, 가려움증이 동반될 때는 다른 질병을 의심해야 한다.

말했다(Bang and Bang, 1992: 27).

성병은 여성이 걸릴 경우 대부분 만성 감염이나 불임으로 발전할 가능성이 크기 때문에 잠재적으로 여성에게 더욱 나쁜 영향을 미친다. 불임은 이혼으로 발전할 수 있는데 버림받은 여성은 감정적·재정적 지원을 잃고 심하게 낙인찍힐 수 있다. 그러나 남성에게는 그런 일이 거의 생기지 않는다. 게다가 그들의 증상은 남성다움이나 성적 능력의 표지로 간주된다. 바셋과 믈로이(Bassett and Mhloyi)가 짐바브웨에서 보고한 것을 보면 "성병에 걸리는 것은 남성다움으로 가는 통과의례이며 성적 왕성함을 증명하는 것이다. 흔적이 없는 탄환은 탄환이 아니다"(Bassett and Mhloyi, 1991: 151)라고 했다.

성병이 야기하는 고통은 매우 크지만 이러한 질병을 관리할 수 있는 서비스는 매우 부족해서, 많은 여성이 오랜 시간 침묵 속에서 고통을 받았다(Khattab, 1992). 그러나 현재는 효과적인 진단과 치료를 제공해야 한다는 압력이 증가하고 있고, 성병이 HIV 전염의 위험성을 높인다는 점도 일부 입증되고 있다(Laga, 1992).

6. 섹스, 젠더, 에이즈

HIV와 에이즈는 전 세계적으로 여성을 위협하는 주요 원인이 되고 있으며, 이성과의 성적 접촉은 여성이 감염되는 가장 주요한 통로이다(Berer and Ray, 1993). 1992년 초까지 세계적으로 1,290만 명이 감염되었다는 것이 가장 유력한 추정치인데, 어린이가 110만 명, 여성이 470만 명, 남성이 710만 명이다. 따라서 지구 상에서 HIV에 양성 반응을 보이는 성인의 40%가 여성이며(Mann et al., 1992: 92), 이 중

약 5분의 1은 에이즈로 진행되었고 250만 명은 사망했다.

HIV 감염자의 남녀 비율은 동유럽에서는 10 대 1, 북미에서는 8.5 대 1, 남동 아시아에서는 2 대 1이다(Mann et al., 1992: 31). 상당수 아프리카 국가에서는 이 비율이 거의 동일하고 우간다에서는 여성이 남성보다 많다(Berer and Ray, 1993: 46; Mann et al., 1992: 31). 미국에서는 에이즈 환자의 13%가 여성이고 대부분이 사회적으로 취약한 계층이며, 흑인 혹은 라틴계 여성이 백인 여성보다 많다(Kurth, 1993: 3). 따라서 에이즈가 동성애자인 남성 사이에서만 유행하는 질병이 아니라는 인식이 확산되고 있다.

왜 여성이 더 위험한가?

개인 간 성 접촉과 성적 파트너에게서 HIV에 감염될 위험이 남성보다 여성이 더 높다는 것은 현재 명백하게 알려진 사실이다. 이러한 '생리적 성차별(biological sexism)'은 대부분의 다른 성병에도 적용된다. 한 여성이 임질에 감염된 남성 파트너에게 감염될 가능성은 50%인 반면, 남성은 임질에 감염된 여성과 섹스를 했을 때 감염될 확률이 25%이다. HIV의 경우 정확히 어느 정도 차이가 있는지에 관해서는 여전히 논란이 많지만, 여성의 위험성이 더 높다는 것은 명백하다(Kurth, 1993: 7).

여러 가지 원인이 있지만, 콘돔을 사용하지 않은 섹스에서 정액의 이동과 관련이 있다. 감염 가능성이 있는 남성의 정자가 파트너의 질 표면에 쌓이고 얼마 동안 남아 있기 때문인데, 질 분비물보다 정액에 바이러스가 더 많이 농축되어 있으며, 음경의 점액질 막과 비교할 때 질의 점액질 막이 투과성이 높고 표면이 넓기 때문에 위험성이 배가된다. 따라서 생리적으로 좀 더 취약한 모든 여성은 잠재적으로 위험한 성적 상황에 직면해 있다. 또한 감염을 예방하려는 여성의 능력을 제약하는 사회적·문화적·경제적 요인으로 상황은 더욱 위험해진다.

또 이성 간에 섹스를 할 때 여성은 남성의 우월적 지위에서 자신의 건강을 보호하기 위한 전략을 결정해야 하는 문화적 상황에 처하게 된다. 남성 파트너의 욕구가 우선시되는 사회적 상황에서 많은 여성은 자신의 요구와 욕망을 주장할 권리가 전혀 없고, 안전한 섹스, 정절, 섹스를 하지 않겠다고 말하는 것이 불가능하다고 느낀다. 이러한 믿음은 단순히 한 여성의 욕망을 억제하는 데 그치는 것이 아니라 HIV 감염을 유발할 수도 있다.

HIV 감염의 경제학

이러한 이성 간 섹스의 문화적 지배는 수입과 부에 따라 젠더 불평등을 더욱 강화시킨다. 많은 여성은 경제적으로—때로는 그들의 생존 자체를—남성 파트너의 부양에 의존한다. 그가 원하는 방식으로 섹스가 이루어지는 것은 이러한 부양에 지불하는 대가일 수도 있다. 따라서 여성이 HIV에 노출되는 것을 억제하는 능력은 재정 의존성에 따라 제한된다. 좀 더 안전한 섹스를 요구할 수는 있으나 만약 이러한 요구가 무시된다면 선택의 여지는 거의 없다. 우간다의 마리아 마템베(Maria Matembe)는 다음과 같이 보고하고 있다.

남편이 에이즈로 남편을 잃은 여성들을 데리고 사는 것을 그냥 보고 지낸다. "우리가 무엇을 할 수 있겠어요? 만약 우리가 거절한다면 짐을 싸서 나가라고 할 거예요. 그렇게 되면 우린 어디로 가야 하죠?" 그들은 남성에게 의존적이며 갈 곳이 없다. 이러한 여성들에게 당신은 어떤 조언을 할 수 있는가?(Panos Institute, 1990: vi).

경제적 부양과 이성 간 섹스의 연결은 매우 다양한 형태로 나타난다. 돈과 전혀 관련 없는 섹스도 있는 반면, 상업적 섹스에서는 특정 행위가 단지 돈을 벌기 위해 행해진다. 대부분의 사회에서 섹스는 남편이 가족을 부양하는 것에 대한 권리로 여겨지며, 통상적으로 결혼과 다른 형태의 사회적·경제적 교환은 엄연히 구분된다. 하지만 일부 사회에서는 성적 서비스가 다른 형태로 이어지기도 한다(Seidel, 1993: 188). 예를 들어 아프리카 일부 지역에서는 돈을 받기로 하고 장기적인 '원조 교제 상대(sugar-daddies)'가 된다. 일부 어린 소녀들은 이와 같은 방법을 학비를 충당하는 수단으로 이용한다(Bassett and Mhloyi, 1991: 150; de Bruyn, 1992: 255). 섹스가 경제적 교환의 일부일 때, 성병에서 자신을 보호하기 위한 여성의 시도를 언제나 억압당한다. 재정적 의존성이 크면 클수록 억압도 크기 때문이다.

많은 국가에서는 사회적 압력으로 점점 더 많은 여성이 생존을 위해 건강을 심각하게 해치는 상황에서 성을 팔도록 내몰리고 있다. 남아프리카공화국의 광산 지역 여성에 대한 최근의 연구에서는 성적 서비스를 제공하는 의사 결정이 주로 경제적 의사 결정임을 강조하고 있다.

여성은 매춘을 묘사할 때 '매여 있는 당나귀(hopana dipokola)', '매여 있는 소(hopana dikhomo)'라고 부른다. 즉, 남성이 여성을 위해 일하고 돈을 내게 하는 것이다. 섹스 파트너를 잡는 것은 부족한 돈을 보충하거나 갚는 방법이다(Jochelson et al., 1991: 167).

한 여성은 다음과 같이 묘사한다.

나는 6개월 동안 일했고 지낼 만하다고 생각했어요. 아이들을 먹일 수 있는 돈을 보낼 수 있었지요. 집과 돈과 남편이 없는 것이 어떤 것인지 생각해보세요(Jochelson et al., 1991: 167).

아시아의 일부 지역에서도 더 많은 여성이 성을 팔기 시작했고 상업적 성 노동자에게 HIV가 급속히 확산되었다. 최근에는 인도의 도시 빈민가에서 HIV 감염이 빠르게 퍼지고 있다. 뭄바이의 홍등가에서는 1986년부터 1989년 사이에 HIV 양성 반응자가 0~25%까지 증가했고, 10~30만 명의 여성 성 노동자 중 약 20%가 HIV 양성 반응자이다(Panos Institute, 1992: 15). 태국의 여성 성 노동자들도 이와 유사한 상황에 처해 있다. 국제적 '섹스 관광'을 통해 소득을 올릴 수 있어 많은 젊은 여성이 농촌을 떠나고 있다. 성을 파는 것은 교육받지 못한 여성이 구할 수 있는 다른 직업보다 25배나 소득이 많다. 또한 이러한 여성 중 상당수가 불어나는 빚을 갚고 가족을 부양해야 한다는 강한 압박을 받고 있다(Ford and Koetsawang, 1991: 408~409). 치앙마이 인근의 북부 지역 매음굴에서 일하는 여성 중 40% 이상이 HIV 양성 반응자로 판명되었다(Ford and Koetsawang, 1991: 406).

많은 여성이 사회경제적 불안정과 함께 신체적 폭력의 위협에도 맞서야 한다. 세계 각지에서 보고된 자료를 보면, 일부 남성은 HIV 감염에서 자신을 보호하려는 여성에게 폭력을 행사한다. 그러므로 여성은 신체적 안녕에 대한 더 직접적인 위협에 지쳐 그냥 불안전한 섹스를 택하는 것이다. 우간다의 사회학자 키세카는 우간다 캄팔라의 사례를 통해 이 문제를 보여주었다.

최근 교외에 사는 한 남자가 섹스를 거부한다는 이유로 아내를 폭행했다. 그가 바람을 피우다가 병에 걸렸을 수 있기 때문에 그녀는 섹스를 두려워하고 있었다. 그는 지금까지 거의 2년 동안 그녀를 완전히 무시해왔다. 그녀가 조금도 그를 원하지 않자, 그녀를 무자비하게 때렸다. 정말 용서할 수 없는 행동이지만, 이 행동에 공감하는 한 남성은 그 상황을 이렇게 표현했다. "그녀는 그의 아내이다. 만약 원한다면 그에게는 그녀와 매일 밤 잘 권리가 있다"(Kisekka, 1990: 46).

일부 여성의 섹스에 대한 거부는 강간이나 또 다른 성폭력을 자극할 수 있다. 열상이나 출혈은 여성의 혈액 내로 HIV가 쉽게 침투하게 할 수 있기 때문에 감염 위험을 높일 수 있다.

빈곤과 HIV 양성 반응

따라서 여성의 성 행동은 사회문화적·경제적 맥락을 고려하지 않고는 이해할 수 없는 내부적 계산과 인간관계의 복잡한 결과이다. 자율권이 거의 없고 위험에 자주 노출되는 가장 가난한 여성이 감염될 확률이 높다는 것은 그리 놀랍지 않다. 바셋과 믈로이가 짐바브웨에서 관찰한 것을 보면 "한편으로 많은 여성은 이혼이나 극단적인 빈곤에 직면하고, 다른 한편으로는 HIV 감염 위험과 마주한다. 빈곤한 여성들은 사회적 죽음과 생리적 죽음 사이에서 선택을 해야 한다"(Bassett and Mhloyi, 1991: 146).

HIV 감염과 에이즈에 걸린 여성은 지구 상의 가장 가난한 나라에서 집중적으로 증가하고 있다. 현재는 사하라 사막 이남의 아프리카 지역에 이러한 여성이 집중되어 있는데, 이곳은 이주 노동 시스템, 급속한 도시화, 잦은 전쟁이 가난 및 사막화의 진행과 결합되어 성병, 특히

HIV를 확산시키고 있다(Bassett and Mhloyi, 1991; Jochelson et al., 1991; Zwi and Cabral, 1991). 최근 추정치를 보면 현재 아프리카 여성 중 약 400만 명이 HIV 양성자이며, 이는 HIV에 감염된 전 세계 여성의 83%를 차지한다(Mann et al., 1991: 89~90).

물론 이와 같이 다양한 요인 사이의 상호 작용은 복잡하게 나타나고, 이는 개별 국가와 지역의 상세한 역사를 살펴봐야만 이해할 수 있다. 간단히 말하자면 아프리카는 토지 몰수, 농촌의 피폐와 더불어 남성 이주 노동자들이 불법적으로 유입되면서 가족과 섹스 양상이 바뀌고 있고, 때로는 오랜 별거나 다수의 성 파트너를 둘 수밖에 없는 식민지라는 점이다. 이러한 개발은 독립한 아프리카 국가들이 생산하는 제한된 이익을 세계 경제가 침식하면서 많은 사람을 빈곤 상태로 내몰고 있다(Bassett and Mhloyi, 1991; Jochelson et al., 1991; Kiesekka, 1990). 아프리카 여성들은 사회적 격변과 혼란으로 식량과 물이 부족해지고, 제대로 된 치료를 충분히 받지 못하게 되면서 HIV/에이즈에 걸리기 쉬운 상태가 된다.

그러나 HIV 양성 여성은 전 세계적으로 가장 가난한 국가에만 국한되는 것은 아니다. 가장 부유한 국가인 미국에서는 13만 명의 여성이 감염되었다고 보고되었다(Mann et al., 1992: 83). 그런데 미국에서 에이즈에 감염된 여성의 4분의 3이 유색인종이며 가장 위험에 처해 있고 가난한 여성들로 추정된다(Banzhaf, 1990: 81; Kurth, 1993: 5). 미국의 한 활동가는 다음과 같이 언급했다.

여성과 에이즈를 말할 때는 여성의 인종을 생각하라. 여성과 에이즈에 관해 들을 때도 여성의 인종을 생각하라. 만일 그것을 생각하지 못하면 당신은 길을 잃게 된다. 나는 정책 입안자들이 자주 길을 잃는 것을 보아왔다(Smith, B., 1992: 85).

이러한 여성 중 대다수가 마약 사용자이거나 마약 사용자의 파트너이다. 그들은 사회적 평등을 성취할 기회가 거의 없으며 성은 자신의 생계와 가족 부양을 위해 팔 수 있는 상품에 불과하다(Worth, 1989). 이는 다수의 파트너와 불안전한 섹스를 한다는 것을 의미하는데, 1990년대에 코카인을 취급하는 곳은 1980년대 초에 사우나가 남성 동성애자들에게 그랬던 것만큼 여성들에게 위험한 곳이 되었다(Anastos and Marte, 1991: 193). 잠재적으로 감염될 가능성이 있는 남성과 약물을 복용하거나 섹스를 맺는 것은 피폐한 일상의 삶과 극한의 상황에서 탈출하는 유일한 수단이다. 뉴욕 시내에서 일하던 한 상담가는 다음과 같이 지적했다.

만약 사람들이 피폐한 삶에서 탈출할 수 있는 유일한 방법이 마약과 섹스 — 완전한 인간이라고 느낄 수 있는 기회를 거의 제공받을 수 없는 — 라고 한다면 이 두 가지는 에이즈와 밀접하게 연관된다. 도망치고자 노력하는 사람들의 근원적 문제를 다루지 않고 에이즈 예방을 운운하는 것이 무슨 희망이 있을까?(Panos Institute, 1990: 35).

여성의 낮은 권력: 예방의 장애물
우리는 앞서 여성이 남성보다 생리적으로 HIV 감염에 취약하다는 점을 살펴보았다. 대부분의 사회에서 여성의 성적 선택의 자유는 제한적이다. 여성은 대부분 섹스 협상에서 주도권이 별로 없으며 파트너의 성적 행동에 대해 제한적으로 영향을 끼칠 뿐이다. 이러한 상황에서 HIV와 에이즈 예방 전략은 여성들의 요구를 충족시키지 못할 때가

많다. 이러한 전략은 여성과 남성에게 정확한 지식을 전달하면 당사자들이 좀 더 안전한 섹스를 위해 이성적으로 의사 결정을 내려, 행동할 것이라는 가정에 근거한다. 하지만 콘돔 사용을 협상할 수 있는 능력이 있을 때에만 그러한 전략이 유용하기 때문에 많은 여성은 이를 성취할 수 없다(Worth, 1989).

뉴욕의 라틴계 여성을 대상으로 실시한 연구를 보면 섹스 파트너와의 관계에서 자기주장을 내세우는 경우가 늘어나고 있음을 알 수 있다. 한 여성은 남자 친구에 대해 이렇게 말했다. "내 남자 친구는 선택권이 없어요. 좋든 싫든 콘돔을 써야 해요. 그래야 아무 일도 안 일어나지요. 그는 몇 달간 괴로워할 거예요." 아프리카계 미국 여성은 이렇게 이야기한다. "나는 그에게 콘돔을 쓰라고 해요. 그렇지만 그가 원하지 않는다면, 그는 원하는 것을 할 수 없어요. 그게 다예요"(Kline et al., 1992: 453). 하지만 어떤 이들은 이러한 요구조차 할 수 없다고 생각하고, 어떤 남성들은 그들을 바꾸려는 모든 시도를 거부한다(Carovano, 1991; Stein, 1990: 460; Ulin, 1992; Worth, 1989).

자이르(콩고 민주공화국의 전 이름)에서 수행된 현장 연구[9]에서 교회를 다니는 기혼 여성 60명에게 남편이 콘돔을 사용하도록 설득하게 했다. 3분의 1은 논의조차 하지 않고 거절했고, 그중 많은 남편이 화를 내면서 적대적인 반응을 보였다. 어떤 남자는 '살림살이(housekeeping)'만 하지 말고 '나가서 돈이나 벌어 오라고' 아내를 떠밀었다. 남성의 3분의 1은 콘돔을 사용하지 않아도 위험하지 않다고 아내를 설득했다. 단지 3분의 1만이 마지못해 콘돔 사용에 동의했다(Grudndfest Schoepf

---

9 실천(개입) 연구(action research)는 실생활을 개혁하거나 개선하기 위해 문제를 발견하고 수정해나가는 연구 방법으로, 그룹 다이내믹스의 원리를 구체적 행위에 적용하는 연구이다.

et al., 1991: 199). 짐바브웨 남성을 대상으로 한 국가 조사에서 그들 중 65% 이상은 한 번도 콘돔을 써본 적이 없다고 말했고, 대부분은 매매춘 여성과 섹스를 할 때만 사용하는 것이 적절하다고 생각하고 있었다(Mbivso and Adamchak, 1989).

여러 나라의 보고서에는 여성이 콘돔 사용을 주장했을 때 생길 가정 내 갈등, 폭력, 경제적 상실에 대한 여성의 공포가 기록되어 있다. 특히 어린 소녀들은 '그를 진심으로 사랑하지 않는다'거나 성적으로 너무 독단적이라는 의심을 받게 될 것 같은 공포감에 사로잡혀 있다(Holland et al., 1990). 그들에게는 이성애에 관한 지배적 관념에 도전 — 여성 자신의 필요를 주장하고 남성의 쾌락을 두 번째로 여기는— 하는 공포만큼 경제사회적 의존도 문제이다. 홀란드(Holland)와 동료들은 영국 십대 소녀들의 성 행태에 관해 연구한 뒤 젊은 여성과 안전한 섹스 사이에 존재하는 주요한 문제는 섹스 상대인 남성이라고 밝혔다(Holland et al., 1990).

또한 많은 예방 전략은 섹스가 안전하다는 것을 확인하는 방법으로 신뢰할 수 있는 섹스를 거론한다. 예를 들어 우간다에서 정부 교육 캠페인은 HIV 예방의 핵심으로 일부일처제를 지키거나 부부 간에만 섹스를 할 것(zero grazing[10])을 장려한다(Kisekka, 1990). 그렇지만 이는 이미 남편이나 오래된 파트너하고 성행위를 하는 수백만 명의 여성에게는 별로 의미가 없다. 아프리카의 HIV 감염 여성의 50~80%는 남편 외에 다른 섹스 파트너가 없는 것으로 추정된다(Reid, 1992: 659). 하라레(Harare)의 HIV/에이즈 클리닉에서 이루어진 최근 연구를

---

[10] zero grazing의 사전적 의미는 '가축을 방목하지 않고 우리 안에서 키움'인데, 여기서는 오직 부부 간에만 섹스를 하는 것을 의미한다.

보면 대부분의 사례에서 HIV를 가족에게 옮긴 책임은 남성 파트너에게 있었다. 75쌍 중 아내가 양성이고 남편이 음성인 경우는 단지 2쌍에 불과했다. 이 두 경우 모두 아내에게 명백한 위험 요소가 있었는데, 1명은 수혈을 받았고 또 1명은 첫 남편이 에이즈와 유사한 병으로 사망했다(Latif, 1989). 물론 일부일처의 여성만 있는 것은 아니지만, 남성에 비해 한 파트너와 관계를 맺는 것이 일반적이다. 하지만 이것만으로 심각한 위험이나 파트너의 감염에서 자신을 예방할 수 없다.

임신과 안전한 섹스 사이의 양자택일

남성뿐 아니라 여성도 안전한 섹스에 대한 요구를 무시할 수 있다. 어떤 이들은 콘돔을 쓰거나 이와 관련된 도구를 이용하는 섹스를 '인공적'이라고 거부한다. HIV 양성자를 파트너로 둔 뉴욕에 사는 한 흑인 여성은 이렇게 이야기한다. "나는 콘돔을 쓰기 싫어요. 왜냐하면 그건 일종의 화학물질이고, 가공된 물질이어서 뭔가 들어 있을 것 같아요. 게다가 고무지우개처럼 파고 들어오고, 문제도 많이 일으키잖아요"(Kline et al., 1992: 452). 같은 연구에서 한 히스패닉 여성은 이렇게 말한다. "가게에 가서 말을 꺼내기가 어려워요. 카운터에서 콘돔을 달라고 하면, 점원이 큰 소리로 가게에 있는 사람이 다 들릴 만큼 제가 뭘 사는지 소리칠 거예요"(Kline et al., 1992: 452).

하지만 임신에 대한 욕망은 간혹 안전한 섹스를 가로막는 더 근본적인 장애물이 된다. 여성 대부분은 자기 삶의 어느 시점에 어머니가 되기를 원하고, 1명 이상의 아이를 낳고 싶어 한다. 남성과의 약속이 지켜지지 않는다면 HIV 감염을 예방하면서 임신할 수는 없다. 우간다의 에이즈 지원 조직인 타소(TASO)의 소장 뵌레 칼리바(Voenre Kalleeba)는 그녀에게 상담을 받은 젊은 여성의 감정에 관해 이렇게 이야기한다.

그녀는 HIV를 예방하지 못했는데, 그 이유를 이렇게 말했다. "왜냐하면 아기와 콘돔은 같이 갈 수 없어요. 삽입하지 않는 섹스는 ······ 남자에게 결코 섹스가 아니에요. 아기를 갖는 것은 여성의 책임일 뿐이에요"(Carovano, 1991: 135).

물론 많은 남성들 또한 부모가 되고 아이를 여럿 두기를 원한다. 아버지가 되는 것은 그의 능력을 보여주는 중요한 방법인 것 같다. 하지만 여성에게 아이의 필요성은 더욱 심오한 것이다. 많은 사회에서 어머니가 되는 것은 지위, 정체성, 인격, 궁극적으로는 노년의 안정과 지원을 받을 수 있는 유일한 방법이다. 게다가 여성이 남편이나 파트너를 지킬 수 있는 유일한 방법일 수도 있다. 왜냐하면 많은 사회에서 남성은 아이를 '낳아주지' 않는 아내를 버리기 때문이다. 결과적으로 많은 여성이 모성과 '위험한 섹스' 사이에서 선택을 강요받는다. 한 사람을 세상에 태어나게 하기 위해 그들의 생명은 위험에 처하게 되는 것이다. 한 우간다 여성은 이렇게 말한다. "죽는 것은 상관없습니다. 하지만 아이 없이 죽는 것은 흔적 없이 버려지는 것을 의미해요"(de Bruyn, 1992: 255).

치료의 동등한 기회?

여성이 감염되었을 경우, 젠더 불평등은 그녀의 생존율과 그녀가 받는 치료의 질에도 영향을 미친다. 에이즈는 완치될 수 없다. 그러나 삶의 질은 물론, 진단 후 생존은 의료 서비스의 이용도에 따라 직접적인 영향을 받는다. 비록 현재 사용 중인 항바이러스 약물이 많은 사람들이 희망하는 만큼 효과가 입증되지는 않았지만, AZT[11]는 모체에서

---

11 AZT는 아지도티미딘(azidothymidine)의 약자로 항HIV 약물이다. 1987년에 에이즈 치료 약물로는 처음으로 개발되었다.

아이로 이어지는 바이러스 감염률을 낮추는 것으로 보인다. 다른 종류의 약물은 폐포자충폐렴(pneumocystis carinii pneumonia: PCP)[12]과 같은 기회 감염[13] 치료에 유용하며, 증상을 완화하는 데 도움이 된다. 하지만 여성은 이러한 치료제를 얻기까지 많은 어려움을 겪는다.

에이즈가 만연한 지역의 보건의료 예산은 복잡한 치료에 비해 남녀 모두에게 너무 적게 배정된다. 더군다나 실망스럽게도 이런 곳에서조차 자원은 남성을 위주로 사용되는 것으로 보인다. 최근 연구에 따르면 여성들이 특정한 요구에 부응하도록 고안된 새로운 치료나 지원 프로그램은 우간다, 르완다, 잠비아, 짐바브웨에서는 계획조차 되지 않고 있다(Seidel, 1993).

미국에서도 젠더와 인종을 포함한 다양한 요인이 진료의 질에 영향을 주는 것으로 보인다. 알려진 치료법이 없는 질환에서, 신약에 대한 임상 실험은 생존을 위한 유일한 희망이다. 그렇기에 새로운 에이즈 약물의 연구 참여자는 엄격하게 선발된다(Denenberg, 1990a; Korvick, 1993). 하지만 여성은 수가 너무 적다거나 임신 위험과 태아의 위험을 이유로 거의 배제된다. 태어나지 않은 아이에게 손상을 줄 수 있는 가능성은 분명히 중요한 문제이지만, 이는 극복할 수 없는 문제가 아니므로 실험에 참여할 수 있는 가능성은 열려 있다(Korvick, 1993). 이는 안전과 효과에 대한 성별 차이를 파악할 수 있을 뿐만 아니라 가치 있는 약물에 먼저 접근할 수 있는 기회를 제공한다

---

12 폐포자충의 기생으로 발생하는 폐렴으로 발열, 기침, 호흡곤란, 가슴 통증과 같은 증상이 나타난다. 에이즈의 2차 감염증 중 하나로 발생한다.
13 병원성이 없거나 미약한 미생물이 극도로 쇠약한 환자에게 감염되어 생기는 질환을 말한다. 2차 감염이라고도 하며, 면역기능이 감소된 사람에게 심각한 감염증을 일으킨다. 에이즈 감염이 진행된 경우, 장기 이식을 받은 사람이나 항암제 치료를 받는 사람에게서 흔히 일어난다.

(Berer and Ray, 1003: 31; Korvick, 1993; Rosser, 1992).

임상의학에서의 남성 편중성이 HIV와 에이즈에만 한정되는 것은 아니지만, 특히 이러한 배경에서 뚜렷해진다. 미국에서 게이 남성은 연구와 치료 시설에 대한 기금과 조직에 긴밀하게 연결되어 전염 초기에 그들의 요구와 우선순위가 적절하게 반영되었다. 하지만 더 많은 여성이 감염되면서 여성의 고유한 임상적·정신적 필요에 대한 지식의 부족은 심각한 문제를 일으켰다(World Health Organisation, 1990). 1985~1991년에 여성과 HIV/에이즈에 관해 언급한 논문에서 감염률은 4.4%였다. 그런데 미국에서 에이즈에 감염된 사람의 11%가 여성이었고, 전 세계적으로는 더 많았다. 감염된 여성의 수가 감염된 어린이 수의 6배인데도, 미국의 여성과 어린이에 대한 기금의 3분의 2는 어린이에게 쓰였다(Kurth, 1993: 4).

우리는 여전히 HIV, 에이즈의 전염, 증상, 진행과 같은 '자연적인 과정(natural course)'에서 나타나는 성별 차이에 대해 거의 모르고 있다(Anastos and Vermund, 1993; Denenberg, 1990b). 남성의 경험에서 나온 자료를 단순히 여성에게 적용할 수는 없고, 많은 문제가 풀리지 않은 채로 남아 있다. 여성에 대한 HIV 감염이나 생물학적 결과에 대해서는 아주 적게만 알려져 있기 때문에 여성이 남성보다 어린 나이에 감염되기 쉬운 사회적·생물학적 요인에 대해 밝힐 필요가 있다(Reid, 1992).

HIV/에이즈와 임신의 관계는 특히 무시되고 있는 영역이다(Brettle and Leen, 1991). 현존하는 연구는 상반된 결과를 보여주며, 위험에 처한 많은 임산부를 낙태시켰는데도, 우리는 여전히 HIV/에이즈의 진행에 임신이 미치는 영향이나 출산에 미치는 영향에 대해 거의 아는 것이 없다. 모체에서 태아로의 수직 감염 역시 극히 일부만 알려져 있다. 여성의 건강 상태와 그녀의 질병 단계가 태아의 감염 여부를 결정하는 중요한 요인인 데도 그러하다. HIV 양성 여성의 아기가 자체적으로 감염될 확률은 15~40%이고, 가난한 어머니일 때는 그 위험이 더 높아진다(Berer and Ray, 1993: 74).

따라서 HIV에 감염된 여성은 감염된 남성보다 더 큰 불확실성에 직면한다. 이는 종종 정확한 진단을 받는 문제에서 시작한다. 최근까지 진단 가이드라인은 캔디다 질염, 골반 감염 질환, 성기 포진(Herpes)[14], 월경 곤란, 자궁 경부 세포 이상[15]과 같은 증상에 거의 관심을 기울이지 않았다(Berer and Ray, 1993: 15~18; Brettle and Leen, 1991; Denenberg, 1990b; Kurth 1993: 9~10; Marte, 1992). 이러한 증상은 많은 여성에게 나타나는 초기 증상이다. 게다가 많은 여성이 임신 중에 진단받거나 아이가 HIV 양성인 것을 알고 나서야 진단을 받는다.

현재 치료에 대한 접근성의 불평등과 치료 지연, 남성 편향적 연구 결과 때문에 부유한 나라와 가난한 나라 모두에서 에이즈 진단 후 여성의 기대여명은 남성보다 짧다(Anastos and Vermund, 1993). 예를 들어 브라질에서 여성 생존자의 평균기대여명이 5.8개월이며 남성은 그보다 3배나 더 길다(de Bruyn, 1992: 250). 뉴욕 시에서도 비슷한 격차가 보고되는데, 진단 후 생존 기간이 여성은 298일인 데 비해 남성은 374일이다(Rothenberg et al., 1987: 1298). 1991년부터 미국에서의 연구는 여성이 진료에 대한 좀 더 나은 접근성을 가질 때 젠더 차이가 줄어든다는 것을 보여준다(Anastos and Vermund, 1993: 156).

---

14 단순 헤르페스바이러스 2형이 생식기 점막이나 피부에 침범하여 일으키는 급성 수포성 질환이다. 남성은 귀두, 음경, 요도에서 여성은 음순, 외음부, 음핵, 자궁 경부에 많이 발생한다. 수포는 단독 또는 군집형으로 나타나며 며칠 내에 터져 궤양을 형성한다.
15 자궁경부암의 조기검진으로 자궁 경부의 세포 도말 검사를 시행하는데, 이때 세포에서 종양으로의 세포 이상을 발견할 수 있다.

하지만 임상 결과에 영향을 미치는 사회적 불평등은 지속된다. 흑인과 히스패닉 여성의 생존율은 백인 여성보다 짧고, 특히 마약을 사용하는 여성은 나쁜 예후를 보인다. 한 연구자는 이렇게 말한다. "에이즈에 감염된 흑인 여성은 그녀들의 백인 또는 남성 파트너만큼 오래 살지 못하고 사망한다(Richie, 1990: 182).

남성과 여성의 임상적 요구가 다를 뿐만 아니라 사회심리적 환경도 다르기 때문에, 남성에게 맞춰진 서비스가 제공하지 못하는 특수화된 대응이 필요하다. 임신을 했거나 임신을 고려하는 HIV 양성 여성은 심각한 감정적 트라우마를 겪게 되고 선택의 기로에 서며, 적절한 도움이나 지지를 받지 못한다(Kass, 1991; Walker, 1990). 하지만 많은 이들이 계속 임신을 하며, 현재 뉴욕 시에는 HIV 양성 어머니를 둔 아이가 80명 중 1명꼴이다(Faden et al., 1991: 309).

여성이 HIV에 감염될 위험은 점점 더 커지고 있고, HIV 감염 여성은 남성 파트너보다 더 빨리 사망한다. 전 세계에서 수집한 자료를 살펴보면 여성은 많은 경우 질병의 잠재적인 전파자로 주목받고 있거나 남성 파트너의 감염을 도덕적으로 방어하는 역할을 한다. 하지만 많은 여성이 적절한 예방과 치료 서비스에 접근하는 것을 거부당하고 있으며, 특히 그런 요구가 가장 절실한 나라에서 그러하다. 질병이 유행할수록 에이즈로 병에 걸리거나 고아가 된 사람들에 대한 여성의 책임은 증가하지만, 관련 정책이나 계획 결정에 거의 영향을 미치지 못하고 있다. 그녀들은 단지 HIV와 에이즈에 심각하게 감염된 사람으로서 자신을 위한 요구 사항을 갖기 시작했을 뿐이다.

7. 여성 생식기 절단

이 절에서는 간혹 여성 포경으로 불리지만 사실은 '여성 생식기 절단'인 것에 대해 다룬다. 이는 전 세계 여성 중 단지 일부에게만 직접적인 영향을 미치지만, 오랫동안 여성 섹슈얼리티에 대한 가부장적 통제의 가장 적나라한 예라는 상징적인 의미를 내포했다. 이를 행하는 사회에서는 여성의 생식기관을 절단함으로써 여성의 건강과 안녕은 위험에 처한다. 다양한 문화에서 나타나는 통제의 과정은 좀 더 미묘할 수 있지만, 여성 생식기 절단은 이성애우월주의(heterosexism)가 보여주는 덜 적나라한 다른 행태들과 중요하게 비교해볼 수 있다. 특히 여성 생식기 절단의 사회적 현실은 이성애 관계에서 그들이 겪는 불평등을 재생산하는 데 여성이 참여하게 되는 복잡한 방식을 보여주고 있다.

여성 생식기 절단은 8,500만~1억 4,000만 명의 여성 건강에 커다란 해를 끼치고 있다(World Bank, 1993: 50). 아프리카의 25여 개국, 말레이시아, 예멘, 인도네시아, 브라질의 일부 지역, 멕시코, 페루에서 여전히 행해지고 있으며, 유럽 국가에서도 이 지역에서 이민을 온 사람들 사이에서 가끔 일어난다. 여성 생식기 절단은 특히 문화적 믿음과 관련이 있으며, 분포는 정치적 국경과 일치하지 않는다. 이는 하나의 특정한 종교와 관련된 것이 아니라 무슬림, 가톨릭, 개신교, 콥트(Copt)교도[16] 들 사이에서 벌어진다. 흔히 이슬람과 관계있다고 하지만 『코란』이나 다른 경전 어디에도 이를 권고하고 있지 않다

---

[16] 기독교의 한 분파로 451년에 알렉산드리아 주교를 중심으로 로마 가톨릭교회에서 떨어져 나왔으며, 인성(人性)은 신성(神性)에 융합·섭취되어 있다는 그리스도의 단성설을 믿는다.

(Hicks, 1993: 23~25; Smyke, 1991: 78; Thiam, 1986: 58).

정도의 경중에 따라 세 가지 종류의 여성 생식기 절단이 있는데, 세 가지 다 외부 여성 성기의 일부를 제거한다. 음핵절제(clitoridectomy)는 '수나(sunna)'로 불리며, 생식기에 가장 손상을 적게 주는 방식으로 음핵의 끝이나 덮고 있는 피부만을 제거한다. 절개(excision)는 음핵 전체와 소음순을 제거하지만 외음부(vulva)를 덮는 부분은 남겨둔다. 음문봉합(infibulation) 또는 폭군할례(pharaonic circumcision)는 가장 심한 형태로 음핵, 소음순과 대음순의 일부를 제거하고 양쪽을 꿰매서 소변과 생리혈이 흘러나올 조그마한 구멍만 남긴다. 수단에서 활동하는 수잔 케니언(Susan Kenyon)은 다음과 같이 묘사한다.

> 모든 체모를 제거해서 전체적으로 중성화시킨다. 성기에 있는 옅은 흉터 말고는 여성의 성기임을 알 수 있는 흔적이 전혀 없고 질 입구에 작은 구멍만 있을 뿐이다(Kenyon, 1991).

절단을 하는 연령은 문화에 따라 다양하다. 이는 종종 생후 며칠 만에 이루어지기도 하고(예를 들어 수단의 유목민들에서), 7세 무렵에 이루어지거나(중앙아프리카의 많은 나라와 이집트에서), 청소년기〔나이지리아 이보(Ibo)에서〕에 이루어지기도 한다(Minority Rights Group, 1980). 이 시술은 전통적인 시술자(보통 여성)에 의해 이루어지거나 가끔은 서양 의학을 배운 조산사나 의사에 의해 시행되기도 한다. 의료 기구가 없는 상황에서 칼날이나 칼, 깨진 유리조각 등으로 시술을 한다. 많은 문화에서 전통적으로 식물의 가시가 찢어진 양 끝을 꿰매는 데 사용된다. 대부분의 경우 마취는 거의 하지 않으며 어린애는 시술하는 동안 다른 여성이 붙잡고 있다. 음문봉합의 경우, 일반적으로 시술 후 소녀의 다리를 묶어놓고 딱지가 생길 때까지 움직이지 못하게 한다.

말리에서 온 여성인 피케이(PK)는 상대적으로 덜 심한 형태인 그녀의 절개에 대해 여전히 기억하고 있다. 이는 그녀가 12세 때 행해졌다. 이른 아침인 데다 덥지도 않았는데, 입이 바짝 마르고 땀이 났어요. 내가 눕자마자 내 가는 다리는 묵직한 손에 꽉 잡혀 쫙 벌려졌지요……. 나는 머리를 들었어요. 내 양쪽에서 두 여성이 나를 땅에 고정시켰죠. 내 손은 성기를 붙잡았고, 심장이 쿵쾅거렸어요. 그 순간 몇천 마일은……. 찌르는 듯한 통증이 날아간 내 생각을 현실로 돌아오게 했어요. …… 그리고 시술이 시작됐어요. …… 나는 끝없는 혼란에 빠졌고, 신체적으로 정신적으로 갈가리 찢기는 것 같았어요. 젖어오는 게 느껴졌고, 나는 피를 흘리고 있었어요. 그런 극심한 고통은 처음 겪는 거였어요. 이후 가장 끔찍한 순간은 대변을 볼 때였죠. 완전히 상처가 아물기까지 한 달이 지날 동안, 나는 계속 성기 부위의 상처가 가려워 긁어야 했어요(Thiam, 1986: 61~62).

이보다 심한 음문봉합을 겪은 소녀의 경우, 시술은 더욱 힘들고 회복도 더 어렵다. 더구나 그 과정은 대부분 한 번으로 끝나지 않는다. 왜냐하면 이러한 여성들은 결혼하고 출산하기 전에 음문봉합을 풀어야 하고, 아이를 낳은 후 재봉합해야 한다. 결혼으로 봉합을 푸는 경우, 남편의 성기만으로 뚫어지거나 간혹 전에 꿰맨 곳을 잘라내기도 하는데, 두 가지 방법을 모두 쓰는 경우도 있다. 방법이 무엇이든 간에 과정은 엄청 고통스럽다.

하니 라이트풋 클라인(Hanny Lightfoot-Klein)은 수단의 여성 생식기 절단에 대한 여성의 경험을 연구했다. 그녀가 인터뷰한 여성의 90%

이상이 폭군할례를 경험했다(Lightfoot-Klein, 1989: 58). 모든 여성이 뚫릴 때의 엄청난 고통을 이야기했고, 그 고통이 결혼 후 평균 2~3개월이나 지속되었다고 했다(Lightfoot-Klein, 1989). 약 15%는 남편이 봉합한 부분을 뚫지 못해 비밀리에 수술로 열었다고 말했다. 수단의 의사인 아스마 엘 다리어(Asma el Dareer)의 연구에서도 매우 비슷한 결과가 나왔는데, 음문봉합이 완전히 뚫리기 위해 필요한 시간은 평균 2~3주라고 한다(el Dareer, 1982).

성기 절단에 의한 합병증은 다양하다. 한 서부 아프리카 연구에 의하면 절단을 당한 여성의 83%가 일생에 적어도 한 번 이상은 이와 관련된 문제로 의학적 치료를 받는다(Koso-Thomas, 1987: 19). 즉각적인 합병증으로는 출혈, 수술 후 쇼크, 요폐색[17]과 감염(특히 파상풍)이 있다. 당연히 어린 소녀들은 이 때문에 사망하지만 통계는 없다. 왜냐하면 병원에 가는 경우가 드물고, 사망 원인이 은폐되기 때문이다.

일단 즉각적인 위험에서 벗어나도, 많은 여성이 이와 관련된 건강 문제를 계속 겪게 된다. 요로와 자궁, 질의 감염이 흔하고, 질이 반쯤만 열리면서 월경이 매우 어려워진다. 음문봉합 이후 남은 구멍은 종종 너무 작아서 생리혈이 쉽게 빠져나오지 못한다. 이 때문에 심한 통증이 생기고 오래 지속되기도 하며 수술과 같은 치료가 필요한 경우도 생긴다. 지부티(Djibouti)에서 일하는 닥터 올리비에(Olivier)는 심한 복통으로 병원에 실려 온 16세 소녀의 사례를 보고했다. 그녀는 몇

---

[17] 소변이 나가는 길이 막혀서 방광이 부풀거나 신장으로 소변이 역류하는 증세로 이것이 진행되면 요정체를 일으키게 된다. 요로가 막히면 감염의 위험성이 커지고 결석을 형성할 수 있다. 더 진행되면 소변이 나오지 못해 상부 요로가 점차 확장되는 수신증이 발생하고 신장이 위축되는데 심한 경우에는 신장 기능을 상실하게 된다.

달간 월경을 하지 않았고, 성교도 하지 않았지만 배가 불러왔고 예민해지면서 임신한 것처럼 보였다. 그녀는 음문이 봉합된 상태였고, 아주 작은 구멍만 남아 있었다. 수술로 봉합된 부위를 풀었고, 3~4리터의 검고 오염된 피가 쏟아져 나왔다. 역설적으로 이 여성은 운이 좋았다. 만일 결혼하기 전에 월경이 없는 것을 가족들이 임신으로 여겼다면 그녀는 살해당했을 것이기 때문이다(Minority Rights Group, 1980).

생식기 절단을 당한 여성이 임신을 하면 출산 중 심각한 합병증을 겪을 수 있는데, 조직의 상처와 섬유화된 것(조직이 쉽게 늘어나지 않음을 의미함)이 더욱 고통스러운 진통을 일으키고 난산과 사산을 증가시킬 수 있기 때문이다. 아기의 머리는 골반을 통해 내려오는데, 이때 절단된 상처가 더 쉽게 찢어지며, 심한 통증과 출혈이 생기고 다른 기관(요도, 방광, 직장)에 장기적인 상처를 입힐 수도 있다. 특히 아기를 낳은 후 다시 봉합하기 때문에, 심각한 감염 요인이 될 수 있다. 그런 까닭에 가임기 동안 합병증을 12배 정도 많이 겪게 된다.

성기 절단의 영향에 대한 더 많은 질적 연구―특히 섹슈얼리티에 미치는 영향에 대해―가 진행되어야 한다. 음핵을 자르는 것이 여성의 오르가슴, 성적 희열에 심각한 문제를 일으킬 수 있다는 것은 이미 명백하게 밝혀진 사실이다. 수단의 의사 나히드 투비아(Nahid Toubia)는 "여성 생식기 절단은 남성과는 달리 여성의 성 기관 중 감각 기관을 없앤다. 이는 임신 기능은 남겨두고 섹슈얼리티는 제거하는 방법이다"(Toubia, 1985: 135).

여성 생식기 절단이 건강상 명백하게 위험한데도 남성 집단과 여성 집단 모두에서 지속하려고 광범위하게 지원한다는 모순이 생식기 절단을 매우 민감한 정치적 이슈로 만들었다. 여성 생식기 절단은 분명 여성의 섹슈얼리티를 통제하고, 결혼 전까지 처녀성을 보호하며, 가족의 명예를 지키고 성교에서 남성의 즐거움을 증가시키기 위한 가부장적 시스템의 한 부분이며(Hicks, 1993: 73~78), 널리 퍼져 있는 여성 경시 문화의 한 부분이다. 하지만 대부분의 여성들이 성기 절단을 정상적이고 필요한 것으로 생각하고, 심지어 아내, 어머니, 공동체의 일원으로 인정받는 데 필요하다면 원하기까지 한다(Hicks, 1993: 79~81). 따라서 많은 여성이 그들의 억압을 내면화하고 자신과 딸의 열등함을 재생산하는 데 지속적으로 관여하고 있는 것이다.

8. 결론

남성과 여성 사이의 섹스는 대부분 암시적 또는 명시적으로 협상 과정을 거친다. 많은 여성은 약자의 입장에서 협상을 진행할 수밖에 없으며, 결과적으로 이성 간 섹스는 그녀들에게 건강하거나 행복한 경험이 아닐 수도 있다. 삶을 즐겁고 윤택하게 할 수 있는 섹스의 효과가 근본적으로 불평등한 관계에 의해 제한되거나 심지어 파괴될 수 있다. 다음의 두 장에서 보겠지만 이러한 불평등은 피임, 임신, 출산을 통해 더욱 강화된다.

읽을거리

Berer, M. and Ray, S., *Women and HIV/AIDS: an international resource book*(London: Pandora, 1993).
여성과 HIV/에이즈 이슈에 관련되거나 관심 있는 사람 누구에게나 독특하고 가치 있는 책이다. 매우 어려운 영역이기는 하지만 문제와 가능성이라는 양쪽 시각에서 제공되는 다양한 출판·미출판 자료가 포함되어 있으며, 그룹과 자원에 대한 훌륭한 지침도 있다.

Germain, A., Holmes, K., Piot, P. and Wasserheit, J., *Reproductive Tract Infections: global report and priorities for women's reproductive health*(New York: Plenum Press, 1992).
무시되고 있는 많은 주제와 관련된 뛰어난 논문 모음집이다. 성 전파성 감염증에 대한 임상적·역학적·사회경제적 연구 결과와 많은 제3세계의 가치 있는 사례 연구가 포함되어 있다.

Kelly, L., *Surviving Sexual Violence*(Oxford: Polity Press, 1988).
성폭력 생존자인 영국 여성 그룹에게 '목소리를 주기 위한' 목적으로 시행된 연구이다. 이러한 종류의 연구가 그렇듯이 이론적·방법론적 문제점에 대한 토론도 포함되어 있다.

Kurth, A.(ed.), *Until the Cure: caring for women with HIV*(London and New Haven: Yale University Press, 1993).
미국에서의 경험을 바탕으로 쓰였다. HIV를 가지고 사는 여성을 대하는 사람들에게 중요한 참고문헌이다. 병을 앓고 있는 여성을 돕기 위한 최선의 실행 방법뿐만 아니라, 간결하고 가치 있는 정보를 제공한다.

제4장

재생산과 관련된 규제

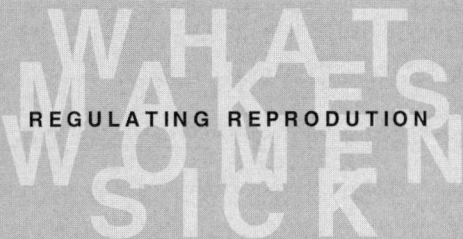

REGULATING REPRODUTION

1. 서론

여성이 자신의 건강과 자율성을 극대화하려면 반드시 재생산과 관련된 문제를 스스로 결정할 수 있어야 한다(Correa and Petchesky, 1994; Dixon-Mueller, 1993). 감염이나 원하지 않는 임신에 대한 두려움 없이 남성과 섹스를 향유할 수 있어야 하며, 불쾌하거나 위험한 부작용의 위험 없이 자신의 출산을 통제할 수 있어야 할 뿐만 아니라 임신과 출산 기간을 안전하게 지내 건강한 아이를 키울 수 있어야 한다. 남성은 생식 기능을 규제받지 않으면서도 자신의 신체와 건강을 유지할 수 있다. 그럴 수 없는 여성은 항상 재생산에 대한 자율적인 결정을 강화할 수 있는 제일 효과적인 수단을 찾아왔다(Gorden, 1976; Petchesky, 1986).

2. 건강과 재생산

임신과 출산은 여성의 몸과 마음에 심각한 영향을 준다. 모성은 여성의 삶에서 가장 충만한 경험 중 하나이지만 최적의 환경에서 능동적으로 선택되어야 한다. 진정으로 수많은 여성이 성공적인 임신과 건강한 출산을 위해 큰 어려움을 감수할 준비가 되어 있다. 하지만 그러한 경험이 보편적이지는 않으며 자신의 출산을 선택할 기회가 없는 수많은 여성은 여전히 억압받고 있다. 가장 근본적인 생물학적 기능 중 하나인 출산에 대해 영향력을 행사하지 못하는 이러한 상황은 여성의 신체적·정신적 건강에 중대한 영향을 미친다.

출산 이후 충분한 여유 없이 계속 출산하는 것은 여성의 신체적 건강에 도움이 되지 않는다. 일반적으로 여성의 신체가 임신과 수유에서 회복되기 위해 필요한 임신 간격은 최소 2년이기 때문이다. 임신 간격이 짧은 것은 '모성신체 고갈 증후군(maternal depletion syndrome)'18의 원인이 되며, 이는 여성의 몸에 과부하가 걸리고 영양이 부족해 만성적으로 쇠약해지는 것을 의미한다. 여성의 출산 통제 능력을 최대화하는 것은 신체적 건강 증진의 선행 요인이다.

원하지 않는 임신이 여성 심리에 미치는 영향에 관해서는 거의 알려지지 않았다. 임신과 출산이 여성에게 미치는 정서적 효과는 대부분 복합적 성격을 띠고 있다. 원하지 않는 임신일지라도 아이 그 자체와 모성애의 발현은 피할 수 없이 복합적인 감정을 불러일으킨다. 반면 많은 여성은 비자발적인 출산과 양육으로 운명론적 정서를 갖게 되며, 이 때문에 정체성이나 자아존중감을 지니기 어렵다. 그런 감정은 임신을 초래한 성적 관계에 긍정적으로 동의할 수 없는 경우에 더욱 심해진다.

한편, 조절되지 못한 임신은 여성에게 신체적·정신적으로 더 많은 해를 끼친다. 가족의 규모를 제한하지 못하는 여성은 사회활동에 타격을 받는다. 자녀 양육은 주로 여성의 책임이기 때문에 가족 밖에서의 활동 기회는 사실상 주어지지 않는 것이다. 글을 읽을 수 있다는 것이 운명론에 대한 처방이며, 동시에 출산이나 건강 상태 증진과 밀접한 연관성이 있다. 따라서 여성이 교육받는 것을 거부한다면 치명적인 위해를 가져온다(Royston and Armstrong, 1989: 56~62).

원하지 않는 임신을 예방하거나 중단하는 시술이 보편적으로 존재

---

18 반복되는 임신과 분만으로 음식 섭취 부족, 고된 노동, 에너지 소실이 복합적으로 작용해 나타나는 영양실조 상태를 말하며, 모체와 아이의 건강에 중요한 영향을 미친다.

하기 때문에, 여성 대부분은 이러한 출산 조절 능력을 매우 중시한다. 그러나 대부분의 경우에 목표를 달성하기 전에 장애물에 부딪히게 된다. 이는 임신과 출산이 여성 자신, 즉 개인에게만 중요한 것이 아니기 때문이다. 여성의 출산은 배우자, 가족과 공동체에 광범위하게 영향을 미치는 물질적·문화적 중요성이 있다. 많은 사회에서 여성의 성생활은 여러 사람과 집단이 통제권을 갖기 위해 맞서는 영역으로, 경쟁이 매우 심한 부문이기도 하다. 그러므로 여성의 출산에 대한 결정을 이해하려면 생물학적·기술적 질문에서 출발해서 생식과 관련된 사회적 관계를 구성하는 복잡한 거미줄에서 시작해야 한다.

3. 출산은 누가 통제하는가?

이와 같은 거미줄의 중심에는 여성이 있으며, 임신과 출산에 대한 신중한 생각은 남자와 여자의 본질에 관한 신념과 가치관, 성적 활동의 목적, 부모와 가족으로서의 의미 안에서 이루어진다.

가족이라는 끈

대부분의 문화에서 여성은 어머니가 되어 여성성(femaleness)을 증명해야 한다고 압박받고 있다. 이와 동시에 여성과 그 배우자는 그들을 둘러싼 사회경제적 현실에 영향을 받는다. 즉, 여성이 '임신'하고 '출산'하는 것은 조수나 계절의 변화처럼 단순하고 당연하게 이뤄지는 것이 아니다. 그런데도 여성은 '자연적인' 재생산 과정의 한계를 정하는 물리적 조건의 억압하에서 임신과 출산을 경험한다(Petchesky, 1986). 부부가 대가족을 꾸릴지 말지를 결정하는 데 대부분의 경우에 종교는 별다른 영향력을 발휘하지 못하는 것 같다. 아이들은 탄탄한 물질적 기반만큼이나 중요한 노동력의 공급원이자 사회적 지위를 나타내기 때문이다.

영아사망률이 높으면 부모는 자녀가 가족 경제에 공헌하거나 부모를 돌볼 수 있을 만큼 살 것이라고 확신하지 못한다. 빈곤층은 영아 사망의 덫에 걸리는 경우가 많기 때문에 자녀 중 일부라도 살아남도록 계속해서 출산하게 된다(Hartman, 1987: 9).

이런 식의 결정을 보통 '부부' 또는 가정에서 내리는 것처럼 사실 대부분은 성적 불평등의 맥락에서 이루어진다. 살펴본 바와 같이 이성적(heterosexual) 제도 또는 관습은 남성이 여성의 성과 재생산을 통제하려는 요구를 합법화한다. 그러한 환경에서는 여성이 자신의 관심사를 표현하기 어려우며, 때로는 인식하는 것조차 어려울 수 있다. 커플이 같이 결정하는 것처럼 보이더라도 실제는 겉으로만 그렇다. 높은 출산율로 건강에 부담을 갖게 되는 것은 여성이지만, 대부분 자신 또는 가족의 생존을 위한 전략의 일부로 위험을 선택하거나 거부할 수 없게 되는 역설적인 상황에 놓인다(Kabeer, 1985).

종교의 권력

가족 외부에서 여성의 재생산 선택에 직·간접적으로 권력을 행사하는 많은 사회적 제도가 있는데, 종교는 이러한 제도 중 하나로 매우 중요하다. 지난 세기 동안 대중의 종교의식이 감소했고, 선진국 대부분과 제3세계 국가 일부에서는 세속적 생활이 좀 더 일반화되었다. 그러나 종교적 제도는 여전히 여성의 성생활에 상당한 영향력을 행사하고 있다. 예를 들어 가톨릭은 남미 국가에서 인공 임신 중절 합법화의 강력한 반대자이며, 아일랜드에서는 태어나지 못한 아이의 권리를 조명하는 캠페인을 주도하기도 했다(Barry, 1988). 폴란드에서도 태아를 보호하고 인공 임신 중절을 범죄로 규정하는 법령이 1993년 통과되었는데, 최근 다시 부흥하고 있는 가톨릭이 중요한 역할을 한 것으로 보인다(Jankowska, 1993).

이러한 현상은 종교적 근본주의가 상당수 여성이 획득한 재생산 결정의 자유를 후퇴시키고 있는 최근의 경향을 반영한 것이다(Yuval Davis, 1989). 예를 들면 미국에서 다시 나타난 청교도주의가 미국뿐 아니라 세계적으로 재생산 권리가 제한되게 하려는 신우파 연합의 주요한 가치가 되고 있다. 다른 국가에서도 유사한 경향이 나타나고 있는데, 특히 종교적 근본주의와 국가주의가 결합된 이슬람 국가에서 두드러진다. 이러한 상황에서 여성은 가족의 관심사와 공동체의 압력이 수반되는 종교적 신념과 자기 건강의 필요성을 비교하면서 극단적으로 어려운 선택을 강요받고 있다.

국가주의와 인구 증가 정책

여성의 출산 조절에 대한 접근성은 대개 정부 정책의 우선순위에 따라 결정된다. 이러한 정책의 우선순위는 기본적으로 제공되는 보건의료 및 사회적 프로그램에 반영되고 있으며, 특히 인구 변화에 영향을 미치는 정책에서 더욱 뚜렷하게 나타난다. 극소수의 여성만이 국가 정책에 영향을 미칠 수 있는 위치에 있는데, 이는 재생산 측면에서 여성 건강에 대한 요구가 사회의 공공선보다 하위에 자리 잡고 있다는 것을 의미한다. 대체로 정부는 사회경제적 우선순위나 정치적 관심사에 따라 인구 증가나 인구 억제 정책을 채택한다. 어느 쪽 정책이든 여성을 직접 대상으로 삼으며, 이는 여성 삶의 본질적 영역에 아주 깊은 영향을 미친다. 사회주의 국가를 자임하는 두 나라가 취하는 서로 다른 방향의 정책을 통해 이를 살펴볼 수 있다(Davin, 1992).

중국이 1979년에 채택한 '한 자녀 정책'은 인구 억제 정책으로 널리 알려져 있다. 이는 인구가 급격히 팽창하는 상황에서 경제 성장을 촉진하고 생활수준을 유지하기 위한 시도였지만, 여성의 건강과 안녕에 대한 효과가 바람직하지만은 않았다(Davin, 1987; Hardee-Cleaveland and Banister, 1988; Harmann, 1987: Ch. 8; Hillier, 1988). 중국 부부들은 정부 정책에 순응해야 하는 커다란 도덕적 압력을 받고 있으며 경제적·사회적 인센티브도 제공받고 있다. 그러나 이러한 압력은 불균등하게도 여성에게만 집중되고 있다. 1982년 이후 한 자녀를 둔 모든 여성에게 자궁 내 피임기구(Intrauterine Device: IUD)[19]를 삽입하도록 권장하고 있으며, 두 자녀를 둔 부부는 단산 시술을 받게 하고(대부분은 여성이 받고 있다), 인정되지 않은 아이를 임신한 경우에는 임신 중절 수술을 받아야만 했다.

지역적으로 다소 다르지만 한 자녀 정책은 매우 엄격하게 시행되었고 강제적 단산 시술과 낙태가 끊임없이 보고되었으며, 그중 일부는 임신 후기에 이루어졌다(Davin, 1987: 121). 한 자녀 정책으로 생겨난

---

19 피임을 목적으로 자궁강 내에 장착해 수정란의 착상을 막는 피임기구이다. 1930년경부터 사용했으며 링, 루프, 플레이트, T자형, L자형 등이 있고, 현재 세계적으로 널리 사용되는 재질은 플라스틱이다. 자궁 내에 이물(異物)을 삽입하여 자궁 내막에 조직생화학적(組織生化學的) 변화를 일으킴으로써 수정되더라도 수정란의 착상을 저해한다. 생식기의 염증, 자궁근종, 악성종양, 과다월경, 기능성 자궁출혈 등의 이상이 없는 것을 확인한 다음 의사가 삽입하는데 월경 후 실시하는 것이 좋다. 장착 중에 부정출혈, 대하 증가, 과다월경, 월경통, 하복통이 있을 때는 제거해야 한다.

많은 문제는, 중국 사회의 뿌리 깊은 전통문화에서 비롯된 남아 선호 사상 때문에 더욱 악화되고 있다. 합법적 아이가 여아인 경우 엄마는 극단적 압력을 받게 되며, 심지어 여아를 살해하는 사례도 보고되고 있다(Davin, 1987: 117).

루마니아에서도 여성의 재생산 건강이 위협을 받아왔다. 독재자 차우셰스쿠(Ceaucescu) 대통령 시대에 도입된 인구 정책은 루마니아의 인구 규모를 늘리기 위한 것이었다. 인공 유산은 극소수의 경우를 제외하고는 불법이며, 피임은 여성의 건강이 임신으로 악화되는 경우에만 할 수 있었다. 모든 피임약과 기구의 수입은 금지되었고 콘돔과 살정제만 생산되었다. 이러한 정책의 결과, 모성 사망이증가할 수밖에 없었고 여성에게는 엄청난 질병의 부담을 안겨주었다.

이처럼 출생률에 극적 변화를 일으키는 정부의 정책은 심각할 정도로 여성만을 대상으로 했다. 중국과 루마니아의 경우가 서로 다르기는 하지만, 여성의 개인적 관심사보다 공공선을 추구하는 정책이 내포한 위험성을 여실히 보여준다. 국가가 인구 정책을 펴는 것이 절대적으로 부적절하다고 주장하는 것은 아니다. 어느 정도 규모의 가족이 필요한지 사회적으로 협상을 해야 하는 상황이 있다. 이러한 상황에서 적절한 전략을 세우고 실행하기 위해, 최소한 여성이 남성과 동등하게 참여하는 것은 반드시 필요하다(Berer, 1993).

사회우생학과 사회적 통제

기존의 인구 정책이 모든 여성을 대상으로 하지는 않지만 심각한 위험이 내재되어 있다. 대부분의 국가에는 더욱 복잡한 어젠다가 있는데, 때로 여기에는 사회적 그룹을 유지하거나 재조정하려는 의도가 포함되어 있다. 그러므로 출산 통제에 여성을 접근시키거나 또는 배제시키는 것은 여성들의 사회계층, 국가 및 인종적 정체성에 영향을 받는다.

20세기 말 영국과 미국의 출산 통제 정책에서 사회 계층의 중요성이 입증되었다. 양국은 대도시의 빈민가에 거주하는 노동계층 여성의 '혈통'을 통제하기 위해 우생학적 정책을 추진했다(Gordon, 1976; Petchesky, 1986). 거기에는 인구 자질이 퇴화되어 경제적 또는 군사적 경쟁에 적합하지 않을 수도 있다는 두려움이 잠재하고 있으며, 이러한 신맬서스주의자(neo-Malthusian)들은 신앙에 기반을 두고 도덕성을 근거로 출산 통제에 반대하는 사람들과 논쟁을 벌이기도 했다. 하지만 이 논쟁에서도 여성에 대한 관심은 철저히 무시되었다.

수많은 인구 정책에 내재된 인종 정책은 특히 남아프리카공화국에서 명백해진다. 노동력이 필요한데도 공식적 출산 통제 프로그램은 역사적으로 흑인 여성을 목표로 하고 있다(Klugman, 1993). 더욱 놀라운 것은 인종마다 서로 다른 피임 기술을 사용하라고 권장한다는 것이다. 트란스발 지역에서 이루어진 최근 조사에 의하면, 흑인 여성들은 주사제 피임약을 사용하는 데 반해 백인 여성들은 이를 거의 사용하지 않을뿐더러 주사제 피임약이 있는지조차 모르는 경우가 많다고 한다(Klugman, 1993: 52). 가족계획은 흑인 여성들에게 유일하게 무료로 제공되는 의료 서비스이며 데포-프로베라(Depo-Provera)[20]는 가장 광범위하게 사용되는 제품이다. 많은 경우에 백인 여성들에게

---

[20] 3개월마다 주사를 맞는 프로게스테론 제제이다. 약의 작용은 경구용 프로게스테론 제제와 동일하다. 계속 사용하는 경우 1년 내에 사용자의 4분의 1에서 월경 중단 현상이 나타난다고 보고되었고, 30%가 정상적으로 월경을 했다고 보고되었다. 부작용은 먹는 제제와 비슷하다. 특히 주목할 만한 부작용은 골밀도 감소인데 다른 복용법보다 이 주사제에서 눈에 띄게 감소했다.

는 대가족을 장려하는 반면, 흑인 여성들은 직업을 얻으려면 가족계획 증명서를 소지해야만 한다(Hartmann, 1987: 193). 그러므로 가족계획에 관한 문제는 사회적 통제 정책과 분리해서 생각하기 어려우며, 흑인 여성들은 정보를 제공받지 못한 상태에서 이를 선택하는 경우가 많다.

이스라엘에서도 그러한 차별이 존재한다. 최근까지 팔레스타인 여성들만 무료로 피임약을 얻을 수 있었다. 반면 유대 여성들에게는 인구 전쟁이라는 관점에서 더 많은 아이를 낳을 것을 권장했다. 이는 유대인을 위한 국가적 의무로 간주되었고, 특히 이스라엘에 거주하는 유대인을 위한 것이었다(Salzberger et al., 1991; Yuval Davis, 1989: 100). 1950년대 초반에 다비드 벤구리온(David Ben Gurion)은 새로운 국가에서 유대인이 압도적 다수가 되려면 한 가족당 4~5명씩 자녀를 낳아야 한다고 이를 할당했다. 이러한 인구 증가 정책의 일환으로 열 번째 아이를 갖는 여성들에게 현금을 지불하는 보상 제도를 도입했다. 그러나 이 보상제도의 수혜자 다수가 팔레스타인 여성이었기 때문에 1959년에 폐지했다(Salzberger et al., 1991: 6). 팔레스타인 민족주의자들에게 재생산은 하나의 무기가 된 것으로 보인다. 결국 인구에 관한 결정은 이스라엘과 팔레스타인 여성 모두에게 갈등을 불러일으키는 압력으로 작용하고 있다(Yuval Davis, 1989: 5).

세계대전 이후 인구에 대한 국가 정책이 여성의 삶에 미치는 파급효과는 국제적 영향력을 바탕으로 더욱 확산되었다. 1970년대에 미국 정부는 다양한 국제기관과 협조하여 제3세계의 인구 증가를 억제하기 위한 정책에 깊이 관여했다(Hartmann, 1987; LaCheen, 1986). 여기에서 어젠다는 매우 분명했으며 피임 방법도 매우 엄격했다. 특히 임신 억제 정책을 추진하라고 인도에 국제적으로 압력을 가했다(Sundari Ravindran, 1993). 이러한 '인구 억제 정책'은 수백만 여성들의 피임에 대한 접근성을 증가시켰다. 그러나 이러한 서비스들은 다양한 문화적 맥락에 적합하지 못했고 여성과 남성의 인권을 무시하는 결과를 낳았다. 사업의 성공은 단지 피임자 수로만 평가되었고 사용자의 만족도나 건강에 미치는 장기적 효과에 대한 관심은 찾아보기 어려웠다.

여러 나라에서 1970년대의 강력한 인구 억제 정책은 현재 약화되었지만 출산 조절을 원하는 여성들은 의료전문가에게 의존하게 되었다. 익히 알고 있듯이 '재생산 의료화'의 효과는 매우 역설적이다. 한편 과학자들은 제약 회사와 연합해 임신과 피임에 대한 새로운 방법을 개발해왔고, 이는 여성들의 출산 조절을 도왔다. 이러한 기술이 여성이 시술에 접근하고 시술을 지속하기 위해서 의사에 대한 의존도를 높인 반면, 의사들은 여성이 합리적으로 기대하는 능력이나 관계에 항상 부응하지는 못했다.

4. 피임의 혁명?

역사적으로 여성과 남성 모두 섹스와 임신의 생물학적 연관성을 차단하기 위해 만들어낸 다양한 종류의 약과 기구를 사용해왔다. 그러나 19세기에 남성이 콘돔을 사용하고 여성이 다이어프램(diaphragm)[21]을 사용하기 전까지 피임 효과는 그리 높지 않았다. 20세기 전반부터 선진국 여성들은 이러한 방법으로 혜택을 받았지만, 출산에 대한 통제

---

21 다이어프램은 자궁경관 외구에 씌울 수 있도록 얇고 둥근 고무막으로 만든 피임기구이다. 질의 맨 안쪽 위 부위에 있는 자궁경관 하부와 자궁경관 외구를 다이어프램으로 덮어 피임한다. 질 속에 사정된 정자가 자궁경관을 통해 자궁 속으로 들어가지 못하게 하는 원리이다. 페서리(pessery)라고도 불린다.

가 급격하게 증가해 피임 시대가 열린 것은 1960년대였다. 이 기간에 다양한 종류의 기술이 개발되었고(비록 여성의 관점에서 사용된 경우는 드물었지만) 전 세계 여성이 피임약과 기구를 사용하게 되었다.

피임 기술의 발전

선진국에서 여성이 노동시장으로 진입하고 여성의 성에 관한 개방적 태도가 확산되면서 다양한 피임 방법에 대한 요구는 더욱 증가했다. 저개발 국가에서는 인구 증가에 대한 두려움과 결합되어 이러한 경향이 나타났다. 이로써 미국 정부와 제약 회사는 피임약을 개발하고 시장을 형성하는 동기를 얻었다. 피임약과 자궁 내 피임장치는 피임이 전 세계적으로 확장되는 기초를 제공했으며 여성의 삶에 많은 영향을 주었다. 1962년에는 미국에서만 200만 명의 여성이 피임약을 사용했으며, 제3세계에서는 이 새로운 가족계획 방법의 사용이 1960년대와 1970년대에 걸쳐 500%나 증가했다.

이러한 발전은 주요한 세 집단의 이해가 수렴되면서 촉진되었다. 여성주의자들은 출산을 스스로 통제하는 능력이 개선되기를 원했고, 선진국에서는 제3세계의 인구 증가에 위협을 느꼈으며, 제약 회사는 피임약으로 이윤을 얻고자 했다. 그러나 이러한 동조는 국가 내부나 다양한 국제적 압력 때문에 점차 와해되었다.

여성 건강 운동가들은 대부분 피임 기술에 의한 건강 위험이 존재하고 여성 자신의 필요와 요구에 대한 공급자의 고려가 부족하다는 점을 비판했다. 인구통제자들의 활동은 국제적으로 전개되고 있는 낙태반대운동(right to life movement)뿐만 아니라, 일부 제3세계 정부가 제기하는 비판이 증가하면서 축소되고 있다. 이와 동시에 미국의 제약 회사는 정부의 엄격해진 기준에 따른 신약에 대한 시험 비용 증가,

이전에 생산한 제품으로 해를 입은 여성과 아동 관련 소송에 대한 보험료 부담 때문에 신약 및 기술 개발, 연구와 생산을 중단하고 있다 (Lincoln and Kaeser, 1988).

1990년대에 접어들면서 현대적 피임 기술이 낳은 편익과 사회관계에 미친 영향을 재평가하기 시작했다. 피임약의 광범위한 사용이 원하지 않는 임신이나 위험성 높은 임신 가능성에 대한 불안에서 여성을 자유롭게 해주었고, 신체적·정신적 건강을 증진시키고 있다는 것은 의심할 여지가 없다. 그러나 너무 많은 여성이 기초적인 지식과 서비스를 제공받지 못하고 있다. 더욱이 서비스를 받는 사람들조차 방법이나 제공 기간에 만족하지 못했다. 선진국과 제3세계 여성들은 자신들에게 제공된 선택 범위에 점점 비판적 견해를 보여 광범위하게 장려되는 방법과 관련된 사회·경제·건강 비용의 지불을 꺼렸다. 자바에 사는 한 여성의 이야기는 이와 관련된 중요한 문제를 지적하고 있다.

> 가족계획이 우리의 일을 방해하지 않고 어떠한 영구적 손상도 입히지 않으며 신앙과 대치되지 않는다면 기꺼이 받아들일 수 있다. 필요하다면 비밀을 지킬 수 있는 여성이 우리를 검사하고 설명을 해주어야 하며, 이 역시 아주 저렴하게 이용할 수 있어야 한다(Warren, 1987: 22).

현재 이러한 수단은 선진국에 사는 소수의 여성만이 누리고 있다. 이를 실현할 수 있는 방법이 개발될 수 있는지 또는 개선된 기술과 서비스를 전 세계적으로 제공할 수 있는 재원이 있는지도 명확하지 않다. 피임 혁명은 1960년대부터 시작되었지만 현재는 좌초된 상태이며, 수백만 여성의 기본적 요구는 여전히 충족되지 못한 채 남아 있다 (Lincoln and Kaeser, 1988).

피임은 여성만의 문제인가?

주디스 부르스(Judith Bruce)가 지적했듯이 여성의 몸은 일반적으로 현대의 피임 서비스를 사회로 전달하는 매개체이다(Bruce, 1987: 362). 1960년대 초까지만 해도 여성보다 남성이 주로 피임을 했다. 그러나 피임 혁명 이후 매우 극적으로 사용 대상이 여성으로 바뀌었고, 1980년대 중반에는 여성의 피임률이 남성의 2.7배가 되었다(Bruce, 1987: 343). 전 세계적으로 880만 쌍의 부부 중 340만 쌍이 피임을 하고 있으며, 그중에서도 여성이 피임하는 경우가 대다수이다(Mauldin and Segal, 1988: 341). 155만 명이 단산 시술을 받았으나 그중 3분의 2는 여성이고, 80만 명은 자궁 내 피임기구, 61만 명은 호르몬 요법을 사용하고 있다. 콘돔이 안전하고 효과적이며 성병을 예방하는 효과가 있는데도 콘돔을 사용하는 사람은 38만 명밖에 되지 않는다.

상대적으로 남성을 대상으로 한 피임 방법을 새로 개발하려는 시도는 극히 적었으며, 연구 기금도 5%만 할당되었다(Bruce, 1987: 362; Hartmann, 1987: 100). 이러한 편향의 이유는 복합적이다. 임상의학에서는 장기간 여성의 생식 문제에 초점을 맞췄기 때문에 이에 대한 지식이 축적되었던 반면, 남성의 생식기관에 대한 지식은 상대적으로 부족했다. 더욱이 여성의 가임기는 단기간으로, 생식 주기에서 효과적으로 중재할 수 있는 시점이 존재한다. 그러나 중요한 것은 남성 연구자들이 남성 피임 방법의 부작용에 매우 예민했으며, 특히 성적 만족도에 미치는 영향에 민감했다는 점이다. "재생산의 반대로서의 '성'이 문제가 되는 영역에서 가부장문화와 의학은 남성이라는 종족을 민감하고 취약한 집단으로 여긴다"(Petchesky, 1986: 173).

피임이 여성의 책임으로 변화하는 과정에 내포된 함의에는 모순이 존재한다. 피임을 통해 여성은 삶을 조절하는 능력을 더 많이 획득했으며, 이는 특히 일시적 관계가 잦고 피임을 결정할 때 파트너를 신뢰할 수 없는 젊은 여성에게서 중시되었다. 하지만 다른 측면에서 보면 피임 부작용 또한 여성에게만 주어진다는 것을 뜻한다. 새롭게 개발된 피임 기술의 잠재적 해악뿐만 아니라 남성이 콘돔을 사용하지 않음으로써 에이즈를 포함한 성 전파성 질환에 감염될 위험이 증가한다는 것은 매우 중요한 지적이다. "다른 모든 남성의 영역에서 여성이 책임지는 것을 꺼리면서도 이 경우에만 그렇게 하자는 데 여성들이 의심하는 것은 당연하다"(Rose and Hanmer, 1976).

5. 출산 조절의 장애물

전 세계적으로 피임약 사용은 증가했지만 국가 간 또는 지역 간의 편차는 극심하다. 아시아·태평양 지역의 피임약 사용률은 49%이며 아프리카는 12% 정도이다(United Nations, 1989a). 피임 실천율이 낮은 이유는 매우 다양한데, 이 중에는 대가족에 대한 선호도 반영되어 있다. 그러나 이 중 대부분은 가족계획 서비스에 대한 여성의 수요가 충족되지 못해 나타난 현상임이 분명하다.

충족되지 못하는 가족계획 서비스의 현실

가족계획 서비스의 필요성을 알려주는 중요한 지표의 하나로 낙태를 들 수 있는데 세계적으로는 매년 50만 건씩 행해진다고 알려져 있다. 세계 출산력 조사(World Fertility Survey)에 따르면 바람직한 가족 규모와 피임약 사용 사이에는 연관성이 있다고 한다. 최근 자료를 보면 남미 여성의 대부분은 자녀를 둘이나 셋만 갖기를 원하는 데 비해 평균 가족 규모는 여전히 5~6명이다(Royston and Armstrong, 1989: 191). 방글라데시에서도 출산율은 여성이 원하는 것의 2배 이상인 반면에, 사하라 이남의 아프리카 지역에서는 원하는 가족 규모가 대체로 출산율에 반영되고 있다. 전 세계적으로 300만 쌍의 부부가 더는 아이를 원하지 않으면서도 피임을 실천하지 않으며, 아이를 원하는 부부일지라도 출산 간격을 더욱 효과적으로 조절하고자 한다(Royston and Armstrong, 1989: 184).

한편, 예방할 수 있는 모성 사망이 여전히 많다는 통계가 발표되고 있다. 여성이 원하는 아이만 출산할 경우 남미에서는 35%, 아시아에서는 33%, 아프리카에서는 17% 정도의 모성사망을 예방할 수 있다(Royston and Armstrong, 1989: 192).

인구 결정의 다이내믹스

여성은 안전하고 효과적인 피임 요구를 충족하는 과정에서 여러 가지 장애물에 부딪힌다. 그러한 장애물은 배우자가 호의적이지 않을 경우 가정에서부터 나타난다. 가족 내에서 자녀 계획과 관련된 결정이 어떻게 이루어지는지에 대한 연구는 적은 편이지만, 남성들이 그러한 결정을 내리는 데 주도적 역할을 한다는 것은 매우 명확하다. 페루의 농촌에서 실시된 연구를 보면 출산과 피임을 남성 배우자가 결정하는 경우가 흔하다고 한다(Maynard-Tucker, 1989). 수단의 하르툼(Khartoum)에서 이루어진 비슷한 연구에서도 수단 남성의 54%가 가족계획은 남성 혼자 결정하는 것이 당연한 것으로 믿는다고 보고했다(Khalifa, 1988).

남성이 아내의 피임에 대해 권한을 갖도록 법이나 규제로 명문화한 국가도 있다. 에티오피아의 가족계획연합은 1982년까지 여성이 피임약을 구입할 때 남성의 동의를 요구했다. 그 결과 16%의 여성이 동의를 얻지 못해 피임약을 사지 못했다(Cook and Maine, 1987). 배우자의 동의를 요구하는 규제가 없어진 이후 여성이 가족계획 클리닉을 방문하는 횟수가 증가했다고 한다. 파푸아뉴기니에서는 남편의 동의 없이 여성에게 피임약을 판매하는 것을 법으로 금지했고, 니제르에서도 정부가 운영하는 클리닉에서는 배우자의 동의를 얻은 여성에게만 피임약을 보급했다고 한다(Cook and Maine, 1987: 340).

남성이 피임에 동의할 경우라도 여성은 어떤 피임법을 사용할지에 대해 최종적으로 남성의 결정을 따라야 한다. 영국의 여대생들을 대상으로 한 결과는 많은 여대생이 피임으로 성적 만족을 침해당하는 것을 파트너가 좋아하지 않는다고 응답한 것으로 보고했다. 대부분의 남성에게 피임약은 '보이지 않는 것'이며, 여성은 피임약에 대해 두 가지 상반된 태도를 보인다.

나는 피임약을 좋아하지 않는다. 약을 먹는 것은 매우 간단하지만 캡22이 더욱 안전하다고 생각한다. 섹스 시 제동을 걸려고 하지만 남편은 "냄새가 비위에 안 맞는다"고 한다. 그렇기 때문에 나는 캡을 사용하는 데 매우 만족하지만 다시는 사용하지 못할 것 같다(Pollack, 1985: 71).

또 다른 사람은 이렇게 말했다.

그는 콘돔 사용을 좋아하지 않는다. 그는 차라리 피임약으로 내 건강을 해치는 쪽을 선호한다. 그는 내 건강에 대해서는 걱정하지 않으며

---

22 피임용 페서리를 말한다.

콘돔을 사용하면 즐거움이 방해받는다고 생각한다(Pollack, 1985: 72).

심지어 상대적으로 사회적 지위가 높고 경제력이 있는 여성들조차 건강상의 위험을 감수할 수밖에 없을 만큼 남성의 욕망에 구속된다.

유사한 결과가 매우 다른 사회에서도 보인다. 멕시코에서 실시한 국가 단위의 조사를 살펴보면, 대다수 여성은 그들이 선택한 방법이 남성의 성적 만족을 충족시켰는지에 큰 관심이 있는 것으로 나타났다. 남성은 피임 방법의 선택에 영향을 미치는 주요한 요인으로 자신의 감정을 방해받지 않는 것을 꼽았으나 여성은 그렇지 못했다(Folch-Lyon et al., 1981: 418~419). 남성의 성적 만족을 침해하지 않는 피임 방법은 여성의 건강을 상당히 악화시키고 있다.

가족계획 서비스의 부족

출산 조절에 대한 배우자의 태도가 어떻든 간에, 여전히 많은 여성이 문제와 관련해 상담받기 어려운 형편이며 피임약을 구입하는 데도 어려움을 겪고 있다. 대다수의 농촌 여성에게 산부인과는 집에서 너무 멀리 떨어져 있고, 특히 젊은 여성은 나이가 어리거나 결혼을 하지 않았거나 치료에 관한 적절한 지식이 없기 때문에 배제되기도 한다. 여러 국가에서 피임약 사용은 여전히 불법이거나 공식적으로 제한된다.

동유럽에서는 가족계획에 필요한 물품을 구하기가 어려운데, 이는 피임 도구를 수입할 현금이 없고 정부가 국내 생산을 통해 수요를 충족하는 데 실패했기 때문이다(Davin, 1992). 조디 제이콥슨(Jodi Jacobson)이 '피임에 대한 장막'이라고 표현한 구소련에는 가임 여성 7,000만 명이 살고 있지만, 현대적 피임약을 생산하는 공장은 한 군데도 없었다. 얼마 되지 않는 콘돔의 질은 매우 형편없어서 '고무

덧신'으로 불렸다(Jacobson, 1991: 30). 최근에 정치가 발전하면서 재생산에 대한 개방 정책(reproductive Glasnost)이 이루어졌지만 피임약에 대한 수요충족률은 여전히 낮은 형편이다.

피임약 부족 현상은 다른 곳에서도 비슷한 양상을 띤다. 남미 국가의 86%는 인구 절반 이상이 피임 방법 중 한 가지에라도 접근이 가능한 데 비해, 아시아와 오세아니아는 이러한 비율이 44%, 아프리카는 12%에 불과하다(United Nations, 1989a: 65). 많은 여성이 출산 조절을 원하고 있지만 여기에는 여전히 장해가 있음을 알 수 있다. 그렇다면 '피임 혁명'의 혜택은 과연 무엇인가? 우리가 살펴본 것처럼 중요한 문제는 여전히 풀리지 않고 있다. 출산 조절 방법에 대한 접근성이 낮아 여성의 생식 보건 요구를 충족하지 못하고 있으며, 현재의 기술 수준이나 이를 공급하는 기관들은 심각한 한계가 있다.

6. 홉슨 부인의 피임 방법 선택

생물학적·사회적·문화적 환경 모두에 적합하면서도 완전한 피임 방법은 어디에도 존재하지 않는다. 하지만 많은 여성은 아직까지 최소 수준 이상의 방법을 찾지 못하고 있다. 피임하는 여성이 급격히 증가했지만 각각의 피임법을 지속적으로 사용하지 못하는 비율은 여전히 높다. 여성은 대부분 임신 예방이라는 기술을 수용하도록 강요받는다고 느끼지만 그들의 다양한 요구는 충족되지 않고 있다. 원하지 않는 출산과 완벽하지 못한 피임 사이에 갇혀, 여성은 심각한 부작용을 감수하는 쪽을 선택하고 있다(Hardon, 1992).

성차별주의와 단산 시술

단산 시술은 원하지 않는 임신을 예방하기 위해 전 세계적으로 광범위하게 사용되고 있다. 남성에게 하는 시술은 여성에게 하는 시술보다 간단하고 안전한데, 이는 수술이 덜 침습(侵襲)적이면서 국소마취만으로도 가능하기 때문이다. 그러나 단산 시술의 70%는 여성을 대상으로 행해진다. 새로운 최소복강경술(mini-laparotomy)[23]은 간단하면서도 부작용 발생이 낮다. 그러나 제3세계에서는 부적절한 환경에서 수술하는 경우가 많기 때문에 단산 시술과 관련된 문제는 여전히 심각하다(Kahn, 1989: 262). 방글라데시에서는 5,000명당 1명의 여성이 단산 시술을 받다가 부작용으로 사망한다(Editorial, The Lancet, 1989).

여성과 남성에게 행하는 단산 시술의 건강 위험 차이는 매우 크다(Smith et al., 1985). 여성의 사망률은 남성의 5배이며 장기적인 이환율 역시 여성이 더욱 높다. 네덜란드처럼 전 세계에서 유일하게 남성이 여성보다 단산 시술을 많이 받고 있는 나라도 있지만, 전반적으로 남녀 간 단산 시술의 차이는 점점 확대되고 있다(United Nations, 1989: 56). 따라서 남성과 여성 모두 단산 시술로 혜택을 받지만, 불균등하게도 여성은 단산 시술로 인한 건강상의 위해를 참고 견딘다.

단산은 아이를 더는 낳고 싶지 않은 여성에게는 혜택일 수 있으며 접근성이 좋다. 그러나 이 시술은 되돌릴 수 없기 때문에 선택의 자유와 사전 동의가 보장되는 효과적인 조정 과정이 매우 중요하다. 여러 국가에서 나온 자료를 보면 시술 과정에서 이러한 조정의 질은 그 편차가 심해, 상당수의 여성들이 자신의 운명을 결정하는 능력에 심각한 위협을 받고 있다.

---

[23] 복강경을 이용한 소개복수술로 2센티미터 정도의 작은 절개로 난관을 결찰하여 임신을 영구히 방지하는 수술이다.

단산 시술의 남용

미국에서는 우생학적 목적으로 빈곤층, 이민자, 소수 인종의 여성에게 장기간 단산 시술을 해온 역사가 있다(Davis, 1981; Petchesky, 1986; Shapiro, 1985). 1970년대 수행된 조사에 따르면 결혼한 흑인 여성 중 20%가 단산 시술을 받았으며, 연방정부 프로그램에 의해서 단산 시술을 받은 여성의 43%가 흑인 여성이었다(Gerber Fried, 1990a: 159). 이러한 경향은 1970년대와 1980년대까지도 지속되었다. 현재는 메디케이드[24]에서 무료로 제공하던 낙태 시술이 거의 모든 주에서 사라졌지만, 단산 시술의 90%가 의료보험 급여 대상이다. 이는 가난한 여성이 단산을 선택할 수 있게 인센티브를 제공하는 것이다. 1982년에 미국의 백인 여성 중 15%가 단산 시술을 받은 데 비해, 흑인 여성은 24%, 푸에르토리코 여성은 42%가 받았다고 한다(Gerber Fried, 1990a: 259).

단산과 관련된 복잡한 문제를 많은 여성이 이해하기 어려웠던 데다가 불충분한 설명과 언어적 장벽으로 상황은 더욱 악화되었다. 상당수는 뒤늦게 자신에게 무슨 일이 생겼는지를 인식했다. 라틴계 여성 마리아 피게로아(Maria Figueroa)는 캘리포니아 병원에서 겪은 경험을 다음과 같이 이야기하고 있다.

의사는 나에게 난관결찰술(tubal ligation)[25]을 원하느냐고 물었다. 나는 의사에게 남편과 나는 아이를 원하기 때문에 단산되는 것을 원하지 않는다고 말했다. 나는 마취약 때문에 술에 취한 것 같은 느낌을 받았고

---

[24] 미국에서 65세 미만의 저소득자, 신체장애자를 대상으로 연방정부가 기금을 조성해 주정부가 운영하는 국민 의료 지원 프로그램이다.
[25] 배를 가르거나 질의 일부를 절개하여 난관의 중앙 부분을 핀셋으로 집어 난관복막과 함께 묶는 수술로, 대표적인 여성 불임법이다.

장시간의 진통과 의사의 지속적인 강요로 탈진했다. 결국 나는 만일 남자아이면 받겠다고 말했다. 내 딸 엘리자베스는 제왕절개로 태어났다. 남편이 나를 만나러 병원으로 왔을 때 의사는 내 침대에 와서 난관결찰을 했다고 알려주었다(Dreifus, 1979).

푸에르토리코에서 단산 및 이민자 통제는 1960년대의 중요한 인구정책 항목이었다. 엄청나게 많은 여성이 결과에 대한 설명을 듣지 못한 채 난관결찰술을 받았고 결과를 되돌리려는 헛된 노력을 했다. 오늘날 단산 시술을 받은 푸에르토리코 여성은 45% 정도이며, 이는 전 세계에서 가장 높은 수준이다(Fuentes, 1987: 14). 최근에야 단산의 남용을 막기 위해 푸에르토리코와 미국에 더욱 엄격한 지침이 도입되었다. 그러나 푸에르토리코 여성들은 여전히 단산 시술을 선택하고 있다. 남미계 아동과 가정에 대한 뉴욕위원회의 디그마 산체스(Digma Sanchez)는 "단산 시술을 받는 것이 직업과 더 좋은 교육, 주택을 얻을 수 있는 쉬운 해결책인데, 그처럼 힘든 삶 속에서 여성들이 왜 시술을 받지 않겠는가?"라고 반문했다(Fuentes, 1987: 15).

1979년 이래로 방글라데시, 볼리비아, 콜롬비아, 엘살바도르, 과테말라, 인도, 인도네시아 및 멕시코와 같은 국가에서도 단산 시술이 남용되고 있다. 인도와 방글라데시에서는 1970년부터 남성과 여성 모두에게 단산을 유도하는 다양한 정책이 실행되어왔다(Hartmann, 1987; Shiva, 1992).

가족을 부양하기 위해 인도 서부 사막 지역에 있는 여성은 단산 시술을 받는 것에 동의했다. 종종 그렇듯이 남편에게는 말하지 않았고 그 대가로 2,000루피를 받았다. 단산 수술을 받으면 아이를 먹일 수 있는 돈이 생겼고 끝없는 임신을 끝낼 수 있는 기회이기도 했다. 하지만 많은 여성이 단산 시술을 받았음에도 약속된 돈을 받은 여성은 극히 소수에 불과했다(Asian and Pacific Women's Resource Collection Network, 1989: 75).

브라질에서도 많은 여성이 단산 시술을 권유받았다. 매년 30만 명의 여성이 보건부에 의해 난관결찰술을 받았다(Christensen, 1991: 11). 아마존과 빈곤 지역 여성 중 75%가 단산 시술을 권유받았다. 하지만 인도에서처럼 여성에게 사전 동의를 전혀 받지 않았을 뿐만 아니라 심지어 강제성을 띤 정책도 실시되었다. 한편 빈곤은 이러한 강제적 정책과 동일한 효과를 나타내는데, 여성주의 건강 연구자인 카르멘 바로소(Carmen Barosso)는 다음과 같이 이야기하고 있다.

> 여성은 IMF의 정책으로 아이를 부양할 수 없었으며 절망적인 심정으로 출산을 제한할 수밖에 없었다. 강제적인 조치는 합법화되었고 이것이 여성의 의지에 반하는 것이라고 할 수도 없었다. 하지만 이런 선택을 하는 것은 여성에게 다른 선택의 여지가 없었기 때문이었다(Christensen, 1991: 12).

최근 티베트에서 여성의 인권 유린에 관한 중대한 보고가 있었다(Campaign Free Tibet, 1994). 강제적 유산과 단산 시술이 중국이 티베트에 인구 조절 정책을 실시하는 데 주요 요소가 되어왔다는 것이다. 한 영국인 간호사는 티베트 라싸(拉薩)에서 겪은 일을 다음과 같이 묘사했다.

1987년 8월 어느 날, 해질 무렵에 달려오는 차 소리를 들었다. 창문 밖에 트럭이 있고 거기에는 큰 철망이 3개 있었는데 그중 2개의 철망에 티베트 여자들이 갇혀 있었다. 그들은 우리에 갇힌 동물과 같았다. 티베트인들이 격렬하게 항의하고 있었고 중국 병사들은 그들을 구타하고 있었다. 나는 당시 그 여자들이 범죄를 저질렀다고 생각했으나, 나중에 들은 바로는 너무 많은 자녀를 낳았기 때문에 멀리 데려가는 것이라고 했다. 사람들은 그 여자들이 앞으로 임신하지 못할 것이라고 말했다(Free Tibet, 1994: 157).

자궁 내 피임기구는 해결책인가?

영구적 피임을 원하지 않는 사람들에게 자궁 내 피임기구는 수정된 난자의 착상을 억제하는 작용을 한다. 세계적으로 자궁 내 피임기구는 단산 시술 다음으로 많이 사용되는 방법이지만 8,000만 명의 사용자 중 5,000만 명이 중국 여성이며, 중국은 피임 방법에 대한 개인적 선택을 극도로 제한하여 피임기구를 중앙에서 통제하고 있다. 선진국, 특히 미국에서는 자궁 내 피임기구 사용이 감소하고 있으며, 가장 드문 피임 방법이 되고 있다. 법률 소송에 드는 막대한 비용 때문에 보험회사는 자궁 내 피임기구를 급여하지 않으며 제약회사는 1986년 이후부터 미국 시장에서 대부분의 자궁 내 장치를 철수했다.

자궁 내 피임기구는 피임 효과를 극대화하는 장점이 있으며, 한 번 시술로 효과를 장기간 유지할 수 있는 이점도 있다. 이는 피임을 숨기고 싶어 하는 여성이나 피임기구의 보관 및 사용이 어려운 상황에 처한 여성에게 매우 효과적이다. 그러나 많은 여성이 자궁 내 피임기구가 야기할 수 있는 건강 위험성에 대해서는 잘 모르고 있다.

자궁 내 피임기구의 부작용은 지속적 출혈이나 산통 등을 들 수 있다. 생리혈에 대한 연구를 통해 플라스틱으로 만든 제품은 100~150% 정도 출혈을 증가시키고 구리 제품은 30% 정도를 증가시킨다는 사실이 밝혀졌다(Khan, 1989: 253). 대량 출혈은 모든 여성에게 심각한 불편함을 주지만, 일부 여성에게는 사회적·문화적 중요성이 있다. 여러 사회에서 월경을 하는 여성은 불결하거나 순수하지 않다고 여기고 있으며, 많은 여성은 머리감기, 세탁, 기도, 각 출산한 여성 방문 등 일상적 활동을 제한받는다. 세계보건기구가 실시한 연구에서는 힌두 여성의 4분의 3이 월경 때 요리를 피한다고 말했고, 많은 여성들이 휴식이 필요하다고 응답했음을 보고했다(WHO, 1981). 브라질의 연구에서는 79%의 여성이 대량 출혈은 섹스를 방해하고 때때로 가정 문제를 일으킨다고 보고했다(Bruce, 1987: 373).

월경은 현대적 피임 방법을 사용하지 않는 사회에서 상대적으로 드물게 일어난다. 4명의 아이를 낳고 8개월 동안 모유를 먹인 후 임시로 피임 수단을 이용한 여성은 7명의 아이를 낳고 모유를 더 오랫동안 먹인 그녀의 어머니보다 월경을 3배 이상 오래 한다는 것을 의미한다(Bruce, 1987). 자궁 내 피임기구 때문에 생리혈이 많아지면 여성은 신체적·정신적 스트레스를 겪는데, 영양 상태가 좋지 않고 심한 육체노동을 하는 여성의 경우에는 더욱 심각한 문제를 겪을 것이다. 철 결핍성 빈혈이 발생할 위험이 증가하고 건강이 나빠진다.

자궁 내에 피임기구를 착용한 여성 1,000명 중 1명에게 자궁 파열이 생길 수 있다. 또한 자궁 외 임신 가능성도 높다. 자궁 내 피임기구의 피임 성공률이 높다고 해도(3~5회 임신/100명), 임신한 경우 태아가 나팔관에 착상될 확률이 높기 때문에 즉시 수술을 하지 않으면 생명이 위험할 수 있다. 제3세계에서 자궁 내에 피임기구를 한 여성의 사망률은 선진국 여성의 사망률보다 2배 정도 높다(Hartmann, 1987: 206).

자궁 내 피임기구의 합병증 중 아주 흔한 것이 자궁 염증이다. 그러한 건강 위험에 관심을 갖는 여성 건강 옹호자들은 중부 및 남부 아프리카의 '불임 지대'에서는 자궁 내 피임기구를 처방해서는 절대로 안 된다고 주장한다. 이러한 합병증은 자궁 내 피임기구를 제거하게 하고 사용을 꺼리게 하는 요소가 되기도 한다. 한 방글라데시 여성은 올케의 죽음을 말하면서 혼란스럽다고 이야기했다. 그녀는 자궁 내 피임기구를 하고 있었는데 감염과 출혈이 시작되었고, 자궁 내 피임기구를 제거했는데도 출혈이 멈추지 않아 결국 사망했다는 것이다.

이것이 많은 여성이 자궁 내 피임기구를 사용하지 않으려는 이유이다. 가난하다는 것을 이해하지 못해서일까? 많은 아이들을 낳았고 그 아이들을 먹일 수 없다는 것을 몰라서일까? 우리는 알고 있다. 그러나 무엇을 할 수 있는가? 이 여성의 사망 원인이 무엇이든 간에 우리에게는 그녀를 도울 수 있는 어떠한 시설도 없다(Abdullah and Zeidenstein, 1982: 195).

경구 피임약의 편익과 위험

배란을 조절하는 호르몬 제제를 이용한 피임 방법은 여성의 신체에 가장 심각한 영향을 미친다. 1960년대에 경구용 피임약이 처음 도입되었을 때, 선진국의 많은 여성은 드디어 바라는 것이 이루어졌다고 생각했다. 이제는 섹스와 출산을 분리하고 재생산과 관련된 운명을 통제할 수 있을 것으로 받아들였다. 1965년 초기에 피임약 복용은 미국에서 주요 피임 방법이 되었으나, 피임약의 인기는 곧 사그라졌다. 한편으로는 이 약이 가져올 것이라고 생각했던 성적·사회적 혁명이 커다란 환상으로 보였다. 이와 동시에 예상하지 못했던 부작용으로 여성 건강에 심각한 악영향을 끼칠지도 모른다는 인식이 커졌다.

피임약에 대한 실험은 주로 아이티와 푸에르토리코 여성을 대상으로 했다(Petcesky, 1986). 주요한 강조점이 임신 예방이기 때문에 사용자의 안녕은 주목하지 않았다. 실험은 단기간에 이루어졌기 때문에 가임기 여성들에 대한 장기간의 효과는 별로 알려지지 않았다. 호르몬 제제의 상용과 여러 암의 발생률 간 관계는 판단하기 어렵다(Holck, 1987). 그러나 호르몬 제제 피임약의 다른 부작용은 매우 빠르게 나타났다.

1960년대 후반부터 경구용 피임약이 순환계 질환의 원인 중 하나라는 주장이 나왔다. 1970년대 초반에 영국 여성 4만6,000명을 대상으로 한 연구에서 피임약을 사용하는 여성이 심혈관계 질환으로 사망할 확률이 5배 이상 된다고 나타나 이러한 공포가 확인되었다(UK Royal College of General Practitioners, 1974). 신혈관계 질한 발생 위험은 35세 이상이면서 호르몬 제제를 최소 5년 이상 복용했고 흡연자인 경우에 가장 큰 것으로 밝혀졌다. 새로운 제품이 이러한 위험성을 감소시키긴 했지만 심근경색, 정맥혈전, 혈압의 증가 등 위험은 여전히 존재하고 있다(Khan, 1989: 256).

호르몬 제제는 생명을 위협하는 것은 아니지만 건강을 악화시킨다는 부작용이 있다. 자궁 내 피임기구와 마찬가지로 연구자나 의사들은 호르몬 제제에 대해 미미한 부작용을 언급했지만, 이는 여성의 삶에 상당한 영향을 미쳤다. 이러한 부작용 중 많이 보고된 것은 우울증이나 성적 욕구의 상실, 체중 증가를 들 수 있다. 월경 기간의 단축은 생리혈을 건강의 징표나 정상적 과정으로 보던 여성들에게 불안감을 일으키기도 했다.

피임약을 개발한 그레고리 핀커스(Gregory Pincus)와 방글라데시 여성의 관점에서 대조적 견해를 찾아볼 수 있다. 핀커스는 부작용이 모두 마음에서 일어나는 것이라고 하면서 관심을 기울이지 않았다.

체중이 증가하는 것은 임신에 대한 두려움이 없어져 결과적으로 살이 찐 것이라고 설명했다(Petchesky, 1986: 174). 한편 방글라데시 여성은 경구피임약을 먹으려고 시도했지만 한 달에 2~3회 정도 월경했으며 항상 어지럽다고 느꼈다. 그녀는 다음과 같이 말했다. "우리는 약을 구할 수 없어요. 이런 불편함을 줄이려면 돈을 써야만 하죠. 그런데 우리가 그 돈을 지불해야 하나요? 나는 이 약을 먹어서 병을 키우고 싶지 않아요." 8명의 아이를 둔 그녀는 다시 임신을 했다(Abdullah and Zeidenstein, 1982: 193).

이와 같은 경험은 여성들이 피임약의 부작용에 대해 두려움을 갖게 했다. 피임약에 대한 두려움이 현재의 연구 결과와 모두 일치하는 것은 아니지만, 많은 여성이 신체적·정신적 건강이 나빠지는 것에 저항하게 했다. 파티마 메르니시(Fatima Mernissi)는 모로코 여성들을 대상으로 한 연구에서 다음과 같은 사실을 발견했다.

> 마디드(Maadid)에게 깊숙하게 박힌 신념은 피임약이 심장을 나쁘게 해서 두근거림을 느끼게 하고 혈압을 올리며 몸을 약하게 해서 어지럼증을 일으킨다는 것이다. 실제로 피임약을 복용 중인 대다수 여성은 피임약이 균형 있는 식사를 할 수 있는 상류층 여성에게만 적절하다고 말하고 있다(Mernissi, 1975: 422).

최근 여러 국가에서 피임약의 사용은 절대적으로 또는 다른 제제에 비해 상대적으로 감소했다. 가장 많이 감소한 지역은 미국으로, 1973년에는 가임기 여성의 25%가 사용했으나 1982년에는 14%에 불과했다. 푸에르토리코는 1974년에는 20%였다가 1982년에는 8%로 감소했다(UN, 1989: 57).

주사제 피임약의 도입

경구피임약에 대한 우려에도 지난 10년간 다른 경로로 호르몬 제제를 투여하는 신기술이 개발되어왔다. 이러한 기술 중 하나가 주사제인 데포-프로베라 또는 메드록시프로게스테론(medroxyprogesterone)으로, 미국의 업존(Upjohn) 사에서 개발해 상품화했다. 뒤이어 장기적으로 효과가 있는 프로게스틴(progestin) 주사제, 프로게스틴이 포함된 플라스틱 자궁 내 피임기구, 버자이널 링(vaginal ring)[26]과 사후피임약 등 다양한 제제가 개발되었다(Hardon and Arcthoven, 1991). 이러한 새로운 제제들은, 프로게스테론과 에스트로겐을 결합한 경구용 피임약보다 프로게스테론을 단독으로 사용해 위험을 훨씬 낮추고 피임 효과를 지속하는 것이었다. 그러나 여전히 많은 부작용이 남아 있었으며 호르몬 제제가 공급되는 방식에 대한 관심을 불러일으켰다.

데포-프로베라의 도입은 안전성에 관한 우려와 함께 이 제제가 여성의 선택권을 제한할 수 있다는 점 때문에 반대에 부딪혔다. 미국 여성운동가들이 벌인 캠페인으로 미국 식품의약청은 1970년대와 1980년대에 데포-프로베라의 자국 내 사용을 금지하다가, 1992년도에 이르러서야 사용을 허가했다. 반면에 이 약은 제3세계 90개국의 여성 400만 명이 사용했다(Duggan, 1986; Hardon, 1992: 12; Hartmann, 1987: 186~196).

처음 데포-프로베라에 관심을 쏟던 여성 중 많은 사람이 이 약 또한 자궁 내 피임기구나 다른 경구용 제제만큼 건강에 해로울 수 있다는 주장을 받아들이지 않았다(Women's Health Matters, 1993). 이

---

[26] 질에 삽입하는 링 형태의 피임기구로 경구 피임약과 같은 호르몬을 질 내에서 꾸준히 방출한다. 여성이 직접 삽입·제거할 수 있으며, 부작용은 경구 피임약과 동일하다.

약을 사용한 여성의 3분의 2는 첫해에 월경이 불규칙해졌다고 보고했다(Hardon, 1992: 12). 데포-프로베라를 사용한 여성이 임신하면 약의 성분이 태아에게 손상을 주며, 모유에도 섞여 나올 수 있다. 결코 달갑지 않은 이런 부작용은 약이 체내에서 방출되는 것을 여성이 조절할 수 없기 때문에 더욱 악화된다.

노플랜트(Norplant)의 도입은 여성들이 최근 피임 혁명에 대한 감정을 명확하게 보여주었다(Mintzes, 1993). 이 제품은 피부에 꽂아 호르몬을 방출하는 6개의 침으로 구성되는데, 효과는 5년 정도 지속된다. 데포-프로베라처럼 배우자가 피임을 반대하는 경우에도 임신을 제한할 수 있다. 피임 도구가 보이지 않는다는 것은 매우 중요하다. 역설적으로 출산을 통제하기 위해 여성은 자신을 건강 전문가의 손에 전적으로 맡겨야 하는데, 그 이유는 전문가의 도움 없이는 노플랜트를 제거할 수 없기 때문이다.

이러한 상황에서 모든 사용자는 제품에서 얻는 편익과 위험을 명확히 이해하는 것이 필수적이며 사전에 동의할 권리가 있다. 또 문제가 발생했을 때 효과적으로 도움을 받을 수 있어야 한다. 그러나 세계의 많은 지역에서 이와 같은 조건이 적용되지 않는다는 것은 확실하다. 실제로 노플랜트의 이러한 특성 때문에 미국의 일부 법정에서는 더 완화된 조건에서도 저소득층 여성이 노플랜트를 사용할 수 있다는 결정을 내렸다(Scott, 1993). 이런 까닭에 새로운 방법은 책임감 있게 장려되고 있는지, 특히 의료 서비스가 불충분한 상황에서 어떤 문제가 발생하는지에 대해 많은 여성 건강 전문가가 심각한 의문을 제기했다(Garcia and Dacach, 1992; Mintzes, 1993). 출산을 통제하기 위해 개발된 백신의 안전성과 수용성에 대해서도 비슷한 문제가 제기되었다(WHO, 1993).

피임약 공급자: 보호인가 통제인가?

너무나 많은 여성이 가족계획 클리닉에서 자신의 삶을 더욱 효과적으로 계획할 수 있는 기회를 얻지 못하고 있다. 그 대신 자신보다 더 지위가 높은 보건 전문가들(주로 남성)에게 무시당하고 불편함을 느껴야 하는 곳이 되었다. 파티마 메르니시의 연구에서 모로코의 라바트(Rabat)에 사는 응답자는 다음과 같이 이야기했다.

간호사는 책에 나온 것처럼 대답해야 할 것같이 정확하고 간단한 질문을 한다. 만일 생각하느라고 시간을 지체한다면 그녀는 당신에게 아랍어를 할 줄 모르느냐고, 어떤 말로 설명하기를 원하느냐고 소리칠 것이다. 우리가 부인과 진찰을 받기 위해 줄을 서서 대기하고 있으면 그들은 팬티를 벗고 홀에서 기다리라고 소리친다. 통풍구로 찬 공기가 들어오는 공간에서 사람들은 비인간적인 대우를 받는다고 느끼면서 걷고 있었다(Mernissi, 1975: 424).

이러한 종류의 사회적 관계에 내재된 불평등은 신기술을 제공하는 '공급자에 대한 의존'과 진료실에 만연하는 인구 조절 이데올로기 때문에 더욱 강화된다. 보건 전문가들은 여성이 처한 환경과 느낌이 어떻든지 간에, 새로운 방법을 받아들이고 사용하게 하는 데 관심을 기울인다. 실제로 이러한 방법을 수용하는 것에 대해 때때로 재정적 보상을 하기도 한다. 다양한 방법을 제공하는 병원은 극소수이고 여성들의 자발적인 순응도가 적어도 괜찮을 '신기술'이 장려된다. 예를 들면 멕시코에서는 가장 큰 국가 보건 의료 시스템(Instituto Medico de Seguro Social)에서 출산 후 퇴원하는 여성의 90%에게 자궁 내 피임기구를 삽입하는 정책을 채택했다고 한다(Rogow, 1986: 77).

여성은 이성 간의 섹스와 임신을 분리하면서 자신과 가족의 건강을 보호할 수 있기를 바라고 있다. 하지만 그러한 요구는 모든 현대적 피임 방법이 원하지 않는 출산보다 안전하다는 가정하에 종종 무시되고 있다. 어떤 피임 방법의 위험을 출산의 위험과 비교해서는 안 되며, 다른 피임 방법의 위험도와 비교해서 측정해야 한다. 피임 방법을 사용해 자녀의 터울을 조절하는 선택권이 주어진다면, 경구피임약에 자신의 건강을 걸기보다 계획하지 않은 임신 위험을 각오하더라도 콘돔을 선호할 것이다(Hartmann, 1987: 174).

더욱 중요한 점은 임신에 따르는 건강 위험은 피할 수 없지만, 피임의 위험은 이론적으로 배우자 모두가 피할 수 있다는 것이다. 그러므로 건강 위험을 유발하는 피임 방법은 여성에게 유일한 선택이 아니다. 콘돔 사용이 증가하는 것과 양성 모두에게 안전한 피임 방법이 개발되는 것이 진정한 피임 혁명인 것이다. 그러한 시기가 올 때까지 수백만 명의 여성들이 매년 원하지 않는 임신을 종결하기 위해 앞으로도 계속 낙태를 선택하게 될 것이다.

7. 낙태: 세계적 유행병

낙태라는 사건의 보편적 중요성은 다음에 언급된 한 미국 여성의 경험으로 요약될 수 있다.

1968년 5월 어느 날 불법 낙태 시술을 받기 위해 차를 타고 메릴랜드의 시골길을 지나고 있었다. 그때 불현듯 충격적인 사실을 인식했다. 살아오면서 처음으로 내가 여자임을, 인간이 아닌 오직 여자일 뿐이라는 것을 이해하게 된 것이다(Cerullo, 1993: 89).

안전한 결말은 은유적으로든 문자 그대로든 생명을 구하는 일이다. 그렇지만 낙태는 여성에게 치명적일 수 있다. 매년 최소 20만 명의 여성이 안전하지 못한 낙태로 사망하고 있으며, 수천 명의 여성은 심각할 정도로 신체적·정신적 건강에 손상을 받고 있다. 그러므로 여성에게 낙태할 권리는 생명을 유지할 권리이다. 수백만 명의 여성은 원하지 않은 임신을 지속하는 것 외에 다른 대안이 없다고 생각한다. 자신 및 때로는 자녀의 안녕 상태에 부정적 영향을 주면서 전적으로 예방할 수 있는 이 '보이지 않은 전염병'은 사회적 태도, 종교적 불허, 경제적 관심, 정치적 무감각 등이 복합적으로 작용해 발생하고 있다(Jacobson, 1990: 39).

낙태에 관한 통계

매년 행해지는 낙태를 정확히 측정하는 것은 매우 어렵다. 현재 선진국에서는 비교적 정확한 통계를 내고 있지만, 다른 지역에서의 정보는 단편적이다. 그런데 특히 낙태가 불법인 국가에서 더욱 어렵다. 낙태 시술을 받고 있는 여성에 대해서나 낙태가 여성 건강에 미치는 영향에 대해서는 알려진 것이 별로 없다. 그러므로 도덕이라는 안개가 낙태 규제 정책에 따른 대량의 인적 비용을 계속 은폐하고 있는 것이다(Coeytaux, 1988; Jacobson, 1990: 7).

정보의 간극을 메우기 위해 앨런 구트마허 재단(Alan Guttmacher Institute)에서는 정기적으로 전 세계의 낙태율을 추정해 발표하고 있다. 가장 최근의 통계를 보면 낙태 건수는 1987년에 3,600만~5,300만 건 정도로 보고되고 있다. 이 중 2,600만~3,400만 건은 합법적 형태의 유산이며, 1,000만~2,200만 건은 불법적으로 행해진 유산이다(Henshaw, 1990: 81). 국가마다 낙태율은 매우 다르며 여기에는 다양한 문화적·사회적·정치적 요인이 반영되어 있다.

1987년 구소련에서는 가임기 여성 1,000명당 112회꼴로 유산하는 것으로 나타나 세계에서 가장 높은 낙태율을 보였다. 가장 낮은 곳은 네덜란드로 1,000명당 5회에 불과하다. 1987년 구소련에서는 출생아 수가 600만 명이었고, 낙태는 이보다 훨씬 높은 1,000만 건가량 된다는 주장도 있다(Henshaw,1990: 78; Remmenick, 1991). 남미, 카리브 연안 지역과 동남아시아의 낙태도 상당수에 이르며, 중국에서는 1,000만 명의 여성이 매년 임신 중절 시술을 받고 있다. 아프리카 및 중동 지역은 낙태율이 낮은데, 인구 통계가 낮게 추산되었다고 하더라도 여기에는 대가족에 대한 선호가 반영되었을 것으로 추정된다(Coeytaux, 1988). 대부분 선진국의 낙태율은 가임기 여성 1,000명당 5~20회 정도이며, 미국은 28회 정도로 약간 높은 수준을 보이고 있다(Henshaw, 1990: 78).

이러한 통계는 2~3명이 출생할 때마다 낙태가 한 번씩 이루어지며 단산 시술, 자궁 내 피임기구, 경구 피임약에 이어 네 번째 가족계획 방법으로 사용되고 있음을 보여준다. 젊은 여성의 낙태가 증가하고 있지만, 낙태를 하는 여성 대부분은 안정된 관계를 맺으면서 자녀도 둔 사람들이다. 그러므로 낙태를 반대하는 사람이 주장하는 것처럼 소수의 난잡한 성생활을 하는 사람이 저지르는 일탈된 행동이 아니다.

가임기 여성의 3분의 1 또는 절반 정도가 일생에 한 번은 낙태를 할 것인지에 대해 결정을 내린다. 하지만 많은 사람이 낙태에 범죄적 요소가 있다고 여기고 있으며, 이는 여성의 건강과 삶을 위험으로 이끈다. 콜롬비아 여성의 경험은 은밀히 이루어지는 낙태로 죽어가는 수많은 여성의 운명을 보여준다.

30세인 에스페란자(Esperanza)는 아이를 5명 낳았는데 그중 1명은 생후 10개월 무렵 사망했다. 그녀와 남편은 임신하는 것을 더는 원하지 않았다. 에스페란자는 도시에서 가정부로 일하고 있으며, 그녀의 월급은 식구를 먹여 살리는 데 꼭 필요한 것이었다. 그녀는 시내의 낙태 시술자를 혼자 방문하기로 결정했다. 그녀는 겁을 먹었고 어떤 일이 일어날지 불안했다.

3일 후에 에스페란자는 하혈과 함께 심한 복통을 느꼈으며 구토도 시작되었다. 남편은 그녀를 병원으로 데리고 갔다. 의사는 낙태가 완전하게 이루어지지 않았으며 세균에 감염되었다는 진단을 내렸다. 그녀는 치료를 받고 48시간 정도 병원에 있다가 퇴원했다. 통증은 재발했으나 에스페란자는 치료하기 위해 시간을 더 비우면 일자리를 잃을까 두려워 아무 조치를 취하지 않았다. 그녀는 다시 고열로 중환자실에 입원했다. 복막염으로 개복 수술을 했으나 상태는 더욱 악화되었고, 심박동은 불규칙해져서 5일 정도 지난 뒤 사망했다(Starrs, 1987).

낙태: 공적 혹은 개인적 선택?

19세기까지 대부분의 국가에서 낙태는 불법이 아니었다. 실제로 피임과 낙태가 종종 확실하게 구분되지 않았으며, 태동이 있기 전에 행하는 낙태는 허용되었다. 그러나 1800년대 초반부터 종교적·의학적 압력이 결합하면서 낙태에 대한 통제가 증가했다. 낙태와 관련한 첫 번째 벌칙은 1803년에 영국에서 발효되었으며, 1820년에 프랑스에서는 낙태를 하는 여성이나 시술자가 5~10년형을 받도록 『나폴레옹 법전』에 명시했다. 1868년 미국의 거의 모든 주에서 낙태를 제한하는 법령이 통과되었고 유럽 국가도 대부분 마찬가지였다. 대도시의 법체계가 식민지에 수출되면서 낙태 규제는 나머지 세계로도 확산되었다(Cook, 1989).

산발적으로 개혁이 있었지만 제2차 세계대전까지는 이러한 규제가 사라지지 않았다. 그러다가 1950년대에 다양한 사회적·경제적·정치적 압력에 대한 대응으로 동유럽 국가 대부분에서 낙태가 더욱 쉽게 이루어졌으며, 서유럽, 캐나다, 오스트레일리아 및 뉴질랜드 등에서는 1960년대에, 제3세계에서는 1970년대 및 1980년대에 이르러 규제가 완화되기 시작했다(Cook, 1989). 세계 여성의 40%가 자신이 원할 경우 낙태 시술을 받을 수 있는 지역에 거주하고 있는데 그중 절반이 중국과 구소련에 있다. 세계 여성의 23%는 사회적 근거(실제로는 요청을 의미한다)가 있을 때만 낙태 시술이 허용되는 지역에 거주하고 있으며, 12%는 의학적 근거가 있을 경우에만 낙태 시술이 가능한 지역에 살고 있다. 즉, 세계 여성의 25%는 오직 생명이 위태로울 만큼 위험에 빠졌을 때만 낙태를 할 수 있다는 것을 의미한다. 아프리카, 아시아의 무슬림 지역 및 남미의 대부분이 그러하다. 선진국 중 유일하게 낙태가 불법인 곳은 아일랜드로 수백만 여성이 이 같은 규제를 받고 있다(Barry, 1988).

낙태의 법적 지위는 여성의 건강에 영향을 주는 단일 요인으로는 가장 중요한 요소다. 미국에서는 낙태가 합법화되자 낙태로 인한 모성사망률이 10만 명당 30명(1970년)에서 5명(1976년)으로 감소했다. 이와는 반대로 1984년에 낙태가 불법화된 루마니아에서는 모성사망률이 1965년 21명에서 1984년 128명으로 증가했다(Henshaw, 1990: 82). 따라서 범죄시하는 것만으로 낙태를 억제할 수 없다는 사실은 명백해졌다. 다만 더 많은 여성이 유지할 수 없고 보호받지 못하는 임신을 끝내려고 시도하면서 스스로 건강을 해치게 된다는 것이 확실하다.

그러나 낙태의 법적 지위가 여성의 건강에 영향을 미치는 유일한 요인은 아니다. 법에 대한 해석, 공적 기금의 수준과 시술이 행해지는 방식 등도 강력한 영향을 미친다. 러시아 당국은 가족계획의 일환으로 낙태를 하도록 압력을 가했지만, 필수적 서비스를 위한 자원은 거의 할당하지 않았다. 낙태는 위험할 뿐만 아니라 수치스러운 일이라는 인식 때문에 많은 여성이 높은 비용을 치르면서 민간에서 제공하는 서비스를 선택하고 있다(Henshaw, 1990; Remennick, 1991: 846~847). 미국에서도 역시 대다수가 낙태를 할 때 재정적 문제를 겪는다. 낙태에 관한 연방정부의 재원은 금지되어 있어, 특히 젊은 여성과 흑인 여성, 소수 인종 여성에게 영향을 미친다(Gerber Fried, 1990a; Jacobson, 1990). 이처럼 법적·경제적·사회적 요인이 결합되어 수백만 명의 여성은 안전하게 낙태 시술을 받을 수 없는 환경에 놓여 있다. 이러한 문제가 여성 건강에서 과연 어떤 함의를 지니는가?

낙태에 따른 위험

많은 여성은 출산을 조절하는 마지막 방법으로 합법적 임신 중절을 고려한다. 여성들은 낙태를 한 후 엄청난 스트레스를 받고 있으며, 결코 이를 가볍게 여기지 않는다. 아프리카계 미국 여성인 주디 시몬스(Judy Simons)는 다음과 같이 묘사하고 있다.

낙태를 경험한 여성은 평등해진다. 연령, 계급이나 인종이 어떻든 간에 임신을 중단한 뒤 똑같은 모양새로 걸어 나오기 때문이다. 등을 구부리고 팔로 상체를 감싸 안으며 종종걸음으로 걷는다(Simmons, 1990: 120).

그러나 이러한 감정에는 일반적으로 위안이라는 감정이 동반되며, 시술은 보통 별 문제가 없다. 자격 있는 의료 전문가들이 시술을 한다면 임신 중절은 아주 안전한 수술이다. 미국에서 나온 자료를 보면 인공 임신 중절은 편도선 수술보다 11배나 안전하고 임신이나 분만보다 안전하지만, 수술 환경이 열악한 곳에서는 위험할 수 있다고 한다. 미국에서 합법적으로 행하는 유산 중 0.7%만이 합병증을 유발한다. 장기적으로 발생하는 정서적 또는 신체적 건강 위험에 관한 자료는 별로 없는 상황이다(Adler et al., 1990; Henshaw, 1990: 83~84).

그러나 은밀한 낙태는 매우 위험하다. 매년 50만 건 정도의 모성 사망이 불법적 낙태 때문에 발생하는데, 11만 5,000~20만 4,000건 정도의 모성 사망은 자격이 없는 시술자가 행한 불법 낙태에 의한 것이다. 그중 50%는 동남아시아와 아시아 남부에서 일어나고 있으며, 방글라데시에서는 유산 10만 건당 사망이 2,400건에 이를 정도로 높은 사망률을 보인다(Henshaw, 1990: 81). 남미와 아프리카 남부 지역의 경우, 불법적인 임신 중절 수술이 15~39세 여성의 주요 사망 원인이 되고 있다. 수십만 여성이 매년 죽어가고 있는데 ― 종종 소름 끼치는 환경에서 ― 이는 기술적 수단이 없기 때문이 아니라 기술적 수단에 대한 접근을 받아들이지 않기 때문이다. 이러한 여성들은 모성의 의무와 매우 위험한 환경에서 행해지는 고통스러운 수술 중 하나를 선택하도록 강요받는다. 그토록 많은 여성이 죽거나 신체적 손상을 입고 있는 슬픈 현실은 현재의 기술이 부족한 것이 아니라 여성의 생명에 부여하는 가치가 부족하기 때문이라는 것을 알아야 한다(Jacobson, 1990: 39).

세계적으로 어떠한 형태의 낙태에서라도 발생할 수 있는 흔한 합병증은 불완전한 낙태나 수태로 생긴 산물이 남아 자궁 적출이 필요한 상황이다. 또한 은밀히 시행되는 불법적 낙태가 출혈 과다, 쇼크, 골반 감염과 불임이라는 후유증을 일으킨다(Mtimavalye and Belsey, 1987). 이러한 상황에서는 생식기관이 손상되는 경우가 흔한데, 특히 자궁 경부 파열, 자궁 천공, 방광과 소장의 손상 등을 들 수 있으며, 사하라 사막 이남 지역의 아프리카와 인도에서는 파상풍이 흔하고 이는 종종 생명에 지장을 주는 결과를 낳기도 한다.

낙태 방법은 합병증 양상과 중증도에 영향을 미친다. 특히 인도에서는 자궁과 다른 기관에 손상을 입는 경우가 많은데, 이 지역에서는 작은 가지나 막대, 비소, 인과 같은 물질을 삽입해 낙태를 유도하는 경우가 흔하기 때문이다(Population Information Programme, 1980: 136). 이러한 시술의 결과, 즉시 수술이 필요하거나 즉각적인 자궁절제술을 받아야 할 경우가 발생한다. 자궁 내 출혈과 기관의 손상은 동남아시아 등지에서 이루어지는 복부 마사지 때문에 생길 수도 있으며, 자궁경부에 화학물질을 삽입하는 것은 화상, 출혈 및 방광과 직장에 구멍을 낼 수도 있다. 약초나 키니네(kinine)[27] 같은 약물을 먹거나 마시는 것은 간, 신장과 중추신경계에서 중증의 독성 반응을 일으킨다(Ladipo, 1989: 25~26).

여성의 비공식적 낙태 경험에 대한 공적 보고가 매우 드물다는 것은 그리 놀라운 일이 아니다. 그러나 전 세계에서 사례를 찾아볼 수 있다는 것은 이것이 매우 보편적 경험임을 보여준다. 모리셔스 여성연합(Muvman Liberasyon Fam of Mauritius)은 법안 수정을 시도하면

---

[27] 남미가 원산으로 인도네시아의 자바 섬 등에서 재배되는 키나나무의 수피(키나皮)에 함유된 키나알칼로이드의 대표적인 것으로 퀴닌(quinine)이라고도 한다. 해열, 진통, 강장(強壯), 말라리아 등에 효과가 있으며, 특히 말라리아 특효약으로 알려져 있다.

서 낙태에 사용된 방법을 다음과 같이 말하고 있다.

모리셔스에서 낙태에 사용되는 방법은 너무 고통스럽기 때문에 다른 곳에서는 사용되지 않는다. 낙태 시술자는 여성의 자궁에 고무 카테터(catheter)[28]를 끼우고 그대로 두는데, 그 끝은 만질 수 있게 밖으로 나와 있다. 시술받은 여성은 바로 집에 가서 일상생활을 하고 24시간 후에 카테터를 강하게 흔들면서 잡아당기면 낙태가 된다. 고통스러운 복통과 출혈이 시작되고, 카테터를 빼서 시술자에게 건네면 맡겨뒀던 '카테터 보증금'을 돌려받게 된다. 만일 부작용이 발생하면 빨리 병원으로 가라는 충고를 받는다(Muvman Liberasyon Fam of Mauritius, 1989).

임신한 여성은 자주 정서적 대가뿐 아니라 금전인 대가도 치러야 하는데, 마가리타(Margarita)라는 볼리비아 여성은 다음과 같이 증언했다.

올 초에 나는 다시 임신했다. 남편이 찾아왔고, 다시 함께 돌아갈 수 있는 기회라고 생각했다. 그러나 우리는 함께 돌아가지 못했고 나는 임신을 했다. 더는 아이를 키울 여력이 없었던 나는 낙태를 결정했다. 가톨릭 신자로 낙태를 바람직하지 못하다고 생각하던 나에게는 매우 어려운 결정이었다. 그러나 다른 방법을 찾을 수 없었다. 낙태를 잘한다고 들은 개업의에게 갔지만, 진료실이 매우 혼잡해 다른 날 다시 방문했다. 비용은 40달러

---

[28] 체내의 액체 배출을 측정하기 위해 사용되는 고무 또는 금속제의 가는 관을 말한다. 본래 목적과는 반대로 약제나 세정액의 주입 등에도 응용된다. 모양이나 굵기는 여러 가지로, 쓰이는 부위나 목적에 따라 다르다.

정도 들었는데 숙모에게 돈을 빌렸다. 의사는 친절했지만 집에 왔을 때 느낌이 좋지 않았다. 신 앞에서 무언가 잘못한 느낌이었다. 3일 후 극심한 통증을 느꼈고 하혈을 시작했다. 숙모는 나를 택시에 태워 병원에 데려갔고 남아 있던 무언가를 깨끗이 제거했다. 그러나 의사가 치료 전에 나에게 유산을 한 악마라고 말해, 기분이 더욱 나빴다. 병원에 3일 정도 입원했으며 25달러를 지불했고 이 돈도 숙모에게 빌렸다. 이 돈을 어떻게 갚아야 할지 모르겠다(McDonell, 1987).

마지막으로 방글라데시 여성의 이야기는 비밀스럽게 하는 유산이 가족에게 미치는 영향을 보여준다.

자리나(Zarina)는 33세 여성으로 8명의 아이를 낳았다. 그중 6명은 생존했고 1명은 낳자마자 죽었으며, 또 다른 아이는 홍역으로 사망했다. 그녀는 다시 출산하는 것을 피하고 싶어, 낙태를 하려고 전통적 산파에게 갔다. 시술받은 후 출혈이 시작되었으며 거의 죽을 것 같은 상태에 이르렀다. 그 결과 그녀는 가족의 생활을 위해 필요한 노동을 할 수 없는 상태가 되었다(Germain and Ordway, 1989).

낙태에 소요되는 막대한 비용
많은 지역사회에서 낙태에 따른 합병증 때문에 보건의료 비용이 발생한다. 산부인과 병상의 30%가 불법 낙태 시술로 발생한 합병증을 겪는 환자로 채워지고 있다고 추정된다. 나이지리아의 이바단(Ibadan) 대학병원에서는 80%의 여성이 공식적인 의료 서비스 밖에서 이루어진 임신 중절 때문에 패혈증 같은 증상을 보이고 있다(Ladipo, 1989: 24). 그러한 상태에서 입원한 여성들은 더욱 복잡하고 비용이 많이 드는 치료를 받아야만 하며, 아프리카와 남미에서는 유산 합병증 치료를 위한 수혈로 혈액의 절반 이상이 사용되고 있다(Lapido, 1989: 25). 브라질에서는 산과에 급여되는 보건의료비의 절반 정도가 불안전한 유산을 받은 여성을 치료하는 데 쓰인다(Jacobson, 1990: 42~43).

안전한 유산에 여성이 접근하는 것을 막아 생기는 재정 비용과 건강에 대한 대가는 뚜렷하고 명백하다. 낙태 합법화를 위해 상당히 진보했지만, 상당수 나라에서는 이러한 진보가 후퇴하고 있다. 세계적으로 낙태반대운동은 낙태를 제한하는 법령을 다시 복구하려고 시도하고 있다(Gerber Fried, 1990a). 그 결과, 상당수의 미국 여성이 감당할 수 있는 비용으로 안전하게 낙태하는 데 어려움을 겪고 있다. 기금은 점점 줄어들고 있으며, 유산 클리닉은 감시받고 있으며 파괴되거나 방화가 일어나는 등 심각한 폭력에 직면하고 있다(Gerber Fried, 1990a).

더욱 심각한 것은 낙태를 규제하는 정책이 단지 한 나라에만 국한된 것이 아니라는 점이다. 낙태반대운동이 국제화되어, '오퍼레이션 레스큐(Operation Rescue)' 같은 단체들이 세계적으로 여성의 낙태를 제한하려고 시도하고 있다. 이처럼 운동이 증가하면서 그 영향력이 1984년 멕시코 시의 정책에서 나타났는데, 낙태 시술을 제공하거나 증진하는 단체에 대해서는 미국에서 온 기금의 제공을 삭감한 것이다(Cook, 1989). 그 결과 세계의 많은 가난한 여성들이 무자격자에게 시술받는 것을 다시 선택하고 있다.

RU486[29]: 기술혁신의 정치학

낙태의 정치적 의미는 RU486이라는 중요한 신약의 개발로 최근에 다시 각광을 받고 있다(Clark and Montini, 1993). 이는 수술하지 않고 수정란이 착상되는 것을 막거나 중절을 유도하는 호르몬 제제이다. 놀라운 일은 아니지만 여성주의자들은 아직까지 또 다른 호르몬 제제를 조심스럽게 경계하면서도 많은 제3세계 국가에 분배될 수 있는지에 대해 특별히 관심을 보였다(Hardon, 1992: 14; Kabir and Germain, 1992; Raymond et al, 1991). 그러나 대부분은 이것이 잠재적으로 적절한 지원 서비스가 가능한 상황에서는 낙태에 대한 여성의 접근성을 확대할 수 있는 가치 있는 수단이라는 데 동의한다. 한편 낙태를 반대하는 운동가들은 이 약이 도입을 막기 위해 온갖 노력을 기울이고 있으며, 프랑스와 미국에서 정치적 압력을 행사하면서 이 약을 생산하는 회사인 획스트 루셀(Hoechst and Roussel)사의 다른 제품을 보이콧하고 있다. 결과적으로 극소수 여성만이 이 약을 사용하게 되었다.

---

29 프랑스의 루셀 위클라프 제약 회사가 개발한 먹는 낙태약이다. 종래의 피임약이 수정을 막는 데 비해 이 약은 이미 수정된 난자의 자궁 내 착상을 막는 항착상제라는 점에서 다르다. 마지막 월경 이후 49일 이내에 이 약을 복용하면 수정란의 자궁벽 착상을 막거나 이미 착상된 수정란을 탈락시켜 유산 효과를 얻게 되며, 자궁수축제인 프로스타글란딘과 병용하면 더 큰 효과를 볼 수 있다. 이 경우 임신 후 2개월 이내에서는 95%의 유산 유도에 성공했다는 연구 보고가 있다. 1980년 초에 개발되었으나 이 약에 대한 윤리적 논란으로 1988년이 되어서야 비로소 프랑스에서 사용 승인을 받았으며, 2000년 9월에 FDA(Food and Drug Administration, 미국식품의약국)의 승인을 받아 미페프리스톤(mifepristone)이라는 이름으로 판매되고 있다. 2007년 현재 35개국에서 판매 중이다.

8. 결론

이 장에서는 여성이 자신의 출산을 통제하는 능력에 영향을 미치는 복잡한 요인을 살펴보았다. 여성은 그들 스스로 선택이 힘든 환경에서 어려운 선택을 해야만 한다. 여성 대부분은 아이들의 건강(출생하든 안 하든)과 자신의 건강이 조화를 이루어야 한다는 특별한 딜레마에 직면해 있다. 다음 장에서는 임신과 출산에 대한 최신 견해를 검토하여 이러한 분석을 심화해보려고 한다.

읽을거리

Hartman, B., *Reproductive Rights and Wrongs: the global politics of population control and contraceptive choice*(New York: Harper and Row, 1987). 제3세계의 인구 조절과 재생산 선택권의 관계에 대한 연구다. 건강과 가족계획이 빈곤층의 요구를 어떻게 제대로 충족시킬 수 있는지를 평가하기 위해 광범위한 사회경제적 틀로 인구 문제와 인구 정책을 다루었다.

Jacobson, J., *The Global Politics of Abortion*(Worldwatch Paper 97, 1990) and Jacobson, J., *Women's Reproductive Health: the silent emergency* (Worldwatch Paper 102, 1991)
이 팸플릿은 재생산 건강 영역의 최신 경향과 논쟁에 관해 탁월하게 소개했다.

Mintzes, B.(ed.), *A Question of Control: women's perspectives on the development and use of contraceptive technologies*(Amsterdam: Women and Pharmaceuticals Project, Health Action International and WEMOS, 1992). Available from Women's Health Action Foundation, PO Box 4263, 1009 Amsterdam. The Netherlands.
1991년 네덜란드에서 열린 재생산 권리 활동가 회의에서 발표된 논문을 모은 것이다. 많은 사람이 새로운 호르몬 피임약에 대해 토론했고 아시아, 아프리카, 남미의 사례 연구가 소개되었다.

Petchesky, R., *Abortion and Women's Choice: the state, sexuality and reproductive freedom*(Verso, 1986).
재생산 권리 논쟁에 관한 역사적이고 이론적인 안내서로, 선진국의 피임과 낙태 정책을 자세히 분석했고 재생산과 페미니스트 이슈 간의 관계에 대해 뛰어난 통찰을 제공한다.

빠르게 변하는 이 영역에서 여성 중심의 가장 훌륭한 최신 정보로는 반년 간격으로 발행되는 *Reproductive Health Matters*(1 London Bridge Street, London SE1 9SG, England)와 계간으로 발행되는 *Newsletter of the Women's Global Network on Reproductive Rights*(NZ Voorburgwal 32, 1012 RZ Amsterdam, Netherlands)가 있다.

제5장

사 랑 에 따 른 수 고 와 고 통

A LABOUR OF LOVE

1. 서론

지난 세기 동안 선진국에서는 모성사망률이 급격히 감소하여 대부분 10만 명당 10명 정도의 수준이 되었다. 적어도 일부 여성에게 분만은 인류 역사상 가장 안전하고 쉬운 일이 되었다. 하지만 또 다른 여성들에게 출산은 여전히 매우 위험한 일이다. 매년 50만 명 이상이 임신과 관련해 사망하는데, 그 대부분은 전체 출생의 86%를 차지하는 제3세계에서 일어나고 있다. 임신으로 사망할 평생 위험(lifetime risk)은 선진국에서는 4,000~1만 명당 1명꼴이지만 제3세계에서는 15명당 1명꼴로 높게 나타난다. 실제로 인도에서 하루에 발생하는 모성 사망이 한 달간 모든 선진국에서 발생하는 모성 사망보다 많다(Royston and Armstrong, 1989: 30~31). 모성사망률은 지난 몇 년간 많은 구사회주의 국가에서 두드러지게 상승해왔다. 구소련에서 새로 독립한 국가들의 모성사망률은 중부와 동부 유럽의 2배이고, 서유럽보다는 4배 높다(World Health Organisation, 1994).

선진국에서 모성사망률이 급격히 감소한 것은 단순히 산과 진료를 쉽게 받을 수 있기 때문만은 아니다. 영양 상태, 주거, 근로 조건 향상, 효과적인 출산 조절 방법의 사용 등으로 안전한 모성에 대한 여성의 능력이 향상되었다. 기본적인 산전 진찰을 이용하게 된 것 또한 좀 더 안전한 출산을 하는 데 중요한 역할을 했다. 하지만 좀 더 최근에 이루어진 산과 기술 발전이 모성사망률 감소에 미친 영향에 대해서는 아직 논란의 여지가 있다(Oakley, 1987: 55~56; Rooney, 1992). 이 논란에 대한 심도 깊은 논의를 위해 먼저 너무 부실한 진료가 임신과 출산에 야기한 결과를 살펴본 다음, 진료가 과도할 때는 어떤 위험이 있는지도 생각해볼 것이다.

2. 모성 사망

출산은 일반적으로 축하받는 이벤트이며 춤, 불꽃놀이, 꽃과 선물이 함께한다. 하지만 매일 수천 명의 여성은 출산을 통해 즐거운 이벤트 대신 죽음에 이르는 지옥과 같은 경험을 한다(Royston and Armstrong, 1989: 9).

매해 임신 관련 질환으로 사망하는 여성이 공식적으로 50만 명 정도로 추정되나 이는 분명 과소 추정된 것이다. 심지어 등록 시스템이 정교하고 모성 사망이 드문 선진국에서도 일부가 누락되고 있다는 연구 결과도 있다(Cates et al., 1982; Graham and Airey, 1987). 대부분의 제3세계 통계는 매우 초보적인 수준이며, 사망은 대부분 의학적 감시망이 없는 시골에서 일어난다. 예컨대 이집트의 실제 모성사망률은 공식 통계의 2배에 이른다(WHO, 1986b).

과소 추정 문제는 모성사망률의 공식적 정의 때문에 더 복잡해진다.

임신 기간이나 태아 위치와 관계없이 임신 중이나 출산 후 42일 내에 임신 혹은 임신 관리와 연관되거나 악화된 원인에 의한 사망. 사고나 우발적 원인은 제외함〔국제질병분류 9판(International Classification of Disease 9th version)〕.

모성 사망은 출산 후 42일 이후에도 일어날 수 있으며, 특히 의료 서비스에 의해 일시적으로 생명을 연장시킨 경우에는 더욱 그러하다 (Fauveau et al., 1988: 647). 또 임신과 의학적 연관성이 없는 사망이라면, 그중 일부 우발적 사망 사고는 사회적인 이유일 수도 있다.

임산부가 더 많이 폭행당하고 폭행으로 사망에 이르기도 한다는 근거가 많은 나라에서 제시되고 있다. 미국에서 시행한 연구를 보면 모성 사망 자료에 살인, 자살에 따른 임산부 사망이 단지 14%만 포함되어 있지만, 임신 자체가 이러한 사고를 일으킨 주요 원인이었다(Rochat et al., 1988: 96). 캐나다 온타리오의 한 난민촌에서 신체적 학대를 받은 여성의 3분의 1이 임신 중이었으며(Sinclair, 1985: 23, 164), 방글라데시 농촌에서는 임산부의 9%가 폭력이나 사고로 사망했다(Fauveau et al., 1988: 646).

통계의 한계를 감안하더라도 세계의 많은 곳에서 모성사망률이 매우 높은 수준으로 기록되고 있다. 가나, 부탄, 부르키나파소에서는 출생아 10만 명당 각각 1,000명, 1,700명, 1,800명이 사망했다(UN, 1991: 58). 아프리카나 아시아의 가난한 나라에 사는 여성은 한 번 임신한 동안 사망할 확률이 선진국에 사는 여성보다 최소 100배가 더 높으며, 출산율이 높기 때문에 가임 연령 동안 더 많은 위험에 처할 수 있다.

> 만일 전 세계 여성이 선진국 여성들의 임신 중 생존율에 이를 수 있다면 46만 명의 여성은 죽지 않을 것이고, 150만 명의 어린이가 어머니를 잃지 않을 것이며, 100만 명 이상의 여성이 평생 장애 없이 살 수 있을 것이다(Royston and Armstrong, 1989: 41~42).

비록 대부분의 모성 사망이 제3세계에서 발생하지만 부유한 나라에 사는 가난한 여성 또한 임신으로 고통을 받는다. 매사추세츠 주의 최근 연구를 보면 흑인 여성의 모성사망률은 10만 명당 35명으로 백인 여성의 모성사망률 9.6명에 비해 매우 높다(Sachs et al., 1982).

국민건강서비스 제도(National Health Service: NHS)가 존재하는 영국에서도 모성사망률의 계급 간 불평등을 없애지 못하고 있다. 미숙련 노동자와 결혼한 여성은 전문직 남성과 결혼한 여성에 비해 출산과 관련된 사망이 2배가량 높다(Whitehead, 1988: 62).

모성사망률의 사회적 원인

임신 결과는 여성이 살아가는 환경에 영향을 받기 때문에 모성사망률은 오랜 기간을 거쳐 발병한 만성질환으로 간주해야 하며 한순간에 일어난 것으로 생각해서는 안 된다(Royston and Armstrong, 1989: 45).

빈곤과 성차별이라는 끔찍한 조합 때문에 많은 여성이 출산에 필요한 신체적 조건을 갖추지 못한다. 앞에서 보았듯이 여성은 유년기에 영양과 의료 서비스를 제대로 공급받지 못하고 과중한 가사노동에 시달려 전체적인 건강에 피해를 입을 뿐 아니라, 결국 임신에도 영향을 받는다. 많은 사회에서 이러한 일생 동안의 불이익은 조혼과 임신에 대한 문화적·경제적 압력과 함께 나타난다.

어린 나이에 임신하는 것은 건강에 매우 해롭다(WHO, 1989). 방글라데시의 한 연구를 보면 15~19세에 임신한 소녀가 20~24세 임산부보다 2배가량 사망률이 높았으며, 10~14세 임산부는 그 위험이 5배에 달했다(Chen et al., 1974: 337). 청소년 임신, 그중에서도 임산부의 나이가 16세 이하일 때는 난산, 임신중독증과 같은 산과적 합병증이 훨씬 높다. 원치 않는 임신인 경우, 불법 낙태 또한 흔하게 이루어진다.

이런 많은 위험에도 십대의 결혼과 조기 임신은 특히 아프리카와 아시아의 많은 국가에서 계속되고 있다. 방글라데시 여성은 대부분

18세 이전에 결혼을 하고, 이 중 절반 정도는 17세에 아이를 낳으며, 3분의 1은 19세까지 2명의 아이를 낳는다(Royston and Armstrong, 1989: 38). 서아시아 전체에서는 15~19세 소녀의 54%가 기혼이며, 미국 또한 다른 선진국과 마찬가지로 십대 임신이 증가하고 있다.

십대 임신율이 높아지는 이유는 복잡하다. 아시아의 많은 나라에서 조혼의 역사는 길다. 젊은 여성이 결혼하지 않은 상태에서 임신하는 것을 원치 않을뿐더러 경제적인 중요성도 상당하다. 아시아 지역 외의 국가에서도 사회경제적 요인으로 미혼의 소녀들이 어린 나이에 성경험을 하는 경우가 많아지고 있으며, 일부는 곧바로 임신으로 이어진다. 역설적이게도 어머니가 된다는 것은 매우 어려운 환경에 처한 젊은 여성에게 사회적 지위와 인정을 받을 수 있다는 희망을 주기도 한다. 하지만 그들이 얻는 약간의 이득은 주로 자신의 건강에 대한 대가이다. 많은 나라에서 어린 나이의 성경험으로 일생 동안의 임신이 시작되는데, 이는 임신이 불가능할 때까지 계속된다.

많은 연구자들이 지적하듯이 제3세계에서 출산의 사회적 배경은 보통—항상은 아니지만—협조적이다(Jordan, 1983; Kitzinger, 1989). 사랑하는 사람, 조산사의 보살핌, 자신을 둘러싼 가족의 위안은 불안과 고통의 순간에 대단히 유용하다. 반면 선진국의 많은 여성은 출산의 제도화 때문에 이러한 친밀감과 연대감을 느끼지 못한다. 하지만 출산에 문제가 있을 때에는 이러한 심리적 지지만으로는 충분하지 않으며, 일부 전통적인 시술은 위험할 수도 있다. 따라서 모든 여성은 안전하고 효과적인 의료 서비스를 받아야 한다.

임신의 위험

앞에서 언급했듯이 모든 모성 사망 원인의 3분의 1 내지 2분의 1

정도는 임신 초반에 몰래 하는 낙태이다. 그 나머지는 대부분 출산 중이나 출산 직후에 벌어진다. 그중에는 어머니가 이미 앓고 있던 질병이 원인이 되는 경우도 있다.

예를 들어 간염은 에티오피아, 인도, 나이지리아, 소말리아, 수단에서 여전히 모성 사망의 주요 원인이다. 하지만 대부분의 사망은 출산 과정 중 합병증에 의한 것이며 종종 빈혈이 복합적으로 작용하기도 한다.

놀랍게도 중국을 제외한 제3세계 가임기 여성의 50%가 빈혈을 앓는 것으로 추정된다(DeMaeyer and Adiels-Tegman. 1985: 303). 여성들은 빈혈로 피로하고 활기가 없으며 감염에 취약해질 수 있다. 적어도 제3세계 임사부의 60%가 빈혈이며(선진국의 14%와 비교하여), 이는 출산 시 사망 위험을 증가시킨다(UN, 1991: 58). 모체의 빈혈은 보통 불충분한 식사 때문이며 이는 청소년기에 시작되어 성인기까지 지속된 것일 수도 있다.

고혈압, 난산, 출혈, 감염은 모성 사망의 주요 원인이며, 응급 상황을 넘긴 여성에게도 만성질환이라는 큰 부담을 남긴다. 이러한 질환은 주로 여성의 불리한 사회경제적 환경의 결과이며, 효과적인 의료 서비스를 받았는지에 따라 그 정도는 크게 영향을 받는다. 이러한 질환은 복합적으로 나타나기도 하는데, 특히 고된 노동과 잦은 임신으로 이미 쇠약해진 여성에게서 나타난다.

고혈압성 질환인 자간전증(preeclampsia)[1]은 높은 혈압, 단백뇨, 부종 등을 일으킨다. 어떤 경우는 경미할 수도 있지만 어떤 경우에는 빠르

---

[1] 자간전증은 임신중독증의 일종으로, 임신이 직접적 원인이 되어 생기는 임신 특유의 질환이다. 임신 중기 이후에 발생하는 부종, 단백뇨, 고혈압, 경련 등의 질환을 총괄해서 일컫는다.

게 악화되어 두통, 구토, 통증, 시력 손실 등을 가져온다. 치료하지 않으면 단시간에 혼수상태나 사망에 이를 수 있으며, 자간전증의 발병에서 사망까지 평균 생존 시간은 약 2일이다(Royston and Armstrong, 1989: 77).

네지스티(Negisti)는 12학년인 18세 미혼 여성으로, 시내에서 20킬로미터 정도 떨어진 곳에서 부모와 함께 살고 있다. 그녀는 의도하지 않은 임신을 하게 되었고, 부모가 두려워 임신을 숨기려고 집을 나왔다. 임신한 지 9개월이 다 되었을 무렵 집으로 돌아와 어머니에게 임신 사실을 털어놓았으나 아버지에게는 비밀로 했다. 네지스티는 산전 진찰을 한 번도 받지 않았으며 두통과 잦은 구토 증세를 보였다.

어느 날 아침 5시 네지스티는 하복부 통증을 호소했고, 수축의 강도와 빈도가 점점 증가했다. 오후 1시 그녀는 발작을 했고, 어머니는 네지스티를 집 밖에 있는 작은 창고에 숨겼으나 발작은 점점 더 심해졌다. 늦은 오후에야 어머니는 결국 아버지에게 이 모든 사실을 털어놓았다. 그들이 시 병원에 도착한 것은 오후 9시였다.

입원 당시 네지스티는 의식이 없었으며 호흡은 거칠고, 발작 때 생긴 상처로 혀에서 출혈이 있었다. 안정제를 투여하고 소변 줄을 꽂고 내진을 하니, 분만이 이미 시작되고 있었다. 쌍둥이였는데 두 번째 아기는 사산된 채 나왔다.

네지스티는 심한 발작에 의한 뇌출혈로 돌이킬 수 없는 의식불명 상태가 되었고, 결국 다음 날 오전 3시에 사망했다(Kwast, 1987).

난산은 어린 산모에게 흔히 일어나며 아기의 머리가 통과하기에 골반이 너무 작을 경우 발생한다. 월경이 시작된 뒤 여성의 골반은

12~18% 정도 더 자라지만, 많은 어린 산모는 그전에 이미 첫 임신을 한다(Howard, 1987: 4). 신장이 작은(유년기의 영양 결핍에 따른 결과인 경우가 많음) 여성 또한 위험이 높다. 전문가의 진료가 없다면 난산을 겪은 산모는 피로와 감염으로 사망할 수도 있다.

난산에서 생존한다 하더라도 만성 질병에 시달리기 쉽다(Cottingham and Royston, 1991). 흔한 질병으로는 방광과 질 사이에 구멍이 생기는 방광질루나 항문과 질 사이에 생기는 직장-질 누공이다. 구멍이 생기면 소변과 대변이 질 쪽으로 흐르게 되는데, 이러한 질환은 아프리카의 어린 산모에게서 흔히 나타난다. 북부 나이지리아의 한 연구에 따르면 누공 환자의 45%가 14~16세였고 대부분은 가난했으며 문맹이었다(Murphy, 1981).

누공의 사회적 결과는 비참하다. 여성은 부끄러움과 악취로 고립되거나 사회적으로 낙인이 찍힐 수 있다. 파키스탄의 한 산부인과 의사는 이렇게 말하고 있다.

> 인도 대륙에서 부인과적 누공은 심각한 사회 문제다. 누공을 지닌 채 산다는 것, 아니 누공을 생각하는 것만으로도 끔찍하고 무시무시하다. 누공으로 고통을 받는 여성은 집안에 틀어박혀 정상적인 사회생활을 하지 못한다. 이 병은 고도의 정신사회적 질환인 것이다(Shah, 1989: 5).

북부 나이지리아의 경우 장기 누공 환자의 11%만이 남편과 함께 살고 있고 75%는 2년 이상 따로 살고 있다. 많은 이들이 혼자 살게 되고, 사원에도 가지 못하며, 가족의 지원도 잃게 된다(Murphy, 1981: 145). 누공이 있는 여성 대부분은 첫아이의 사망 이후 아이 없이 지내며,

이 중 소수는 건강상의 심각한 위험을 무릅쓰고 임신하게 된다.

레테(Lete)는 13세의 기혼 여성이다. 사흘간의 산통 끝에 태어난 그녀의 첫아이는 병원에서 사망했다. 레테는 살아났지만 난산의 결과 방광과 질 사이에 누공이 생겼고 전문 병원에서 재건 수술을 받았다.

레테는 누공 수술 3년 뒤 임신을 했다. 아기를 간절히 바랐지만, 그녀의 집은 병원과 너무 멀었고 아무런 산전 진찰도 받지 못했다. 임신 7개월에 강에서 물을 길어 나른 뒤부터 갑작스럽게 하혈이 시작되었다. 그날부터 진통은 시작되었고 양수도 터졌다. 그녀는 3일 동안 집에서 진통을 참아낸 뒤 오후 8시에 병원에 입원했다.

레테는 지쳐 있었고 열이 오르며 맥박이 빨라졌다. 태아는 작았지만 누공 수술로 심한 상처가 있었기 때문에 분만이 순조롭게 진행되지 않았다. 태아는 사망했고 레테는 분만 뒤 사흘간 심하게 앓았다. 누공 수술은 실패했고 그녀는 다시 소변을 지리게 되었다.

레테는 터진 자궁의 심한 감염성 괴사 때문에 자궁적출술을 받았으며 …… 그녀의 모습은 비참했고 …… 말이 없었다. 먹어보려 했으나 구토로 지쳐갔고 죽음을 두려워했다. 미숙아를 낳은 지 27일째 되던 날 레테는 피를 토하며 죽어갔다(Kwast, 1987).

여러 명의 아이를 둔 여성은 출혈과 내부 하혈로 사망할 위험을 무릅쓰게 된다. 치료를 받지 않으면 대부분 2~12시간 안에 사망하지만, 대부분의 경우 적절한 도움을 받을 수 있는 곳에서 멀리 떨어져 있다. 감염 또한 신속한 치료가 필요하다. 분만과 분만 직후, 산모는 일반적으로 감염되기 매우 쉬운 상태이다. 빈혈, 쇼크, 탈진, 출혈 때문에 면역력이 약화될 수 있으며, 분만을 돕기 위해 시도하는 것 때문에 외부에서 세균이 침입하기 쉽다. 나뭇잎, 흙, 소똥, 유지방과 기름, 머스터드와 코코넛 기름 등이 난산 중에 흔히 쓰인다(Howard, 1987: 13~14). 간단한 상황에서는 항생제 치료로 해결될 수 있지만, 패혈증[2]이 시작되면 주의해서 살펴볼 필요가 있다. 패혈증은 수일 내에 사망에 이를 수 있기 때문이다.

적절한 치료에 대한 요구

이러한 심각한 위험에도 효과적인 산모 진료는 여전히 수백만 여성에게 꿈같은 일이다. 1980년대 초에 이루어진 세계보건기구의 연구에 따르면 많은 나라에서 40% 이하의 여성만이 임신 중 전문 의료진을 만난다고 하며 마다가스카르, 온두라스, 짐바브웨, 에콰도르, 이란에서는 이 수치에도 훨씬 미치지 못한다(Royston and Armstrong, 1989: 164). 선진국에서도 일부 계층의 여성은 의료 서비스 이용에서 불리한 처지에 있다. 미국 도심에 사는 여성의 25~30%는 산전 진찰을 거의 받지 못한다(Gerber Fried, 1990: 158).

심지어 분만하는 순간에도 적절한 진료를 받지 못하는 경우가 있다. 남미와 카리브 해안 국가에서 출생한 아기의 12%, 동남아시아의 절반 이상, 아프리카의 3분의 2 이상, 남아시아의 4분의 3 정도가 훈련된 조산사나 의사 없이 태어난다(UN, 1991). 분만에 문제가 없는 경우에는 상관없지만, 어떤 경우에는 사망할 수도 있다.

필리핀에서 일한 한 여의사는 많은 시설이 밀집한 주요 도시에서조

---

2 세균이 혈액으로 들어가 번식하면서 생산한 독소에 의해 중독 증세를 나타내거나 전신에 감염증을 일으키는 병이다. 갑자기 오한과 전율을 동반한 고열이 나고, 관절통, 두통, 권태감 등도 나타난다. 혈압이 떨어지고 호흡이 빨라지며 중증인 경우는 의식이 흐려진다.

차 진료 부족이 흔한 일이었다고 말하고 있다.

일하러 가는 모든 사람들이 그 여성을 피했고 아이는 그녀의 품에서 잠들어 있었다. 그들은 판자 조각 위에 누워 있었다. 아이는 발가벗었고 어머니는 허리 위로는 옷을 걸치지 않은 상태였다. 길 건너에는 이 나라에서 세 번째로 큰 병원이 있었다(Estrada-Claudio, 1988).

하지만 진료를 받지 못하는 사람들 대부분은 농촌 지역에 산다. 교통수단이 없어 가장 가까운 진료소에도 갈 수 없거나, 남편이나 가족이 돈을 주지 않기 때문에 가지 못하기도 한다(Thaddeus and Maine, 1991).

병원에 간다 하더라도 의료진과 혈액, 물품 등이 부족해 제대로 진료를 받을 수가 없으며 오진도 흔하다. 1983년 잠비아 병원의 연구에 따르면 50~85%의 모성 사망이 피할 수 있는 병원 관련 요인에 의한 것이었다(Thaddeus and Maine, 1991). 또한 많은 여성은 가장 위험한 시기에 거칠고 불쾌한 치료를 받는다고 답했다. 이는 북인도에 사는 라즈발라(Rabjallah)의 경험에서도 나타난다.

보조 조산사는 자신의 충고를 듣지 않는다고 화를 내며 라즈발라의 친척들을 분만실에서 쫓아냈다. "그러게, 많이 먹지 못하게 하고 치료를 받도록 데려왔다면 이런 일도 없잖아요!" 라즈발라가 흐느끼기 시작하자 조산사는 그녀를 향해 휙 돌아서며 말했다. "조용히 해요. 입 다물어요. 시끄럽게 하면 그들이 여기서 당신을 때릴 거예요." 알겠다고 말했다. "이런 가벼운 통증도 못 참는 그녀는 염소나 소인가요?"(Jeffery et al., 1989: 116).

우리는 전 세계 여러 곳에서 여성들의 역설적인 모습과 마주친다. 모성은 여성의 의무일 뿐만 아니라 사회적 지위와 개인적 성취 수단으로도 사용되는 것이다. 하지만 그것을 얻는 경로는 험난하다. 대부분이 임신을 견뎌내지만, 한 해 수십만 명은 그렇지 못하며 수백만 명 이상이 그들의 모성을 신체적·정신적 고통만으로 경험할 뿐이다.

3. 새로운 산과학: 과학인가, 사회적 통제인가?

부유한 나라에 사는 산모에게 이러한 종류의 위험은 이제 과거의 이야기다. 극수수만이 출산 중 사망하거나 임신으로 만성질환을 앓는다. 그렇다고 여성 건강과 안녕의 이러한 발전이 지닌 중요성을 과대평가해서는 안 된다. 모든 모성 서비스가 충분히 효과적인 것은 아니며, 서비스를 받는 모든 산모가 만족하지도 않는다. 많은 이들은 최근의 첨단 산과 기술의 발달이 여성의 요구보다는 의사의 요구에서 비롯된 것이라고 주장한다.

전통적 분만에서 새로운 기술로의 변화

지난 한 세기 동안 출산 장소, 참여자와 기술은 여성에게 중대한 영향을 끼칠 수 있는 점에서 모든 것이 변해왔다(Arney, 1985; Garcia et al., 1990; Oakely, 1984). 대부분의 선진국에서는 출산이 집에서 이루어지지 않는다. 병원이 집보다 더 안전하다는 뚜렷한 근거가 부족한데도 영국 여성의 98%가 병원에서 출산을 한다(Campbell and Macfarlane, 1990). 네덜란드에서만 3분의 1 정도가 여전히 가정에서 출산한다. 출산이 의료 기관화되면서 병원 규모 자체가 커지고 있고, 이는 때로 여성에게 유연하지 못한 비인간적인 환경을 조성한다.

여성 대부분은 모르는 사람 앞에서 출산을 한다. 캐나다 병원에서 일어나는 출산을 다룬 한 연구는 산모가 평균 6.4명의 낯선 의료진을 대한다고 보고했다(Kerise et al., 1989: 807). 영국의 연구를 보면 저위험 산모는 6시간 동안 16명의 의료진을 만나지만, 정작 긴급할 때는 홀로 있게 된다고 한다(Chard and Richards, 1977).

각자가 매우 다른 경험과 기대가 있기 때문에 특정 상황에 대한 여성의 반응을 평가하는 것은 어려운 일이다. 많은 사람이 아기를 안전하게 분만하면 편안해하고, 진료가 어떠했든지 간에 기뻐하며, 불평하지 않는다. 하지만 어떤 이는 보살핌을 받지 못한 기분을 이야기하며, 일부 국가의 연구에서는 이러한 감정적 보살핌이나 원하는 정보가 산모에게 제공되지 않는다고 보고하고 있다(Kitzinger, 1978; Oakley, 1979; Reid and Garcia, 1989). 영국의 한 연구는 산전 진단 방문 시 산모가 의사를 만나는 평균 시간이 3.9분이라고 밝혔다(Oakely, 1984: 229). 비슷한 경험을 오스트레일리아의 한 여성은 이렇게 말하고 있다.

> 진료실에서 내가 받은 진료는 적절했어요. 하지만 3시간이나 기다려야 했고, 갈 때마다 다른 의사를 만났으며 내가 하는 많은 질문에 변함없이 "걱정 마세요"라고만 답했지요. 상담은 약 3분 만에 끝났고 나는 '보살핌을 받고' 있다는 생각을 전혀 못했죠(Health Department. Victoria, 1990: 28).

많은 연구에서 산모와 태아의 안녕을 증진시키는 사회적·정신적 지지의 중요성이 우선순위에서 뒤로 밀린다는 것을 말하고 있다

(Elbourne et al., 1989).

임신은 점차 '의사'의 일로 정의되고, 결국 대부분은 병적인 것으로 간주된다. 여성은 보통 건강한 상태에서 임신을 하며 필요한 경우에만 의학적 치료를 원한다. 이와 반대로 대부분의 의사는 임신한 여성을 '위험한' 환자로 여기도록 교육받았다. 이들의 '정상성'은 오직 출산을 하고 난 뒤 증명될 수 있는 것이다. 이러한 경향은 불필요하고 심지어 위험할 수도 있는 많은 시술을 행하게 한다. 어떠한 치료든 그대로 받아들이는 여성도 있지만 반대로 이를 꺼리는 여성들도 있다. 현대적 출산 경험에 대해 많은 여성이 털어놓은 불만의 핵심은 의학적 관리에 응하기 싫다는 것이다. 오스트레일리아의 한 산모는 많은 사람들이 이야기했던 그 기분을 이렇게 표현했다

> 의사는 입 밖에 내지 않는 어떤 '일정표'에 따라 일하는 것처럼 보였어요. 내가 정확한 시간에 분만을 하지 않는다면 필요하든 말든 그는 정말 아기를 빼낼 것 같았죠. 그때 나는 '제기랄, 차라리 내가 포기하지. 알아서 하라고 해'라고 생각했어요(Health Department, Victoria, 1990: 35).

많은 나라에서 산모들은 너무 의료화된 출산이 주는 모욕감뿐 아니라 천편일률적인 병원의 처치에 불안하다고 말해왔다. 예를 들어 치모를 면도하거나 분만 시작 때 관장을 하는 것 등은 아주 불쾌한 일인데, 이러한 방법이 더 나은 결과를 가져오는 효과적인 방법이라는 근거는 전혀 없다. 게다가 관장은 실제로 대장 자극, 대장염, 괴저, 과민성 쇼크 같은 부작용을 일으킬 수 있다(Garforth and Garcia, 1989: 823~824). 비슷하게 분만이나 분만 후 회복을 위해 실시되는 일상적 회음절개

술(episiotomy)3도 전혀 근거가 없다(Chalmers et al., 1989). 실라 키칭거(Sheila Kitzinger)는 이러한 시술을 '음순 절단'으로 표현했고 음순 손상의 가장 흔한 원인이라고 밝혔다(Kitzinger, 1989: 107). 회음절개술은 고통스러울 수 있고 봉합으로 상처와 흉터가 남을 수 있다. 회음절개술은 미국과 유럽 등 여러 나라에서 흔히 이루어지는 외과적 수술이지만 많은 여성은 자신이 그 시술을 받았다는 것조차 모르며, 확실한 사전 동의도 받지 않고 이루어진다(Banta and Thacker, 1982; World Health Organisation, 1986a).

이러한 점은 '적극적 치료'라고 불리는 강력한 현대 산과학과 관련된다. 1960년대와 1970년대에 임신과 관련된 과학기술은 급격히 발전했다(Schwartz, 1990). 산과의들은 더는 기다리면서 두고 보거나 초보적인 경험적 기술에 의존하지 않았다. 그 대신 분만 중 산모를 전자적으로 관찰할 수 있고, 명확한 비정상 신호가 올 때는 조기에 중재할 수 있는 새로운 기술을 활용했다. 이러한 발명품은 산과의사들 자신의 전문적 지위를 향상시키고 과학적 지위를 공고히 하는 것이었다. 또한 이제까지 실체가 없었고 '태아'라는 새로운 환자에 대한 권리를 주장할 수 있게 되었다. 하지만 산모와 태아의 관계는 여전히 논쟁 중이다.

이러한 새로운 산과적 기술은 많은 관심을 불러일으켰고 거대한 자원이 투입되었다. 그러나 여전히 극소수의 임상 실험만 했기 때문에 유효성이 밝혀진 것은 매우 적다(Chalmers, 1989). 임신에 관한 여성의 심리적 경험과 산모와 태아 사이의 감정적 관계는 여전히 관심

---

3 분만 때 질의 회음을 절개해 산도의 입구를 넓히는 것을 말한다. 회음의 자연 파열을 예방하고 태아의 머리를 급속히 만출시켜 신생아의 장애를 방지하기 위해 행한다. 피부와 피하조직만 2~3센티미터 절개하며, 진통 발작 때 순간적으로 절개한다.

밖이다. 결과적으로 그러한 기술을 사용한 많은 사람들이 출산의 의료화에 의도하지 않았지만 '개척자'가 되고 있다(Rapp, 1987). 이러한 새로운 기술이 일상적으로 사용되면서, 적극적으로든 다른 방법으로든 간에 여성이 이에 동의하지 않을 수 있다는 데 관심이 집중되고 있다(Faden, 1991; Whitbeck, 1991).

분만의 의료화

산과 영역의 새로운 개입주의는 자궁에 있는 태아를 모니터하는 기술이 발달하면서 시작되었다. 여기에는 유전적 이상을 파악하는 양수 검사, 이미지를 볼 수 있는 초음파, 다양한 생리적 기능을 평가할 수 있는 전기 모니터링 같은 생화학적 검사가 포함된다. 대부분의 나라에서 이러한 감시 기술의 사용이 증가하면서 유도분만이 늘고, 특히 제왕절개술이 증가했다. 많은 의사가 종종 산모를 희생시키면서까지 태어나지 않은 아기를 '관리'하고 싶어 한다. 따라서 분만 과정에 주도적 역할을 하는 것은 의사이며, 산모는 대부분 이러한 의학적 관리를 수동적으로 받아들이게 된다.

의사는 종종 인공적 방법으로 진통을 유도하여 분만이 시작되게 한다. 대부분은 자궁 수축을 시작하게 하거나 수축이 너무 느리다고 판단되면 속도를 증가시키기 위해 호르몬을 투여한다. 이러한 기술이 유용한 상황도 있지만, 임상적 필요라는 점에서 별다른 이의 없이 항상 정당화될 수는 없다. 영국에서는 1960년대 말과 1970년대 초에 유도분만이 급격히 늘어 출생아의 40% 이상에게 실시되었다. 1970년대 중반이 되면서 수는 줄어들었지만, 1978년에도 분만의 3분의 1은 여전히 인공적 방법으로 시작되었다(Macfarlane and Mugford, 1984: 162). 세계보건기구는 의학적으로 필요한 특수한 경우에만 유도분만이 이루어져야 하며, 그 비율이 10%를 넘지 않아야 한다고 권고하고 있다(World Health Organisation, 1985).

이러한 기술은 더는 복잡한 병원에 국한된 것이 아니다. 최근 의학적 도움 없이 가정에서 출산할 때도 이러한 기술을 사용하는 경우가 증가하고 있다는 보고가 있다. 북인도에서 인터뷰한 여성의 15%는 분만이 예정대로 진행되지 않으면 합성 옥시토신(oxytocin)[4]을 주사한다고 대답했다. 다음은 연구자의 말이다.

> 이런 주사의 인기는 더욱 아이러니하다. 남성 시술자는 단지 자궁이 열린 정도와 태아의 방향만으로 판단하며, 분만을 관리할 어떠한 방법도 없다. 옥시토신을 일시에 주사하면, 천천히 모니터하면서 혈관 내로 주입하는 것보다 순간적으로 통증을 증가시켜 극심한 고통을 일으킨다. 이 경우 자궁이 찢어지거나 자궁 경부가 손상되거나 태아에게 심한 손상을 줄 위험도 높아진다(Jeffery et al., 1989: 112).

선진국에서 실시되는 유도분만은 대부분 산모의 몸 안이나 밖에 부착된 전극을 통해 지속적으로 '전자 태아 모니터링(Electronic Fetal Monitoring: EFM)'[5]이 이루어진다. 이 장치는 무작위의 대조 임상실험에서 태아와 산모에게 이득을 준다는 것을 증명하지 못했는데도, 현재 미국에서 태어나는 전체 출생아의 50%에게 사용되고 있다(Grant,

---

4 자궁수축 호르몬으로 아기를 낳을 때 자궁의 근육을 수축시켜 진통을 유발하고 분만이 쉽게 이루어지게 하며 젖의 분비를 촉진시켜 수유를 준비하게 하는 호르몬이다.
5 전기적 장치를 이용해 태아의 상태를 알 수 있는 기계로 태아의 심박동과 자궁의 수축 정도를 전기 신호로 바꿔 보여준다.

1989; Simkin, 1986). 이런 종류의 '관리된' 분만은 산모의 자율성을 심각하게 손상시켜 신체적·정신적 고통을 일으킬 수 있다.

> 분만이 낯선 사람들과 기계에 의해 이루어진다고 느껴졌어요. 내 몸이 출산을 조절할 수 있는 능력을 잃게 되었다는 기분이 들어 놀라고 실망했죠(Health Department, Victoria, 1990: 100).

어떤 여성들에게 기술의 존재는 안도감을 줄 수 있지만, 또 다른 여성들에게는 자유에 대한 피할 수 없는 억압이다. 의학적 관심은 산모 자신의 판단이나 느낌이 아니라 기계에서 나오는 메시지에 집중되고 있는 것이다 따라서 새로운 기술은 흔히 개인적인 돌봄을 저해하고, 여성은 배려라고는 찾아볼 수 없는 기계의 시선 속에 놓이게 된다.

> '조치 요망'이라고 깜빡거리는 스위치가 꺼지고 주사액이 떨어지기 시작했다. 4~5시간 뒤에 아기가 나오지 못하고 있고 자궁이 2센티미터 밖에 안 열렸다는 이야기를 들었다. 이것은 자궁이 준비되지 않았을 때 분만을 유도했기 때문이라고 나는 믿는다.
> 의사들은 협조적이고 친절했지만 내버려뒀다면 아기의 고통과 제왕절개술을 피할 수 있었을 것이라는 내 감정을 위로하지는 못했다(Phillips and Rakusen, 1989: 391).

유도분만을 겪는 산모의 경험과 관련된 문제뿐만 아니라, 유도분만이 조기분만, 태아 고통, 황달, 산모 감염을 높인다는 임상 연구도 있다(Chard and Richards, 1977). 유도분만과 EFM은 특히 제왕절개 같은 적극적인 시술 형태가 최근 증가하는 데 기여했다. 1968년부터 1983년까지 제왕절개로 태어난 아기의 비율을 보면 영국과 웨일스에서 250%가 증가했고, 네덜란드에서 300%, 미국에서 380%가 증가했다(Grant, 1989: 1185). 이러한 증가는 제3세계, 특히 남미에서 두드러졌다(Janowitz et al., 1982). 제왕절개율을 낮추려는 시도는 의사들의 반대에 부딪혀왔다(Ruzek, 1991; Stafford, 1990). 1986년까지 모든 미국 출생아의 4분의 1이 수술과 같은 방법으로 출생했고, 일부 논자들은 이러한 추세가 2000년에는 40%에 이를 것으로 전망했다(Placek et al., 1988: 562).

제왕절개: 임상적 자유? 의료적 지배?

제왕절개율의 전반적인 증가와 국가 간의 뚜렷한 변이를 의학적 필요에 의한 객관적인 차이로만 설명할 수는 없다. 그 대신 '새로운 산부인과 의사'의 전문적 관심은 임상적 결정에 주된 영향을 끼쳤다. 미국에서 적어도 제왕절개술의 80%는 EFM의 사용과 직접적으로 관련되어 있고, 이렇듯 새로운 기술은 그 자체로 더 많은 수술 수요를 만들어낸다(Banta and Thacker, 1979).

재정적 요인 역시 작용한다. 1986년에 스스로 의료비를 부담하는 미국 여성의 19%가 제왕절개술을 받은 반면, 정부의 의료비 지원을 받는 경우에는 21%, 블루 크로스(Blue Cross) 보험사에 속한 사람은 27%가 제왕절개술을 받았다(Placek et al., 1988: 562). 브라질은 전 세계에서 가장 높은 제왕절개율을 보이는 나라 중 하나이며, 부유한 여성들이 제왕절개 시술을 더 많이 받는다(Janowitz et al., 1982). 남부 브라질의 9개 병원에서 이루어진 연구에 따르면 개인 환자는 75%, 공공 또는 개인 보험 환자는 40%, 보험에 가입하지 않은 환자는 25%의 제왕절개율을 보였다(Ruzek, 1991: 75~76). 하지만 역설적이게도 제왕절개가 환자에게는 이득이 되지 않을 수 있다.

제왕절개술은 매우 높은 질병이환율을 보일 뿐만 아니라, 자연분만에 비해 사망률이 4배나 높은 큰 수술이다. 감염 위험도 상대적으로 높고 환자들 대부분이 복통과 내장통을 호소하며 아이를 잃을 경우에는 쇠약과 어려움을 겪는다. 제왕절개술이나 다른 산과적 중재술에 대한 여성의 감정적·심리적 반응을 평가한 연구는 거의 없다. 하지만 일반적으로 '고도의 기술에 의한' 출산, 특히 제왕절개술은 대부분 여성들이 분만 후 첫 몇 주 동안 겪을 수 있는 문제를 악화시킬 수 있다는 근거가 존재한다(Oakley and Richards, 1990).

산모 대부분은 건강한 아기를 출산하고 기뻐하지만 실망, 죄책감, 분노, 낮은 자존감 또한 매우 일반적으로 나타나는 반응이며, 많은 산모가 '자연스럽게' 출산하지 못한 데 대해 슬픔을 느낀다(Oakley and Richards, 1990). 이러한 고통은 새로 어머니가 된 모든 여성에게 주어지는 막중한 책임과 더불어 복부 수술의 아픈 기억을 반영하는 것이다. 따라서 이런 가능성을 내포한 위험한 시술은 임상적 필요가 아주 명확할 때만 시행되어야 하며, 가능한 충분하게 산모가 수술 결정에 참여해야 한다. 하지만 이 또한 항상 이루어지는 것은 아니다.

산과 환자의 사전 동의를 둘러싼 문제는 미국에서 빈발한 법정명령에 의한 제왕절개술 때문에 관심을 모았다(Gallagher, 1987). 1981년 조지아 대법원은 제왕절개술을 거부한 전치태반(placenta praevia)[6] 산모

---

[6] 태반의 대부분 또는 일부가 자궁협부, 즉 자궁 경부에 부착되어 자궁 입구를 덮고 있는 상태를 말한다. 증상은 무통성인 자궁 외 출혈로, 임신 후반기 특히 마지막 3개월이나 분만 개시 때 발생하는 특징이 있다. 출혈이 심할 경우 이를 방치해두면 모체는 출혈성 쇼크 상태에 빠져 모체와 태아가 함께 위험해질 우려가 있으므로 조기 진단과 대처가 필요하다.

에게 제왕절개술을 시행할 것을 명령했다(Daniels, 1990; Gallagher, 1987; Kolder et al., 1987). 그 사건 이후로 산모의 법적 권한은 고려되지 않은 채 법원이 산과적 중재 시행을 강제하려는 몇 번의 시도가 있었다. 이로 인해 모성과 태아의 권리 사이에서 일어날 수 있는 갈등에 대한 관심이 커지게 되었다.

1986년 실시된 조사에 따르면 지난 5년간 미국 병원에서 이런 식의 판결이 총 21건 있었다. 15건은 제왕절개술, 3건은 의학적 치료를 위한 병원 입원, 3건은 자궁 내 수혈로, 86%에서 제왕절개가 인정된 것이다. 법원의 판결을 받은 여성은 대부분 흑인, 아시아인, 히스패닉으로 그중 24%는 영어가 모국어가 아니었으며, 44%는 미혼이었고, 모두가 수련 병원의 클리닉에서 치료받거나 공공 지원을 받고 있었다(Kolder et al., 1987: 1192~1193).

의사들 대부분은 태아—그들이 새로 발견한 두 번째 환자—를 최우선으로 하여 행동한다는 믿음 아래 법원의 명령을 따르고 있다. 하지만 이러한 사례는 분명 여러 가지 우려를 낳는다. 첫 번째로 의사가 명확하게 산과적 결정을 내리는 것은 어려운 일인데, 몇 시간 또는 몇 분 안에 많지 않은 정보를 가지고 판단을 내려야 하기 때문이다 (Banta and Thacker, 1979).

이러한 불확실성 문제는 법원의 결정이 산모의 시민권에 중대한 위협이 될지라도, 효과적인 법적 대리자를 못 둘 것 같기 때문에 더욱 악화된다. 자신의 몸에 손을 대지 않고 의학적 치료를 거부할 수 있는 산모의 일반적인 법적 권한에는 반대되면서 오로지 태아에게만 초점을 맞추게 된다. 이것은 정말 다른 '사람'을 위해 산모 스스로 동의하지 않은 고통스럽고 위험한 시술을 받아야 하는 것이다.

여러 연구자들이 지적했던 대로, 이러한 주장은 임신한 동안이나 심지어는 임신 전에도 여성의 모든 측면을 조정할 수 있게 무기한 확장될 수 있다. 이것은 더는 가상의 공포가 아니다. 1996년에 캘리포니아의 한 여성은 태아를 의학적으로 방관했다는 이유로 체포되어 6일 동안 구류되었다(Gallagher, 1987: 45). 이러한 결정이 대규모로 일어날 것 같지는 않지만, 신기술이 의사의 전문적 권력과 낙태반대운동을 지지할 수 있다는 위험성은 생각할 수 있다(Kolder et al., 1987: 1194).

산과 기술에 대한 여성주의의 핵심적인 관심은 출산의 의료화가 산모의 이익과 반대되는 성격을 띠며, 적극적으로 출산을 해야 할 여성이 의학의 수동적 개체가 되고 있다는 공포이다. 의학 권력에 대해 느끼는 이러한 분노는 자궁 내에서 유전학적 비정상을 진단하기 위해 이용되는 신기술과 관련되어 있다.

의사의 선택권

지난 10년간 산전 진단에는 큰 발전이 있었지만 상대적으로 치료 부분의 발전은 거의 없었다. 심각한 출생 손상은 출생아 1,000명당 23명꼴로 나타났지만 의학적 치료를 받을 수 있는 경우는 거의 없다(Birke et al., 1990: 159). 따라서 여전히 유전 질환을 검사하는 주된 근거는 손상된 태아를 낙태시킬지에 대해 부모가 의사 결정을 하게 하려는 것이다(Birke et al., 1990: Ch. 7). 하지만 결국 기술을 해석하고, 결과를 보여주며, 치료할 수 있는 의학적 방법을 제시하는 것은 의사다. 이러한 환경에서 여성이 갖는 선택의 자유는 또 다시 제한되고 기술이 지닌 해방적 가능성은 억제된다.

이러한 진단 영역의 '새로운 기술' 중 가장 처음 등장한 것이 초음파인데, 이는 1957년 영국 글래스고의 한 병원에서 처음 사용되었다(Oakley, 1984). 초음파는 태아 발달에 관한 일반적인 산전 검사와 무뇌증(anencephaly)[7]이나 이분척추증(spina bifida)[8]과 같은 주요 선천성 질환을 알아내기 위해 널리 쓰이고 있다. 하지만 좀 더 정확하고 믿을 만한 검사는 융모막 융모생검(chorionic villus sampling: CVS)[9]이나 양수천자(amniocentesis)[10]를 통해 이루어진다. 이 두 방법은 일반적으로 초음파를 보면서 이루어지고 종종 알파피토프로테인 검사(Alphafetoprotein: AFP)[11]도 함께 시행된다.

[7] 대뇌반구가 아예 없거나 흔적으로 남아 있고, 그 위를 덮고 있는 두개골이 없는 것이 특징인 선천성 기형이다. 뇌가 없다고 해도 그 정도가 다양해 소뇌까지 완전히 없는 경우도 있으나 대뇌반구의 대부분이 존재하는 경우도 있다. 무뇌증이라고 할 때는 정의상 두개골 결손을 반드시 포함시킨다. 초음파와 X선 사진으로 확진할 수 있으며, 양수 내에 알파태아단백 수치는 상당히 높고 대부분 양수과다증을 동반한다.

[8] 추골궁이 완전히 닫히지 못하는 기형으로, 결손은 거의 대부분 척추의 뒤쪽에 있으며 하위 요부와 천골부에서 가장 흔히 볼 수 있다. 척수에 동반된 기형의 종류와 위치, 범위에 따라 신경학적인 손상 정도는 다르다.

[9] 융모막 융모생검법은 임신 초기(9~11주)에 시행할 수 있고, 그 결과도 수시간~수일 내에 알 수 있어 조기 진단이 가능하며, 또한 치료 불가능한 태아의 이상을 발견했을 때에는 흡입 임신 중절이 가능하다. 먼저 초음파를 이용하여 태아 및 태반의 정확한 위치, 태아의 건강 상태, 다태아 임신의 유무, 정확한 임신 주수, 태아의 기형이나 포상기태의 유무, 자궁 및 자궁 부속기의 이상 유무를 확인한 다음 초음파의 유도하에 가느다란 플라스틱 카테터를 자궁경관을 통해 삽입해 융모막 융모를 소량 채취하거나, 복벽을 통해 바늘을 직접 융모막 융모로 접근시켜 조직을 채취한다.

[10] 양수천자는 주로 임신 15~18주에 시행하며, 초음파를 이용하여 정확한 태반의 위치, 다태아 임신 유무, 천자 시 안전한 부위를 선택하여 초음파 유도하에 전 과정을 무균 상태로 실시한다. 복벽에 국소마취하고 척추천자침(spinal needle)으로 복벽을 통해 양막강 내에 삽입해 천천히 뽑아 주사기에 모은다. 채취한 양수를 이용한 염색체 검사 결과는 2~3주 후에 알 수 있다.

[11] 임신 중기 임산부의 혈청 내 알파피토프로테인 농도가 신경관 결손과 관련이 있고, 농도가 낮은 산모에서 염색체 이상 태아의 발생과 연관이 있다는 것이

양수천자는 임신 16~20주 사이에 소량의 양수가 차 있는 자궁으로 바늘을 넣어 시행된다. 뽑아낸 양수를 배양하면 19주 혹은 20주에 결과를 알 수 있다. 이 검사로 신경 결손뿐만 아니라 다운증후군과 같은 염색체 이상을 알아낼 수 있지만, 결과를 임신 후반에야 알게 되어 유산이 매우 어려울 수도 있다. 그 반면에 융모막 융모생검은 8~12주에 시행되고, 태반 주변에서 자라는 조직인 융모막에서 소량의 샘플을 얻으며, 결과는 며칠 만에 나온다. 이 검사는 염색체 이상과 테이삭 병(Tay-sacks Syndrome)12과 같은 유전병을 진단하지만 신경절 결손은 진단하지 못한다(Birke et al., 1990: 177).

이러한 검사와 조기 진단 기술은 부모에게 적잖은 도움이 될 수 있다. 검사를 통해 공포에서 벗어나 안심할 수 있고, 부모들은 특히 일반 초음파상으로 태아를 보는 것을 좋아한다. 또한 초음파를 통해 얻은 정보를 기반으로 부모는 손상된 태아를 낙태할지를 결정하고 만일 임신을 지속한다면 아이에 대해 대비하게 된다. 비록 이 정보가 항상 결정적인 것은 아니지만, 이러한 기술은 산과적 선택을 하는 데 중요한 자료가 된다. 하지만 이러한 검사가 실제로 얼마나 목적을 달성하는지와 관련해서는 심각한 우려도 있다.

손상된 태아를 임신했을 위험이 큰 여성이 항상 이러한 기술을 이용할 수 있는 것은 아니다. 미국에서 이루어진 연구에 따르면 가난

밝혀졌다. 이러한 생화학 표지물질은 산모의 나이, 위험 요인 등과 함께 다운증후군 임산부의 선별검사로 이용되고 있다.

12 지질의 축적으로 인해 중추신경계의 점진적인 파괴를 유발하는 지질침착질환(Lysosomal storage disorder)으로 유전성 대사질환이다. 신경계 침범에 따라 다양한 증상을 보이며, 효소가 전혀 없는 제1형은 유아기에 증상이 나타나며 가장 보편적이고, 제2형과 제3형은 효소의 부분적인 결핍으로 소아기에서 성인기에 걸쳐 증상이 나타난다.

한 여성이 이러한 기술을 사용하는 데는 경제적 장벽이 있다(Adler et al., 1991). 제3세계 대부분의 국가에서 실제로 도시에 사는 부유한 여성들만이 조기 진단 검사를 이용할 수 있다.

유전자 조기 진단을 받을 수 있는 여성이 검사의 위험과 이득에 대해 항상 충분한 설명을 들을 수 있는 것은 아니며, 일부는 검사를 받을 것인지를 결정할 기회마저 얻지 못한다. 런던에서 수행된 한 연구에서 상담 의사의 4분의 1은 영국 정부의 지침과 직접적으로 충돌하는 AFP 검사 조기진단법에 대해 산모에게 미리 설명하지 않고 일상적으로 시행한다고 보고했다(Farrant, 1985: 110). 같은 연구에서 양수천자 시술의 위험성을 느끼지 못한 여성은 24%뿐이었다(Farrant, 1985: 111).

이러한 조기 진단이 산모의 정서적·정신적 반응에 미칠 영향에 대해서는 거의 알려진 바가 없지만 한 예비 연구에서 이것이 매우 심각할 수 있다는 사실이 밝혀졌다. 여성 대부분은 이미지가 또렷하게 보이는 초음파가 긍정적이라고 답했다. 초음파는 임신을 '실제'로 보여주고, 뱃속에 있는 태아를 좀 더 가까이 볼 수 있게 해준다. 하지만 이는 불필요한 공포를 일으킬 수도 있다. '화면으로 봤을 때 자궁의 양수가 너무 적고, 아기가 충분히 성장하지 않은 것으로 보였다. 이것이 사실이었나? 예정일 전에 아기가 태어났을 때 그 어느 것도 사실이 아니었다?'(Health Department Victoria, 1990: 101).

양수천자와 융모막 융모생검은 아무래도 더 불안하다. 바늘이 자궁으로 들어가는 것은 침습적이고 불쾌할 수 있으며, 많은 사람이 태아에 손상이 가지 않을까 두려워한다. 시술이 잘못될 가능성은 양수천자의 경우 0.5~1.7%, 융모막 융모생검의 경우 2.0% 정도로 추정되는데 이 정도로도 일부 여성들은 시술을 꺼린다. 연구에 따르면 양수천자를 받은 산모는 심한 불안을 느끼고, 특히 이전 조기 진단에서 임신 중 이상이 실제 있었던 경우 더욱 그러하다(Evers-Kiebooms et al., 1988; Farrant, 1985; Hibbard, 1987). 검사 결과가 장애로 나온다면 이러한 공포는 여성이 겪어야 할 진짜 딜레마에 대한 현실적인 반응이다(Adler et al., 1991; Robinson et al., 1984; Rothman, 1988). 이는 불충분한 상담과 사회적 지지로 인해 극대화될 수 있다. 미국 여성 바버라 로스먼(Barbara Rothman)의 이야기를 들어보자.

> 통계적으로 가망이 있었기 때문에 나는 모든 것이 다 좋을 것이라는 생각과 좋지 않을 것이라는 두려움 사이를 오락가락했고, 임신 단계에서 유산했다. 알고 싶은 것이 있었지만 의사에게 전화하는 것이 두려웠다 (Rothman, 1988: 102).

양수천자의 결과가 알려질 때까지 임신은 단지 '불확실한' 가사 상태일 뿐이다. 특히 양수천자는 태아가 움직이기 시작하면 검사하기가 어렵다. 게다가 로스먼이 인터뷰한 많은 응답자들은 검사 결과가 정상으로 나와 임신이 '확정'될 때까지 태아의 움직임을 느낄 수 없었다고 대답했다(Rothman, 1988: 100~107). 결국 결과가 어떻게 나오든 많은 여성이 계속적인 불안감을 말했다. 음성이라는 결과로 안심하게 되지만, 검사 과정 자체가 그렇지 않았더라면 꺼려했을 것이라는 근본적인 의문을 일으킬 수 있다. 산모는 뭔가 잘못될 수 있다는 생각이 깊어지고 의심이 남게 된다.

만일 검사 결과가 나쁘다면 — 예를 들어 다운증후군 양성으로 나온다면 — 부모는 매우 어려운 결정을 해야 한다. 이 지점에서 산전 진단 기술은 부모와 가족의 미래를 결정하는 여성의 능력을 최대화할 수 있다. 하지만 이러한 선택을 방해할 수 있는 여러 장애물이 존재한다. 첫 번째로 진단은 아기가 누릴 수 있는 삶의 질에 관해 제한적으로만 예측할 수 있다. 어떤 질환은 분명히 치명적이지만—예를 들어 테이삭 병—다운증후군 아이가 지닌 장애 정도는 예측할 수 없다. 이런 식의 애매한 진단은 유산 결정을 더욱 어렵게 한다(Rothman, 1988: Ch. 6).

더 근본적인 면으로, 기술을 사용한 경험은 낙태할 기회를 줌으로써 낙태하지 않으려는 선택을 그만큼 불가능하게 할 수 있다. 일부 여성은 완곡한 이야기를 듣지만, 어떤 이들에게는 장애가 있는 태아를 낙태하라고 담당의사가 강력히 권고하기도 한다. 1980년대 중반 런던에서 실시된 연구를 보면 대다수의 의사들은 결과가 양성일 때 낙태시킨다고 산모가 미리 승낙하지 않으면 양수천자 검사를 실시하지 않으려고 했다(Farrant, 1985). 바버라 로스먼 연구에 참여한 또 다른 미국 여성은, 이러한 조건으로 수행된 비이성적인 요구에 대한 느낌을 다음과 같이 표현했다.

> 임신 초기에 낙태하겠다고 말하는 것은 쉬웠어요. 하지만 시술 중에 초음파를 했고 아기를 보게 되면서 우리에게 아기가 실제로 존재하게 된 것이죠. 그 일이 있은 후 낙태는 생각하기도 싫었어요. 시술이 너무 늦게 이루어졌고, 더는 낙태가 간단한 문제가 아닐 정도로 임신은 진행되었죠. 낙태는 마치 살인을 하는 것 같아요(Rothman, 1988: 58~59).

매우 미묘한 압력이 포함될 수도 있다. 장애를 안고 있는 태아를 계속 갖기로 결정한 산모는 그녀 자신의 운명에 책임을 져야 하기 때문에 동정심이나 사회적 지지를 얻지 못한다. 런던의 한 여성은 이렇게 묘사했다. "결정은 의사가 내렸어요. '그것'은 이제 소용없는 것이고 검사 결과가 비정상이라고요. 무엇을 할지는 당신에게 달렸지만 만일 그걸 지니고 있다면 평생 문제를 안고 살게 될 것이라고요"(Farrant, 1985: 116~117).

같은 연구에서 또 다른 런던 여성의 고통스러운 경험은 새로운 기술에 의해 의사에게 주어진 권력을 강조하고 있다. 그녀는 임신 5개월에 비정상적인 낙태를 경험했다. 그녀는 그 이전에 임신 상태가 지속되기를 원치 않아 조기 유산을 바랬지만 거부당했다. 그러나 양수천자 검사 후에 의사는 낙태할 '좋은' 이유가 생겼다면서 낙태에 찬성했다.

> 산부인과 의사는 의학적·사회적인 이유로 내가 낙태하기를 전혀 원하지 않았어요. 그는 "당신은 젊고 건강하니까 극복할 수 있다"라고 말했지요. 하지만 검사의 결과가 나온 후에는 "이 아이를 낳게 되면 당신의 인생과 모든 것이 위험해질 수 있다"라고 말했어요. 그래서 저는 낙태를 받아들였죠. 그들은 내가 처음에 진정으로 원했던 것이 무엇인지 이야기하려 하지 않았어요. 뭔가 문제가 생기자 그것을 제거하라고, 그것이 가장 최선이라고 설득했지요(Farrant, 1985: 117).

출산 선택의 문제를 더 넓게 바라보자면 조기 진단의 증가는 장애를 가지고 태어나는 아기의 수를 줄이기 위한 정책일 수 있다. 장애아들이 진단 기술을 이용할 수 없는 어머니를 둔 경우가 많기 때문에 장애는 점점 부모로서의 선택을 줄이는 제한된 자원만을 가진 빈곤층의 문제가 될 위험이 있다. 비슷한 현상이 인도에서 명백하게 나타나는데, 성불평등에 어울리는 반응으로 일부 부모들에 의해 여아 유산이 계속되고 있다.

4. 불임은 종신형인가?

지금까지 우리는 임신한 여성과 그들의 출산에 대한 전략만을 다루었다. 우리는 불임 여성 수백만 명의 경험을 무시해왔으며, 그중 대다수는 첨단기술 산부인과학의 중심으로 끌려가게 된다. 아이를 갖기 위해 체외수정(in vitro Fertilization: IVF)[13]이나 생식세포 난관내이식술(gamete intrafallopian tube transfer: GIFT)[14]은 자신의 몸에서 임신하지 못하는 모든 사람에게 기적 같은 해결책으로 최근 각광받고 있다. 하지만 그러한 시술을 받을 수 있는 사람은 극소수이며 불임 여성 중 일부에 불과하다. 결과적으로 대다수는 아이를 갖지 못한다. 이 중에는 제3세계의 여성 수백만 명이 포함되고 그들의 불임은 비참할 뿐만 아니라 그들이 사회적으로 배제당하는 이유가 되기도 한다.

세계적으로 8~12%의 부부가 가임 기간 중 불임 시기를 경험한다(WHO, 1991). 영국에는 5만 명 이상의 남녀가 매년 국민건강서비스에 불임 문제로 찾아오고, 100만~200만 명이 한 번 이상 치료를 받는다(Pfeffer and Woollett, 1983: 2, 27). 미국에서 이루어진 1982년 연구에 따르면 결혼한 여성의 약 8%가 불임이었고, 이 비율은 흑인 여성이 백인 여성보다 1.5배 더 높았다(Mosher and Pratt, 1985). 제3세계의 많은 나라에서 불임률은 좀 더 높으며, 사하라 사막 이남 아프리카의 몇몇 나라에서는 전체 여성 인구의 50%에 달하기도 한다(WHO,

---

[13] 정자와 난자가 수정이 되는 곳이 나팔관인데, 정자나 난자는 정상이지만 나팔관 이상으로 수정이 되지 못해 불임이 되었을 때, 체외에서 수정시켜 약 48시간 배양한 뒤 여성의 자궁에 수정란을 착상해 임신시키는 방법이다. 시험관 수정이라고도 한다.

[14] 배란기에 난자를 채취한 후 정자와 함께 난관에 주입하는 시술이다.

1991). 불임 여성 또는 불임 남성의 파트너에게 아이를 안겨주지 못한다는 것은 인생의 중요한 위기이지만 그들의 어려움은 흔히 무시된다.

불임 여성과 남성은 인간의 기본적 재생산 활동에 참여하지 못하기 때문에 장애를 겪고 있다고 할 수도 있다(Rothman, 1989: 143~151). 물론 그들의 장애 정도는 개인적·사회적 환경에 따라 매우 다양하다. 생물학적 자녀를 원하지 않는 사람에게 생식 불능은 결코 멍에가 아니지만 어떤 이들에게는 불임이 매우 중요한 문제다.

불임은 부부 양쪽 모두와 관련되지만 최근 연구에 따르면, 보통 여성이 더 큰 고통을 겪고 삶의 변화를 느낀다고 한다. 어머니라는 위치는 대부분의 문화에서 '정상적'인 성인 여성을 정의하는 중요한 요소가 되기 때문이다. 이러한 조건에서 생물학적 부모가 되지 못하는 자신에 대한 느낌이 여성의 안녕에 심각한 영향을 끼칠 수 있다. 한 미국 여성은 불임이 그녀의 삶에 끼친 영향에 관해 이렇게 이야기하고 있다.

> 불임은 자아에 영향을 미쳐요. 가능한 모든 방법으로 자아에 막대한 영향을 주지요. '내가 어떻게 하면 진짜 여자가 될 수 있지?'라고 생각해요. 나의 성적 정체성에 영향을 줌으로써 한동안 나를 위한 모든 일에 영향을 줘요(Gril et al., 1988: 181).

많은 남성이 실망하고 가끔은 아버지가 되지 못해 낙인찍히지만 여성만큼 상실감을 느끼는 남성은 적었다.

> 그녀는 자신의 몸이 제대로 작동하지 않고, 자신의 책임으로 어머니가 되지 못한다는 점에 대해 나보다 더 강하게 반발했다. 나도 이런 불편하

고 불공평한 사실에 화가 났지만, 그녀는 더욱 가슴으로 그리고 개인적으로 받아들였다. 내가 그녀의 반응을 살펴야 할 것 같았고 아마도 나 자신보다 그녀의 반응 때문에 더욱 당황했다(Greil et al., 1988: 183).

'어머니'가 되는 것 외에는 다른 선택이 없는 작은 커뮤니티에 사는 교육받지 못한 여성에게 불임에 의한 장애는 가장 심한 문화적 제재를 가져온다. 그녀의 '불임(건조함)'이 명백해졌을 때, 그녀는 남편뿐 아니라 가족에게서 받는 극심한 압력으로 고통을 받는다. 문제가 해결되지 않으면 학대당하고 이혼당하거나 버림받는다. 그녀는 위로해줄 딸도, 노년에 돌봐줄 아들도 없다. 이러한 상황에서 불임은 분명히 여성의 생존을 위협할 수 있는 개인적으로 매우 중대한 비극이다. 북인도에서 이루어진 연구에는 이렇게 묘사되어 있다.

다르마나그리와 타크비(Dharmanagri and Thakvi)에 있는 (결국에는 아이를 낳은) 여성 몇 명은 "임신할 수 있는 능력은 모든 성인 여성에게 필수예요. 아이를 원하지 않는다는 것은 상상할 수도 없어요. 임신을 못하거나 살아 있는 아기를 갖지 못하는 것은 재앙이에요. 남자가 원인일지라도 책임은 아내와 그녀의 부모에게 돌아가죠"라고 말하며 남편들이 그녀들을 괴롭혔던 그 끔찍한 시간을 떠올리기도 했다(Jeffery et al., 1989: 87).

그렇기 때문에 불임은 중대한 장애가 될 수 있고, 이를 치료하는 것이 유산, 임신, 모성 관리와 함께 출산의 자기결정권을 결정하는 데 기본적 요소가 된다. 하지만 많은 불임 남성과 여성은 의학의 도움을 거의 받지 못한다. 대부분의 제3세계 국가에서 이러한 서비스의 비용과 접근성은 출산 조절보다 낮은 우선순위에 있다. 결과적으로 매우 부유한 사람들만이 치료를 기대할 수 있다. 한편 선진국에서는 매년 불임에 소요되는 비용이 증가하고 있다. 하지만 이러한 예산이 거두는 효과에 대해서는 의문이 있다(US Congress office of Technology Assessment, 1988).

여성 불임 치료 기술은 1960년대에 새로운 '임신 약'이 도입될 때까지 1세기 동안 크게 변하지 않았다. 1970년대 말에 체외수정과 관련된 기술이 극적으로 등장했고, 의사들은 이제 여성의 몸 밖에서 수정을 시킨 후 몸 안으로 옮겨 키울 수 있다. 광고가 잘된 이 혁신적 기술은 수백만 명의 불임 부부에게 새로운 희망을 주었다. 그러나 이것은 극히 일부에게만 알맞은 것이다. 나머지 사람들에게 의학이 해줄 수 있는 것은 거의 없다. 게다가 새로운 임신 기술은 다양한 관점에서 광범위한 비판을 받고 있다.

가장 큰 비판은 주로 세포 상태와 관련된다. 결론적으로 대부분의 국가에서 공공연한 논쟁의 중심은 인간배아 보호의 필요성에 관련된 것이다(Warnock, 1985). 반대로 이러한 배아를 제공하는 사람에 대한 치료라는 윤리적 이슈는 일반적으로 무시되고 있다(Scritchfield, 1989; Stanworth, 1987; Whitbeck, 1991). 새로운 임신 기술이 어떤 여성들에게는 매우 현실적인 요구를 충족시킨다는 것은 의심할 여지가 없다. 1988년 말까지 영국에서 약 2,000명의 건강한 아기가 체외수정을 통해 태어났다(Stacey, 1992: 31). 하지만 현재의 시술을 좀 더 정밀하게 조사해보면 우리가 산과의 다른 영역에서 볼 수 있던 것과 매우 비슷한 모순이 발견된다.

가장 직접적인 문제는 새로운 기술이 내포한 배타성이다. 부유한 나라에서도 접근성은 수입에 의해 크게 영향을 받는다. 영국 국민건강

서비스에서 불임 치료는 우선순위가 낮다. 많은 시술이 사적 영역에서 이루어지며, 체외수정의 가능성을 고려할 때 많은 돈이 필요하게 된다(Doyal, 1987; Pfeffer, 1992). 의료보험에서 불임 치료가 배제되면서 많은 국가에서 이러한 불평등은 더 강화되고 있다.

그러나 불임을 심각하게 받아들인다고 확신하는 데 필요한 것은 돈만이 아니다. 여성은 '바람직한 부부'의 일부이기를 원한다. 일반적인 '모성본능'에 관한 확실한 믿음에도, 모성을 얻기 위해 의학적 도움을 받기에 적절한 남성과 장기간 관계를 맺는 것은 오직 이성애 여성이다. 독신 여성과 레즈비언 관계에서 체외수정 프로그램의 도움을 받는 것은 매우 어려운 경험이다(Doyal, 1994b; Warnock, 1985). 장애 때문에 어머니가 되는 것을 거부당하는 경우도 종종 있다. 체외수정은 어떠하건 간에 현재 경제적·사회적 지위를 모두 갖춘 건강한(비장애) 여성으로 대상을 제한하고 있다.

치료를 받는 여성들에게도 불임시술 경험은 매우 스트레스를 주고, 성공적인 결과를 가져오는 경우는 드물 수 있다. 체외수정에 참여한 대부분의 환자들이 아기를 가질 가능성을 과대평가하고 있다(Adler et al., 1991: 113). 개인 클리닉에서의 성공률에 대한 정확한 자료는 얻기 어렵다. 왜냐하면 특히 기술을 향상시키는 데 관심 있는 사람들에 의해 쉽게 시술되기 때문이다. 하지만 1991년 영국의 통계는 배란주기 자극을 받은 환자의 13.8%만이 아기를 출산했다고 보고하고 있으며, 난자를 추출한 사람의 17.9%, 최종적으로 수정체를 이식받은 사람의 18.1%만이 출산했다고 보고하고 있다(Human Fertilisation and Embryology Authority, 1993). 이러한 통계는 센터마다 상당히 다른데, 심지어 시술 결과가 최고로 좋은 곳에서도 3분의 1을 넘지 못한다.

체외수정 참가자들은 배란을 유도하는 약물에 의한 장기적 위험

말고도 상당한 고통과 통증, 공포 등을 호소하고 있다(Scritchfield, 1989). 이 기술은 매우 위험할 수 있는데, 여성의 몸을 지속적으로 모니터링하고 조절할 뿐만 아니라, 생명의 가장 근원적인 부분을 왜곡할 수도 있다. 게다가 참여했던 많은 사람이 여성의 정서적 안정을 얻는 데는 실패했다는 근거도 있다.

체외수정 프로그램에 참여하는 여성은 이미 취약한 상태다. 미국에서 이들은 평균 6.4년의 불임을 경험하고 있으며, 불안과 자존감 상실을 느끼고 있다(Adler et al., 1991: 112). 대부분은 체외수정이 매우 스트레스를 주는 것이라고 생각하고, 월경주기를 '감정의 롤러코스터'라고 말하기도 한다(Stewart and Glazer, 1986). 많은 사람이 통제력을 잃고 비인간화되는 느낌을 갖게 된다고 말한다. 시술 자체가 정신적 긴장을 가져오는 데다, 의료종사자의 기계적 태도가 스트레스를 가중시킨다고 느낀다는 것이 심각한 일이다(Adler et al., 1991: 115). 의심할 여지없이 성공을 하는 것은 소수이며 대다수는 빈손으로 돌아간다.

낮은 성공률뿐만 아니라 매우 높은 비용 때문에 체외수정, 생식세포 난관 내 이식술과 다른 고도의 기술은 전 세계 불임 문제의 해결책이 되지 못할 것이다. 게다가 불임에 대한 더 포괄적인 전략에 쓰여야 할 자원이 이러한 기술에 전용되는 것일 수도 있다. 특히 무시되어온 예방 분야에 자원을 쓴다면 치료 서비스에 대한 필요를 감소시키는 데 크게 기여할 수 있다.

불임여성의 5~7%가 신체적·유전적인 것이어서 예방하기 어려운 경우다. 하지만 나머지는 대부분 부인과적 감염에 의한 경우가 많다. 익히 알고 있듯이 임질, 클라미디아, 자궁 내 피임기구, 출산과 낙태 중의 안전하지 못한 시술 등에 의해 생기는 생식기 감염이 불임의 원인이 될 수 있다. 세계보건기구의 최근 연구를 보면 선진국에서 발생하는 20~25%의 불임이 감염에 의한 것이며 아프리카는 50%에 이른다고 한다(WHO, 1991).

불임을 일으키는 원인에는 산업과 환경적 요인 역시 분명히 존재한다. 예를 들어 흡연 여성은 생식기 감염에 더 쉽게 걸리며, 하루에 20개비 이상 흡연하는 경우 비흡연자에 비해 임신하는 데 1년 이상 걸릴 확률이 3배 이상 높다(Chollat-Traquet. 1992: 48). 인간에 미치는 영향에 대해서는 밝혀진 것이 적지만, 동물 실험에서 사업장에 존재하는 여러 가지 화학적 유해물질이 임신에 중대한 영향을 미칠 수 있다는 결과가 나왔다.

따라서 불임을 예방하는 효과적 전략은 재생산 건강 서비스의 질과 이용도를 높이는 것이 될 것이다. 이러한 서비스는 생식기 감염의 발견과 치료, 그리고 안전한 임신을 장려하는 데 특별한 관심을 쏟는 것이다. 또 여성(남성)의 출산 능력에 산업과 환경이 미치는 영향을 최소화하는 정책이 병행되어야 한다. 이와 동시에 불임자들의 다양한 요구를 충족시키기 위한 광범위하고도 섬세한 정책이 필요하다. 불임 자체를 해결하는 것도 있지만, 생물학적 양육보다 사회적인 양육을 활성화시키기 위한 다양한 전략도 필요하다.

5. 결론

제4장과 제5장에서 출산 경험을 결정하는 사회적·경제적·문화적 환경의 복잡한 모습을 살펴보았다. 그와 동시에 출산을 조절하려는 여성의 끊임없는 노력 뒤에 놓인 생물학적 실체도 어렴풋이 알게 되었다. 애인, 어머니, 어머니가 될 수 있는 존재로서의 삶을 살펴보면

서 여성의 물질적 환경과 그것을 어떤 방식으로 의미 짓느냐에 따라 여성의 삶이 굉장히 다양하다는 것을 알 수 있다. 하지만 이는 출산 능력을 조절할 수 있는 방법에 접근하기 위한 일반적인 필요성을 보여주기도 한다. 이것은 마지막 장에서 좀 더 자세히 논의될 것이며, 거기서 우리는 출산권을 위한 여성 캠페인을 살펴볼 것이다.

읽을거리

Birke, L., Himmelweit, S. and Vines, G., *Tomorrow's Child: reproductive technologies in the nineties*(London: Virago, 1990).
새로운 산과 기술의 도입에 대한 사실적 전달 외에도 현재 여성주의 진영에서 산과 기술에 대해 벌어지고 있는 정책적 논쟁과 위치에 대해 좀 더 넓게 개괄한다.

Chalmers, I., Enkin, M. and Kerise, M.(eds.), *Effective Care in Pregnancy and Childbirth*, Vols.I and II(Oxford: Clarendon Press, 1989).
임신과 출산에 관한 의학적 치료의 효과에 대해 연구한 고전적 논문들을 모았다. 다양한 의학 기술과 치료 과정을 망라하며, 산모와 태아에게 어떠한 영향을 미치는지에 대해 우리가 무엇을 알고 무엇을 모르는지를 요약했다.

Jeffery, P., Jeffery, R. and Lyon, A., *Labour Pains and Labour Power: women and childbearing in India*(London: Zed Books, 1989).
북인도 두 마을에 사는 여성들의 출산 중심성에 대한 인류학적 고찰이다. 자세한 관찰을 통해 산모 건강과 안녕에 대한 현재의 정책적 논란 뒤에 숨겨진 현실에 대해 매우 가치 있는 통찰력을 제공한다.

Rothman, B., *The Tentative Pregnancy: prenatal diagnosis and the future of motherhood*(London: Pandora, 1998).
산전 진단을 받는 여성의 경험에 대한 미국의 연구이다. 여성의 출산에 새로운 기술이 미치는 영향에 대한 독특한 설명과 의사나 정책 결정자에 의해 종종 무시되는 윤리적·사회적 이슈를 집중 조명했다.

Royston, E. and Armstrong, S., *Preventing Maternal Deaths*(Geneva: WHO, 1989).
모성 사망에 대한 캠페인의 일환으로 세계보건기구 후원에 의해 제작된 보고서로, 임신 중 질환과 질병의 원인 및 결과에 대한 명확하고도 포괄적인 설명과 가능한 치료를 다루고 있다.

제6장

임금노동과 복리

WAGED WORK AND WELL-BEING

1. 서론

제2차 세계대전 이후에 가장 놀라운 발전 중 하나는 가정 밖에서 여성의 일자리가 증가한 것이다. 전 세계적으로 여성은 임금노동력의 3분의 1 이상을 차지하고 있다. 지역마다 차이는 있지만 임금을 받고 고용되거나 비공식적 경제 부분에서 일하는 여성의 비율은 대부분 상승하고 있으며, 특히 제3세계에서 더욱 빠르게 증가하고 있다(Moore 1988: Ch. 4; United Nations, 1991: 88~96). 가정에서 머무는 것은 이제 다수의 여성에게 더는 선택이 아니며, 많은 여성이 경제적 필요, 개인의 선호도, 가정 내 사정, 직업 기회의 여부에 따라 직업을 갖기도 하고 갖지 않기도 한다(Bullock, 1994). 이제는 제법 노동 인구에서 여성이 자리를 잡아가고 있기 때문에 여성의 노동이 건강에 미치는 의미를 평가해볼 필요가 있다.

2. 성별 분업과 임금노동

지구 상에서 여성이 남성과 동등하게 노동시장에 진입하는 곳은 없다. 많은 국가에서 여성은 특정한 경제 부문—예를 들어 서비스 분야, 의류, 신발, 섬유, 식품가공, 전자 등과 같이 제조업에서도 특정 분야—에 집중되어 있다. 제3세계에서 여성은 농촌 노동력의 상당 부분을 차지하고 있다. 여성은 각각의 노동 분야에서도 주로 사회적으로 지위가 낮은 직업에 종사하고 있다(Moore, 1988: 98~103; UN, 1991: 87~88).

1960년대와 1970년대에는 미국, 캐나다, 오스트레일리아, 유럽 국가 대다수에서 동일한 직업을 가진 여성의 임금이 남성의 임금보다 낮은 것은 위법이며, 채용과 승진에서도 남녀를 차별하는 것이 위법이라는 법안이 통과되었다(Meehan, 1985).

그러나 여성의 임금 수준은 남성보다 낮으며, 많은 여성은 상점, 간이식당, 청소, 공장, 병원에서 미숙련 노동이나 단조로운 일을 하면서 여성만의 주변화된 일자리(employment ghettos)에 몰려 있다. 제3세계 국가 대부분에는 「남녀고용평등법」이 없기 때문에 여성이 일자리를 구할 경우 매우 불리한 조건으로 고용된다. 전 세계적으로 여성은 남성에 비해 가내 노동자, 자영업자가 되거나 규제를 받지 않는 소규모 사업장에서 일하기 쉽고 노동조합원이 될 가능성은 적다.

최근 여성 노동력이 증가하는 것은 자녀를 둔 기혼 여성이 일을 하고 있기 때문이다. 물론 자녀가 있는 기혼 여성의 노동력 참여는 국가마다 다양하게 나타나지만, 전 세계 노동력의 많은 부분을 차지하고 있는 것은 확실하다. 이들은 자녀들의 요구, 가정 내의 의무에 자신의 시간을 맞추다 보니 자신을 위한 시간을 거의 갖지 못한다. 몇몇 국가에서 발표한 연구를 보면 가사노동의 불평등이 감소하고 있지만, 전 세계적으로 일하는 여성은 가사노동에 일차적인 책임을 지는 것으로 보고되었다. 가사노동의 일차적 책임과 여성 고용이 결합되면 여성의 복리에 심각한 문제를 초래할 수 있다(Berk, 1985; Morris, 1990: Ch. 5; UN, 1991: 81~82).

3. 여성의 일과 건강

수십 년 동안 선진국의 중산층 기혼 여성은 일을 하기 위해 집을 떠나면서 불임, 암, 정신병과 각종 질병으로 건강에 위협을 받았다

(Ehrenreich and English, 1979). 그러나 1970년대까지 여성의 노동이 건강에 주는 효과에 대한 체계적인 조사는 전혀 이루어지지 않았다 (Chavkin, 1984; Frankenhaueser et al., 1991; Repetti et al., 1989; Sorensen and Verbrugge, 1987; Waldron, 1991). 여성의 복리에 영향을 미치는 임금노동의 긍정적·부정적인 효과와 관련된 근거가 최근에 축척되기 시작했지만, 연구는 대부분 서구 선진국의 주요 산업에 종사하는 사람만을 대상으로 했다. 그 결과 글로벌 경제의 공식적·비공식적 부분에서 수백만 명의 여성이 수행하는 임금노동의 영향에 관해서는 제대로 기록되지 않고 있다.

여성의 일과 건강에 관한 연구 대부분은 미국에서 수행되었다. 이런 연구는 취업한 여성의 신체적·정신적 건강 상태를 미취업 여성과 비교하는데, 대규모 조사 대상자에 대해 통계적 방법을 사용했다. 몇몇 연구 결과에서 취업 여성 집단이 미취업 여성 집단보다 정신건강 상태가 좋은 것으로 보고되었다(Repetti et al., 1989; Waldron and Jacobs, 1989). 그리고 대부분의 연구가 여성의 신체적 건강이 임금노동을 함으로써 좋아진다고 보고 있다(Rosenfeld, 1992). 일하는 여성의 건강이 일하지 않는 여성보다 더 나은 것은 건강하지 못한 여성이 구직에서 이미 배제되었음을 보여주는 것일 수 있다. 이미 살펴본 것처럼 미취업 여성의 건강 문제를 생각한다면 임금노동의 긍정적인 효과는 그리 놀랍지 않다.

노동인구에 진입한 여성이 받는 첫 번째 혜택은 고용에 따른 경제적 보상이다. 많은 여성이 일자리를 원하는 가장 중요한 동기를 수입이라고 답했다. 영국에서 최근 발표된 연구 결과를 보면, 만약 기혼 여성이 일하는 것을 그만둔다면 적어도 현재보다 4배 이상의 가정이 공식적 빈곤선 밑으로 떨어질 것이라고 보고했다(Glendinning and Millar,

1987: 6). 제3세계의 많은 지역에서는 경제적 압력이 더욱 높아서 여성은 산업노동뿐만 아니라 농업노동, 농장일 등을 하고 있다(Moore, 1988: Ch. 4).

빈곤한 여성에게 임금노동에 따른 수입은 주택, 식량과 같은 기본적인 필수품에 대한 구매력을 제공해 건강상 중요한 혜택을 줄 수 있다. 그러나 만약 장시간의 노동으로 여성에게서 가족을 돌볼 수 있는 시간이 줄어든다면 여성의 영양 상태가 피폐해질 수 있기 때문에 그 효과는 모순적이다. 과도한 노동과 부족한 음식은 여성이 부양하는 사람의 건강은 향상시킬지라도 여성 자신의 건강은 해치게 된다(Mebrahtu, 1991; Raikes, 1989: 454).

가정 밖에서 얻는 수입은 여성의 자율성을 증진시켜 남성 배우자에 대한 경제적·사회적 의존을 줄임으로써 정신건강도 향상시킨다. 이집트 카이로의 한 공장에서 일하는 여성 노동자가 말한 것처럼 "일은 여성의 지위를 강화시킨다. 여성이 일을 하게 되면 무언가 필요할 때마다 남편에게 구걸할 필요가 없어진다. 또한 가정에서 존경받게 되고 어떤 결정을 내리는 데 목소리를 낼 수 있다"(Ibrahim, 1985; Moore, 1988: 111에서 재인용). 그러나 이러한 잠재적인 건강상의 혜택을 과장해서는 안 된다. 경제적으로 기여했는데도 자율성과 자기 결정이 부정되는 경우도 있는데, 최근 인도의 펀자브 마을에서 실시된 조사에 따르면 일을 할 것인지 말 것인지를 스스로 결정한 여성은 단 1명도 없다고 한다. 29명 중 21명의 여성은 일을 할 것인지 여부를 남편이 결정한다고 했고 3명은 아들이, 나머지는 다른 친척이 결정한다고 했다. 오직 2명만이 남편과 함께 결정했고, 자신의 임금 지출을 자유롭게 결정할 수 있는 사람은 없었다(Horowtiz and Kishwar, 1984: 95).

마지막으로 가정 밖의 일은 다른 사람과 교제할 수 있는 원천이 되고 주부들이 흔히 표현하는 무기력과 소외를 감소시키는 네트워크를 제공한다(Brown and Harris, 1978; Warr and Parry, 1982). 미국의 연구 결과를 보면 여성들이 일터에서 받는 사회적 지지야말로 신체적·정신적 건강을 증진시키는 중요한 요인이라는 것을 알 수 있다. 동료들은 가정과 직장 문제에 도움을 제공하는 매우 필요한 사람이고, 이런 종류의 지지는 특히 자녀를 혼자 키우는 한부모에게 특히 중요하다(Aneshensel, 1986; Repetti et al.,1989: 1398~1399).

그러므로 임금노동의 잠재적 혜택은 명백하다. 그러나 이러한 혜택은 여성 자신의 가정 상황과 일의 성격에 따라 부정적으로 작용할 수도 있다. '여성'과 '일' 모두가 동질적인 범주는 아니다. 결혼 유무, 한부모 여부, 연령, 부양가족 수, 여성의 기술과 일에 대한 태도, 가정 내 성별 노동 분업 등에 따라 일이 여성의 건강에 영향을 미치는 방식이 달라진다(Arber et al., 1985). 따라서 가정주부와 취업 여성을 비교하는 대규모 조사를 통해 다양한 직업이 여성 집단의 건강에 어떠한 영향을 미쳤는지, 일 때문에 여성과 남성의 건강에 어떤 차이가 나타나는지에 대해서는 거의 알 수 없다.

영국에서 실시된 여성 노동자의 건강에 관한 연구는 여성 건강에 영향을 미치는 다양한 요인을 염두에 두고 있다(Arber et al., 1985; Bartley et al., 1992). 이 연구에서 비상근(part-time) 노동은 어린 자녀를 둔 여성의 건강에 긍정적인 영향을 주는 반면에 상근(full-time) 노동은 그렇지 못한 것으로 나타났으며, 사회경제적 지위가 낮은 집단에서 이러한 경향이 더욱 뚜렷했다. 또 신체적인 혜택보다는 정신적인 혜택이 더 큰 것으로 나타났지만 만약 극도의 빈곤 상태, 즉 임금노동이 건강을 위한 필수품을 구매하는 데 필수적인 상황에서는 반대로 나타날 수도 있다고 보고하고 있다.

그러므로 중요한 문제는 일반적인 임금노동 그 자체가 모든 여성에게 좋다는 것이 아니라 어떤 종류의 일이 어떤 상황에서 여성에게 해롭거나 혜택을 줄 수 있느냐는 것이다. 이 장에서는 여성 대다수가 수행하고 있는 다양한 종류의 직업에서 발생하는 잠재적인 위험 요인을 설명하면서 이와 같은 직업이 건강에 미치는 영향에 관해 검토해볼 것이다.

4. 여성노동의 위해 요인

세계 경제에 편입되어 있는 여성의 역할을 자세히 검토해보면 많은 여성이 신체적·심리적 위험이 있는 직업에 종사하고 있다는 것을 알 수 있다. 앞으로도 계속 살펴보겠지만 이러한 위험은 그냥 나타나는 것이 아니라 임금노동과 사회 전반에 존재하는 성별 분업을 반영하는 것이다.

산업노동의 위험

현재 더욱더 많은 여성이 산업체에서 일하고 있다. 남성(또는 소수의 여성)은 수십 년간 다양한 종류의 위해 물질에 노출되었다(WHO Regional Office for Europe, 1983). 여전히 많은 남성은 치명적인 사고로 고생하고 있으며, 여성은 고강도 노동에 의한 신체적 긴장뿐 아니라 위해한 화학물질, 먼지, 연기나 독성물질에 점점 더 노출되고 있다. 이러한 사실은 여성이 전체 제조노동력의 4분의 1을 차지하는 아시아와 동남아시아에서 더욱 그러하다(UN, 1991: 87). 한 인도 노동자의 짧은 설명만으로도 신체적으로 취약하고 수동적인 제3세계 여성이라는 전형적인 이미지는 사실이 아님을 알 수 있다.

케랄라(Kerala) 주의 수도인 트리반드룸(Trivandrum)의 교외에 위치한 벽돌 가마에서 일하고 있는 자야마(Jayamma)는 50세의 여인이다. 벽돌 노동자로서 그녀가 사용하는 장비는 2피트 × 8인치의 나무로 만든 판으로 벽돌이 놓일 밑바닥 판으로 사용된다. 성인 여성 혼자 약 1킬로그램짜리 벽돌 20개를 한 번에 운반한다. 자야마는 누구의 도움도 없이 벽돌을 머리에 이고 혼자 약 10~20분이 걸리는 벽돌 가마까지 날라야 한다. 그녀는 벽돌의 무게 때문에 목이 아프지만 거의 달리면서 벽돌을 운반하고 있다(Gulati, 1982: 39).

산업혁명 이후 19세기에는 유럽, 미국, 인도의 많은 여성이 열악한 환경의 공장에서 일했다. 이들은 전통적인 어머니와 할머니의 역할도 수행하고 있었으며, 기계화되기 전에는 가정에서 직물 짜기를 담당했다(Lown and Chenut, 1983). 오늘날 여성 노동자는 주로 섬유산업에 종사하고 있고, 경기 침체 시기에는 신속한 구조조정의 대상이 될 것을 강요받아왔다. 유럽에서는 섬유산업이 쇠퇴하자 노동력이 풍부하고 노조가 없는 지역의 여성을 고용했다. 다국적기업이 값싸고 '유순한' 노동력을 찾아가면서, 매우 빠른 속도로 아시아 여성이 섬유산업에 고용되고 있다(Chapkis and Enloe, 1983).

그러나 산업현장에서의 노동은 여전히 위험하다. 목화 먼지는 면폐증(byssinosis, Brown lung)[1]이라는 호흡기 질환을 발생시킨다. 이러한

---

[1] 갈색폐(brown lung), 갈색폐질환(brown lung disease), 면공장열(cotton-mill

병이 발병되면 초기에는 가슴이 조이는 듯하고 기침을 하며 숨이 가빠지고, 병이 진전되면 폐충혈(lung congestion)2과 다양한 장애가 발생하게 된다. 섬유산업 노동자는 가공이나 염색할 때 사용하는 화학물질의 위험에 노출되며, 의류산업 노동자는 바늘과 관련된 사고를 당할 위험이 높다. 발암물질로 의심되는 포름알데히드는 광범위하게 사용되며 다른 화학물질과 마찬가지로 알레르기와 피부질환을 일으킨다.

전자산업도 선진국이나 제3세계 모두에서 주로 여성에게 직업 문이 열려 있다. 언뜻 보기에 전자공장은 건강에 아무런 위험도 없을 것처럼 보인다. 그러나 실제로는 그 일자리에 조직화되지 않고 경제적으로 빈곤한 여성이 모여들기 때문에 위험이 도사리고 있다. 전 세계적으로 전자 생산 라인의 50%는 여성이 담당하고 있다. 캘리포니아 실리콘 밸리의 경우 7만 명이 생산 라인의 가장 말단에서 일하고 있는데, 이 중 40%가 아시아인이거나 히스패닉계의 노동자이다(Baker and Woodrow, 1984: 22). 전통적인 산업이 축소되고 높은 실업률을 보이는 선진국 지역에서도 전자산업은 팽창하고 있다.

---

fever), 면설천식(stripper's asthma), 면섬유침착증이라고도 하며, 면이나 그 밖의 섬유에 의한 먼지로 생긴 진폐증(塵肺症)의 한 형태이다. 직물업에 종사하는 근로자들이 잘 걸린다. 먼지를 흡입하게 되면 히스타민 분비를 자극해 기도가 수축되면서 호흡이 곤란하게 된다. 시간이 지날수록 먼지가 폐에 축적되어 폐가 특이한 갈색으로 변한다. 면폐증 초기의 사람에게는 주말이나 휴일을 보낸 후 다시 처음 근무하는 날 가슴이 답답하고 숨이 가빠지는 '월요일 증세(Monday feeling)'가 나타난다. 노출이 계속되면 이러한 증세가 1주일 내내 계속되고, 질병이 진전되어 다시 회복될 수 없는 만성폐쇄성폐질환이 된다.

2 감염이나 고혈압 또는 심부전으로 인해 폐의 혈관이 확장되고 폐포가 혈액으로 차게 되는 현상을 말한다. 폐충혈에 의해 호흡곤란이 일어나고 객담에 피가 섞여 나오며, 병이 진행되면서 피부가 푸른색을 띤다.

제3세계 국가의 고용주는 많은 혜택을 보고 있는데 특히 수출 가공 지역(Export processing zones: EPZs)에서 더욱 그러하다. 이곳에서 정부는 세금 면제, 이윤의 자유로운 송출, 조건 좋은 이자율의 대부와 외환 통제에서의 자유 등을 제공한다(Elson and Pearson, 1981; Lim, 1978; Lin, 1986; Mitter, 1986). 게다가 대부분의 국가에서 환경 통제나 산업안전 보건에 관한 규제는 거의 없다. 그 결과 섬유산업처럼 전자산업도 여성이 주요 노동력인 남아시아나 서남아시아, 남미의 수출 가공 지역으로 옮겨가고 있다(Mitter, 1986).

이러한 발전에는 과거 여성에게 고용 기회를 거의 제공하지 않던 국가에서 여성에게 일자리를 제공한다는 측면이 있다. 그러나 여성이 수행하는 많은 일이 건강을 해친다는 증거는 점점 더 많이 보고되고 있다(McCurdy et al., 1989). 깨끗한 이미지를 띠는 전자 제품의 생산에는 잠재적으로 유해한 물질인 크실렌(xylene), 삼염화에탄(trichloroethane), 염화불화탄소(chlorofluorocarbons), 삼염화에틸렌(trichloroethylene: TCE), 메틸에틸케톤(methyl ethyl ketone: MEK) 등과 같은 유기용제가 폭넓게 사용되고 있다(Baker and Woodrow, 1984; Bowler et al., 1991a, 1999b). 제품을 만드는 과정에서 부식을 위해 산(acid)이 자주 사용되는데 아르신(arsine), 인화수소(phosphine)와 같은 가스는 또 다른 위험을 야기한다. 이렇게 강력한 화학물은 대부분 새로운 것이고 시험을 거치지 않은 혼합물이어서 노동자에게 상당한 위험을 가져다줄 수 있다. 미국의 산업안전보건청에서 발표한 1977년 보고서를 보면 발암물질에 노출되는 위험한 산업의 1순위로 과학적 도구 산업, 3순위로 전자 장비 제조업을 꼽고 있다(Baker and Woodrow, 1984: 25).

캘리포니아의 자료를 보면 전자산업에 종사하는 노동자는 일반 제조업에 종사하는 노동자에 비해 직업병 비율이 3배가량 높은 것으로 나타났다(LaDow, 1986b: 2~3). 이외에도 노동자들은 두통, 어지럼증, 메스꺼움, 눈이 침침해짐, 마비 같은 증상을 호소하고 있다. 생산라인에 있는 많은 여성들은 결막염과 시력 저하로 고통을 받다가 퇴직을 강요당하기도 한다(Grossman, 1979; Lim, 1978; Lin, 1986). 전자공장에서 일하는 것은 신체적 건강의 위험뿐만 아니라 심리적인 스트레스도 유발하는데, 특히 농촌의 대가족을 떠나 서남아시아의 팽창하고 있는 도시로 일하러 온 젊은 여성들에게서 그러하다(Lin, 1986).

엄격한 공장의 규율과 초과근무, 교대제는 피로와 스트레스를 발생시킨다. 이러한 압력은 때로 질병의 대규모 발병(mass breaks)을 가져온다. 어떤 질병은 독성 화학물에서 기인하는 데 반해, 다른 질병은 사회심리적인 긴장의 표현으로 볼 수 있다. 몇몇 동남아시아의 공장에서 귀신에 홀린 듯한 대중 소요가 일어났고, 이를 본 사람들은 '은밀한 산업 갈등'으로 묘사했다. 그러나 고용주는 고용의 관행이나 노동조건을 바꾸지 않은 채 '대중의 심리적인 병'이나 히스테리로 치부해버렸다.[3]

위험에 대한 역학과 독성학적 결과가 점차 증가하고 있으나 전자산업 노동자들의 건강에 관련된 연구는 거의 없는 형편이다. 회사는 위험을 숨기려 하고 노동력은 이동이 잦아, 연구나 규제를 위한 압력을 행사하기 어렵다. 한 조사에 따르면 과거 전자 업계에서 일했던 노동자 집단과 대조군을 비교했을 때, 전자 업계에서의 노동 경험이 있는 집단이 언어 능력, 기억력, 시각·공간 기능, 시각 운동 속도,

---

[3] 동남아시아 등지에서 나타나는 여성노동자의 '히스테리'는 노동자의 저항 형태 중 하나라고 볼 수 있다. 극악한 노동조건에서 일하던 노동자는 이런 상황에 대한 저항으로 집단적으로 일을 하지 않고 귀신에 사로잡힌 것처럼 행동하면서 현재의 노동 조건에 대항했던 것이다.

인지적 유연성, 정신 운동의 속도 및 반응 시간과 악력이 낮은 것으로 나타났다(Bowler et al., 1991a). 특히 히스패닉계 노동자는 걱정이 많고 우울함과 정신이상을 많이 겪는 것으로 나타났다(Bowler et al., 1991b). 이 연구자는 이러한 현상을 과도한 유기용제에 노출된 때문이라고 보고 그 효과를 노인성 치매와 비슷한 것으로 판단하고 있다. 뉴멕시코에 있는 GTE 렌커트 공장에 있는 여성 노동자는 매일 이 같은 경험을 하고 있다. "내 아이가 나를 보고 비웃어요. 난 원래 집을 완벽하게 정리했었는데 지금은 냉장고에 설탕 통이 들어가 있죠. 내가 거기에 넣어놓았나 봐요." 어떤 여성은 고속도로에서 길을 잃어버리는 경험을 이야기했는데, 그 지역에서 고속도로는 단 두 곳이기 때문에 길을 잃을 수가 없는데도 길을 잃어버렸다고 했다. 세 명의 여성이 똑같은 경험을 했는데, 차를 한쪽에 대고 목적지가 어디인지 다시 생각했던 경험을 이야기했으며, 남편과 아이들도 엄마가 최근에 제정신이 아닌 것 같다고 이야기했다(Fox, 1991: 89).

농업노동: 위험의 증가

전자산업과 마찬가지로 농업 부문도 환기가 잘되는 곳에서 일하며 움직일 수도 있어 안전한 작업장이라고 생각하기도 한다. 그러나 현실에서는 농업노동 또한 여성의 건강을 위협하고 있다(Taattola and Susitaival, 1993). 공식적인 자료에 따르면 사하라 사막 이남 아프리카에 있는 경제활동 인구의 80%와 아시아에서 최소한 50% 여성이 농업에 종사하고 있다(UN, 1991: 89). 직업의 조건은 대체로 고되고 힘든 편이다. 나이지리아의 여성 농민에 관한 사바 메브라투(Saba Mebrahtu)의 연구를 보면 여성 농민 대다수가 농사일이 건강에 미치는 위해를 걱정하고 있었다. 여성의 말을 들어보면 "농사일은 엄청난 에너지가 필요해요 ······. 더 빨리 나이가 들고 ······ 기분도 좋지 않고 ······ 위장은 뒤집어지지요"(Mebrahtu, 1991: 100).

임금노동이든 무임금노동이든 농사일을 하는 여성은 전 세계적으로 비슷한 경험을 하는 것으로 나타났다. 농사일을 하는 대부분의 여성들은 열, 태양, 기타 요인에 과도하게 노출되어 농사로 인한 피로와 신체적 소모가 가중되며 이와 더불어 농촌 지역에서는 임금노동과 뗄 수 없는 가사노동의 부담도 안고 있다.

> 짐바브웨에 있는 대규모 농장에 있는 길을 가다 보면, 옷차림이 허름하고 마른 여성이 허리를 구부려 넓은 땅에서 풀도 뽑고 작물을 심고, 경작을 하는 것을 볼 수 있다. 그녀는 등에 아이를 업고 해가 뜰 때 농장으로 가서 해가 지면 일을 마친다. 이들 여성이야말로 짐바브웨의 풍부한 수출 작물과 남부 아프리카의 식량 안정성에 기여하는 사람들이지만, 아이들은 그 나라에서 가장 심한 영양 결핍을 겪고 있다(Loewenson 1991: 35).

대부분 여성 농업 노동자는 고용에 대한 권리가 없고 경제적으로 궁핍하다. 그 결과 임산부와 아이의 건강이 심각한 위해를 입을 수 있지만 임신 기간에도 일을 한다. 인도의 마하라슈트라에서 수행된 연구를 보면 벼농사가 한창일 때 사산아, 조산아, 태아 사망률이 매우 높게 나타났다. 벼농사는 오랫동안 쭈그리고 앉거나 구부리고 있는 자세여서 자궁에 압박과 신체적 긴장을 가하기 때문이다(Asian and Pacific Women's Resource Collection Network, 1989: 105).

내가 아홉 번째 아이를 임신한 지 8개월 된 파바티(Parvahti)를 만난 것은 습하고 매우 더운 늦은 아침이었다. 파바티는 5피트 높이의 사다리 꼭대기에서 고무나무를 흔들고 있었다. 매우 피곤해보였고 까만 피부가 땀으로 번들거리는 그녀는 이야기할 때마다 숨을 헐떡거리고 있었다. 그녀는 하청업자 밑에서 일하고 있었기 때문에 유급 모성 휴가를 받을 수 없었다. 파티마는 분만 1주일 만에 다시 농장으로 돌아갈 것이다. 그녀의 수입이 가족이 살아가는 데 적절하기 때문에(Asian and Pacific Women's Resource Collection Network, 1989: 106).

수백만 명의 여성 농업인이 각종 화학물질의 위험에 노출되어 있고, 화학물질을 담은 용기에 부적절한 상표가 부착된 경우가 비일비재하다. 최근에 세계보건기구는 약 300만 명이 살충제로 병원에 입원했고 22만 명 정도가 사망했다고 보고한 바 있다(Jeyeratnam, 1990: 140). 이러한 화학물질은 암, 기형아, 불임 등과 같은 만성적으로 지속되는 건강 문제를 야기할 수 있고, 벼 껍질에서 나오는 먼지는 천식을 유발하며, 각막에 상처를 주고 기타 안과질환을 야기할 수 있다(Asian and pacific Women's Resource Collection Network, 1989: 105). 이러한 건강 문제가 얼마나 많은 여성에게 발생하는지 정확히 알 수 없지만 상당수의 여성이 농업 생산에 종사하고 있고 경작지 근처에 살고 있기 때문에 피해자 중 대다수가 여성일 것이라고 추측할 수 있다.

여성은 가장 낮은 임금을 받는 노동자이기 때문에 가장 인기 없는 직종에 종사하게 되는데 이 중 하나가 화학물질 분무와 관련된 일이다. 말레이시아의 대규모 농장에서 제초제를 뿌리는 사람의 80%가 여성이다(Ling, 1991: 23). 이들은 폐, 심장, 신장, 간과 중추신경 체계에 위해를 가할 수 있는 제초제인 패러쾃(Paraquat)[4]이라는 독성 화학물질을 사용할 때도 보호 장비나 옷을 사용하지 못하고 있다.

혼자 또는 가족과 함께 계절에 따라 이동하면서 농사일을 하는 여성에게 농업과 관련된 건강상의 폐해는 심각하다. 미국의 경우 약 500만 명의 계절 농업 노동자와 그의 가족이 있는데 이들은 대부분 흑인이거나 히스패닉계이다. 이들은 깨끗한 물이나 환경을 접할 수 없고 임시 주거지는 대개 부적절하여 전염병의 온상이 된다. 텍사스 주의 한 여성은 자신의 일상을 밭에서 화장실에 가기 위해 찾아다니는 종족에 비교했다. "가까운 곳에 도랑이나 나무가 있을 때마다 우리는 그곳으로 간다. 만약 이런 것이 없다면 우리는 기다릴 수밖에 없다. 또는 우리들이 한데 모여 일을 보는 사람을 둘러싸거나 그 사람을 가려주거나 한다"(Jasso and Mazorra, 1984: 90). 소변을 오래 참는 것이 여성 농민의 높은 방광염 유병률과 관련이 있다는 것은 그리 놀라운 일이 아니다.

산업 보건 연구의 남성 편향적 관점

우리는 이제까지 산업이나 농업노동에서 여성이 직면하는 잠재적인 위해를 확인했다. 그러나 여성의 건강 손상 정도를 측정하기는 쉽지 않은데 대부분의 연구가 주로 전통적인 남성 직업이면서 남성이 하고 있는 일에 집중되었기 때문이다. 여성의 생물학적 특성은 남성과 다르고 여성들은 다른 조건에서 다른 직업에 종사하며, 가정 내에서 해야 할 일 또한 많다. 이러한 사실은 임금노동이 여성의 건강에 미치는 영향을 평가할 때 고려해야 할 요인이다(Messing et al., 1993).

---

4 그라목손(Gramoxone)이라는 이름으로 널리 알려져 있으며, 한국에서는 '파라 코'라는 품목명으로 고시되어 있다. 본제는 식물체 내에 약간의 침투성을 가지나 주로 접촉에 의하여 식물조직을 파괴함으로써 살초 효과를 발휘하며, 비선택성으로 모든 식물에 대하여 살초 작용을 보인다.

산업 보건 연구에 존재하는 편견은 화학 위험 요인의 평가에서 특히 명확하다. 만약 '안전선'이라고 규정되는 수준을 초과할 정도로 위험한 물질에 노출되지 않는다면 노동자는 안전하다고 간주된다. 그러나 이러한 측정 방식의 개발과 실행은 그동안 몹시 비판받아왔다. 많은 화학물질이 시험을 거치지 않았고 현재 적용 중인 안전 수준의 타당성도 의심스럽다(Doyal et al., 1983: Ch. 3). 산업 안전 보건전문가들은 상당 부분을 제대로 알지 못하는 상태에서 임무를 수행할 수밖에 없고, 특히 그 노동자가 여성일 경우에는 더욱 그러하다.

세계적으로 미국은 여전히 독성 시험의 중추 역할을 하고 있는데, 문제가 되는 경우 보통은 '평균적인' 백인 남성 노동자를 대상으로 화학물질을 시험한다. 따라서 안전 노출 수준은 건강한 여성, 젊은이, 노약자, 신체가 크거나 작은 사람을 포함하는 생리학을 고려해 정한 것이 아니다. 여성의 몸무게, 신진대사, 지방 분포는 남성과 다르기 때문에 특정 물질에 다른 반응을 보일 수 있다. 여성의 생식 기능이 물질에 영향을 받을 수 있지만 우리는 이러한 관련성에 대해 아는 것이 거의 없다.

과거 연구자들은 여성의 월경이 노동 능력에 어떠한 영향을 주는지 연구해왔다. 그러나 이들은 여성의 일이 어떻게 여성의 월경에 영향을 미치는지에 대해서는 거의 관심을 두지 않았다(Harlow, 1986). 냉기로 인해 여성의 월경에 문제가 생기며, 이황화탄소, 경구용 피임약 제조에 사용되는 호르몬, 합성수지(폴리스티렌을 만들 때 사용하는)를 포함한 일부 물질 역시 여성의 월경과 관련된 문제를 일으킨다고 알려져 왔다(Harlow, 1986; Mergler and Vezina, 1985). 그러나 우리는 월경과 수유를 포함한 여성의 건강과 직업적인 위해 요인에 노출되는 것과의 관계에 대하여 더 많은 정보가 필요하다(Messing et al., 1993).

온도나 운반 가능한 최대 중량 등의 물리적 노동 조건을 위한 적정 기준을 결정할 때도 여성의 산업 보건은 고려되고 있지 않다(Messing et al., 1993: 50). 이러한 기준이 적절해지려면 여성이 일하면서 경험하는 물리적 스트레스와 귀가하여 겪는 스트레스를 모두 고려할 필요가 있다. 여성의 신체 치수와 체형에 맞는 보호 장비나 옷을 생산하는 제조업체가 거의 없다는 점도 간과해서는 안 된다. 그 결과 많은 여성은 '보호할 수 없다'거나 보호복이 맞지 않아서 위험해질 수 있다는 이유로 일자리를 얻지 못한다(Kaplan and Knutson, 1980).

여성의 고용은 심각하게 고려되지 않기 때문에, 여성의 건강에 위해를 가할 수 있는 것은 무시된다. 이렇듯 여성의 노동은 값싸고 유연한 노동이라는 생각 때문에 여성 건강을 위협하는 위험 요인은 더욱 간과되었다. 상황이 변화하는 데도 여성은 여전히 어머니로 인식되며, 따라서 여성의 일이 여성 자신에게 위협이 될 때보다는 태어나지 않은 아이에게 위협이 될 때 더 많은 관심을 받는다.

미래에도 지속될 재생산 위험과 비용

산업혁명이 여성을 공장으로 유인하던 19세기에 국가에서는 임금노동이 성공적인 어머니로서의 여성 능력을 파괴시킬 것이라는 우려가 많았다. 빅토리아 시대에 「노동보호법」을 제정하게 된 주요 원인은 아이들—태어났거나 아직 태어나지 않은 아이—에 대한 우려 때문이었다. 그러나 이러한 위험에 대한 실제 증거는 19세기 후반에 가서야 드러나기 시작했다. 납 공장에서 일하던 여성 77명을 조사한 1897년 연구 결과를 보면 이들에게서 태어난 아이 중 61명만이 생존했다고 한다(Rom, 1976: 543).

이와 같은 초창기의 연구 결과는 몇몇 국가에서 여성이 납 공장에서 일하는 것을 금하는 특별 규제를 실행하는 데 일조했으며, 후에 다른 산업 분야로 확산되었다. 그러나 「노동보호법」은 납 공장 및 다른 산업에서 재생산과 관련해 여성이 위험한 물질에 노출되는 문제는 해결하지 못했다. 광범위한 위해물질이 여전히 재생산 건강에 심각한 영향을 주고 있는 것은 분명하다(Hatch, 1984; Lindbohm et al., 1985; Rosenberg et al., 1987; Stein and Hatch, 1986). 이러한 위험은 여성이 작업장에서 접하는 새로운 화학물질뿐만 아니라 집, 음식, 여타 소비 제품과 여성을 둘러싼 환경 때문에 더욱 증가하고 있다(Lindbohm et al., 1985).

아직 과학적인 연구 결과가 미미하지만 재생산의 손상은 수태 이전과 임신·수유 기간에 발생할 수 있고, 그 영향이 출산 이후 한동안은 나타나지 않을 수도 있다고 알려져 있다. 남성과 여성 모두의 재생산 체계가 영향을 받을 수 있는 것이다. 재생산 사이클의 초기 단계에는 독성 화학물질이 성적 욕구의 상실과 발기부전을 통해 성기능을 저해하고 정자나 난자를 손상시킬 수 있다. 또한 이러한 화학물질은 임신이나 태아의 생존을 어렵게 할 수도 있다.

부모가 비닐 표백제나 마취 가스에 노출되었을 때 자연유산이 증가한다는 사실도 알려져 있다(Infante et al., 1976). 핀란드에서 발표된 일련의 연구도 이와 비슷한 결과를 보여주는데, 금속산업, 청소업체, 드라이클리닝, 약품 공장에서 일하면서 유기용제를 다루는 여성들의 유산 위험이 증가한다고 보고되었다(Hemminki et al., 1980; Lindbohm et al., 1993: 67~68). 또 다른 핀란드 연구에서는 살균 도구를 사용하는 병원 노동자 중 에틸 옥사이드(ethylene oxide)를 취급하는 노동자의 자연유산 위험이 증가하는 것으로 나타났다(Hemminki et al., 1982). 어머니가 화학물질에 노출되는 것이 아이의 건강에 미치는 영향에 관한 문헌은 다수 발표되었다. 핀란드의 제조업과 건설업에서 일하는 여성 노동자는 중추신경계의 변형이 있는 아이를 임신할 위험이 매우 큰 것으로 나타났고(Hemminki et al., 1981; Holmberg, 1978), 스웨덴의 연구 결과에서도 화학물을 다루는 실험실에서 일하는 여성의 태아에 게서 중추신경계 변형 비율이 높게 나타난다고 보고했다(Meirik et al., 1979; Strandberg et al., 1978). 자연유산 증가, 태아의 체중 감소와 신체 변형은 스웨덴의 납·비소 제련소 근처에 살거나 그곳에 근무한 적이 있는 여성에게서 발견되었다(Nordstrom et al., 1979a, 1979b).

많은 국가에서 이와 같은 증거는 무시되어왔다. 화학물질의 위해를 방지하기 위한 활동이 벌어진 곳에서도 작업장의 변화는 거의 없었다. 그 대신 '노동보호법안'이 제정되어 태아를 위험하게 할지도 모르는 곳에서 여성이 일하는 것을 금지하는 방향으로 흘러갔다. 개별 고용주 는 적극적으로 임신부나 가임기 여성을 잠재적인 위험성이 있어 보이 는 환경에서 배제시켰다.

1978년 미국 시나미드(Cynamid) 사의 윌로 아일랜드(Willoe Island)에 있는 공장에 고용된 여성 5명은 일을 계속하기 위해 불임수술을 받았 다. 1년 전 그 회사는 납에 노출된 곳에서 일하는 가임기 여성들에게 임금이 낮은 여타 업무로 전환하지 않으면 해고할 것이라고 공언했다. 이는 태어나지 않은 아이를 위험에서 보호하려는 것이었고 소송에서 벗어날 수 있는 길이었다. 공장의 한 여성은 "고용주는 우리 머리에 망치를 들이대면서 협박할 필요가 없어요. 그냥 우리가 일자리를 지킬 수 있는 유일한 길은 불임수술밖에 없다고 말하면 되었죠"(Scott, 1984: 180)라고 설명했다.

많은 나라에서 도입한 「남녀고용평등법」은 「노동보호법」과 본질적 으로 갈등을 일으켰고 이 법의 효과와 형평에 관한 우려를 낳았다.

「노동보호법」은 매우 선택적으로 적용되어 어떤 직업에서는 여성이 배제되기도 하고 동일하게 위험한 다른 직업에서는 고용되기도 했다(Bayer, 1982; Covell and Refshauge, 1986; Petchesky, 1979). 예를 들어 의료계에 존재하는 많은 직업은 교대제 때문에 재생산에 위험할 수 있지만 여성들은 그 일을 하지 말아야 한다는 생각은 하지 않는다. 더욱이 여성을 배제한 「노동보호법」은 그 일을 맡은 남성을 위해 요인에 노출시키게 되므로 태아를 위한 부분적인 보호만을 제공할 뿐이다. 따라서 현재의 법은 현재 시점에서 남성과 여성의 노동 분업을 보호하지만 미래의 어머니와 아버지, 아이들에게 가해질 위험을 막는 데는 부적절하다.

5. 직무 스트레스와 젠더: 혼내주고 모욕하기

이제까지 우리는 임금노동에 의한 신체적 위험에 대해서만 주로 논의했다. 그러나 잘 알려져 있듯이, 고용은 심리적 대가를 요구한다. 1970년대와 1980년대는 직무 스트레스의 측정과 스트레스가 건강에 주는 함의에 관한 관심이 증폭되던 시기였다. 비록 여성의 특별한 경험에 관심을 두는 연구는 거의 없었지만(Haw, 1982), 그 부족함은 노동 현장에서 남성에 비해 여성이 더 경험하는 스트레스 요인을 조사하면서 점차 채워지고 있다(Baruch et al. 1987; Frankenhauser et al., 1991).

일에 대한 압박

남성을 대상으로 하는 연구에서도 여성이 고용되는 조건은 스트레스가 많다는 것이 이미 확인되었다. 즉, 임금은 낮고 업무 요구는 높으나 일에 대한 통제 기회는 매우 적은, 지위가 낮은 직업이라는 것이다. 공장에서 하는 일 대부분이 이 범주에 속한다. 공장에서는 엄중한 감시를 받으면서 단조롭고 비창조적이며 고정된 업무를 하고 있는데, 이는 공장일이 기계에 의해 이루어지기 때문이다. 이러한 '고긴장' 직업은 불만족과 스트레스를 낳고 남성 건강에 부정적인 영향을 미치는 것으로 알려져 있다(Karasek, 1979; Karasek et al., 1981, 1982). 지난 몇 년간의 많은 연구에 따르면 이러한 결과는 여성에게도 마찬가지로 나타날 것이라고 한다(Haynes, 1991; Haynes et al., 1987).

스웨덴 여성 수천 명을 대상으로 실시한 최근의 연구 결과에서 바쁘게 일하며 자신의 노동시간을 통제할 수 없이 단조로운 일을 하는 여성이나 이와 같은 고용 조건에 있는 여성은 동료들에 비해 알코올 관련 질환이나 소화기 질환, 심장 문제로 병원에 입원할 가능성이 높은 것으로 나타났다(Alfredsson et al., 1985). 유사한 연구 결과가 금속 조립 노동자를 대상으로 하는 핀란드의 연구에서도 보고되었다. 이 연구에서는 고긴장 직무를 수행하는 여성과 남성에게서 심장병이 2배나 높은 것으로 나타났다(Hann, 1985). 더욱 놀라운 결과는 미국의 프레이밍햄 심장 연구(Framingham Heart Study)에서 밝혀졌다. 10년 이상 고긴장 직무를 수행한 여성은 다른 직업에 고용된 비교 집단에 비해 관상동맥증이 발병할 비율이 3배가량 높은 것으로 나타났다(Haynes et al., 1987; LaCroix and Haynes, 1987).

다른 사람의 운명을 직접 책임지는 노동자는 익숙한 물건을 조작하는 일을 하는 사람보다 스트레스를 훨씬 더 많이 받는다. 많은 여성이 타인을 돌보는 직업에 종사하거나 작업장에서 어머니처럼 행동할 것을 기대하기 때문인데, 이러한 사실은 특히 여성에게 영향을 미친다. 최근의 연구 결과는 다른 사람을 돕는 것 — 또는 도울 수 없는 것 — 은 남성보다도 여성의 정신건강에 훨씬 큰 영향력을 준다고 보고하고 있다(Barnett and Marshall, 1991). 다른 사람을 도울 수 있다는 것이 직업의 부정적 측면을 상쇄시키는 역할을 하기 때문에 남을 도울 수 없게 되면 크게 충격을 받기도 한다. "내가 누군가를 도울 수 없다면 이 일의 괴로움은 더욱 참기 어려울 것이다"(Barnett and Marshall, 1991: 122).

여성이 담당하는 많은 서비스 직업에는 사람들에게 친절하도록 요구하는 특별한 압력이 존재한다. 알리 호쉬차일드(Arlie Hochschild)는 델타 항공사의 승무원이 하고 있는 일이 이러한 종류의 압력이라고 보고했다. 그녀의 분석에 따르면 승무원들에게는 감정노동 — 승객들이 안전하고 즐거운 장소에서 서비스를 받고 있다고 느끼게 하기 위해, 자신들의 부정적 반응은 무시하고 경험하지도 않은 긍정적 기분만 있는 것처럼 가장하는 것 — 을 팔 것을 기대한다고 나타났다(Hochschild, 1983: 7). 이러한 사실은 호쉬차일드가 감정의 부조화라고 일컬은 현상을 낳는다. "스트레스의 원인은 다양해요. 하지만 거기에는 공통적인 원인이 있지요. 일 전체에 스며 있는 자아와 감정 사이에, 또 자아와 보여주는 것 사이의 분리를 관리해야 하는 일 말이죠"(Hochschild, 1983: 131).

많은 여성에게 이는 탈진(burn-out)이나 자아 상실로 이어질 수 있고 고객과의 관계에 대한 방어기제로 감정이 무뎌질 수 있다. 승무원이 회사에서 해야 하는 여성으로서의 역할에서 멀어지면서, 그 결과 나타나는 것 중 하나는 성적 욕구의 상실이다. 호쉬차일드는 이를 전통적인 여성성의 과도한 사용이나 과도한 확장에 대항한 예비적인 정치적 형태의 저항으로 보았다. 다양한 종류의 탈진은 사회사업이나 교육

분야 등 여성이 주로 종사하는 직업에서 매우 흔한 현상이다(Otto, 1986).

여성 직업의 유형과 타인들이 여성들에게 기대하는 것, 여성 스스로 자신에게 기대하는 것은 종합적으로 작업장을 스트레스가 많은 환경으로 만든다. 이러한 상황은 성희롱으로 더욱 가중되며, 남성들이 남용하는 이와 같은 행위는 일하는 여성에게 역사적으로 문제가 되어 왔다(Bularzik, 1978). 그러나 이것이 공적인 문제로 떠오른 것은 1970년대에 2차 페미니즘 물결이 시작되면서부터이다.

여성에게 가해지는 고통스러운 행위의 범위는 매우 광범위하여 성적 농담, 벽에 걸려 있는 누드 달력, 원치 않는 접촉과 애무, 심한 경우에는 강간까지 포함된다. 대다수의 행동은 남성이 여성에게 가하는 것이며 가해 남성은 여성보다 직급이 높은 경우가 대부분이다. 그 결과 희생자들은 성희롱이 아니면 승진에서의 탈락, 낮은 임금, 심지어는 해고를 선택해야 한다. 성의 정치는 멕시코와 미국의 국경 지대에 있는 한 의류 공장 마킬라도라(Maquiladora)[5]에서 명백하게 나타난다.

마킬라도라가 문을 연 처음 몇 년 동안 성희롱이 특히 빈번했다. 어떤 남성은 자신의 수하에 예쁜 여성만 데려다 놓았다. 이들은 공장에 할렘 같은 것을 만들었다. 산드라는 자신이 알고 있는 한 남자에 대해 이렇게 말했다. "그는 가능하면 다양한 여성을 갖고 싶어 했어요. 그의 팀에 있는 모든 여성은 그의 요구에 따라 눈과 머리색이 다른 여성으로 채워졌지요. 또 다른 남자는 자신의 라인에 있는 모든 여성이 자신의

---

5 값싼 노동력을 이용해 조립하고 수출하는 멕시코의 외국계 공장을 말한다.

아이를 가졌다고 자랑하기도 했어요"(Fernandez Kelly, 1984: 241).

1973년 한 직물 공장이 파업한 후에 인터뷰했던 남아프리카공화국의 한 여성은 성희롱이 자신들의 불만 사항 중에서 매우 높은 순위를 차지하고 있다고 말했다.

그 여성은 공장에 있는 남성 노동자가 자신들에게 어떠한 존경심도 보이지 않는다고 말했다. 공장 바닥에서 남성은 여성을 부당하게 취급하거나 우스갯감으로 만들거나 부적절한 신체 부위를 만지면서 저속하게 굴었다. 또 다른 여성도 한 남성이 함께 일하는 여성을 강간했다고 말했는데, 만약 이 사건이 상부에 알려져도 아마 남성의 편을 들 것이라고 했다(Berger, 1983: 228).

이러한 경험이 여성의 안녕에 어떠한 영향을 주고 있는지에 대한 체계적인 연구는 거의 없다. 그러나 미국의 '일하는 여성협회(Working Women's Institute)'는 성희롱을 당하고 나서 도움을 청한 여성들이 말한 건강 상태를 기록했다(Crull, 1984: 107). 절반가량의 여성이 자신의 능력과 진로 선택에 회의를 느끼며, 업무 능력이 떨어졌다고 보고했다. 다른 여성들은 성희롱이 작업장의 위험성을 높인다고 했는데, 이는 일에 제대로 집중을 할 수 없거나 문제가 되는 남성이 고의로 위험하게 행동하기 때문이라는 것이다. 거의 모든 여성이 적어도 한 가지 이상의 고통을 호소했으며 걱정, 우울, 분노, 죄책감, 공포가 공통적인 증상이었다. 많은 여성에게 이는 신체적인 증상(예를 들면 불면증, 성욕과 식욕의 문제, 어지럼증, 피곤과 두통)을 유발하고 있다. 한 여성은 다음과 같이 말했다. "나는 일을 나가기 전에 매일 토해요 너무 피곤해서 아주 조그만 일에도 많은 노력을 들여 해야 할 것아요 밤 근무 때문에 운전을 하고 가다가 사고를 냈을 때 무언가가 잘못되고 있다고 생각했어요"(Crull, 1984: 109). 이러한 상황에 대처하기 위해 많은 여성이 술과 진정제에 의존하고 있었고, 이들 중 25%는 의료적인 도움을 구하고 있었다. 다른 연구에서도 유사한 결과가 나타났다(Gruber and Bjorn, 1982; US Merit Systems Protection Board, 1981).

성희롱과 건강 문제 간의 원인과 결과 관계를 보기 위해 다른 요인을 엄격하게 통제한 연구는 없었다. 그러나 직장에서 성희롱을 당한 여성이 극도로 스트레스를 받는 것은 확실하다. 이런 경험을 한 여성은 이런 일이 다시는 발생하지 않기를 바라면서도, 일자리 또한 잃지 않으려고 할 것이다. 따라서 계속 경계하면서 지내는 것을 선택하게 되고 이러한 종류의 만성적인 스트레스 반응은 고혈압, 위궤양, 심장병과 같은 장기적인 신체 문제를 발생시킨다. 게다가 공포를 부정하는 것, 분노를 억누르는 것, 성희롱을 당한 많은 여성이 느끼는 비합리적인 죄책감 등에 적응하는 것에서 정신적인 문제가 발생할 수도 있다.

낮은 지위, 높은 스트레스

여러 가지 원인이 여성이 일하는 노동 환경에서 잠재적으로 스트레스를 야기할 수 있음을 확인했다. 이러한 스트레스의 정도를 가늠할 만한 통계는 없지만 미국의 '일하는 여성을 위한 전국협의회(The National Association of Working Women)'에 따르면 매우 높을 것으로 추정되고 있다. 다양한 직업에 종사하는 4만 명 이상의 여성을 대상으로 한 조사에서, 응답자 중 5%만이 직업에서 스트레스가 전혀 없다고 했으며, 62%는 '어느 정도 스트레스가 있다', 33%는 '스트레스가 매우 심하다'고 응답했다(Working Women, 1984).

책임감이 막중한 직업을 가진 여성이 가장 많은 스트레스를 받는 것으로 나타났는데, 가장 나쁜 결과로 고통을 받는 사람은 자신의 일에 대해 말할 여지가 거의 없는 여성들이었다. 권위나 통제가 결여된 채 일에 대한 압력만 많은 여성의 59%가 심각한 피로로 고생하고 있었다(반면 이러한 일을 하지 않은 여성의 경우는 35%만이 피로를 경험했다). 절반가량의 여성이 재미가 없거나 도전의 여지가 없는 일을 하고 있었으며, 하루 일과를 마치고 나서는 정기적으로 소진되는 것을 느끼고 있었다. 23%는 반복되는 소화기 문제를 가지고 있으며, 30%는 우울하다고 느끼고, 3분의 1이 넘는 여성이 한두 가지 증상 때문에 의사에게 치료를 받았다. 그 반면에 자신의 일에서 긍정적인 도전을 느끼는 여성은 건강 상태가 훨씬 나았다.

이러한 결과는 엘리트 남성만이 일과 관련된 고통을 느낀다는 기존 인식을 다시 생각하게 한다. 낮은 지위의 직업을 가진 많은 여성이 특히 큰 스트레스를 호소했으며, 이러한 상황은 2개의 직업— 간호와 사무노동— 을 좀 더 자세히 살펴보면서 이해할 수 있다. 두 직업은 친절한 이미지가 있지만 이 직업에 종사하는 여성들은 신체적·심리적 스트레스에 노출되어 있다.

6. 여성에게만 적당한 직업?

여성이 주로 하는 일은 신체적으로 해롭지도 않고 특별히 스트레스를 받지도 않는다는 인식이 널리 퍼져 있다. 최근의 연구는 이러한 두 가지 인식이 잘못되었음을 잘 드러내고 있다. 간호와 사무노동은 종종 '부드러운 선택(soft option)'이라고 여겨지지만, 수백만 여성의 건강을 위험 상황에 빠뜨리고 있다.

간호사도 간호가 필요한가?

간호사의 약 90%는 여성이다. 비록 사회마다 간호의 내용이 다르기는 하지만, 일반적으로는 도움이 필요한 사람을 돌보는 일이다(Holden and Littlewood, 1991). 많은 여성이 간호 일을 하면서 매우 큰 만족감을 얻고 있으나 일부는 남을 돌보는 과정에서 자신의 건강이 손상된다(Rogers and Salvage, 1988). 앞으로 살펴보겠지만 병원에서 일하는 간호사는 제조업에서 일하는 노동자와 비슷한 위험 요인을 안고 있는데, 안전보건 규정은 공장에서 병동까지는 확대되지 못하고 있다.

보건 분야에서 사고는 매우 흔한데, 특히 무거운 환자를 들어 올릴 때 발생한다. 제조업에서는 여성이 들어 올릴 수 있는 무게에 대한 규제가 있지만, 보건 분야에는 이런 규정도 없고 적절한 장비 또한 구비되어 있지 않다. 영국에서는 요통으로 인한 노동 손실 일수가 매년 최소 76만 4,000일이나 된다(Rogers and Salvage, 1988: 123). 간호사들은 주사 바늘 때문에 상처가 나고 베이며 젖은 바닥과 혼잡한 공간에서 사고를 당하기도 한다. 그리고 간호사들뿐만 아니라 병원의 부엌과 세탁실에서 일하는 여성도 사고를 당할 수 있다. 이러한 사고에 관한 정확한 기록은 없지만 미국 노동부에 따르면 직업적 상해와 질병은 서비스 산업에 종사하는 노동자보다 병원 노동자가 55% 더 높은 것으로 나타났다(Coleman and Dickinson, 1984: 44).

그리고 간호사들은 독성 화학물질로 인한 위험도 안고 있다. 항생제, 합성세제, 소독약, 살균액 등은 모두 건강에 위협이 될 수 있다. 피부 손상이나 트러블을 일으킬 수 있고 어떤 경우에는 장기적인 문제가 야기된다. 페니실린, 결핵 치료용 항생물질 같은 치료용 약물도 잠재적으로 알레르기를 일으킬 수 있다. 더욱 심각하게는 암환자를 치료하기 위해 사용되는 세포 독성물질 약물이 부분적으로 독성을 일으키거나 알레르기 반응을 나타내고, 심하면 발암물질이나 기형을 일으키는 물질이 될 수 있다(Lindbohm et al., 1993). 그러나 간호사와 의사를 보호하기 위한 적절한 조치가 항상 시행되는 것은 아니다(Falk et al., 1979). 마취제 또한 두통, 염증, 우울증을 발생시킬 수 있고 자연유산과 태아 기형을 유발할 수 있다(Edling, 1980; Vessey and Nunn, 1980).

마지막으로 간호사는 방사선 위험에 노출되어 있다. 많은 병원에 방사선 기사의 방사선 노출 수준에 관련된 기록은 있지만 간호사나 다른 기술자에 대한 기록은 없다. 이러한 위험은 대부분 방사선 검사실 외부에서 발생한다. 간호사가 엑스레이 기계에 맞게 환자의 자세를 교정하면서 또는 코발트나 라듐 이식을 한 환자를 통해 위험에 노출될 수 있기 때문이다. 따라서 감염과 같은 전통적인 위험에 새로운 의료기술에 수반되는 위험까지 부가되어 간호 업무는 힘들고 위험한 직업이 될 수 있다.

간호 업무는 심리적으로도 많은 스트레스를 받을 수 있다(Marshall, 1980; Smith, 1992). 앞에서 살펴본 바와 같이 다른 사람을 돌보는 업무는 여성의 정신건강에 긍정적·부정적인 방식으로 강력한 영향력을 행사할 수 있다. 간호 유형에 따라 심리적인 영향도 달라질 수 있어, 특정 간호 업무의 스트레스는 다른 업무보다 훨씬 많을 수 있다. 그러나 모든 간호 업무는 다른 사람의 신체적 필요뿐만 아니라 감정을 관리하기 위해 상당한 책임감을 동반한다.

팜 스미스(Pam Smith)는 알리 호쉬차일드가 항공사 승무원에게 적용했던 감정 노동을 간호 업무를 이해하는 데 적용시켰다. 그녀는 일부 간호사들이 자신들이 돌보는 환자의 안녕을 위해 매우 강하게 감정을 억누르는 방식에 관해 보고했다.

> 그들은 '그래, 너는 간호사야. 그러니 너는 잘해낼 수 있어'라고 생각해요. 겉으로는 잘해내는 듯 보일지 모르지만 사실은 그렇지 않아요. 집에 가면 가끔 실컷 울기도 하죠. 너무 힘들어요. 그러나 간호사는 직장에서 항상 행복해야 하고 부정적이면 안 된다고 사람들이 생각한다는 걸 알았어요. 목을 비트는 것 같은 상황에서도 부정적이 되면 안 되는 거죠(Smith, 1992: 14).

다른 사람을 돌보아야 한다는 불가피한 압력은 적절한 훈련과 사회적 지지가 있으면 긍정적으로 변할 수도 있다. 그러나 자신의 안녕을 유지하기 위해 도움을 거의 받지 못하는 상황에서 이들은 크게 손상된다. 정신병동에서 일하는 한 간호사는 다음과 같이 표현하고 있다.

> 우리에게는 빠져나갈 길이 없어요 ……. 가끔은 내가 많은 노력을 들일수록 환자들은 더욱더 많이 요구하는데, 이때는 마치 환자들이 내 피를 빨아먹는 것처럼 느껴지죠. 누군가에게 가혹한 요구를 한다고 느껴지는 위치에 있는 것은 좋지 않아요(Handy, 1991: 827).

사람들은 간호사가 환자를 돌보는 데 투철한 책임감을 지닐 것을 기대하나 자신의 일을 근본적으로 통제할 수 있는 간호사는 거의 없다. 간호사는 상급 간호사, 관리자와 여타 의료진이 관리·감독하는 환경에서 의사의 '하녀'처럼 취급받고 있다(Gamarnikow, 1991; Game and Pringle, 1984: Ch. 5; Salvage, 1985). 간호사는 자신의 기술과 지식이 매우 크다 할지라도 위계상 상급자에게 복종해야만 한다. 캐나다의 간호사를 대상으로 한 최근의 연구를 보면 자신의 일에 대한 통제 정도가 직무만족도와 안녕에 밀접하게 관련되어 있음을 알 수 있다 (McLaney and Hurell, 1988).

세계적으로 시행되고 있는 공공 비용 삭감은 지난 10년 동안 간호사에 대한 압력을 증가시켜왔다. 인력 부족으로 병원과 지역사회 서비스에서 개별 간호사의 노동 속도가 빨라졌고, 이런 이유로 간호사들은 환자를 충분히 돌볼 수 없다고 느끼고 있다(Glazer, 1988). 영국의 보건 서비스에 꾸준히 실시되어온 재정 감축은 많은 간호사의 업무 부담을 가중시켜 건강에 손상을 줄 정도이다.

현재의 노동 조건 때문에 압력과 스트레스를 받고 있다. 아이러니하게도 환자를 간호해야 할 때 오히려 내가 보살핌을 받고 싶은 상황에 놓인다. 현재 체계에서 환자를 돌보는 것은 마치 목에 무거운 것을 매단 채 깊숙한 곳에 내던져놓고 수영을 하라는 것과 같다. 많은 간호사가 얼굴에 미소를 띠고 있지만 내 눈에는 물속에서 허우적거리는 것처럼 보인다(Medicine in Society, 1983: 21).

미국의 한 간호사도 비슷한 이야기를 하고 있다.

나의 첫 번째 간호 업무는 뉴욕 시의 한 시립병원에서 병상 40개를 돌보는 것이었어요. 환자를 위해 해야 할 일이 아주 많았죠. …… 일을 시작하면서 알게 된 사실은 내가 시계추를 따라 시간을 적절히 안배해 하루 계획을 세우지 않는다면 전체 업무를 따라가지 못한다는 점이었어요. 만약 일이 잘못될 경우 — 정맥주사가 떨어졌다든지, 투약을 잘

못했거나 투약하지 않았다든지, 환자에게 한 약속을 잊어버렸다든지 등—에는 상황이 끔찍해질 수도 있죠. 따라서 나는 어떤 심각한 반발도 사지 않고, 어느 누구도 죽지 않고, 누구도 알아차릴 수 없기를 희망하며 쉬운 방법을 선택하기 시작했어요(Coleman and Dickinson, 1984: 37).

많은 국가에서 보고되는 높은 이직률과 퇴직률은 간호사가 받는 스트레스가 심하다는 것을 보여주는 근거이다. 미국의 국립산업안전보건기구(National Institutes of Occupational Safety and Health: NIOSH)는 정신건강 문제의 발생률에 따라 130개 직업을 선정했는데, 면허 실무간호사(licensed practical nurse)[6], 간호조무사(nursing aids), 공인간호사(registered nurse)가 각각 3위, 10위, 27위를 차지했다(Colligan et al., 1977).

사무직의 숨겨진 위험 요인: 상사가 신경에 거슬린다

세계의 여러 나라에서 지난 10년간 가장 빠르게 증가한 직업 분야는 사무직이다. 미국의 경우 사무직의 80%가 여성이며 모든 여성 노동자의 3분의 1이 사무직에 종사하고 있다. 다른 선진국에서도 매우 비슷한 경향을 나타내고 있어, 더 많은 여성이 공장보다는 사무실에 고용되고 있다. 최근 연구 결과에서 '여성'의 사무직 노동이 심각한 신체적 위해를 가할 수 있다는 사실이 드러나면서 안전한 환경이라고 생각되던 과거의 통념이 깨지고 있다(Craig, 1981; Fleishman, 1984; Stellman

---

[6] 1년 또는 그 이상의 훈련을 마친 뒤 투약, 검사 기록, 환자 급식 및 청결 유지 등을 담당하는데 전문기술이 요구되지는 않으나 중요한 간호 업무를 수행하며, 간호조무사와는 달리 공인된 자격증이 있다.

and Henifin, 1989).

모든 사무실이 일하는 사람의 건강을 배려해 일하기 좋게 디자인된 것은 아니다. 침침한 조명, 부적절한 온도와 환기, 과도한 소음과 불편한 의자는 모두 건강 특히 장기적으로 누적되어 나타나는 건강에 부정적인 결과를 가져올 수 있다. 사무실에는 화학물질의 위험이 존재한다는 증거가 계속 발표되고 있다. 유기용제와 교정 및 세척액은 피부염, 눈의 이상, 어지럼증, 두통, 알레르기 반응을 불러일으킬 수 있다. 교정액 중 몇 가지는 암을 유발하는 것으로 의심되는 사염화에틸렌이나 메틸클로로포름을 함유하고 있으며, 카본지가 필요 없는 복사에서는 인체에 자극을 주거나 암을 유발할 수도 있는 포름알데히드가 방출된다(Fleishman, 1984).

사무실에서 사용하는 기계류 역시 건강에 위협이 될 수 있다. 복사기를 사용하면 클리너와 토너에 주로 사용되는 몇 가지 화학물질에 노출된다. 이러한 화학물질 중 많은 종류가 허용 기준치를 넘어서면 치명적인 위험을 수반할 수 있는 것으로 알려져 있다(Stellman, 1977). 어떤 복사기는 신경계와 폐 손상, 유전적 문제를 낳을 수 있고 오존을 방출하기도 한다. 에너지 보존 정책은 빌딩의 밀폐나 빌딩 내 화학물질의 위험에 대해 엄격한 방향으로 나아가고 있다. 비록 사무실 내에서의 독성물질 노출은 전통적으로 안전하다고 여겨질 만큼만 발생하지만, 노동시간에 따라 노출이 축적되어 나타나는 결과는 아직 알려져 있지 않다.

최근에는 수백만 명의 여성이 시각 표시 단말기(Visual Display Units: VDUs, 모니터)를 사용하기 시작했으며 근무 중 상당 시간을 VDUs에 할애하고 있다(Westland and Magnusson, 1988). 어떤 여성에게는 이러한 기계가 심각한 건강 문제를 야기했다(Henifin, 1984; Marschall and Gregory,

1983). 미국에서 실시된 7개 연구에서 공통적으로 발견된 사실은 VDU 사용자가 미사용 노동자보다 건강에 문제가 많다는 것이다(Haynes, 1991: 161). VDU 사용에 따른 눈이 붓거나 피곤해지고 따끔거리거나 타는 듯한 작열감, 눈 근육과 결막염을 자주 보고하기도 했다. 충분한 휴식 없이 VDU를 오랜 시간 쳐다보는 것은 메스꺼움, 두통, 소화계 문제를 야기할 수 있다(Haynes et al., 1987; Henifin, 1984).

VDU 기술자는 반복성긴장장애(Repetitive Strain Injury: RSI)7라고 불리는 증상으로 가장 고생하는 집단 중 하나다. '반복성긴장장애'라는 단어는 1970년대 중반 오스트레일리아에서 처음으로 사용되었는데 고정된 자세에서 특정 근육을 반복해 사용할 때 나타나는 통증 및 결림을 묘사하는 용어이다(London Hazards Centre, 1988; National Occupational Health and Safety Commission, 1986). 반복성긴장장애의 증상은 피로, 허약, 통증, 근육 긴장, 부종, 불안감 등을 포함한다. 반복성긴장장애로 인한 좌절감과 우울증이 공통으로 나타나는데, 일에 대한 통제를 가장 적게 행사하는 노동자 집단에서 종종 발견되기도 한다.

반복성긴장장애가 있는 많은 여성은 자신의 문제를 이해받거나

---

7 같은 동작을 반복하는 물리적인 운동에 의해 발생하는 증후군으로, 대부분 직업이나 평소 잘못된 생활습관 때문에 나타난다. 신체의 건강 상태, 근육 긴장, 개인적인 작업 습관, 스트레스, 휴식 부족, 열악한 작업환경에 의해서도 생길 수 있다. 최근에는 컴퓨터 작업을 많이 하는 사람에게서 발생한다. 또한 타이핑, 피아노·바이올린 등 악기 연주자, 트럭 운전자, 정육업 종사자 등의 경우에는 반복 작업을 많이 하게 되므로 이 증후군에 걸릴 확률이 높다. 증상은 손, 팔목, 손가락, 팔, 팔꿈치가 조이는 듯한 느낌이 들거나 불편하면서 딱딱한 느낌이 있고 통증이 일어나거나 화끈거린다. 손이 저리거나 차가운 느낌이 들거나 무감각해지고, 손의 힘이나 협동 능력이 감소하며, 특히 저녁때는 잠을 이루지 못할 정도로 통증이 심해진다.

또는 의사에게 병으로 인정받는 데 많은 어려움을 경험하며, 이는 다시 좌절감과 고통으로 이어졌다(Ewan et al., 1991). 그 결과 반복성긴장장애 증상은 생활 전반에 광범위하게 영향을 미쳤고, 구원을 받기 위해서는 '고통의 순례(pilgramage of pain)'[8]를 시작해야만 했다(Reid et al., 1991).

VDU와 관련해 발생하는 건강 문제뿐만 아니라 기계 옆에서 일하는 것 자체가 나쁜 영향을 줄 수 있다는 연구 결과도 발표되었다. 캐나다의 토론토 스타 신문사, 애틀랜타에 있는 서던 벨(Southern Bell) 전화 회사, 덴마크 오후스(Arhus)의 공공 도서관 등 다양한 일터에서 실시된 연구는 VDU가 재생산 체계에 부정적인 영향을 준다고 보고하고 있다(De Matteo, 1985). 그러나 이후에 발표된 연구는 상반된 결과를 보였다. 스웨덴에서 실시한 두 가지 연구에서는 VDU 사용과 유산이 관계없는 것으로 나타났으나, 6만 명의 캐나다 여성을 대상으로 한 다른 연구는 부정적인 결과가 있다고 보고했다(Ericson and Kallen, 1986a, 1986b: McDonald et al., 1986). 그리고 1,500명의 미국 임산부를 대상으로 한 연구에서는 임신 초기 3개월 동안 주당 20시간 이상 VDU를 사용한 임산부의 유산 위험성이 훨씬 더 높은 것으로 나타났다(Goldhaber et al., 1988).

비록 일부 여성은 사무직과 비서직에서 더 높은 직위로 승진했으나, 여전히 많은 여성은 승진 기회가 전혀 없는 하급직에 제한되어 있다. 이들은 상당한 책임을 지면서도 적절한 보수나 인정은 받지 못한다. 즉, '직업 긴장(job strain)'이 이들의 건강에 반영되는 것이다. 미국의

---

[8] 경견완 장애를 지닌 노동자를 면접한 연구에 따르면 이들은 의사나 주변 사람으로부터 자신의 증상에 대한 이해나 병명을 찾지 못해 구원을 찾으려는 순례자처럼 장기간 고통스러운 시간을 보내고 있다.

연구에 따르면 사무직 여성은 다른 직업에 종사하는 여성보다 심장병이 더 많은 것으로 나타났다(Haynes and Feinleib, 1980). 심장병 위험에 처해 있는 여성은 상사의 적절한 지지를 받지 못하거나 지난 10년 동안 직업의 변동이 없거나, 화난 기분을 표현하기 어려워하는 여성들이었다.

7. 결론

지금까지 여성의 임금노동과 건강이 매우 복잡하게 얽혀 있음을 살펴보았다. 임금노동은 필요한 물질적 자원을 제공하고, 향상된 지위에서 오는 심리적인 혜택을 주며, 높은 독립심과 사회적 지지의 네트워크를 제공한다. 그러나 많은 여성은 이러한 장점을 얻기까지 심각한 위험에 노출되거나, 재생산 능력에 잠재적인 위협을 당하거나, 신체적·정신적으로 상당한 고통을 감내해야만 한다. 특정 집단 여성의 임금노동이 건강에 주는 효과를 평가하기 위해서는 이러한 복잡한 과정을 고려할 필요가 있다.

임금노동이 여성 삶의 다른 영역과 분리될 수 없다는 것 역시 자명하다. 일과 가정의 경계는 남성보다는 여성에게 좀 더 유동적이며 여성의 정신적·신체적 건강은 임금노동자, 부모, 배우자로서의 경험에 영향을 받는다. 이러한 삶의 각 영역은 그 자체로 긍정적이거나 부정적인 결과를 낳지만 상호 작용을 하기도 한다. 어떤 상황에서는 한 영역이 다른 영역에서의 어려움을 보상해주는 방식의 조화가 자원과 지원으로 작용하여 건강을 증진시키기도 한다. 그러나 또 다른 상황에서는 여성의 안녕을 이끌어내지 못하고 서로 충돌하거나 부정하기도 한다. 여성 노동인구가 점점 늘어나고 있는 현실에서 일하는 여성의 건강과 일상의 경험 간의 관계를 살펴봄으로써 삶의 각 영역이 건강에 어떻게 작동하는지 고찰하는 연구가 절실히 필요하다.

읽을거리

Bullock, S., *Women and Work*(London: Zed Books, 1994).
여성의 일에 대한 세계적인 경향을 소개한 일반서이다. 여성과 발전이라는 큰 틀에서 여성의 노동과 자신의 상황을 향상시키기 위해 시행한 각종 노력에 대해 전반적인 개요를 제공한다.

Chavkin, W.(ed.), *Double Exposure: women's health hazards on the job and at home*(New York. Monthly Review Press, 1984).
가정 안팎에서 일하는 여성이 직면하고 있는 건강 위험에 대해 조사한 내용을 모아놓은 미국판 책이다. 다양한 직업에 대한 사례 연구를 포함하고 있고 정책 이슈에 대한 논쟁도 다루고 있다.

Frankenhaueser, M., Lundberg, U. and Chesney, M.(eds.), *Women, Work and Health: stress and opportunities*(New York: Plenum Press, 1991).
여성의 임금노동과 건강에 관해 설명한 논문의 국제적 요약 서적이다. 특히 3개의 논문은 중요한 영역에서 현재 진행되고 있는 연구에 대한 전체적인 개관을 제공하고 있기 때문에 특히 주목할 만하다.

Barnett, R. and Marshall, N., "The relationship between women's work and family roles and their subjective well-being and psychological distress"; Haynes, S., "The effect of job demands, job control and new technologies on the health of employed women: a review"; and Waldron, I., "Effects of labor force participation on sex differences in mortality and morbidity."

Stellman, J. and Henifin, M., *Office Work can be Dangerous to your Health*(New York: Pantheon, 1989). A review and updated version of an earlier publication. 사무직 노동의 위해 요인에 대해 최근의 정보를 유용하게 요약하여 제공하고 있다.

제7장

남용: 스스로 학대하는 여성

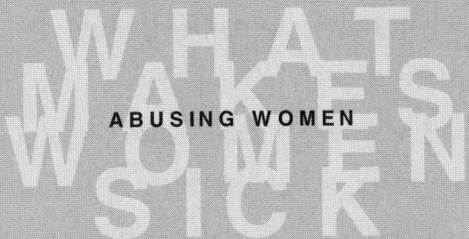
ABUSING WOMEN

1. 서론

매일 수많은 여성이 자신과 가족의 행복을 위해 합법적으로나 잠재적으로 위험한 물질을 소비한다. 이 장에서는 이러한 모순 뒤에 감춰진 몇 가지 원인을 찾아본다. 특히 여성의 음식, 음주, 담배와 안정제 등의 소비를 이전 장에서 다룬 불평등 및 차별과 연결해 살펴볼 것이다.

2. 그녀를 들뜨게 하는 것

모든 사회는 스트레스를 줄이고 행복감을 높이기 위해 인위적인 수단을 다양하게 강구해왔다. 대부분 이러한 수단 중에는 건강에 해가 될 수도 있고 아닐 수도 있는 기분 변화 물질(mood alerting substances)의 복용이 포함된다. 전통적으로 이러한 것에 쉽게 접근했던 사람은 더 나은 상품구매력을 지닌 남성이다. 게다가 일반적으로 중독물질 사용을 규제하는 사회적 법률에는 여성에 대한 편견이 존재한다. 예를 들어 음주의 경우 일부 사회에서는 술 취한 남성보다 술 취한 여성을 더 호되게 비난한다(Heath, 1991). 이러한 '이중 잣대'는 여성이 주로 아이들을 돌보는 사람일 뿐만 아니라 공중도덕의 수호자로 간주된다는 사실을 반영한다(Lisansky Gomberg, 1982; Morgan, 1987). 통제력의 상실은 사회질서에 대한 상징적이며 실질적인 위협으로 여겨지며, 그에 따라 처벌된다.

전후 시대에 여성 행동에 대한 이러한 전통적인 속박이 깨지기 시작했고, 많은 여성이 좀 더 많은 수입을 얻고 자신을 위해 소비하게 되었다. 이러한 경향이 여성의 건강에 미친 효과는 상반된 것이었다.

일부 여성들은 이전에 남성이 독점해온 무해한 쾌락을 탐닉할 수 있게 되었다. 예를 들어 적당한 음주는 유쾌한 것이며 건강을 증진시킬 수도 있다. 하지만 다른 한편으로는 여성 건강을 심각하게 위협할 수 있는 물질을 사용 또는 남용하는 여성의 수가 증가했다(Ettore, 1992). 노동자나 돌보는 사람으로 살아가는 것은 많은 여성을 극도의 긴장 상태로 몰고 간다. 긴장과 마찰을 해결하기 위해 사회적으로 용인된 해결 방안이 없는 상황에서 여성들은 자신을 지탱하기 위한 방법으로 중독성 물질에 의지하게 된다.

이러한 중독성 물질의 소비 경향 변화에 대해 구체적 증거를 얻기는 어렵다. 그러나 이러한 경향이 얽히고설킨 것은 확실하다. 중독성 물질을 이용하는 여성은 증가하고 있는 바면, 남성의 소비는 변화가 없거나 심지어는 감소하고 있다. 여성이 중독성 있는 물질을 사용함으로써 사회적 문제가 뚜렷이 증가될 기미는 없지만, 이 때문에 여성 건강에 대한 위험이 증가하고 있다는 증거는 상당히 많다.

가용할 만한 자료가 있는 어떤 나라를 보더라도 여성의 알코올 남용률이 남성의 알코올 남용에 근접한 수준은 아니다(Wilsnack and Wilsnack, 1991). 그러나 많은 나라에서 젊은 여성이 과거보다 술을 더 많이 마시고 있고, 스칸디나비아에서는 이러한 경향이 나이 든 여성에게서 뚜렷이 나타난다는 연구 결과가 발표되었다(Hammer and Vaglum, 1989). 이러한 현상이 일부 선진국에서 술과 관련된 건강 문제가 조금씩 증가하는 데 영향을 미치고 있으며, 많은 논평자들은 젊은 여성이 나이가 들면서 나타낼 코호트 효과[1]에 관심을 보인다. 그러나

---

[1] 특정한 기간에 태어나거나 결혼을 한 사람들의 집단과 같이 통계상의 인자를 공유하는 집단에서 비슷한 성격을 보이는 것을 의미한다.

아직까지는 남성이 음주로 겪게 되는 신체적·정신적 문제가 여성보다 3~4배 더 높으며, 음주로 인해 다른 사람에게 상처를 주는 경우도 훨씬 더 많다(Christensen, 1989).

여성들의 흡연 실태는 매우 다양하다. 많은 선진국에서는 소녀들이 소년들보다 더 많이 흡연을 하면서, 남성과 여성의 흡연율 차이가 급속히 줄어들고 있다(Chollat-Traquet, 1992). 현재의 예측으로는 앞으로 많은 선진국에서 여성 흡연 인구는 남성 흡연 인구를 앞지를 것으로 보인다. 또한 제3세계의 여성 흡연자 수도 증가하고 있다. 음주와 다르게 담배 소비에는 안전한 수준이 없으며, 흡연은 향후 수십 년 내에 여성 건강을 위협하는 주요 요인이 될 것이 분명하다.

안정제는 항상 남성보다 여성이 더 많은 양을 복용해왔다는 점에서 술, 담배와는 다르다. 1960년대 초 벤조디아제핀(benzodiazepine)계의 출시로 수많은 여성이 사회적으로 처음 인정된 이 방법을 사용해 의식을 조절했고, 거의 매일 장기간 복용했다. 약물에 대한 접근은 의사에 의해 조절되었지만, 의료 전문가들은 열광적으로 반응했고 발륨(valium), 리브리엄(librium) 같은 약을 주로 처방했는데, 여성에게는 남성의 2배 정도를 처방했다. 이러한 약은 흡연이나 과도한 음주보다 신체적 손상이 적은 것으로 보였다. 그러다가 1980년대에는 장기 복용자들의 의존성에 관심을 기울이기 시작했는데, 그 결과 소비는 감소되고 있지만 여성은 지속적으로 이와 같은 약물의 주요 사용자가 되고 있다(Ashton, 1991).

이처럼 여성이 합법적인 기분 변화 물질을 사용하는 경향은 복잡하다. 이를 분명하게 하기 위해 다양한 여성 집단의 생활에서 이러한 물질의 의미와 중요성을 평가하고, 각각의 잠재적인 영향을 알아보려고 한다. 그러나 일반적으로 여성들이 중독성 물질로 인식하지 않는 물질 때문에 건강을 해칠 수도 있다는 인식에서 시작하는 것이 중요하다. 예를 들어 많은 여성들이 커피나 처방 없이 약국에서 구입할 수 있는 진통제에 의존하는 것으로 나타났으며, 음식에 대한 집착과 거부는 심리적 혹은 신체적 문제의 원인이 될 수도 있다.

3. 가슴을 도려내는 슬픔: 섭식장애

음식은 의존성과 관련 있는 정신 활성 물질과는 매우 다르다. 남성과 여성 모두에게 음식은 건강을 유지하기 위한 필수 요소일 뿐만 아니라, 많은 즐거움을 줄 수 있다. 음식은 생존을 위한 필수품이며 공인된 의학적 상식에 의하면 중독되지는 않는다. 그러나 많은 여성은 일생 동안 음식과 골치 아픈 관계를 맺는다. 어떤 사람들에게 음식은 '남용'될 수 있고, 신체적·정신적 건강을 해칠 수 있다.

앞 장에서 확인한 것처럼 제3세계의 수많은 여성과 선진국의 일부 여성은 충분한 영양을 섭취하지 못한 채 건강을 유지하기 위해 애쓰고 있다. 전 세계적 관점에서 볼 때 바로 이러한 점이 여성과 음식의 관계에서 가장 심각한 측면이다. 그러나 음식에 대한 강박관념으로 끊임없이 다이어트와 과식을 반복함으로써 자신을 무너뜨리는, 상대적으로 부유한 여성들의 어려움도 고려해야 한다(Lawrence, 1987). 이러한 상황은 건강을 위협할 수 있으며, 의학적으로 진단된 섭식장애는 남성보다 여성에게 10배 정도 높게 나타났다(Krahn, 1991).

음식과 여성의 관계에 영향을 미치는 요인은 복잡하다(Chernin, 1983; Lawrence, 1987; Orbach, 1978, 1986). 이상적 신체상에 맞춰야 인정받는다는 사회적 압력 때문에 많은 여성은 지속적인 좌절을 느낄 수밖에 없는 운명에 처해 있다. 역설적으로 부자들만이 건강하고 날씬해질 여유가 있고, 가난한 여성들은 종종 과체중이며 영양 상태가 나쁘다. 만약 스스로 체중을 조절하지 못하면, 인생의 나머지 부분도 관리할 수 없다는 생각을 하게 되고 스스로 무기력하다는 믿음이 더 강해진다. 또한 여성들은 자신의 감정을 조절하고 화나 적개심을 억누르기 위해 음식을 이용한다고 말한다(Epstein, 1987).

많은 모순된 압력 때문에 단순히 불행과 자존감 부족이 아니라 거식증, 신경성 과식증과 강박적인 식탐 같은 좀 더 극단적인 증상이 발생하기도 한다. 이러한 증상은 특히 고통스러운 사춘기에 직면한 소녀와 젊은 여성에게서 흔히 나타난다. 미국의 한 연구는 여고생과 여대생의 8~20%가 신경성 과식증을 겪고 있다고 추정했다(Pope et al., 1983). 1984년 미국 여성을 대상으로 한 여론조사에서 기준에 의한 과체중은 25% 정도였으나, 40%가 자신의 신체에 불만이 있고 80%는 남성의 눈길을 끌기 위해 더 말라야 한다고 느끼고 있다. 많은 여성이 아주 어렸을 때부터 이렇게 느낀다. 이 중 50% 이상은 다이어트 약 복용, 27%는 유동식 섭취, 18%는 이뇨제 복용으로 체중 조절에 대한 필사적인 소망을 표출한다(Anderson, 1988: 197).

섭식장애와 좀 더 고전적인 물질 남용 간의 연관성에 관한 증거가 많아지는 것은 놀라운 일이 아니다. 약물 치료가 필요한 거식증과 신경성 과식증을 앓고 있는 여성 환자들에게서 술과 다른 물질의 남용률이 높다(Krahn, 1991: 241). 미국의 한 거식증 환자 집단은 3분의 1 이상이 술 또는 다른 약물 문제를 겪은 경력이 있으며(Mitchell et al, 1985), 다른 연구에서는 거식증 환자 집단의 절반 정도가 알코올을 심각할 정도로 남용하고 있다고 보고했다(Beary et al, 1986). 거꾸로 말하면 다른 물질을 남용하는 여성은 섭식장애를 겪을 가능성이 높다

(Beary et al, 1986; Krahn, 1991). 이렇듯 남용이 중복되기도 하는 현상은 폭행을 당했던 과거와도 연관이 있다.

감정을 표출할 다른 대안이 없는 많은 여성은 자신의 복잡한 감정을 조절하기 위해 좀 더 고전적인 약물 대신에 또는 약물과 함께, 음식을 이용하는 것으로 나타났다. 다음 절에서는 이 주제를 3대 요인— 술, 안정제, 담배—에 주목해 더 자세히 살펴볼 것이다. 앞으로 살펴보겠지만 이 세 가지 모두 여성의 의존성을 유지하는 데 기득권을 가진 다국적기업을 통해 촉진된다. 아직도 많은 여성은 이와 같은 물질 없이 지내는 데 어려움을 느낀다. 물질 남용은 많은 이들에게 해방의 표시가 아니며, 자신의 일상을 지속적으로 특징짓는 불평등과 불리함의 표현이다.

4. 타락한 천사: 알코올 남용

1980년대 초까지 술버릇이 나쁜 사람 중에는 남성이 많았기 때문에 알코올 남용에 대한 연구와 치료는 주로 남성 위주였다. 대부분의 연구는 표본 집단에서 여성을 제외하거나 분석에 성별을 변수로 사용하지 않았다(Vannicelli and Nash, 1984). 젠더에 대한 이슈가 제기되었을 때도 여성의 고유한 권리가 연구된다기보다는 단순히 남성과 비교되는 정도였다. 결과적으로 여성의 알코올 남용의 특수성은 조사되지 않았으며, 치료를 받고자 용기를 낸 여성들은 남성의 기준에 따라 치료받았다(Ettore, 1992).

지난 10여 년 동안 알코올 중독 여성이 눈에 띄게 증가하면서 이러한 모습은 변화하기 시작했다(Wilsnack and Wilsnack, 1991). 남성 알코올 중독자라는 고정관념은 알코올 중독자 자신과 일부 연구자에 의해 이의가 제기되었으며, 몇몇 사전 연구에서 여성의 알코올 남용과 연관이 있는 여러 요인이 밝혀졌다. 많은 여성은 스트레스를 유발하는 여러 사건에 직면했을 때 무기력, 무력함, 무능함과 자존감 부족을 해소하기 위해 폭음을 하는 것으로 알려졌다(Beckmann, 1980; Reed, 1985; Snell et al, 1987). 여성 삶의 구체적 현실과 이러한 특성 간의 관련성에 관한 더 많은 연구가 필요하지만, 확실하고 중요한 실마리가 나타나기 시작했다.

먼저 대부분의 사회에서 여성이 남성보다 가정에서 알코올을 남용하는 경우가 많다(Corrigan and Butler, 1991). 이것은 이중 잣대의 연장으로 대중적 장소에 가기 위해 필요한 교통수단이나 다른 요소가 여성에게는 부족할 뿐만 아니라, 여성 음주자가 남성보다 더 심한 비난을 받는다는 것을 의미한다. 또한 여성은 책임감 때문에 알코올 남용의 원인으로 작용하는 힘겨운 가정환경에 계속 구속된다. 실제로 어떤 미국 여성은 자신의 음주 문제가 가정환경 때문이라고 생각한다.

> 나는 매일 세븐일레븐에서 와인 한 병을 사다가 저녁에 혼자 다 마셔요. 이런 행동은 내가 느끼는 공허감이나 외로움을 덜어주곤 하지요. 언제부터인가 외로움은 나에게 찾아오기 시작했고, 외로움에서 벗어나기 위해 결혼했지만 지금은 예전보다 더 외로워요(Sandmaier, 1992: 116).

여성의 음주에 대한 많은 사례에서 알코올을 남용하는 남성 파트너의 영향으로 더 심해지는 경우도 찾아볼 수 있다(Hammer and Vaglum, 1989; Jacobs and Bremer, 1986; Wislnack and Wislnack, 1991: 149~150).

이 경우 음주는 그들 생활에서 관계를 이어주는 중요하고 바꿀 수 없는 부분이 된다. 그리고 알코올에 중독된 여성의 상당수는 살아오면서 근친상간이나 성적 학대를 경험했다는 점이 점점 명확해지고 있다(Rohsenow et al., 1988; Swett et al., 1991). 미국의 한 조사를 보면 알코올 중독자는 비중독자에 비해 18세 이전에 성적 학대를 당한 경험이 2배 이상 많은 것으로 나타났다(Wislnack and Wislnack, 1991: 149).

그러므로 가정생활의 갖가지 요인이 여성의 건강을 해치는 음주의 원인이 될 수 있다. 많은 경우 이러한 문제는 임금노동으로 성취할 수 있는 독립성이나 우정으로 해결될 수 있다(Wislnack and Cheloha, 1987). 반면에 어떤 사람들에게는 임금노동이 알코올과 관련된 문제를 증가시킬 수도 있는데(Wislnack et al., 1984), 남성 위주의 직장에서 근무하는 여성은 특히 과음하는 경향이 있다고 보고되었다(Hammer and Valgum, 1989; La Rosa, 1990).

술에 의한 정신적·신체적 피해가 남성보다 여성에게 더 크기 때문에, 여성이 알코올 남용에 빠지게 되는 경로의 특수성을 이해할 필요가 있다(Dunne, 1988). 평균적으로 여성의 신체가 남성보다 작고 체지방 비율이 높기 때문에, 알코올은 여성의 체액에 더 많이 농축된다. 여성은 남성보다 간 질환, 소화기 및 영양 문제와 뇌 손상이 발생하기 쉽고, 같은 양의 술을 먹더라도 술로 인한 질병이 더 빨리 나타난다. 이 때문에 술에 의존하는 여성은 남성보다 더 큰 위험에 처하게 되며, 특히 안정제와 술을 같이 복용하는 경우에 더욱 위험하다. 임신 중 음주의 위험은 과도하게 강조된 측면이 있기는 하지만, 실제로 임신기간 중의 음주가 태아에게 손상을 줄 수 있다는 가능성에 직면해야 한다. 미국에서는 매년 약 30만 명이 알코올과 관련된 어느 정도의 장애를 가지고 태어난다(Little and Wendt, 1991: 187).

이렇듯 명백한 문제가 있는데도 여성은 알코올 남용과 관련해서 쉽게 도움을 받을 수가 없다. 상담을 할 경우 여성은 남성보다 가족들의 격려를 적게 받는다. 여성의 음주가 여전히 가족에게 불명예로 치부되기 때문이다. 한편 이러한 경향은 여성 음주가 초래하는 혼란이 상대적으로 낮다는 것을 반영하는 것일 수도 있다. 음주 관련 문제를 안고 있는 많은 여성은 거의 드러나지 않기 때문에 도움을 받는 경우가 적다.

제공되는 서비스의 구조 자체도 여성이 서비스 이용을 꺼리는 또 한 원인이 된다(Beckmann, 1984; Duckert, 1989). 부양가족이 있는 여성에게는 숙박 시설이 있는 프로그램이 적당하지 않으며, 지불할 능력이 없는 경우도 있다. 많은 여성이 남성 위주의 환경에서 불편함을 느끼며 남성의 치료보다 여성의 치료를 하위에 두는 전통적 여성 역할을 강요받기도 한다(Duckert, 1989). 미국의 한 조사는 백인 중심의 환경에서 도움을 구하는 흑인 여성이 직면한 특별한 문제를 밝혀냈다(Amaro et al., 1987). 이와 유사하게 많은 북미 인디언과 오스트레일리아의 원주민 여성은 알코올로 건강이 악화되었지만, 그들의 요구를 충족할 만한 서비스는 극히 부족했다(Asetoyer, 1993).

짧게 살펴본 바로도 여성의 알코올 남용 행태에서 여성이 남성과 다른 이유와 방식으로 술을 마시고, 음주가 건강에 미치는 영향도 남성과 다르다는 것을 알 수 있다. 따라서 여성의 치료 요구에도 젠더적 특이성이 존재한다. 여성 음주자 내에도 다양한 그룹이 있으므로 알코올 남용과 사용에 관한 복합적인 현실을 알아내기 위해 더 많은 연구가 필요하다. 여성의 안정제 사용에 관해서는 상세한 정보를 더 수집해야 하지만 음주와 유사한 명제가 이미 발견되고 있다.

5. 아픈 사람들을 위한 약: 신경안정제 남용

신경안정제(minor tranquillizer) 종류 중 처음으로 나온 것은 리브리엄(chlorodiazepoxide or librium)으로 1960년에 도입되었고, 1963년에 벤조디아제핀(benzodiazepine)계 약물인 발륨이 뒤를 이었다. 이 약들에 앞서 나온 바르비투르산염(barbiturate)계보다 더 효과적이고 위험은 적어 곧바로 많은 양이 처방되었다. 1970년대를 통틀어 리브리엄과 발륨은 가장 광범위하게 처방된 의약품이었다(Ray, 1991: 140).

'벤조디아제핀 시대'에 미국의 성인 10명 중 1명이 발륨과 리브리엄을 사용했고, 1964년과 1970년 사이에 신경안정제 처방은 78% 증가했다(Silvermann and Lee, 1974: 293). 영국에서도 유사한 증가세를 보였으며 1975년에 영국 국민건강서비스에서 처방한 5건 중 1건이 신경안정제로 이 중 70%가 리브리엄이나 발륨이었다(Ray, 1991: 140). 1980년대에 이러한 약물의 소비는 눈에 띄게 감소했으나 안정제를 복용하는 사람의 수는 여전히 많았다. 장기 복용자들은 중독성 집단을 이루었고, 지금도 의사에게 정기적으로 처방받는 약에 의존하고 있다.

이 기간에 벤조디아제핀의 주요 소비자는 여성이었다. 유럽과 북미 여성은 남성보다 안정제를 2배 정도 많이 처방받았다고 한다(Ashton, 1991). 1980년에 수행된 한 국제적 조사에서 벨기에가 향정신성 의약품 사용이 가장 높았는데, 남성의 13%와 여성의 21%가 수면 또는 불안 조절을 위해 정기적으로 향정신성 의약품을 복용하는 것으로 나타났다(Balter et al., 1984). 특히 여성 노인이 이 약품을 주로 복용했다(Glantz and Backenheimer, 1988; Harding, 1986). 영국에서는 벤조디아제핀 처방의 60%가 40세 이상의 여성, 40%가 65세 이상의 여성을 대상으로 했다(Glantz and Backenheimer, 1988; Taylor, 1987).

신경안정제 복용자 중에서 여성은 왜 시종일관 부각되는가? 이 질문의 답을 찾기 위해 신경안정제가 처방되는 의료 상담에 내재된 젠더 이슈를 살펴본다. 우선 의사들의 치료 결정에 대한 원칙을 검토하고, 다음으로 여성의 안정제 사용량을 조사할 것이다.

처방의 정치학

'신경안정제의 유행'과 관련된 비판의 대부분은 문제의 원인을 의사 개인의 행위에 초점을 맞춘다. 이러한 비판은 진료가 여성을 통제하는 역할을 한다고 강조하는데, 이는 고통의 근본적인 원인을 해소하기 위해 신경안정제를 처방한다기보다 의사가 보기에 '신경증'이 있는 여성에게 처방한다는 주장이다(Edwards, 1988. Ch. 6; Illich, 1977; Zola, 1975). 결과적으로 의사들은 약을 처방함으로써 그들의 능력을 보여주는 것으로 순응하는 여성들은 일상생활을 지속할 수 있으며, 제약 산업은 꾸준히 이익을 얻게 된다.

의사들이 '여성적' 또는 '남성적' 행위의 전형적 유형에 대한 고정관념을 염두에 두고 진료한다는 추론을 뒷받침하는 몇몇 근거가 있다. 이런 점에서 의사들은 물론 일반 시민과 크게 다르지는 않지만 그들의 행동이 궁극적으로 여성 건강에 해를 줄 수 있는 상황을 불러오기 때문에 이들의 믿음은 매우 중요하다. 우리는 1960년대 말 수행된 연구에서 미국의 많은 의사들이 '보통의 건강한 여성'과 '보통의 건강한 남성'에 대해 매우 다른 개념을 가지고 있음을 알 수 있다. '남성적' 특성은 건강한 사람에 대한 사회적 고정관념과 유사하지만 '여성적' 특성은 질병과 불안정을 반영했다(Brovermann et al., 1970). 다른 연구를 보면 의사들이 유사한 환자를 진료하는데 여성의 증상은 심리적 원인에서, 남성은 신체적 원인에서 비롯된 증상으로 보는 경향이 있음을 보여준다(Bernstein and Kane, 1981; Miles, 1991: 151~161; Verbrugge and Steiner, 1981; Verbrugge, 1984).

의사들은 여성 환자에게 정신적 문제가 많다고 간주하는 경향이 있고, 여성을 진료할 때는 남성보다 더 많은 검사와 치료를 한다는 증거도 있다(Verbrugge and Steiner, 1981). 이는 여성들이 자신의 문제를 더 심각하게 표현하기 때문일 수도 있고, 의사들이 '약한 여자'에 대해 치료를 거부하지 못하거나 단순히 증상만 제거하기를 원하는 것일 수도 있다. 관련된 요인이 무엇이든 양쪽 모두 치료 방법을 찾아야 한다는 압박을 받을 것이고, 만일 '정신적 곤란'이 있는 경우라면 알약이 유일한 해결책이 될 것이다.

신경안정제를 팔기 위한 여러 상술에 의해 이런 결정은 점점 강화될 것이다. 1960년대 말과 1970년대 초에 대다수 광고에서 여성이 주요한 역할로 출연했고, 향정신성 의약품에 여전히 가장 적합한 대상으로 비쳤다(Prather and Fidell, 1986). 여성은 남성보다 다소 가벼운 증상이 있는 것처럼 표현되었고, 때로는 유혹적인 자세로 사진에 등장했으며, 종종 자신의 고통에 대해 짜증을 내서 가정과 의사들에게 문젯거리가 되는 것으로 묘사되었다. 지난 10년 동안 광고의 경향이 바뀌었는데도, 여성들은 여전히 안정제를 파는 광고에 남성보다 더 자주 등장하고 있다(Prather, 1991: 121~122).

의사들의 처방 습관에 광고가 미치는 영향을 정확히 측정하기는 어렵다. 그러나 광고가 시장에 나온 새로운 약에 일부 의사들이 빠르게 반응하게 하는 동시에, 의사들은 이러한 약이 여성에게 가장 적절하다고 권하는 것이 분명하다. 최근 새로운 안정제 시장과 관련한 연구를 보면 이러한 약을 처방하는 의사 중 68%가 광고를 통해 약에 대해 처음 들었다고 말했고, 59%는 판촉물이 자신들의 결정에 가장 중요한 영향을 준다고 말했다(Peay and Peay, 1988: 1185). 특히 정보를 제공할 다른 매체가 거의 없는 제3세계에서 약 광고의 효과는 더욱 큰 것으로 나타났다.

안정제에 대해 커지는 비판은 상당수 의사들에게 영향을 미쳤다. 영국에서 최근 이루어진 한 연구를 보면, 특히 젊은 의사들이 안정제 처방을 점점 꺼려하고 있으며, 되도록 상담과 같은 다른 접근을 더 선호하는 것으로 나타났다(Gabe and Lipshitz-Phillips, 1986: 280). 그러나 전 세계 의사들은 거대한 선전과 판촉물에 노출되어 있고, 약물을 대체할 치료 방법이 적은 경우도 많다.

치료에 대한 결정은 생의학적 모델의 치료와 기술, 제약 회사의 특별한 판촉 활동과 함께 젠더에 대한 고정관념을 포함한 여러 가지 요인에 의해 이루어진다. 그러나 이러한 요인만으로 처방 행태를 설명할 수는 없다. 우리는 여성들이 스스로 의료 서비스를 찾아가는 원인이 무엇인지 살펴볼 필요가 있다.

선진국에 살고 있는 여성은 남성에 비해 병원을 더 자주 방문한다(Miles, 1993: 63). 이는 여성이 더 오래 살기 때문에 노년에 겪는 만성질환과 관련된 불안감을 해소하기 위해 흔히 안정제와 항우울제를 처방하는 현상이 일부 반영된 것이다. 그러나 향정신성 의약품 처방에 있어 젠더의 차이는 여성이 정신적 문제로 상담을 받는 비율이 높은 것과 관련이 있다.

대다수의 선진국에서 신경쇠약이나 심리사회적 문제로 의사에게 상담을 받는 여성과 남성의 비율은 2 대 1에서 4 대 1 사이로 다양하게 나타난다(Weissman and Klerman, 1977). 물론 이것이 여성이 남성보다 실질적으로 정신적 문제를 더 많이 겪는다는 것을 의미하지는 않는다. 남성에 비해 여성은 자신들의 어려움을 인정하고 의사에게 도움을 구한다는 것을 반영한다. 여성이 더 '아프다'는 일반적인 인식이나 다른 지원책의 부족으로 여성은 의사를 더 방문하게 된다. 이렇듯 서로 다른 요인이 엉켜 있기 때문에 여성과 남성이 경험한 정신적 문제의 실제 수준에 대한 정밀한 비교치를 산출하는 것은 불가능하다. 어쨌든 최종 결과는 여성이 남성보다 안정제를 더 많이 처방받는다는 것이다.

약물과 사회적 통제

일부 논평자에 따르면 많은 여성은 다른 방법으로는 견딜 수 없는 생활을 이어가기 위해 향정신성 의약품을 복용하면서도 주변 사람에게 도움을 주기 위해 계속 노동한다고 한다. 북런던에서 수행한 세실 헬먼(Cecil Helman)의 연구에서는 70세 가정주부로 모가돈(Mogadon)이라는 약물을 장기 복용한 'B 부인'의 감정을 이렇게 묘사했다.

> 그녀는 약을 복용하지 않을 때면 남편에게 까다롭게 굴며, 매우 무뚝뚝하게 대하고 내내 투덜거리지만, 약을 복용하면 친절하고 차분하게 대한다. 남편과 딸은 그녀가 약을 복용하는 것을 알고 있다. 남편은 적극 찬성하지만 딸은 반대하고 있다(Helmann, 1986: 219).

루스 쿠퍼스톡(Ruth Cooperstock)과 헨리 레너드(Herny Lennard)도 1970년대 말에 인터뷰한 캐나다인 여성에게서 유사한 이야기를 들었다. 네 명의 십대 자녀를 둔 어머니는 다음과 같이 말했다.

> 내 불안한 증세가 우리 가족을 힘들게 하지 않도록 약을 복용해요. 애들은 애들이니까요. 아이들의 정상적 행동이 나를 괴롭힌다는 이유

로 아이들에게 소리를 지르는 것은 옳지 않다고 생각해요. 남편은 내가 과잉 반응을 한다고 말해요. 나는 감정적인 사람이에요. 남편보다 더 그렇죠. 남편은 자신이 기술자이고 매우 차분하며 논리적이라고 생각해요(Cooperstock and Lennard, 1986: 232).

이러한 상황은 안정제가 여성이 자기 자리를 지키는 하나의 방법임을 시사한다. 쿠퍼스톡과 레너드는 이 연구에서 지적한 바와 같이 직장 문제에 대처하기 위해서 안정제를 사용한 남성은 거의 없는 반면에 여성은 가사 문제를 강조했으며 이에 따라 성별 분업은 강화된다. 그러나 도움을 받을 수 없는 환자를 치료하기 위해 의사가 사용하는 방법 중 하나인 약물 사용을 간단하게 없애버릴 수는 없다.

적응 전략으로서의 안정제

이 분야에 대한 질적 연구는 드물지만 모든 여성이 수동적인 희생자는 아니다. 많은 여성이 안정제에 대해 극단적으로 상반된 두 가지 감정을 가지며, 약물이 해롭다는 것을 알지만 변화되기 어려운 상황에서 자신을 지탱하기 위한 적극적 방법 중 하나로 안정제 사용을 선택한다. 이러한 이슈를 좀 더 조사하기 위해 조너선 게이브와 니키 서러굿(Jonathan Gabe and Nicki Thorogood)이 런던의 다인종 노동자 집단을 인터뷰했다(Gabe and Thorogood, 1986). 연구의 목적은 여성이 일상의 업무와 문제를 조절하는 데 이용할 수 있는 '다양한 자원'이라는 맥락에서 안정제 사용을 이해하는 것이었다.

여성들은 일터, 가정, 사회적 지지, 여가 활동, 담배, 술, 종교 등이 그들이 사용할 수 있는 주요한 자원이라는 것을 스스로 알고 있다. 이러한 자원에 대한 접근은 환경에 따라 각기 달랐는데, 이런 맥락에서 흑인 여성은 적어도 임의로 이용할 수 있는 더 많은 자원을 가지고 있다. 상근직에 종사하는 수가 다소 많고, 미취학 아이들 특히 그들을 더 지지하는 딸이 많았으며, 정기적으로 교회에 다니는 경우도 많았다. 백인 여성에게는 이런 자원이 훨씬 적었으며, 벤조디아제핀 사용자가 상당히 많았다(Gabe and Thorogood, 1986: 260~261).

백인 여성 중 장기 복용자들은 이혼했거나 아이들과 함께 지내지 않는 경우가 많았다. 이들은 여가를 즐길 기회가 별로 없었으며 교회를 정기적으로 다니지 않았을 뿐만 아니라 보수가 없는 일을 하고 있었다. 장기 복용자들를 보면 좀 더 '긍정적인' 자원이 있는 경우가 드물었다. 그 대신에 많은 여성이 스트레스를 덜 받기 위해 안정제뿐만 아니라 담배를 이용했다.

다른 연구에서는 안정제를 복용하는 백인 여성에게 안정제에 대한 태도를 물었다. 일부 여성은 안정제 없이는 아무것도 할 수 없다고 말했다. 그녀들에게 안정제는 생명줄과 같았다. "정말로 필요하기 때문에 …… 발륨을 먹어요. 당신도 인정할 거예요"(Gabe and Thorogood, 1986: 252). 또 다른 사람들은 안정제를 문제가 심각할 때만 간헐적으로 사용하는 '의지할 수 있는 것'이라고 생각했다.

> 발륨은 절박할 때 도움이 돼요. 그렇지만 만약 발륨 없이 지낼 수 있다면 그렇게 하려고 해요. 저는 발륨 없이 지낼 수 있을 만큼 지내요. 발륨은 간절할 경우에만 복용해요. 3~4주 동안은 발륨을 복용하지 않고 지낼 수 있어요. 그러다가 갑자기 그것이 필요하다고 느껴요. 그래서 가방에 발륨을 몇 알 넣어 다니지요(Gabe and Thorogood, 1986: 252).

일부 사용자들은 안정제에 비판적이지 않다. 안정제를 의지할 수 있는 것으로 여기는 대부분의 사람들과 생명줄로 간주하는 사람들 중 일부는 안정제 사용에 상반된 감정을 보이기도 한다. 그러나 적어도 그들의 삶에서 그 순간만큼은 안정제에서 얻는 이득이 위험을 상회하는 것으로 보인다.

약물 사용의 위험과 이득 평가

벤조디아제핀은 약물 복용 후 나타나는 초기 환각 상태에서 위험과 중독성이 없다고 환영을 받았지만, 장기 복용자들에게서 현재 문제가 발생하고 있다. 소규모 연구에서 안정제를 복용한 사람 중 5~10%가 6개월 동안 꾸준히 복용한 뒤 금단 현상을 경험했고, 2~4년 복용한 뒤로는 25~45%, 6~8년 복용 후에는 75%가 금단 현상을 경험했다고 보고했다(Williams and Bellantueno, 1991: 79). 금단 현상 증상으로는 수면 장애, 불안, 과민함, 근육통, 두통, 진전(tremor),[2] 구토, 소리와 빛에 대한 민감성 등이 있다. 일부 여성은 과량의 안정제를 끊기 위해 시도하다가 끔찍한 경험을 했다고 했다.

> 첫 2주 동안 저는 프로그램에 집중해서 과감하게 끊었어요. 20밀리그램에서 15밀리그램으로 낮추고, 15밀리그램에서 10밀리그램으로 줄였는데, 그 2주 동안 신체적·정신적으로 끔찍했어요. 깜짝 놀랄 정도예요. 가장 나쁜 것 중 하나는 감각이 변하는 거예요……. 저는 방에 있는데 벽이 왔다 갔다 하는 것을 느꼈어요. 똑바로 볼 수 없었고 모든 것이 일그러져 보였어요……. 몸이 흔들리면서 계속 진땀이 났고, 근육이

---

[2] 머리, 손, 몸에서 무의식적으로 일어나는 근육의 불규칙한 운동을 말하며, 알코올 중독, 신경쇠약, 파킨슨 증후군 따위에서 나타나는 중세이다.

바짝 긴장하면서 여러 부위에 통증을 느꼈어요(Wolfsen and Murray, 1986).

어떤 이들은 심리적 의존 상태가 심각해졌음에도 약을 끊는 데 신체적인 문제는 거의 없거나 전혀 없다.
이런 이유로 여성의 안정제 사용은 매우 복잡하고 모순된 현상으로 여겨진다. 급성 불안증에 벤조디아제핀을 단기간 사용하는 것은 대부분 적절하다고 여겨진다(Clare, 1991: 184). 그러나 장기적으로 사용할 경우 문제는 좀 더 복잡해진다. 일부 여성들은 아주 현실적인 고통을 해결하기 위해 계속 약물을 사용해 이득을 얻었다. 그러나 다른 여성들에게는 약 자체가 신체적·정신적 의존성을 유발하여, 완화되기 원했던 어려움보다 더 큰 문제가 되기도 한다. 안정제를 사용하는 여성은 사회적 환경에 의해 직접적으로 생기는 감정적인 문제에 대응하기 위해 약물을 복용한다. 이 약물이 고통을 어느 정도 완화하는 데는 도움이 되지만, 때로는 그 자체가 상황을 더 어렵게 할 수도 있다. 그러나 안정제를 사용하지 않으면 어려움을 참지 못할 정도가 되고 그런 상황이 변화되지 않을 수도 있다. 다음 절에서도 언급하겠지만, 안정제 사용에서 볼 수 있는 모순은 여성의 흡연 문제에서도 나타난다.

6. 유행처럼 번지는 흡연

전 세계적으로 담배는 조기 사망을 일으키는 가장 중요한 원인이다. 대부분의 선진국에서는 이러한 위험에 대한 인식이 높아져서 남녀 모두의 흡연율이 뚜렷하게 감소했다. 그러나 남성이 여성보다 습관을 더 빨리 그만두었고, 일부 국가에서는 십대 소녀들이 소년들보다 습관에서 벗어나지 못했다. 1991년 15세 영국 소년의 18%만이 흡연자인데 비해 소녀들은 27%가 흡연자였다(Chollat-Traquet, 1992: 16). 미국에서 한 예측에 따르면 이러한 경향이 지속될 경우 2000년에는 미국 흡연자의 대부분이 여성일 것이라고 한다. 제3세계 대다수 국가에서는 여성과 남성의 흡연율 차이가 크다. 그러나 네팔, 파푸아뉴기니, 우루과이와 브라질에서는 여성 흡연율이 남성 흡연율과 유사하며 이는 확실히 주목할 만한 예외적인 경우이다(Crofton, 1990: 165).

여성 흡연율이 증가하면서 담배는 점점 더 빈곤이나 사회적 불이익과 연결되고 있다. 여러 선진국에서 여성 흡연자는 비흡연자에 비해 교육 수준이 낮고, 수입이 적다. 미국에서 흡연과 사회적 불이익의 연관성은 흑인 여성의 담배 소비율이 매우 높은 것에서 알 수 있듯이 인종별 흡연 행태의 차이에도 반영되고 있다. 캐나다 역시 인종 차이가 뚜렷한데, 놀랍게도 이누이트 족 여성의 78%가 흡연자이다(Greaves, 1987: 28).

제3세계 국가 대부분에서 흡연 여성의 비율은 아직 10% 미만이다. 그러나 몇몇 국가에서는 흡연율이 빠르게 증가하고 있다. 특히 도시 여성들이 흡연을 현대식 생활 방식의 하나로 여기면서 더 확산되고 있다(Chollat-Tranquet, 1992). 담배 산업의 주요 대상이 이런 그룹의 여성들이다. 1988년 선진국의 담배 소비는 1% 감소했지만, 제3세계에서는 판매가 촉진되어 2.3% 증가했다(Crofton, 1990: 164). 이러한 영향은 브라질의 도시 지역에서 특히 뚜렷한데, 이곳의 여성 흡연율은 미국을 빠르게 추월하고 있다.

흡연은 세상에서 가장 건강하지 못한 여성에게 더 큰 해를 끼치고 있다. 제3세계의 담배 소비 증가는 빈곤에 의한 질병이 해결되지 않은

상태에서 풍요의 질병까지 부담해야 하는 여성이 늘어난다는 것을
의미한다.

흡연에 따른 질병의 증가

선진국에서는 흡연으로 매년 30만 명이 사망한다(Chollat-Traquet, 1992: 34). 수백만 명이 흡연과 관련된 질병과 불임 등의 장애를 겪고 있으며, 전보다 더 많은 여성이 전통적으로 남성 질환으로 간주되어온 심장질환과 폐암으로 죽어가고 있다. 앞으로 30년 뒤에는 여성의 흡연 관련 사망이 2배 이상 될 것이고, 2020년까지 전 세계에서 매년 100만 명 이상이 흡연 관련 질병으로 사망할 것이다(Chollat-Traquet, 1992: 3). 여성 흡연자는 살아서는 절대 누리기 어려운 평등을 죽을 때 성취할 수 있을 것이다(Jacobson, 1981: vi).

여성에게 폐암 발병은 드물었다. 그러나 많은 선진국에서 현재 급격하게 증가하고 있다. 희생자 대부분은 제2차 세계대전의 여파로 30~40년 전부터 담배를 피우기 시작한 여성들이다. 많은 유럽 국가에서 폐암으로 사망하는 여성은 1955년부터 1988년까지 5년마다 약 15%가 증가했다. 일본, 스코틀랜드와 미국에서는 폐암에 따른 여성 사망률이 유방암보다 높으며, 영국의 잉글랜드와 웨일스, 오스트레일리아와 덴마크에서도 유사한 경향이 나타나고 있다(Chollat-Traquet, 1992: 42).

여성 암 사망은 주로 사회경제적으로 혜택을 받지 못하는 사람들에게서 집중적으로 증가했다. 영국의 자료에 의하면 폐암으로 사망한 여성들에게서 1970년대 이후 계급의 차이는 뚜렷하게 증가하고 있다. 가장 가난한 사람들의 사망률은 부유한 사람들보다 2배가량 높다(Pugh et al., 1991: 1106). 제3세계 여성들에게서 폐암은 보기 드문 사망 원인이지만, 브라질은 예외에 속한다. 브라질 여성의 폐암사망률

은 세계 14위를 차지했고, 순위가 빠르게 상승하고 있다.

인도는 전 세계 담배 생산에서 3위를 차지하고 있다. 담배 소비는 매년 약 2%씩 증가하고 있는데, 여성에게서 발생하는 전체 암 이환율의 약 20%가 담배와 관련이 있는 것으로 추산된다(Stanly et al., 1987: 276). 궐련(cigarette)을 피우는 경우는 거의 없지만 많은 사람이 물담배(water pipes), 씹는담배 등을 흔히 사용한다. 일부 지역의 여성들은 '역흡연(reverse smoking)'을 꾸준히 하고 있는데, 추타(chutta)3 또는 엽궐련 끝을 입안에 넣고 태운다(Jacobson, 1986: 33; Stanly et al., 1987). 이런 행위는 좀 더 여성스러운 것으로 간주되지만 매우 위험한 일이다. 가장 위험한 습관은 연기를 포함한 씹는담배로, 씹는담배를 이용하는 사람은 담배를 전혀 피우지 않는 사람에 비해 구강암 위험이 30배 이상 높다(International Agency for Research on Cancer, 1985; Jacobson, 1986: 34). 인도의 도시 첸나이와 방갈로르는 여성의 구강암 발생 비율이 세계에서 가장 높은 지역이다(Stanly et al., 1987: 276).

흡연자들이 직면한 유해함은 그들이 호흡기 질환에 많이 걸린다는 것에서도 나타난다. 이러한 영향은 종종 직업적인 위해 요인과 결합하면서 더 악화되고, 제3세계 일부 지역에서는 집안 내 연기에 의해 심해져서 특히 여성에게 영향을 미친다. 네팔 여성의 약 60%가 흡연을 하는데 대부분 연기를 막기 위해 비디스(bidis)4 주위를 손으로 가리고 사용한다(Jacobson, 1986.p.35). 대다수의 여성이 연기가 가득한 작은 집에 거주하여, 결과적으로 네팔인의 절반 이상이 '담배 폐

---

3 담뱃불을 붙인 부분을 입에 넣고 태우는 역흡연에 주로 사용되는 담배 종류이다. 구강암 발생을 높인다고 알려져 있다.
4 인도 등지에서 주로 생산되는 담배 종류로 필터가 없고 잎에 싸서 피운다. 니코틴 함량이 매우 높다고 알려져 있다.

(cigarette lung)'로 고생하고 있다. 따라서 여성 흡연자들은 남성 흡연자들과 같은 위해 요인에 직면하며, 전 세계적 사망률과 이환율에 이러한 남녀 간의 균등한 건강 위험이 반영되기 시작했다.

여성은 흡연이 출산에 미치는 영향 때문에 부가적 위험에 처하게 된다. 제4장에서 살펴보았듯이 피임약을 복용하는 흡연자에게서 심혈관 질환이 발병할 가능성이 뚜렷하게 증가했다. 또한 흡연은 출산 감소와도 연관이 있다(US department of Health and Human Services, 1989). 흡연 여성이 임신할 경우 자연유산, 저체중아, 사산, 조기 양막 파수, 조기 분만의 위험이 있다. 어머니의 흡연은 영아 돌연사 증후군(SIDS: Sudden Infant Death Syndrome)[5]과 연관성이 있을 수 있으며(Berman and Gritz, 1991; Chollat-Traquet, 1992: 48~49), 가임기를 지난 여성 흡연자들은 비흡연자보다 완경이 빠르고 골다공증과 관련된 건강 문제가 더 많이 나타난다(Chollat-Traquet, 1992: 49).

흡연의 유혹

여성 흡연의 경향을 이해하기 위해서는 두 가지 다른 진행 과정 즉, 흡연의 시작과 이 습관이 강화되고 유지되는 과정에 주목해야 한다. 여성 흡연이 문화적 전통이라 역사가 긴 나라도 있고, 최근에서야 여성 흡연자가 증가한 지역도 있다. 그러나 환경이 어떻든 간에 여성 흡연자는 많은 공통점이 있다. 여기서는 이 같은 공통된 경험을

---

5 건강해 보이던 영아가 갑자기 사망하는 증후군으로 1세 이하의 건강한 아기가 아무런 조짐이나 원인 없이 갑자기 사망했을 경우에 내리는 진단이다. 원인은 정확히 알려져 있지 않지만 주요 원인으로 해부학적 결함, 특히 뇌의 결함과 발육 지연을 꼽을 수 있다. 이러한 결함을 지닌 영아가 엎드려 자거나 이산화탄소를 마실 경우, 너무 덥거나 담배 연기를 마실 경우, 또는 자는 도중에 일시적으로 혈압이 떨어지는 등의 상황이 발생하면 사망에 이르게 된다.

파헤쳐 보고자 한다.

가장 직접적으로는, 여성은 흡연 인구를 확장하거나 유지하기 위한 강력한 산업의 목표물이 되었다. 담배 회사의 광고 내용과 형태는 다양했지만, 지난 60여 년간 여성들은 빈번히 담배 회사의 시야에 들어 있었다(Davis, 1987; Ernster, 1985). 흡연자들이 금연을 하거나 죽기 때문에 새로운 보충병이 필요했으며, 자연스럽게 여성의 낮은 흡연율은 담배 광고주의 목표물이 되었다.

빅토리아 여왕 시대에 벌어진 여성 금주운동은 술뿐만 아니라 담배도 반대했으므로 여성 흡연자는 혹독한 비난을 받았다. 1920년대 초 이러한 경향이 변화했는데, 특히 광고는 여성을 처음으로 흡연으로 유도했고 담배를 여성 해방의 상징으로 만들었다(Greaves, 1990: 5). 광고에서 담배를 매혹적이고 세련된 것으로 묘사했기 때문에 흡연율은 1930년대에 꾸준히 증가했다. 제2차 세계대전 당시 여성이 남성의 영역으로 여겨졌던 일을 담당하게 되고 건강하지 못한 습관을 익히게 되자 여성의 흡연율은 더욱 증가했다. 이러한 현상은 일시적으로 양성적·평등주의적인 광고 이미지에 영향을 받았지만, 전후 시기에는 여성을 집안으로 되돌려 보내기 위해 신체적·성적 매력이라는 주제로 전환되었다.

1960년대에 담배와 관련된 건강상의 문제에 대한 증거가 쌓이기 시작했는데, 여성들은 이 시기에 일터로 다시 대거 투입되었다. 이런 변화된 환경에서 담배는 스트레스가 많은 세상에서의 휴식, 남성에게서의 독립과 자유를 의미한다고 광고했다. 동시에 담배를 '날씬함'과 여성의 아름다움에 대한 문화적 고정관념에 걸맞은 것이라고 연관지었다. 담배 회사들은 그들의 광고가 변화하는 여성의 목표와 환경을 반영한다고 했지만, 언제나 궁극적인 목적은 여성을 흡연자로 만드는 것이었다.

최근까지 이러한 산업은 제3세계 여성을 주목하지 않았다. 그러나 선진국의 흡연자 수가 감소하고, 제3세계 여성들의 소득이 증가하면서 변화하기 시작했다. 담배 광고의 첫 번째 흐름은 남성을 주목했지만, 현재는 그들 뒤에 있는 여성에게 관심을 기울이고 있다(Stebbins, 19). 1973년에는 나이지리아 여대생의 2% 정도가 흡연을 했으나 1982년에는 21%에 달했다. 이러한 증가는 대부분 표적 광고의 결과이다(Jacobson, 1986: 36). '버지니아 슬림 라이트'는 제3세계에서 여성을 겨냥한 첫 '여성용' 담배 브랜드로 1984년에는 홍콩에서도 출시되었다(Jacobson, 1986).

담배 회사들은 오로지 브랜드에 대한 고객충성도를 높이거나 제품 소비를 유도하기 위해 광고를 제작했다고 주장한다. 그러나 연구에 따르면 광고는 새로운 흡연자의 대다수를 차지하는 젊은 사람들의 행동에 가장 큰 영향을 미치고 있다. 특히 십대 소녀들은 흡연의 유혹적인 이미지 때문에 담배를 시험 삼아 피워보는데, 그중 다수가 어른이 되어서도 흡연을 계속한다(ASH Women and Smoking Group, 1990a). 많은 사람들이 구독하는 청춘 간행물이나 여성잡지에는 그럴듯한 담배 광고는 실려 있으나 담배의 해악에 대한 정보는 거의 없다. 이렇기 때문에 잠재적인 젊은 흡연자들은 담배에 대해 주로 긍정적인 메시지를 전달받게 된다(ASH Women and Smoking Group, 1990b).

왜 그렇게 많은 여성이 상업적인 속임수에 현혹되어 흡연자가 되는 것일까? 그 이유가 복합적이기는 하지만 몇 가지 주요한 원인을 찾을 수 있다. 사회적으로 소녀들의 흡연을 예전보다는 용인하는 분위기인데, 가족과 친구가 중요한 역할 모델이 되었다. 부모 중 한 명 혹은 두 명 모두 흡연자일 때, 또는 나이가 많은 형제, 자매가 흡연을 할 경우 사춘기 소녀가 흡연을 시작할 가능성은 상당히 높아진다(ASH Women and Smoking Group, 1990a).

심리적인 요인 또한 중요하다. 자존감이 낮은 소녀들은 자존감이 강한 친구들보다 담배를 더 많이 피우며, 좀 더 성숙한 자신의 모습과 강한 주체성을 만드는 데 담배를 이용한다(Piepe et al., 1988). 도전, 흥분, 호기심과 '갱'이 되고픈 욕구 등은 소녀들이 자신의 흡연을 설명할 때 빈번히 언급하는 것이다. 좀 더 잘사는 지역에서는 많은 소녀들의 날씬해지기 위한 욕구가 담배를 시작하는 중요한 원인이 된다(Charlton, 1989).

평생 가는 흡연 중독

일단 흡연이 습관화되면 심리적·약물학적·신체적·사회적 요인이 복합되어 흡연을 계속한다. 니코틴 의존 때문에 금연을 하지 못하고, 일부 여성들은 날씬함을 위해 담배의 식욕 억제 효과를 계속 이용한다. 그러나 많은 사람이 생각하는 흡연의 주요한 장점은 일상생활에서 직면하는 곤경에 대처할 수 있는 능력을 강화시킨다는 점이다. 현재 여성 흡연자의 대다수를 차지하는, 혜택 받지 못하는 여성들이 이에 해당한다.

여러 연구에서 여성들이 부정적인 감정에 대처하기 위해 담배를 이용하는 경우가 남성보다 많은 것으로 보고되었다(Greaves, 1987; Wells and Batten, 1990). 흡연의 즐거움에 초점을 맞추는 대신에 여성들은 쓸쓸함, 슬픔, 분노, 화를 조절하기 위한 수단으로 자주 사용한다. 한 영국 여성은 이렇게 설명했다.

금연이 나를 불안하게 하는 것 같아요. 저는 일을 더 잘 견뎌낼 수 있어요. 만약 제가 경제적인 사람이었다면 담배를 끊어야죠. 담배를 끊을 수 있지만 그러고 싶지 않아요. 음식을 안 먹을 수는 있어요. 그건 나에게 중요한 것이 아니거든요 ……. 하지만 담배는 나 자신을 위해 할 수 있는 유일한 것이에요(Graham, 1987: 55).

가난한 여성은 부유한 사람보다 스트레스를 많이 받지만 자원은 별로 없다. 결과적으로 적은 수입으로 많은 것을 책임을 져야 하는 여성들은 자신을 위로하는 방법으로 담배에 의존하게 된다. 힐러리 그레이엄(Hilary Graham)의 연구를 보면 영국에서는 소득이 낮은 상태에서 하루 종일 아이를 돌볼 경우에 특히 흡연을 하기 쉽다고 한다. 흡연을 위해 쉬는 것은 다른 사람의 요구와 필요에 헌신하는 삶에 대한 보답과 여유인 것이다(Graham, 1987). 어느 젊은 어머니는 이런 말을 던졌다.

> 담배는 쉴 새 없이 무언가를 요구하는 아이들 없이 탐닉할 수 있는 유일한 즐거움이다. 특히 오랜 시간 또는 수일 동안 아이들에게서 벗어날 수 있는 시간이 없고 아기를 봐주는 사람이 있는데도 밖에 나갈 수 없다면, 여자는 지치고 아이들에게 짜증을 내며 지겨워하고 끔찍해할 것이다. 값싼 담배는 여유를 부릴 수 있는 유일한 즐거움이다. 그것은 여가, 즐거움과 일상적인 성인 활동을 대치할 수 있는 손쉬운 대용품이다(Jacobson, 1986: 95).

로렌 그리브스(Lorraine Greaves)는 캐나다 여성에게서도 유사한 사례를 발견했다(Greaves, 1990). 흡연을 좋아해서 담배를 피는 여성은 소수이고, 대부분은 사회적 관계를 조절하기 위해 담배를 이용하고 있다.

일부는 자신의 이미지를 형성하거나 다른 사람과의 유대감과 주체성을 만들기 위해 흡연을 한다. 그러나 자신의 신체와 삶에 침입하는 다양한 강요와 압박을 조절하기 위해 담배를 이용한다는 것이 가장 공통된 점이다(Greaves, 1990: 906).

그리브스의 연구에서는 많은 응답자가 흡연을 다른 사람과의 상호작용을 억제하고, 긴장되거나 반대에 직면한 상황을 해소하기 위한 방법이라고 답했다. 흡연이 자신의 감정을 표출하는 효과가 있다기보다는 감정을 다소 무디게 한다고 분명하게 말하는 사람들도 있었다(Greaves, 1990: 906). 예를 들면 '흡연은 분노를 가라앉게 한다'는 것이다. 매우 자주 발생하는 감정의 내면화는 여성이 가장 친밀한 관계에서 느끼는 무기력감을 반영한다. 담배는 조절이 가능하고 의지할 수 있으며 '항상' 거기에 있다. 특히 이러한 기분은 불안정하고 예측할 수 없는 성격을 지닌 독설적인 동료와 함께 일하는 여성에게 매우 중요하다.

금연할 수 있다는 자신감이 남성보다 여성에게 더 적다는 것은 놀라운 일이 아니다. 대부분의 경우 자신이 중독되었다고 주장하는데, 이는 생활의 다른 많은 부분에서도 통제하기 어려웠던 경험을 나타내는 것이다. 여성은 담배를 끊으려고 노력해도 남성에 비해 별다른 지원을 받지 못한다. 어떤 경우에는 가족이 흡연을 하도록 격려했다는 보고도 있다.

다양한 문화에서 흡연이 여성들의 삶에 포함되는 방식을 찾아내기 위해서는 더 많은 연구가 필요하다. 그러나 담배가 모든 여성 흡연자의 삶의 모순을 상징한다는 것은 이미 밝혀졌다. 흡연은 의심할 여지 없이 신체적 건강에 심각한 위험 요소이지만, 돌보는 사람이나 노동자로서의 역할을 유지하기 위해 중요하게 의지하는 것이다. 신경안정제처럼 흡연은 여성들에게 감정을 지배할 수 있다는 환상을 심어준다. 그러나 흡연이 너무 자주 여성을 통제하는 일이 생기고 심지어 사망을 초래하기도 한다.

7. 결론

이 장에서는 여성이 '위안의 약'을 사용하는 것에 대해 검토했다. 약물을 사용하는 모든 여성이나 특별한 약을 사용하는 모든 여성에 대한 단일한 설명을 제시하지는 않았다. 그러나 여성의 물질 사용과 오용에 대한 젠더적 이해는 여성 건강을 보호하는 데 필수적이다.

지난 몇십 년간 여러 가지 경향이 하나로 모아지고 있다. 여성의 구매력이 증가하고 약물에 대한 접근이 쉬워지면서, 잠재적으로는 해로운 물질이지만 합법적으로 얻을 수 있는 기회가 더 많이 주어졌다. 이와 동시에 여성은 전통적인 네트워크와 사회적 지지 없이는 관리하기 어려운 환경에 놓인 자신을 발견하게 되었다. 이러한 변화로 많은 여성이 현 상태를 유지·적응하기 위해 한 가지 이상의 물질을 남용하게 되었는데, 이는 여성이 처한 곤경에서 막대한 이득을 취하려는 제약 회사들에 의해 더욱 조장되고 있다.

제3세계 여성들이 올가미에 걸려들었기 때문에 이런 현상을 차단하기 위한 수단이 시급히 필요하다. 단기 전략으로는 문화적으로 좀 더 친숙하고 성 인지적인 교육 전략과 지지, 치료 서비스를 제공하고 광고와 판촉을 엄격히 규제하는 것 등이 있다. 그러나 장기적인 해결책에는 여성의 사회적·경제적 지위의 좀 더 근본적인 변화도 포함해야 한다. 제8장에서 더 자세히 살펴볼 내용은 이러한 정책적인 이슈다.

읽을거리

Ashton, H., "Psychotropic drug prescribing for women," *British Journal of Psychiatry*, vol.158, supplement 10(1991), pp.30~35.
유럽과 북미에서 여성에게 처방되는 향정신성 의약품에 대한 최신 경향을 요약했으며, 왜 여성이 남성보다 더 많이 향정신성 의약품을 처방받는지와 그에 따른 문제점이 무엇인지에 대한 유용한 논의를 담고 있다.

Chollat-Traquet, C., *Women and Tobacco*(Geneva: WHO, 1992)
국제적 수준에서 여성 흡연의 최신 경향을 개괄했다. 세계보건기구의 후원으로, 전 지구적 차원에서 여성 흡연의 증가를 강조하고 흡연이 건강에 어떠한 영향을 미치는지를 서술하고 있다.

Gabe, J. and Thorogood, N., "Tranquillisers as a resource," in J. Gabe and P.Williams(eds.), *Tranquillisers: social, psychological and clinical perspectives*(London: Tavistock, 1986)
향정신성 의약품을 복용하고 있는 모든 여성이 희생양이라는 도전적 제안을 한 중요한 연구로, 런던의 노동자 계급 여성 그룹과 인터뷰해서 신경안정제는 여성이 일상생활의 모순을 감당하기 위해 쓰는 자원임을 밝히고 있다.

Jacobson, B., *Beating the Ladykillers: women and smoking*(London: Pluto Press, 1986)
흡연에 따른 여성 사망을 감소시키고자 만든 캠페인 책자로, 왜 소녀와 여성이 흡연에 빠지는지를 심도 있게 살펴보고, 스스로 금연하려 하거나 금연을 도우려는 사람들에게 지침을 제시한다.

Journal of Substance Abuse, vol.3(1991). special issue on women and substance abuse. 다양한 물질에 대한 여성의 오남용을 폭넓게 기술했는데, 2편의 조사 논문이 특히 유용하다. Berman B. and Gritz, E., "Women and smoking: current trends and issues for the 1990s" and Wilsnack, S. and Wilsnack, R., "Epidemiology of women's drinking."

제8장

여 성 건 강 운 동

WOMEN'S MOVEMENTS FOR HEALTH

1. 서론

앞에서 우리는 여성 건강을 가로막는 경제·사회·문화적 요인에 대해 논했다. 그러나 무수한 대응 전략 중 일부만 살펴본 것에 불과하다. 마지막 장은 여성건강운동에 초점을 맞추었다. 여성 대부분은 자신의 건강 증진을 위해 많은 시간을 쏟지만 일부에서는 사회 변화를 통해 건강을 향상시키려는 집단적 활동을 벌이고 있다. 이 장에서 검토할 내용은 여성 보건 정치(women's health politics)의 복잡한 모습이다.

2. 여성 건강의 국제 정치

북미, 오스트레일리아, 뉴질랜드, 유럽 등에서 일었던 여성주의자들의 두 번째 물결에서 보건의료는 주요한 관심사였다. 그러나 정치적 중요성은 풀뿌리 페미니즘의 소멸과 함께 대부분의 국가에서 사그라졌다. 여성 보건 정치의 무게 중심은 제3세계로 옮겨졌고, 이곳에서의 여성운동은 경기 후퇴, 구조 조정, 환경 악화의 국면을 맞이하여 점차 활발해졌다. 특히 남미는 여성 건강을 옹호하던 전통이 점차 강화되고 있으며, 아시아의 조직 또한 빠르게 늘어나고 있다. 여성 건강을 추구하는 활동가들은 세계 여러 곳에서 중대한 정치 현실을 대변하고 있고, 그들의 목소리는 지난 10년에 걸쳐 점차 강해졌다.

여성 보건정치의 경험은 여러 국가에서 확산되고 있을 뿐만 아니라 점차 국제화되고 있다(Kisekka, 1992; Tudiver, 1986). 이는 어떤 면에서 여성의 건강을 위협하는 요인이 지니고 있는 다국적 속성(예를 들어 환경 위해 요인이나 작업장 위험 요인의 수출 및 위험한 재생산 기술)에 대한 대응의 결과로 볼 수 있다. 또한 이는 '여성 발전을 위한 1975~1985 UN 10년' 이후 여성운동에서 국제 연대의 성장을 의미한다. 제1차 여성건강회의는 1977년 로마에서 개최되었다. 이후에는 하노버, 제네바, 암스테르담에서 개최되었고 1987년에는 유럽에서 코스타리카로 옮겨졌으며, 1990년에는 필리핀, 1993년에는 우간다에서 열렸다(Keysers and Smyth, 1991).

물론 모임을 열기까지 순탄하기만 했던 것은 아니었으나, 다양한 관심, 욕구, 책임, 노동 형태, 사고 체계를 지닌 여성들이 모였다. 마닐라 회의에서의 이러한 차이는 훗날 '절망과 불신의 작은 격변'이라는 표현을 낳았다(Keysers and Smyth, 1991: 30). 그런데도 여성회의는 여성의 건강을 증진시킨다는 공통의 목표를 공유하는 많은 참가자들을 모으기 위해 지속되었다. 여성들의 환경이 어떠하든 간에 이들이 같은 목표를 향해 나아간다는 점이 중요하다. 성적 자기결정권, 효과적이고 인간적인 의료, 기본적인 욕구 충족, 안전한 작업장, 신체의 안녕이 모든 여성 건강 어젠다에서 여전히 중요하다.

3. 재생산의 권리와 선택

대부분의 국가에서 재생산 권리에 대한 쟁점은 여성건강운동의 중심에 있다(Garcia Moreno and Claro, 1994). 역사적으로 여성건강운동은 대개 출산 조절과 관련된 운동에서 시작했으나, 점차 임신을 조절하는 권리만이 아니라 성적 자율권, 안전한 모성(motherhood), 아이를 양육하기 위한 건강한 환경에 대한 권리까지 포함하면서 좀 더 광범위한 틀로 자리 잡았다(Correa and Petchesky, 1994; Dixon-Mueller, 1993;

Gerber Fried, 1990a). 마침내 1985년 나이로비에서 개최된 UN 여성회의에 모인 43개국 참가자들은 다음과 같이 선언했다.

> 제3세계 여성이 보완책으로서의 낙태를 포함해 가족계획과 관련된 모든 방법을 이용할 권리를 요구하며, 자신의 환경에서 최적의 것을 스스로 선택할 수 있는 권리를 주장한다. 우리의 삶을 보호함으로써 우리가 진심으로 보호하기를 원하는 아이들의 삶을 보호할 것이다. 이것이 우리가 가지고 있는 반대(pro-life)의 개념이다(Germa and Ordway, 1989: 7).

변화를 위한 캠페인: 공통점과 다양성

여성 건강 활동가들은 대부분 공동체 단위에서 활동하면서 정보를 제공하고 조언과 돌봄을 통해 다른 사람들이 능력을 갖추도록 돕고 있다. 그러나 일부 여성들이 가족계획과 낙태의 문제점을 알아내어 공개하고, 특정 의료 기술의 위험을 폭로하며, 생식과 관련된 연구를 개발하는 데 더 적극적인 참여를 요구하면서 선도적 활동은 좀 더 폭넓게 발전하고 있다.

최근에 많은 활동가 집단이 지역적·국가적 협력을 통해 함께 일하기 시작했다. '남미와 캐러비언 여성 건강 네트워크(The Latin American and Caribbean Women's Health Network)'는 그 지역에서 'ISIS 연합'과 연대해 많은 활동을 하고 있다. 유사한 네트워크가 최근 남아시아와 동남아시아에서 설립되었다. 브라질의 '건강과 재생산 권리를 위한 여성운동 네트워크(National Feminist Network for Health and Reproductive Rights)'는 현재 아르헨티나, 칠레, 콜롬비아에 약 50개의 조직을 두고 있다(Garcia Moreno and Claro, 1994). 또한 다양한 조직이 국경을 넘어

활동하고 있다. 여성 건강에 대한 국제적 지지는 재생산 권리 영역에서 특히 강력하다. 다음에 소개하는 두 조직은 정치 활동에서 상호 보완적인 모형을 제시하고 있다.

첫 번째로 국제여성건강연합(The International Women's Health Coalition: IWHC)은 '남반구 국가에서 재생산 건강과 권리를 증진시키는 데 헌신하는' 자선단체이다. 뉴욕에 본부를 두고 제3세계 국가의 여성단체, 의료 전문가, 정부 관료, 북반구 국가의 다양한 비정부기구와 연합해 활동을 펼치고 있다. 이 단체의 목표는 여성 중심적인 재생산 보건의료 서비스를 연구하고 상담·지지하여, 변화의 촉매제 역할을 하는 것이다. 이러한 목표를 위해 IWHC는 1991년 제네바에서 개최된 여성 건강 지지자와 과학자 긴 첫 회의를 세계보건기구와 힘께 준비했다(WHO and IHWC, 1991).

두 번째로 재생산 권리를 찾기 위한 여성국제조직(The Women's Global Network for Reproductive Rights: WGNRR)은 더 분권화된 형식으로 작동하고 있다. 이는 전 세계에서 모인 개인과 단체의 자율적인 네트워크이고, 1978년 이후에 형성되어 현재 100개국 이상이 회원으로 가입했다. 암스테르담에 있는 작은 사무소의 직원들이 네트워크를 조정하고 있고, 주요한 정책은 국제여성건강연합과 함께하는 전체 회원 회의에서 결정된다. WGNRR은 재생산 건강 문제와 관련된 정보 요구를 수집하고 교환하며 대응하는 중심부로 활동하고 있다. 이 조직은 전 세계 곳곳의 연대 요청에 응할 뿐만 아니라 지역적·국제적 활동을 조직하고 참여한다. 석 달에 한 번씩 이 네트워크는 중요한 뉴스레터를 영어와 스페인어로 발간하며, 이는 다양한 국가에서 번역되어 사용되고 있다.

재생산 관련 활동이 확대되고 국제적인 수준의 연대가 점차 증가하는 것은 여성 보건 정치 영역의 생명력을 증명한다. 그러나 연대 활동에 참여하는 많은 여성 단체의 다양한 관심사를 희석시켜서는 안 된다. 우리가 잘 알다시피 일부는 무엇보다 출산 조절에 대한 접근권 향상에 관심이 있다. 남미에서 여성은 안전하고 효과적으로 피임을 할 수 없으며 낙태도 할 수 없다. 반면 아시아의 여성들은 피임이나 불임수술을 거부할 권리도 없다.

전략에 관한 논쟁에는 명백하게 큰 차이가 있다. 일부는 정부나 국제적인 가족계획 조직과 일하는 것이 재생산 권리를 획득하는 데 결코 적절한 수단이 될 수 없다고 주장한다. 이러한 방식은 기존의 인구 정책을 합법화하는 대가를 치르고도 최소의 성과만 얻게 된다는 것이다(Garcia Moreno and Claro, 1994: 53). 그러나 이에 반대하는 사람들은 노동자로서든 활동가로서든 권력과 연합하지 않으면 근본적인 변화가 불가능하다고 말한다(Broom, 1993: Ch.3; Waston, 1990).

마찬가지로 여성 건강 활동가들 간에도 특정 의료 행위를 수용하는 데 이견이 있다. 어떤 활동가들은 체외수정 같은 신기술은 여성에게 해를 끼치고 있으며, 모든 상황에서의 체외수정에 반대한다. 이는 재생산 유전자 기술에 대한 국제여성운동저항조직(Feminist International Network of Resistance to Reproductive and Generic Engineering: FINRRAGE)의 입장이다. 반면에 이러한 기술에 반대하지 않는 이들은 기술의 개발 및 사용과 관련해 여성이 좀 더 많은 통제권을 가져야 한다고 주장한다(Stanworth, 1987).

여성 생식기 절단에 대한 투쟁이 보여주듯이, 특히 문화적 경계선에 걸쳐 있는 민감한 영역에서 운동의 불일치가 발생하기 쉽다. 최근 아프리카의 많은 여성이 여성 생식기 절단이 건강에 미치는 위험과 여성의 안녕에 미치는 부정적 효과를 주장하며 반대운동을 벌였다

(Toubia, 1993). 여성 건강 연구와 개발을 위한 재단(The Foundation for Women's Health Research and Development: FORWARD)은 가나 여성들이 설립한 독립적인 비정부기구다. 이 재단은 생식기 절단에 반대하는 교육을 특별히 강조하면서 아프리카 여성과 아이들의 건강을 증진시키고 있다(Dorkenoo and Elworthy, 1994).

백인 여성주의자 또한 반대해왔으나, 이는 종종 신념이 같은 흑인 및 아시아 여성에게 비판을 받기도 했다. 그것은 이러한 종류의 운동이 문화적 다양성과 연대와의 관계, 특정 이슈의 '소유권(ownership)'에 대해 복잡한 의문을 제기하기 때문이다. 생식기 절단이 여성 건강에 심각한 해를 입힐 수 있다는 것은 명백하지만, 이를 없애기 위한 적절하고 효과적인 전략을 개발하는 데는 특별히 주의를 기울어야 한다.

이렇게 많은 여성 단체가 현재 재생산 권리에 대한 다양한 기치를 내걸고 활동하고 있다. 그들은 공통된 목표가 있지만 전혀 다른 지역에서 시작했고, 다양한 노선을 추구해왔으며, 쓸 수 있는 자원의 수준도 천차만별이다. 재생산 권리를 향한 국제운동을 구성하는 다양한 줄기를 살펴봄으로써 이러한 '다양성 내에서의 통합(unity in diversity)'을 좀 더 세부적으로 살펴볼 수 있다.

성적 자기결정권의 추구

'새로운' 재생산 권리 운동이 이전 운동과 구분되는 주요한 특징은 성적 자율권에 대한 여성의 권리를 더 강하게 요구한다는 것이다. 선진국의 성적 자율권과 관련된 운동은 특히 선진국의 레즈비언과 게이 운동에서 오랜 역사를 찾을 수 있다. 그러나 이 운동은 건강과 직접적으로 연관된 적이 없었고 더구나 포괄적인 사회·경제적 이슈와도 분리되어 있다(Gilliam, 1991). 이들 간의 중요한 연결 고리는 재생산 권리에 대한 폭넓은 운동의 관점에서 현재 많은 여성에 의해 만들어지는 중이다.

특히 남미에서 많은 여성 건강 단체가 여성의 섹슈얼리티에 주요한 관심을 기울였다(ISIS International, 1985). 이들은 피임과 성적 만족 간의 연결을 강조해왔고, 여성이 자신의 성생활을 스스로 결정할 수 있는 권리를 갖기 위한 운동을 벌여왔다. 이는 대중적 감수성을 반영하고 있는데, 1983년 상파울루와 리우데자네이루에서 열린 수많은 대중 집회에서 여성들의 주요한 요구 중 하나는 모든 건강센터에 섹슈얼리티와 재생산에 관해 남성과 여성이 함께 참여하는 토론 집단을 만드는 것이었다(Gilliam, 1991: 28).

또한 상파울루의 샤가스(Chagas) 협회에서 한 여성주의 단체는 여성 섹슈얼리티의 정치에 관한 연구를 진행했다(Barroso and Bruschini, 1991). 이들은 현장 연구 접근법을 이용해 대부분 저소득층 주부가 회원인 디아데마(Diadema)의 어머니 클럽(Mothers Club)과 함께 작업했다. 이들은 신체 기능에 관한 기본적인 정보를 알고 싶어한 것이었지만, 성적 만족에 대한 생각도 조사하고자 했다. 모든 가족이 한방에서 지내지만 안전한 피임약을 구하기 어렵고 남성이 배우자의 쾌감보다 자신의 쾌감을 우선시하는 상황에서, 이러한 연구는 섹스의 실제에 대한 광범위한 논쟁을 촉발시켰다. 이는 모든 참여자에게 흥미로운 주제였지만 어려운 토론이었다.

이렇게 참여하는 작업 방식은 연구자들을 때로 어려운 딜레마에 빠지게 했다. 예를 들어 "동성애는 병이다" 또는 "낙태는 범죄이다"라는 발언에 침묵해야 할 것인가? 또한 많은 회원에게는 자신의 비밀을 너무 많이 공개하는 것이 위험한 일이었으며, 굳게 지켜온 신념이 비판적으로 검토되기도 했다. 이러한 이슈를 해결하기가 쉽지 않았지만, 두 단체는 결국 여성의 섹슈얼리티와 더 포괄적인 사회 문제의 관계를 집단적으로 이해하는 데까지 발전할 수 있었다. 토론의 결과로, 쉽게 접근할 수 있는 '우리들의 성(Esse Sexo que Nosso)'이라는 제목의 팸플릿이 시리즈로 제작되었다. 브라질 보건부에 압력을 행사해 2만 부를 발행했는데, 이 팸플릿은 브라질에서 이와 비슷하게 시행된 프로젝트에 사용되고 있다.

다른 나라에서 여성의 섹슈얼리티는 재생산 권리 운동에서 중요성이 떨어지는 것이었다(Nowrojee, 1993). 실제로 어떤 문화에서 성적 자율권을 언급하는 것은 단지 출산 조절에 대한 접근을 거부하는 것이 될 수 있다. 그러나 에이즈가 확산되면서 여성의 섹스와 직접적으로 관련된 당면 문제를 거부할 수 없게 되었다. 여성 자신의 몸과 자신의 욕구를 명확하게 이해해야만, 궁극적으로 HIV 바이러스에 대항해 자신을 보호하는 수단이 되는 성적 자율권을 획득할 수 있다. 이러한 현실 인식에서 나라의 여성이 성에 관한 지식과 관심을 공유하는 단체를 조직하고 있다(Berer & Ray, 1993: Ch. 14). 가장 활발한 단체 중 하나는 '아프리카의 여성과 에이즈를 위한 모임(Society for Women and AIDS in Africa)'이며, 이들은 아프리카의 많은 지역에서 교육 활동을 수행한다.

피임을 위한 싸움

안전하고 효과적인 피임을 위한 지속적인 운동에서도 자율권과 의사 결정에 관한 문제가 존재한다. 이 목표를 달성하기 위한 첫 번째 커다란 노력은 19세기와 20세기 초, 유럽과 UN에서 시작되었다. 다양한 배경의 여성들이 피임 기술을 더 쉽게 사용하기 위한 운동에 참여했다(Gordon, 1976; Petchesky, 1986). 그러나 일부 방법이 우생학적

(eugenic) 의미를 내포하고 있다는 것이 명백했기 때문에 중산층과 노동자 계급 여성, 흑인과 백인 여성 간의 구분은 이미 매우 분명했다 (Davis, 1990).

오늘날 수백만 명의 여성에게는 여전히 효과적인 피임 수단이 없으며 여성은 이를 얻기 위한 싸움을 계속하고 있다. 그러나 이제는 피임제에 관한 접근만으로 충분하지 않다는 것은 명확해졌다. 주지하다시피 여성 건강 운동가들은 가장 일반적으로 사용되는 피임 방법의 안전성, 효과성과 다양한 가족계획 서비스에 담겨 있는 사회적 불평등 모두에 비판적이었다. 결과적으로 피임제를 더 쉽게 사용하기 위한 현재의 운동은 이용할 수 있는지 여부만이 아니라 안전성과 질을 고려하는 문제로 확대되었다.

1970년대에 달콘 실드(Dalkon Shield)가 극적인 예를 제시하면서 '새로운' 피임기구의 위해가 선진국에서 처음으로 명백히 밝혀졌다. 북미, 오스트레일리아, 뉴질랜드, 많은 유럽 국가의 여성은 이 피임기구의 위험을 폭로했고 시장에서 퇴출을 요구하는 운동에 적극 참여했다. 결국 이 장치는 퇴출되었고 피해를 입은 많은 여성들은 보상 소송을 제기하는 데 함께 참여했다.

그러나 이 피임제와는 다른 위험한 피임제의 규제에서 '이중 잣대'가 적용되고 있다는 것이 이내 분명해졌다(Ehrenreich et al., 1979). 위해한 약이나 장치는 부유한 국가의 시장에서는 제거되었지만, 이에 대한 지식이 부족하거나 선택권이 없는 지역의 수많은 여성에게 수출된 것이다. 이러한 차별적인 치료에 대항해 국제적 조직과 제3세계의 여성들은 결집했다.

인도에서 피임제 사용에 따른 잠재적 위험이 최근 중요하게 보고되었고, 많은 여성 단체에 의해 널리 알려지고 있다. 데포-프로베라의 위험을 알게 되면서, 몇몇 단체는 또 다른 주사제인 네트-엔(Net-en)[1] 이 국가 가족계획 프로그램에 도입되는 것을 반대하기 위해 연합했다 (Balasubrahmanyan, 1986; Daswani, 1987; Ghandy and Shah, 1992: 120~ 125). 그리고 낙태를 유도하기 위해 사용하는 고용량의 에스트로겐/ 프로게스테론 제형(High dose oestrogen/progesteron formulations: HDEP) 의 위험에도 관심을 기울이게 되었다(Ghandi and Shah, 1992: 125~128; Marcelis and Shiva, 1986).

WGNRR, IWHC, 국제소비자단체(International Organization of Consumer Unions: IOCU)와 같은 국제단체들은 다양한 사회적 환경에 있는 여성들에게서 수집한 출산 조절 기술에 대한 지식을 국제적으로 보급하는 데 중요한 역할을 하고 있다. 그러나 여성 개인의 상황이 피임제의 선호도에 영향을 미칠 것이므로 유용한 피임 방법에 대한 판단은 어려울 수 있다. 어떤 이들에게는 안전성이 가장 중요한 기준이고, 어떤 이들에게는 임신을 방지하는 효과가 가장 중요하며, 또 다른 사람들에게는 드러나지 않게 피임하는 것이 더 중요할 수 있다.

폴란드에 기반을 둔 '여성과 의약품 프로젝트(Women and Pharmacutial Projrct)'는 이러한 어려움의 일부를 해결하는 데 중요한 역할을 수행해왔다(Mintzes, 1992). 이 프로젝트에서는 사회적·생물학적 기준을 모두 사용하여 피임 방법을 과학적이고 여성 중심적인 방식으로 평가했다(Hardon, 1992). 보고서에 담긴 정보뿐만 아니라 여성운동 관점에서 정교한 분석을 통해 의학 기술을 평가했기 때문에 그 결과가 세계 많은 지역에서 널리 활용되었다(Hansen and Launso, 1989; Morgall, 1993).

---

[1] 쉐링 사에서 개발한 주사제 피임약으로, 노리스테라트(Noristerat)이라는 상품명으로 시판되어 있다. 국내에서는 시판 허가가 나지 않았으나, 세계 40여 개국에서 사용되고 있다.

선택할 수 있는 여성의 권리?

피임제의 가용성과 효과가 어떠하든지 간에 여성에게는 항상 보완책으로, 때로는 출산 조절의 선호 방법으로 안전한 낙태에 대한 접근성이 필요하다. 이러한 현실에 대한 인식은 낙태 합법화를 위한 운동을 지속할 때 돌출된다. 이러한 싸움은 여타 유럽 국가들과 조화를 이뤄야 한다는 압박에도 아일랜드에서는 여전히 어려운 현실이다(Murphy-Lawless, 1993). 브라질에서의 몇몇 여성 모임은 1998년 헌법에 태아 보호 조항(foetal protection clause)이 추가되는 것을 막으려고 했으며, 이러한 법률 금지 조항에 대항하는 싸움은 여전히 계속되고 있다(Garcia Moreno and Claro, 1994). 동독에서는 서독과의 통일로(Funk, 1993), 그리고 헝가리, 루마니아, 폴란드에서는 가톨릭 권력의 부활로 위협받는 낙태의 권리를 위해 투쟁했다(Fuszara, 1993; Jankowska, 1993). 그러나 낙태를 합법화하고 그 성과를 유지하기 위한 가장 왕성한 운동은 미국에서 일어났다.

1973년 미국 대법원은 역사적인 로 대 웨이드(Roe v. Wade) 사건2에서 낙태를 합법화시켰다. 그러나 이러한 결정은 중재 기간에 많은 공격을 받았다(Gerber Fried, 1990b). 1976년 초 하이드(Hyde) 수정안은 성폭행이나 중증 질환의 경우를 제외하고는 메디케이드 기금에서 임신 중절 수술을 보상받지 못하게 했다. 많은 빈곤 여성에게는 헌법

---

2 1973년 일어난 로 대 웨이드 사건(Roe v. Wade)은 헌법에 기초한 사생활의 권리가 낙태의 권리를 포함하는지에 관한 미국 대법원의 가장 중요한 판례이다. 이 판결에 따르면, 낙태를 처벌하는 대부분의 법률은 미국 수정헌법 14조의 적법절차 조항에 의거 사생활의 헌법적 권리를 침해한 것으로 위헌이다. 이로써 낙태를 금지하거나 제한하는 미국의 모든 주와 연방의 법률이 폐지되었다. 이 사건의 판례는 미국 대법원이 내린 판결 중 역사상 가장 논쟁이 되었고, 정치적으로 의미 있는 판례 중 하나가 되었다.

에 명시된 권리가 부정되는 결과였다. 이어서 많은 다른 주에서도 낙태에 대한 공공 지원을 중단했다. 1989년 웹스터(Webster) 결정으로 공공 재원을 받는 공공 병원이나 민간 병원 모두에서 수술이 금지되었다. 그리고 많은 주에서 미성년자의 수술에 부모의 동의가 있어야 한다는 법이 통과되었다. 이렇게 정치적으로 무력한 여성(미성년, 빈곤층, 농촌 거주자)에게 합법적인 낙태의 권리를 제한하는 낙태반대운동의 흐름은 성공적이었다. 그리고 이러한 흐름에 저항하는 투쟁 또한 맹렬해졌다.

1973년 이전까지 낙태를 원하는 여성은 찾을 수만 있다면 그곳이 어디든 낙태할 곳을 찾아야 했다. 이러한 문제를 해결하기 위해 시카고의 한 여성 그룹은 제인(Jane)으로 불리는 상담과 의뢰 서비스를 시작했다(Bart, 1981; 'Jane', 1990). 이 그룹에서는 2년 동안, 임신 6주 내에 안전하고 보완적이며 저비용인 임신 중절 수술에 필요한 기술을 모두 습득했다. 이러한 서비스는 불법으로 음지에서 시술되었으나, 1973년 1만 1,000건 이상을 수행하여 한 주에 약 250명의 여성이 이 서비스를 이용했고, 100명 이상이 한 번 이상 이용했다. 이 서비스와 관련된 한 여성은 후에 다음과 같이 묘사했다.

뭔가 특별한 것을 얻지는 못했지만, 행동할 수 있는 기회를 잡은 우리는 특별한 시대에 사는 평범한 여성이었다. 서비스란 단어가 빠르게 확산되면서 우리의 서비스에 대한 요구는 빠르게 증가했고, 유능해질 것을 요구했다. 원치 않는 임신이라는 문제를 안고 있는 여성들이 우리에게 왔고, 그 문제를 해결하고 떠날 수 있었다. 일상적인 성공 경험은 우리에게 믿을 수 없는 힘과 만족감을 주었다. 그리고 그 일은 그 자체로 삶에 긍정적이었다(Jane, 1990: 100).

'제인'은 많은 여성을 도울 수 있었으나, 수백만 명 이상은 여전히 혼자 알아서 해결해야 하는 상황에 놓여 있었고, 종종 두려움과 빈곤 상태에 있었다. 많은 여성과 남성이 낙태반대주의자들에게 저항하기로 결정한 것은 이러한 현실 인식 때문이다. 이와 같은 저항은 약 75만 명의 후원자들이 참석해 1992년 워싱턴 DC에서 개최된 '낙태권을 위한 행진'에서 뚜렷이 나타났다.

이 운동은 주로 입법과 정치적 이슈 ─ 합법적이면서 가능할 수 있게 ─ 에 초점을 맞추고 있었다. 결과적으로 낙태는 현재 미국에서 주요한 선거 이슈가 되었다. 그러나 오퍼레이션 레스큐와 같은 조직이 미국 전역에서 낙태 병원을 상대로 시위를 벌였고, 이에 대한 반응으로 낙태 찬성 활동가들은 점차 시민 불복종과 다른 형태의 직접적인 행동을 할 수밖에 없게 되었다. 낙태반대론자들이 벌이는 잔인한 공격으로 낙태에 대한 모든 합법적인 권리는 심각하게 위협받았다.

미국의 경험은 또한 이러한 운동의 정치적 복잡함을 두드러지게 보여준다. 낙태는 도덕적으로 어려운 이슈이며 많은 여성은 환경이 어떠하든 간에 낙태를 스스로 택하지는 않는다(Lucker, 1984). 임산부의 선택권을 지지하는 사람 중에도 전략과 우선순위에 대한 의견은 일치하지 않는 경우가 종종 있다. 예를 들어 장애를 지닌 여성은 태아의 비정상을 낙태의 기준으로 삼는 것이 타당한지에 대해 문제를 제기하며, 낙태 논쟁에서 자신들의 이해를 적절히 대변하지 못한다고 주장한다(Asch and Fine, 1990).

흑인 여성 또한 일부 백인 활동가들의 정치에 비판적이었다. 그녀들은 항상 운동에 적극적이었는데도 소외감을 느껴왔다(Ross, 1993). 낙태를 하는 모든 여성, 많은 흑인 여성이 자발적으로 낙태를 '선택하지'는 않는다고 지적한다. 일부는 보건의료 공급자에 의해 낙태나 불임을 강요받고, 또 다른 사람들은 사회경제적 환경으로 임신 상태를 지속할 수 없다(Joseph and Lewis, 1981: 50; Ross, 1993; Shapiro, 1985). 안젤라 데이비스(Angela Davis)는 계속되는 이러한 현실의 역사적 기원에 대해 다음과 같이 적나라하게 묘사했다.

> 노예제 초기부터 흑인 여성은 그녀 스스로 낙태를 선택했다. 많은 노예 여성은 매일 사슬과 매질, 성적 학대가 일상인 끝도 없는 노동 세계로 아이들이 나오는 것을 거부해왔다(Davis, 1990: 17).

이처럼 모든 관련자들의 다양한 관심이 충분히 인식된다면, 낙태의 정치는 더 넓은 맥락에 위치할 필요기 있다. 뒤에 살펴보겠지만, 모성에 대한 정치에서도 비슷한 복잡함이 뚜렷이 나타난다. 어떤 여성들은 삶의 중요한 사건을 '과도하게 의료화'해 보는 것에 저항하는 반면, 일부 여성들은 안전한 분만을 보장하기 위해 필요한 기술에 접근하기 위해 싸우고 있다.

여성 스스로 출산을 조절

세계 도처에서 출산은 여전히 여성의 질병과 사망의 주요 원인이다. 당연하게도 위험에 처한 여성 대부분에게 변화를 위한 싸움에서 사용할 수 있는 자원은 매우 적으며, 오랫동안 그녀들의 죽음은 대부분 알려지지 않았다. 그러나 많은 국제 조직은 1980년대에 모성사망률을 어젠다로 세우려고 활동했고, 지금은 수많은 여성 그룹이 이를 대의로 채택하고 있다.

1987년 '안전한 모성학회(Safe Motherhood Conference)'는 나이로비에서 세계보건기구, 유엔인구기금(United Nations Fund for Population

Activities: UNFPA), 세계은행에 의해 조직되었다. 목표는 '개별 국가 및 국제적 수준에서 계속되는 비극을 예방하기 위한 즉각적인 협력 활동을 펼치는 것'이었다(Starrs, 1987). 1988년 코스타리카에서 5차 국제 여성 및 건강 회의 대표자들이 동일한 주제를 채택했고 여성 사망과 질병에 대항하는 운동을 시작했다. 이 국제적 운동은 WGNRR 과 '남미·캐러비언 여성 건강 네트워크'에 의해 진행되었다.

이러한 운동의 일환으로, 5월 28일을 여성 건강을 위한 국제 행동의 날로 지정했다. 현재 이날은 많은 여성 건강 단체, 특히 선진국이 아닌 곳에서 활동하는 단체들의 연간 활동에 구심점이 되고 있다. 세계보건기구 또한 이날을 서로 다른 환경에서 활동하는 여성 건강 운동가들 간의 중요한 연결 고리로 명시하면서 채택했다. 매년 운동의 주제는 다양하고 WGNRR에서 발간하는 연간 보고서는 전 세계의 변화무쌍한 이벤트를 보고한다.

1992년에 12개국에서 대규모 이벤트가 열렸다. 21개 도시에서 비디오 상영, 토론, 연극 공연, 회의, 훈련, 라디오 프로그램, 워크숍이 개최되었다. 여성 건강 네트워크는 정부에 헌법, 세계인권선언, 여성 차별 반대 협정과 1992년 안전한 모성 회의의 공약을 이행할 것을 요구하는 탄원서를 제출했다(WGNRR, 1992). 필리핀의 여성 건강과 재생산 권리에 대한 가브리엘라(GABRIELA) 위원회는 원치 않는 임신의 위험성을 강조하면서 대도시 마닐라의 다양한 지역사회 공동체에 포스터를 내걸었다. 적도 기니(Equatorial Guinea)에서는 개신교 여성 연합에서 학교와 병원에서 행동할 것을 요구하는 운동을 확산시켰고, 캄팔라에서의 안전한 모성 프로젝트는 여성 건강 문제를 알리기 위해 남성과 여성을 대상으로 워크숍을 개최했다(WGNRR, 1992).

제3세계 국가의 많은 여성들은 삶의 여건에 적합하고 효과적이며 적절한 산과 진료에 대한 접근성을 요구하는 운동을 벌였다. 이러한 운동은 적절한 전통적 방법의 이용뿐만 아니라, 산과 병원 서비스와 1차 보건의료 간의 긴밀한 연결을 의미한다. 이러한 방식으로 자율적이지만 기술 수준이 낮은 의료 서비스가 지닌 문화적 가치를 상실하지 않으면서도 근대 산과 기술의 편익을 얻는다(Jordan, 1986). 선진국에서도 많은 모성 보건 운동가들은 적절한 진료를 요구해왔으나, 당연히 세부적인 요구 사항은 매우 다르다. 대부분은 산과적 중재술의 수준을 높이기보다 낮추는 데 관심이 있다.

부유한 국가의 여성들에게도 의료 지원은 부족할 수 있다. 특히, 빈곤 여성들이 부족한 재원 때문에 필수적인 서비스조차 박탈당하는 미국에서 뚜렷이 나타난다(Barbee and Little, 1993; Ruzek, 1978). 그러나 안전한 출산을 위한 효과적인 진료의 최저 기준선을 신뢰하고, 이를 초과하는 의료 기술은 원하지 않는 백인 중산층 여성이 임신의 정치에서 주류를 차지하고 있다.

유럽, 북미, 오스트레일리아 지역의 모성 보건 분야의 소비자 운동은 1970년대 후반과 1980년대 초반에 정점에 달했다(Kitzinger, 1990; Shearer, 1989). 주요 주제는 여성의 선택을 증대시키고, 자신의 출산에 대해 스스로 더 많이 통제하는 것이었다. 구체적인 요구 사항으로는 덜 임상적인 출산 환경, 고도의 의료 기술은 응급 상황에서만 사용하도록 제한하는 것, 아이 아버지의 적극적인 참여 기회를 증대시키는 것이 포함되었다. 활동가들은 산과의 많은 신기술이 검증되지 않았고, 해롭다고 밝혀진 것도 있다고 지적했다. 또한 그들은 어머니를 출산 과정에서, 심지어는 아이에게서까지 소외시키는 진료 정책을 권할 수 없다고 강조했다.

외관상으로 이러한 운동에 대해 동의가 이뤄졌다고 하더라도, 이 운동에 참여한 여성(과 남성)은 출산의 중요성에 관해 서로 상당히 다른 신념을 지니고 있다. 어떤 이들은 '자연스러운' 출산을 추구하는데 이는 여성 자신의 몸과 관계를 맺는 영적 차원, 가족의 삶에서 출산 과정의 중심성을 강조하는 일반적인 '기술 반대' 관점의 일부이다. 또 다른 이들은 이러한 신념이 여성에게 다른 요구 사항(자신의 진정한 여성성을 증명하기 위해 자연스럽게 출산하는 것)을 강제하는 것이라고 주장하면서 반대하고 있다(Coward, 1989). 그 대신에 그들은 과학 기술을 선택할 것인지 그렇지 않을 것인지, 자신의 출산을 결정할 수 있는 여성의 권리를 강조한다.

이러한 철학의 차이에도 소비자 운동은 몇몇 나라에서 진료 행위에 뚜렷하게 영향을 미친 것으로 나타났다. 현재 더 많은 여성이 '가정과 같은' 환경에서 출산하는 것을 선택하고 있다. 그녀들은 의학적으로 강요되는 시술을 적게 받고 산파에게 더 많은 간호를 받으며 아이와 장기간 격리되지 않는다. 그러나 이러한 성과가 과대평가되어서는 안 된다. 많은 병원에서 제왕절개 같은 수술 건수는 높고 가정 분만은 거의 하기 어렵다. 심지어 진료가 인간적이라고 하더라도 출산은 일반적으로 강력한 의학적 통제하에 있다. 실제로 가장 명백한 기술 혁신 중 일부는 임신한 여성이 상당한 구매력을 가지는 미국에서 일어났다. 그런데 이러한 변화는 의학적 사고의 변화가 아니라, 출산율이 감소하면서 환자 수를 늘리려는 경제적 절박함을 반영하고 있다(Ruzek, 1980; Worcester and Whatley, 1988).

우리는 재생산 권리를 위한 국제적 운동이 복잡하고 다양한 양상을 띠는 정치적 현실이라는 것을 살펴보았다. 국제적 운동은 매우 다양한 양상을 띠고 있으나, 자신의 몸에 어떠한 일이 일어나는지를 결정할 수 있는 여성의 권리에 대해서는 공통된 신념이 있다. 집단적 행동가능성은 1994년 카이로에서 개최된 인구 및 개발에 대한 국제회의에서 100개 이상의 여성 단체가 종합한 '인구 정책에 대한 여성 선언'을 통해 증명되었다.

재생산 권리를 주장하는 활동가들은 여성의 삶에서 중요한 부분에 많은 통제력을 행사하는 의사 및 다른 보건의료 종사자들과 자주 충돌해왔다. 하지만 아직 여성들은 보건의료 노동자들이 제공해야만 하는 것을 일부 필요로 한다. 다음 장에서는 의료에 대한 여성주의자들의 광범위한 비판을 개략적으로 살펴봄으로써 이러한 모순을 살펴보겠다.

4. 의료계에 대한 도전

사회경제적 환경이 어떠하든지 간에 모든 여성은 양질의 보건의료 서비스를 필요로 한다. 어떤 이들에게는 그것이 멀고 값비싼 꿈으로 남아 있고, 또 다른 여성들은 양질의 의료 혜택을 이용할 수는 있으나 자신이 원하는 방식은 아니다. 많은 사람들은 자신의 삶에서 소중한 자원이 되어야 하는 것이 무엇인지를 통제할 수 없지만, 접근 가능하고 효과적이며 인간적인 보건의료는 항상 우선순위가 높다.

여성이 보건의료를 얼마나 쉽게 이용할 수 있는지는 개인적인 부와 지역공동체가 제공하는 서비스의 범위 및 비용에 따라 다르다. 극소수 여성만이 자신의 보건의료를 통제할 만큼 부유하고, 대다수의 여성은 전문적인 영역의 힘에 의해 자신의 삶(과 죽음)에 대한 중요한 의사결정에 참여할 수 있는 권리가 부정되는 것을 끊임없이 경험해왔다. 결과적으로 그녀들이 접근할 수 있는 보건의료의 양과 질 모두에

도전하기 시작했고, 의료 자체를 구성하는 토대에 의문을 제기하기 시작했다.

여성의 자조활동

1960년대 후반과 1970년대 초반, 선진국에서 여성의 보건의료 정치는 주로 자가 치료와 서로를 돌보는 여성의 능력에 초점을 맞춰왔다. 이러한 활동의 시작은 지식과 경험을 공유하는 여성주의적 실천에 기반을 둔 작은 단체를 형성하는 것이었다. 많은 단체의 핵심 활동은 반사경, 램프, 거울의 도움으로 질과 자궁 경부를 자가 검진하는 것이었다. 이전에는 숨겨왔던 자신의 신체를 살펴봄으로써 정상적이거나 비정상적인 변화에 대해 배울 수 있고, 때로는 의사보다 더 효과적으로 점검할 수 있다. 그들은 이러한 활동을 통해 스스로 건강을 돌보는 데 좀 더 효과적으로 참여할 수 있는 지식과 자기 확신을 갖게 되었다.

이러한 과정에서 많은 여성은 어떤 환경에서도 모든 의료 지식이 자기 자신의 지식보다 항상 월등하다는 신념에 도전하기 시작했다. 자조집단(self-help group)은 '전문가' 역할을 재정의하고, 의사만이 의료적 필요를 정의할 수 있다는 기존의 관점을 수정하려고 시도하는 소비자 운동의 한 형태였다. 『우리 몸 우리 자신(Our Bodies Ourselves)』에서 이 운동의 잠재력을 생생하게 묘사하고 있다.

경험, 지식, 느낌을 공유하는 것이 자조이다. 여성은 서로를 지원하고 함께 배우고 있다. 자조는 실용성을 기본으로 하며 가장 먼저 신체에 관한 자가 검진을 배운다. 우리가 무엇을 알고 무엇을 모르는지 알고자 하며, 탐구하려는 것이 무엇인지 찾아낸다.

자조는 여성이 의료와 전문가, 우리 몸 자체의 수수께끼를 풀기 위해 우리 자신을 관련시키는 것이다. 이것은 우리 자신의 타당한 경험과 지식에 근거해서 개인적인 선택을 할 수 있게 한다(Boston Women's Health Book Collective, 1971).

2세대 페미니즘의 성격을 띤 광범위한 '의식화' 집단의 등장과 함께 최근 선진국에서 이러한 대부분의 소집단(자조 집단)은 사라지고 있다. 그러나 많은 여성은 여전히 좀 더 전문화된 보건의료 단체에 지속적으로 관여하고 있고, 일부는 국가 수준에서 움직이고 있다. 이들 다수는 특별한 문제에 직면한 사람들의 필요성에 의해 조직된 지지와 지원 집단이다. 일부는 남성과 여성이 혼합되어 있지만 많은 집단은 여성의 특수한 문제에 초점을 맞추고 있는 여성으로만 구성되어 있다(Foley, 1985; Hatch and Kickbusch, 1983).

이 단체들의 관심 범위는 다양하지만, 대부분의 국가에서 자궁절제술, 유방절제술과 같은 수술이나 부적절한 진정제 처방 후유증에서 회복하는 것부터 우울증, HIV 감염, 방광염, 식이 장애, 알코올 중독, 약물 남용과 같은 만성적인 문제가 있는 여성을 지원하는 것까지이다. 또한 몇몇 국가에서는 특정 여성 집단의 보건의료 요구에 부응하는 조직도 있다. 예를 들어 미국에는 흑인 여성을 위한 많은 자조 단체가 있다.

많은 자조 단체는 상호 지원과 정보 제공뿐만 아니라 구성원의 요구를 좀 더 효과적으로 충족시킬 것을 보장하는 운동에도 관여한다. 미국의 국가 여성 건강 네트워크의 개인과 조직 회원은 1만 7,000명 정도다. 그들은 미국 보건의료 체계의 변화를 위해 열심히 일을 해왔고 상호 협조와 소비자 정치의 결합은 종종 강력한 힘을 발휘했다. 특히 미국에서는 많은 여성이 보건의료 정치 영역에서 일하고 있고 이들의 영향력이 중요시되고 있다. 일부 집단은 1970년대 여성운동과는 거리가 멀어졌으나, 여전히 보건의료의 변화를 위한 운동에서의 여성참여라는 측면에서 중요한 부분을 담당하고 있다.

다수의 선진국에서는 지역 보건의료 단체의 수가 줄어들었지만, 제3세계 특히 공식적인 서비스가 고가이며 희소한 곳의 여성을 지원하기 위해서는 절대적으로 중요한 자원이다. 대부분의 활동은 교육, 신뢰감 형성, 경험 공유에 집중되고 있으며, 건강은 좀 더 사회적이고 정치적인 의제를 탐구할 수 있는 렌즈를 제공하기도 한다. 과테말라의 한 난민 여성 단체는 멕시코 도심에서 새로운 삶의 문제를 공유하기 위해 결집했고, 의사소통의 장벽을 깨는 데 핵심이 된 것이 바로 의료였다(Ball, 1991).

그녀들이 직면한 가장 큰 어려움은 자신의 집과 사랑하는 사람을 잃은 데서 오는 이른바 '트리스테자 데 코라존(tristeza de corazon)'이었는데, 이는 문자 그대로 '상심이 크다'는 것이다(Ball, 1991: 265). 일단 자신의 걱정이 정신착란의 신호가 아니라 상황에 관한 합리적이고 공통된 반응이라는 것을 이해하게 되자, 자신의 정신적·신체적 건강과 다른 이들의 건강을 증진시키는 방법에 대해 좀 더 긍정적으로 생각할 수 있게 되었다.

일부 여성 집단의 주된 초점은 전통적인 치료 행위를 보전하는 것이다. 인도의 타밀나두(Tamil Nadu) 이룰라 부족의 여성 복지 공동체 회원은 자신들의 특수한 지식을 보존하기 위해 씨앗은행과 식물표본집을 만들었다. 그녀들은 약초와 식물을 경작해 가까운 지역에 팔았다. 이것은 안정된 수입을 제공할 뿐만 아니라 경제적·환경적 변화 때문에 땅 없는 노동자로 전락되었을 때조차 전통적 기술과 자존심을 유지할 수 있게 도와주었다(Womankind Newsletter, 1994).

여성주의자의 대안

많은 여성은 자신의 경험을 이용해 다른 사람들이 보건 문제에 대한 지식을 쌓고 이해를 높이는 데 도움을 주었다. 여성주의자 보건 교육 운동 중 가장 유명한 운동은 1971년 보스턴 여성건강집단 공동체에서 『우리 몸 우리 자신』 제1판을 출판하면서 시작되었다(Beckwith, 1985; Bell, 1994). 이는 정치적인 성공뿐만 아니라 상업적인 성공을 거두었다. 100만 부가 팔렸고 현재 12개국 이상의 국가에서 번역되었다.3 또한 1990년 『이집트 여성의 삶과 건강(Women's Lives and Health in Egypt)』이 아랍어로 출판되는 계기가 되었다(Cairo Women's Health Book Collective, 1991; El-Mouelhy, 1993). 14세의 한 독자는 "이 책을 학교 친구 모두에게 추천했으며, 우리는 다른 친구들과 가족 중에 문맹인 여성들과 함께 읽을 계획입니다"(El-Mouelhy, 1993: 116)라고 말했다. 한 나이 든 여성은 "내 인생 처음으로 글을 읽지 못한다는 박탈감을 깊이 느끼고 있습니다. 스스로 이 책을 읽을 수 있도록 읽고 쓰는 교육을 받을 예정입니다"(El-Mouelhy, 1993)라고 덧붙였다.

여성 건강에 대한 광범위한 여성주의 출판물은 현재에도 활용되고 있다. 매우 넓게 접근하는 것도 있지만 어떤 것은 특정 집단의 여성의 상태에 초점을 맞추고 있다. 말레이시아의 한 여성 단체는 그들 지역의 여성에게 적절한 지침을 마련했다(Asian and Pacific Women's Resource Collection Network, 1989). 미국의 흑인 여성 건강 프로젝트는 특별히 흑인 여성의 건강에 영향을 주는 고혈압, 루푸스(lupus)4와 같은 문제

---

3 한국에서도 『우리 몸 우리 자신』(또하나의문화, 2005)으로 번역·출판되었다.
4 전신성 홍반성 루푸스(systemic lupus erythematosus: SLE)라고 하며, 자가항체와 면역복합체에 의해 조직이나 세포가 파괴되어 전신에 여러 가지 증상이 나타나는 자가면역 질환이다. 남성보다 여성의 발병률이 높으며, 가임기인 젊은 여성에

를 다룬 일련의 출판물을 발간했다(Avery, 1990). 건강과 보건의료에 팽배한 동성애에 대한 무지와 혐오를 인식하면서 레즈비언 여성들도 일부 국가에서 활동해왔다(Browne et al, 1985; Pies, 1985; Hepburn and Gutierrez, 1988). 연구를 진행하고 여성이 건강과 관련된 지식에 쉽게 접근할 수 있게 하는 수많은 자원센터(resource center)가 설립되었다. 이를테면 미국의 원주민 여성 보건교육 자원센터는 또 다른 소외 집단인 원주민 여성에게 중요한 정보를 제공하고 있다.

일부 국가에서 여성은 자신의 건강센터를 설립하기 위해 이러한 교육 활동 이상의 조치를 취하고 있다. 그러나 이러한 운동의 실행 가능성은 사회경제적 맥락에 따라 다르다. 예를 들어 영국에서는 주류에서 벗어난 서비스는 거의 없다. 비용을 직접 지불하지 않는 영국의 국민건강서비스(National Health Service)를 통해 이용할 수 있는 서비스에 대해서는 민간 의료 시장을 제한하기 때문이기도 하지만, 한편으로는 소수의 여성만이 구매할 수 있는 서비스를 제공하지 않으려는 정치적인 문제도 있다. 단지 정신 보건과 약물 남용 영역에서만 소규모로 대안적인 서비스가 제공되어왔다(Doyal, 1985a).

반면에 미국에서는 1970년대와 1980년대 초에 상업적이든 자선적이든 간에 재생산과 관련된 의료와 기타 서비스를 제공하는 여성건강센터가 급격히 확산되었다(Ruzek, 1978; Zimmerman, 1987). 여성이 정상

게서 주로 나타난다. 이 질환은 감수성이 풍부한 유전자를 가진 사람에게 환경적인 요인이 따를 경우, 몸 안의 세포를 공격하는 자가항체가 형성되어 생기는 것으로 알려져 있다. 증상으로는 양쪽 뺨과 콧등에 나비 모양의 붉은 발진이 나타나고 심한 경우에는 귀에도 나타난다. 대부분 간헐적인 관절통과 근육통, 신장염, 빈혈, 백혈구와 혈소판 감소 증상이 나타나고 그 밖에 정신병, 두통, 뇌경색, 뇌출혈, 뇌막염, 횡단성 척수염, 시신경염, 뇌신경 마비, 말초신경염 등이 나타날 수 있으며 우울증과 신경불안증도 자주 발생한다.

분만 과정에서 의료적 시각을 제거하는 것을 선택하면서 대안적 출산센터가 일반화되었다. 이러한 여성건강센터는 여성 노동자 간의 지위 격차를 최소화하고 자신에 대한 진료에 참여를 극대화하려는 여성주의 원칙에 기반을 두고 있었다. 최근에는 센터 수가 급격하게 감소했으나 여전히 100여 개가 활동 중이다. 이 중 대부분은 인력과 자원에서 문화적 다양성뿐만 아니라 차등수가제(sliding scales fees)[5]를 제공하며 다양한 집단의 여성의 요구에 부응하려고 노력한다.

여성건강센터가 가장 성공적이던 곳은 오스트레일리아라고 할 수 있다(Broom, 1993; Hunt, 1991: 25). 역사적으로 오스트레일리아 여성건강운동에서 여성건강센터가 우선시되었다는 것과 이후 국가의 여성보건 정책에 편입되었음이 이를 반증한다(Commonwealth Depart- ment of Community Services and Health, 1989: 89). 참여한 여성들은 급진적인 활동에 정부의 지원금 사용을 반대하는 데 맞서 끊임없이 싸웠다(Broom, 1993: Ch. 3 and 5). 그러나 오스트레일리아의 여성건강센터는 다른 보건의료 제공자들에게 중요한 성 인지적(gender-sensitive) 사례를 제공했다.

대부분 선진국에서 여성건강센터는 공식적인 시스템에 대한 하나의 대안이다. 그러나 일부 국가에서는 이것이 유일하게 선택 가능한 서비스가 되었다. 많은 여성이 기초 의료의 공백을 메울 수 있게 설계된 자발적인 기구로 모여들었다. 건강센터는 의료 서비스 네트워크를 만들기 위해 다양한 전략을 사용했고 현대와 전통 치료법을 모두 이용했다.

---

5 의료 이용자, 서비스 제공 기관, 의료 서비스의 내용 등에 따라 비용에 차등을 두는 제도이며, 다양하게 적용될 수 있다.

방글라데시 여성건강연합은 여성과 아이들에게 재생산과 일반 보건의료 서비스를 제공하는 열 가지 프로젝트를 실시했다(Kabir, 1992). 이 프로젝트는 임신을 원하지 않는 여성을 돕기 위한 방법으로 월경조절법을 제공하는 것에서 시작했으나, 곧 낙태, 피임, 여성 진료뿐만 아니라 기초 질환에 대한 진단과 치료까지 포함하면서 확대되었다. 「가족법」에 대한 워크숍을 제공할 뿐만 아니라 여성에게 읽고 쓰는 교육을 제공하게 되었고, 의료 서비스와 지역사회 개발 간의 구분은 허물어졌다. 제공자와 이용자가 함께 더 좋은 국가 보건의료 서비스와 좀 더 형평성 있는 개발 정책을 요구하는 운동을 벌였다.

페루의 리마에서 플로라 트리스탄 센터(Centro Flora Tristan)와 바소 데 레체(Vaso de Leche)는 여성을 위한 통합된 보건 서비스(SISMU)를 만들기 위해 함께 작업해왔다. 이 프로젝트에서는 여성 스스로 무엇이 주된 문제인지를 인식하게 하는 자가 진단 과정을 시작했고, 여성 스스로 건강 요구를 충족시키기 위한 다양한 서비스, 워크숍, 소그룹이 구성되었다. 질염, 자궁경부암이 주된 우선순위로 나타났으며, 약초요법을 배우는 것에도 관심을 쏟았다. 이는 런던에 자선단체를 두고 있는 우먼카인드 월드와이드(Womankind Worldwide)의 기금으로 수행되었다.

공식적인 분야의 간극을 메우기 위해 여성 중심적인 진료를 제공하는 병원의 사례는 전 세계에 걸쳐 찾아볼 수 있다. 이는 좋은 진료의 훌륭한 사례일 뿐만 아니라, 필요한 서비스를 제공하는 중요한 발단이 된다. 그러나 개별 프로젝트로는 양질의 보건의료 서비스에 대한 보편적인 욕구를 절대로 충족시킬 수 없다. 그러므로 여성은 주류 보건 서비스의 조직, 재원, 내용의 변화를 위해 지속적으로 운동을 펼쳐왔다. 여성들은 접근성과 이용 가능성의 향상, 질병 치료와 증상 완화에서의 더 큰 효과, 치료 관계에서의 인간다움을 추구한다.

시스템의 개혁

브라질에서 복지부와 여성운동 활동가 연합은 여성 보건의료를 위한 포괄적인 프로그램(Comprehensive Programme for Women's Health Care: PAISM) 개발을 주도했다. 콜롬비아에서 여성들은 국가 여성 및 건강 정책 실행을 한 단계 나아가 진행시킬 수 있었다. 정부, 범미보건조직(PAHO), 여성운동 활동가 연합은 '여성을 위한 건강, 건강을 위한 여성'을 만들었다. 이는 다섯 가지 프로그램을 포함하고 있다. 건강증진과 자조, 재생산에서의 건강과 섹슈얼리티, 폭력 희생자에 대한 예방과 보호, 정신건강, 작업장에서의 건강이 바로 그것이다(Gracia Moreno and Claro, 1994). 여성에 대한 보건의료의 포괄적 접근을 위한 문서화된 공약이 정책에 포함되었다.

> 여성은 나이, 활동성, 사회계급, 인종, 출신 지역에 따른 특정한 건강 요구에 맞추어 보건의료 서비스 체계 안에서 치료와 보호를 받을 권리가 있으며, 단지 생물학적 재생산자로서 치료받아서는 안 된다(Gracia Moreno and Claro, 1994).

그러나 포괄적인 보건의료 서비스에 대한 여성의 접근성이 높아진다고 하더라도, 여성이 이용할 수 있는 대부분의 치료가 지닌 효과에 대해서는 주요한 고려 사항이 남아 있다. 많은 여성이 그들을 상담한 의사가 내린 부적절한 진단으로 치료를 받고 있다. 이는 남성, 여성 모두에게 적용되는 의학적 시술에 대한 과학적 평가가 부족한 데서 일부 기인하기도 한다. 그러나 지금까지 살펴본 바에 따르면 여성이 받는 부적절한 진단과 치료는 의학적 판단에서 발생하는 여성에 대한 편견에 의해 과장된다. 의학 지식을 이용하고 만들어내는 과정에서 발생하는 이러한 왜곡에 대해 다양한 측면에서 이의가 제기되고 있다(Rosser, 1992).

미국에서는 유방암 사망 증가가 관련 활동의 주된 동기가 되었다. 남성·여성 에이즈 활동가에게서 힌트를 얻어, 여성들은 유방암 연구에 상대적으로 적은 금액이 투자된 것을 폭로했다. 미국에서는 9명 중 1명이 유방암으로 사망할 것으로 추정되며, 매년 4만 5,000명이 유방암으로 사망한다. 1979년과 1986년 사이, 사망률은 24% 이상 압도적으로 증가했으나 예방을 위한 연구는 여전히 거의 지원을 받지 못했다(Rennie, 1993; US National Institutes of Health, 1992: 11). 이를 변화시키기 위한 노력으로, 수천 명의 여성들이 ― 그들 중 많은 이들이 유방암 생존자였다 ― 암환자운동연합, 유방암 운동 및 여성암 지원센터와 같은 활동 조직을 만들었다(Brady, 1991). 그들은 상호 지원을 제공하는 것뿐만 아니라 더 높은 수준의 연구 재원과 모든 여성에게 최적의 치료를 제공할 것을 요구하며 싸우고 있다.

영국과 미국의 최근 연구는 의학적 의사 결정의 일부 영역에서 체계적인 편견(systematic bias)이 존재한다는 사실을 제시하고 있다. 미국에서 신장 투석을 받은 여성이 신장이식을 받을 가능성은 남성의 70%이다(Held et al., 1988). 심장 수술의 경우, 미국 남성은 동일한 증상이 있는 여성에 비해 심장 카테터[6] 시술을 받을 확률이 여섯 배나 높다(Tobin et al., 1987). 국민건강서비스하의 영국에서도 유사한

---

[6] 심근경색에 대한 치료 방법 중 경피적 관상동맥 확장술(Percutaneous Transluminal Coronary Angioplasty: PTCA)을 시행할 때, 심장을 둘러싼 관상동맥의 막힌 부위를 카테터를 사용하여 확장한다.

양상이 보고되었다(Petticrew et al., 1993). 미국에서 관상동맥 우회술 (coronary bypass surgery)7 시술 시 이로 인한 사망률이 남성에 비해 여성이 높았고, 초기 심근경색증 당시 사망률도 높게 나타났다(Wenger, 1990; Fiebach et al., 1990).

국가 여성 건강 네트워크는 의학적 진료에서 자주 나타나는 성에 대한 편견을 국가 어젠다로 만드는 데 많은 기여를 했다. 주요한 성과는 1990년 미국 국립보건원 내에 여성 건강을 위한 연구소를 만든 것이었다. 이 연구소의 주된 임무는 의학지식에서 중요한 간극을 줄이기 위해 준비된 14년간의 여성건강운동을 총괄·조정하는 것이었다. 심장질환, 암, 골다공증의 유병률을 감소시키는 방안을 찾기 위한 시도로 미국 45개 센터의 여성 1만 5,000명을 대상으로 연구했다. 이는 특히 여성과 의사들에게 예방을 위한 임상적 조언을 제공하기 위해 고안되었다.

국립보건원은 좀 더 균형 잡힌 의학 연구라는 요구에 부응하고자 다양한 사회계급과 인종의 여성 대표자를 포함시켰다. 최근의 지침에는 정부가 지원하는 모든 연구에 사용된 표본에서 성적 형평성을 보장하도록 명시되어 있다. 지침의 따른 새로운 절차의 일부로 연구 지원자는 반드시 방법론에서 여성(또는 나머지)에 대한 편견을 검토해야만 하며 어떠한 잠재적인 환자 집단에 대해서도 차별적이어서는 안 된다(US National Institutes of Health, 1992: 2).

여성의 세력화

그러나 접근성과 효과가 개선될 수 있다고 하더라도 많은 여성에게

---

7 심근경색에 대한 치료 방법으로 협착이 생기지 않은 혈관을 이용해 우회로를 만들어주는 개흉 수술이다.

의료에 대한 우려는 여전히 남아 있다. 핵심 페미니스트들이 의료에 대해 제기하는 비판은 여성이 보건의료 기관에서 차지하는 권력이 부족하다는 점이다. 그 때문에 의학적 우선순위를 결정하거나 부족한 자원을 할당하는 데 영향을 미치는 여성의 능력이 제한된다. 이는 또한 보건의료 서비스 사용자로서의 개인의 경험에도 중대한 영향을 미친다. 자신의 치료에 적극적인 역할을 하는 데 영향을 미치며, 여성이 제대로 진료 받지 않았다고 느끼게 한다.

주지하다시피 의료 서비스를 이용할 때 여성 대다수는 충분한 정보를 얻어 그에 따라 움직이는 것이 어렵다(Faden, 1991; Holmes and Purdy, 1992; Whitebeck, 1991). 특히 자원이 거의 없는 이들의 경우 더욱 그러한데, 시간을 할애받거나 관심을 받지 못한다는 것이다(Doyal, 1985b; Whitehead, 1988). 의사들은 여성이 스스로 이야기하는 것을 꺼린다고 여기지만 여성은 자신의 요구를 주장하는 것을 어려워한다(Fisher, 1986; Roberts, 1985). 특히 레즈비언 여성들은 이성애만 당연하게 여기는 인식을 고치려는 노력이 부정되고 무시된다고 말한다(Robertson, 1992; Stevens, 1992). 여성 자신의 경험은 의사의 전문적 '지식'에 비해 무시되고, 많은 의사들은 무지와 불확실성을 수용하지 않으려고 한다(Graham and Oakley, 1981). 결과적으로 여성 환자들은 의사의 주도하에 수동적인 희생자가 되어 괴롭고 자존심 상하는 경험을 할 수도 있다(Healthsharing Women, 1990; O'Sullivan, 1987).

일부 국가에서 치료에 대한 여성의 불평은 의사 교육에 변화를 가져왔다. 그러나 개별 환자와 의사 간에 이루어지는 면담의 질은 전혀 통제되지 않고 있다. 이러한 관계에서 여성들에게 힘을 실어주기 위해 특정 국가의 활동가들은 수술 시행 전에 환자에게 사전 동의 권리를 보장하라고 주장한다.

다시 유방암의 예를 들면, 더 많은 외과 의사들이 의사 결정에서 여성의 활발한 참여가 지닌 가치를 인식하기 시작했다. 수년간 유방암에 대한 표준 치료는 외과 의사들이 적절하다고 간주하는 것에 따라 마취 상태에서 조직검사를 받는 것이었다. 암에 걸린 여성들의 활동을 포함한 다양한 압력으로 임상에서 중요한 변화가 나타났다. 1989년 미국 모든 주의 절반 이상에서 유방암 치료에 대한 사전 동의를 법률로 규정했다(Montini and Ruzek, 1989). 오스트레일리아에서도 광범위한 공개 논쟁이 있었고 모든 의학적 의사 결정에 대해 국가 지침이 도입되었으며 여성들은 그 과정의 전면에 있었다. 바라던 만큼은 아니지만 모든 의학적 수술 과정에서 사전 동의의 필요성을 널리 인정받게 되었다(Hancock, 1991).

이러한 종류의 전략은 여성을 위한 보건의료 서비스의 인도주의화가 어느 정도 이루어진 것이다. 그러나 '여성 친화적인' 서비스가 현실성을 가지려면 근본적으로 좀 더 많은 변화가 필요하다. 보건의료 노동자들은 여성 개인의 요구를 인식하는 데 좀 더 성 인지적이어야 하며, 요구를 충족시키기 위해 적절한 전략을 고안하는 데 민감할 필요가 있다. 이는 보건의료 체계에서 일하는 여성을 위한 더 좋은 조건과 더 큰 권력 및 주도권이 있어야 달성될 수 있다. 많은 국가에서 이러한 목표는 자신의 전문가적 위치를 높이고, 여성의 안녕을 증진시키기 위해 영향력을 행사하는 데 관심이 있는 간호사, 산파, 여성 의사들의 단체 형성을 통해 진행되고 있다. 여성들은 다른 여성주의자 조직과 연맹하여 여성이 보건의료 서비스 경영에서 사용자 및 노동자로서 더 많이 참여할 수 있도록 압력을 행사하고 있다(Doyal, 1994a).

우리는 여성의 신체적·정신적 보건의료에 대한 요구가 좀 더 효과적으로 충족되도록 여성 스스로 의료에 꾸준히 도전하는 것을 살펴보왔다. 비록 일부에서 진보가 확인될 수도 있지만 그렇다고 해도 아직 많은 과제가 남아 있다. 그러나 극적으로 변모한다고 가정해도 의료만으로는 여성 건강의 최적화를 보장할 수 없다. 여성 스스로 자신의 안녕과 가족의 안녕을 증진하기 위해 기초적인 자원에 접근할 필요가 있다. 이와 같이 건강에 필수적 요소가 결핍되었다는 현실이 많은 이들을 정치적 투쟁으로 이끌어왔다.

5. 기본적인 요구와 지속 가능한 발견

19세기 초에 여성은 유럽에서 일어난 식량 폭동의 주된 참여자였다. 기본 식료품을 합리적인 가격에 얻을 수 없다면 그들은 길거리에 나앉는 것 외에 선택의 여지가 없었다. '복지 수준'의 점진적 발달로, 선진국에서는 이러한 수준의 빈곤이 점차 사라졌다. 그러나 제3세계 국가 대부분에서 나타나는 열악한 삶의 수준은 여성들이 기본적 요구를 충족시키기 위해 계속 이와 유사한 투쟁을 벌이도록 이끌었다.

무분별한 개발과 생태학적 퇴화 또한 많은 여성을 환경 정치로 이끌었다(Braidotti et al., 1994; Dankelman and Davidson, 1988; Rodda, 1991; Sontheimer, 1991). 일반적으로 선진국에서의 여성 활동은 현재의 사회경제적 정책이 현 세대와 후손의 건강에 어떤 영향을 미칠지에 대한 윤리적 관심에서 시작되었다. 제3세계 국가의 많은 여성도 동일한 신념을 공유했고, 환경 악화가 일상에 즉각적으로 미치는 영향은 변화를 위한 그들의 행동을 두드러지게 했다. 그들에게 기초적 요구 충족은 건강 또는 물리적 환경과 긴밀한 연관을 맺고 있다. 따라서 현재 많은 이들이 지속 가능한 개발 정책을 요구하는 운동을 벌이고 있다. 이는 일부에게는 오랫동안 지속된 집단행동의 전통에 따른 것이지만, 대부분에서는 자기권한 강화(self empowerment)의 점진적 과정 중 첫 단계인 것이다.

생존의 정치

제일 강력한 운동 중 하나는 경기 후퇴와 빠른 산업화가 집단적인 소비 붕괴를 야기한 남미에서 찾을 수 있다. 브라질에서는 1970년대에 많은 민중의 생활수준이 심각하게 낮아졌다. 수천 명의 여성은 처음으로 높은 식품 가격에 항의했고, 경찰과 군부에 의해 실종된 가족들의 귀환뿐만 아니라 보육 시설을 요구하며 길거리로 나섰다.

> 여성들은 여성의 모습과 관련된 전통적 가치 — 어머니, 아내, 주부 — 를 사용함으로써 남성들이 금지하는 영역에서 자신의 존재를 느끼려고 했다. 그들은 위험에 직면해 이 세대에게는 익숙하지 않은 행동을 했으며, 이는 반대로 그들에게 자신의 사회적 역할을 인지하게 해주었다(Blay, 1985: 300).

볼리비아에서 많은 여성은 자신과 가족의 안녕을 개선하기 위해 함께 싸웠다. 볼리비아 소작농국가연합, 광부·주부위원회, 민중의 친구 주부들(Housewives of Popular Neighbourhoods) 모두가 정부의 긴축정책과 군부 진압에 대응하는 운동에 관여했다(Barrios de Chungara and Viezzer, 1978; Bronstein, 1982; Jelin, 1990; Leon, 1990).

수많은 여성에게 정치는 가정에서 시작된다. 가정환경을 개선하기 위한 지역 활동을 통해 정치가 이루어지는 것이다. 이러한 활동은 여성에게 자신의 실질적인 요구를 충족시킬 수 있는 더 많은 기회를 제공했는데, 음식, 연료, 주택에 대한 여성의 접근성을 높이려는 다양한 노력이 포함되었다. 그러나 어떤 것은 나아가 기존의 성 역할 구분에 도전하고 경제사회적 환경의 실질적인 변화를 일으키는 기회를 제공하기도 했다 (Moser, 1989).

식품과 연료의 생산

1981년 멕시코 시아파 지역의 한 소작농 여성 집단은 피나타멜(Pinatabel) 여성 조직을 설립해, 농업 융자 할당에서의 지속된 차별에 대항했다(Dankelman and Davidson, 1988: 24). 몇 년 후 여성들은 땅을 살 수 있을 만큼 충분한 돈을 모았다. 여성들은 야채 경작, 양모 및 자연 비료를 위해 양 목축을 포함한 다양한 프로젝트를 통해 집단적으로 일했다. 옥스팜(Oxfam)의 지원으로 연구 단체를 조직했고 평가와 계획 단계를 구성했다. 이 프로젝트의 성공은 식품 공급 증대와 소득 산출뿐만 아니라 여성의 자신감과 기술 향상으로 나타났다.

일부 여성에게는 음식과 마찬가지로 충분한 양의 연료를 획득하는 것도 매우 어렵다. 산림 벌채가 확대되면서 채집이 어려웠고, 해로운 연료를 사용해 생기는 화학적 공해로 많은 여성이 건강에 심각한 위협을 받고 있다. 장작 수집과 판매가 생존 전략인 여성들에게 산림 벌채는 필요악인 듯했다. 그러나 대부분의 여성들은 산림보전에 관심을 두었고, 나무를 구하자는 운동의 전면에 나선 것은 여성이었다.

칩코(Chipko), 힌두어로 '껴안기(hugging)'라는 의미의 이 운동은 이러한 운동 중에서도 가장 유명하다(Jain, 1991; Shiva, 1989). 1970년대 초반에 북인도에서 시작되었는데, 숲의 무분별한 벌초를 반대하기 위해서 간디식의 비폭력 방법을 이용했다. 여성들은 벌목꾼이 도착했을 때 나무를 껴안았고, 나무를 베려면 자신들의 머리도 베어내야 한다고 말했다. 이러한 행동은 종종 비난받았지만, 많은 여성은 자신의 참여를 통해 힘을 획득했고 이 운동은 빠르게 확산되었다. 두드러진 성공 중 하나는 인디라 간디에 의해 우타르프라데시(Uttar Pradesh) 지역의 초목을 베는 것이 15년간 금지된 것이었다. 현재 칩코는 히말라야 전역에 퍼져 있는 수백 명에 의해 분권화된 활동으로 이루어지고 있다. 앞으로 달라질 수도 있지만 대부분의 지역운동 단체는 자신들의 생존에 필요한 기초 요소를 보호하는 데 관심이 있는 마을 여성으로 구성되어 있다(Rodda, 1991: 111).

유사한 임파워먼트(empowerment) 경험은 케냐에서 그린벨트 운동을 하는 여성에게서 찾아볼 수 있다. 왕가리 마타이(Wangari Matthai) 교수에 의해 시작된 후 이 운동은 국가 여성위원회로 확산되었다. 이 위원회는 나무 심기와 씨 뿌리기 프로그램을 조직화했으나, 일상적인 관리는 지역 여성 네트워크에서 수행했다. 이 계획은 케냐 자연환경의 중요한 일부분을 복원하는 것뿐만 아니라, 많은 여성을 삼림 전문가로 교육시켜 수입을 올릴 수 있게 했다. 한 주최자는 다음과 같이 말했다. "성공은 여성들에게 자신에 대한 긍정적 이미지를 갖게 했다. 그들은 자기 자신과 가족, 결과적으로는 국가의 생활수준을 높이는 경제적 힘을 얻었다"(Rodda, 1991).

안전한 물과 위생의 보장

여성은 물을 공급·관리·보호하는 책임을 지기 때문에 운동에 참여하게 되었다(Dankelman and Davidson, 1988: Ch. 3; Sontheimer, 1991: Pt III). 티티카카(Titicaca) 호수 근처에 사는 볼리비아 여성들은 신뢰할 수 있는 물을 공급할 것을 국가에 탄원하도록 남성들에게 압력을 가했다. 현재는 건강 증진 인력으로 훈련받은 여성들이 배치되고 수도가 설치되었다(Benton, 1993: 238). 도시 지역의 많은 여성은 개선된 급수 및 위생 서비스를 위해 싸워왔다. 라파스(La Paz) 근처 판잣집 지역에 사는 한 집단은 배설물을 포함한 쓰레기더미가 아이들의 건강에 미치는 영향을 우려했다(Rodda, 1991: 116). 여성들은 쓰레기더미를 치우기 위해 함께 노력했고, 현지에서 구할 수 있는 재료로 저렴하게 화장실을 지었다. 공동체 지도자 중 한 명은 그 상황을 다음과 같이 명확하게 묘사했다. "우리는 쓰레기더미 꼭대기에서 살고 있었습니다. 환경은 오염되어갔고 아이들은 아프기 시작했지요. 우리는 당국이 우리가 존재한다는 것을 기억할 때까지 스스로 이 문제를 해결해야만 합니다"(Rodda, 1991: 116).

수많은 조직은 물을 보존하는 데 여성의 중심적 역할을 인식하면서 혁신적인 공동체 프로젝트에 여성을 포함시켰다. 여성들이 관리자와 펌프지기로 중요한 위치를 담당하고 있는 수도 및 위생 계획에 재정이 지원되었고, 많은 이들이 화장실(latrines and water closets)을 세우는 데 참여했다. 인도 라자스탄의 SWACH(Society for Women and Child Health) 프로젝트는 문맹 여성들을 기술자가 되도록 성공적으로 훈련시켰고, 이는 펌프 관리뿐만 아니라 경제적인 독립을 제공했다. 또 다른 사람들은 건강, 위생, 기타 물과 관련된 문제를 논의하기 위해 지역사회에서 여성과 만나는 '활동가(animators)'가 되었다.

적절한 주택의 제공

특히 빠르게 성장하는 도시 지역에서 주택 문제는 물 및 위생 문제와 밀접한 관련이 있는데, 여기서 많은 여성들이 다양한 전략을 구사하고 있다(Moser and Peake, 1987). 인도 뭄바이 빈민가의 E 구역에서 많은 이들이 활동한 마힐라 밀란(Mahila Milan)이라는 조직은 지역 여성들 간의 신뢰를 증진시키기 위해 직접행동과 공동체 개발 기법을 모두 사용했다(Gahlot, 1993).

6만 가구에 대한 최초 조사에서 포장도로와 관련된 광범위한 사회적 요구가 파악되었고, 이러한 요구를 충족하기 위해 여성들이 함께 작업할 것을 장려했다. 한 가지 성과는 도로포장으로 강탈당하고 소실된 거주자들의 재산에 대해 뭄바이 시에 성공적으로 보상을 요구한 것이었다. 또 조직원들은 자신의 주택 설계에 여성을 포함시키기 위해 국가빈민가거주자연합과 함께 작업했다. 그들은 여성들이 구입할 수 있는 지속적이고 합법적인 주택을 마련하기 위해 재정착 계획과 조직 협력 구제계획을 세워 싸웠다. 최근 마힐라 밀란 지부가 뭄바이, 첸나이, 방갈로르 등 다른 지역에 다수 설립된 것은 이것이 성공했다는 증거이다.

유사한 활동을 에콰도르의 과야킬(Guayaquil) 조수 습지에 사는 여성들에게서도 볼 수 있다(Moser, 1987). 가족들이 처음 인디오 과야스(Guayas) 지역에 도착했을 때 대부분은 집도 기반시설 — 도로, 전기, 수도, 하수도 — 도 없었다. 사람들은 물이 흐르는 빈약한 통로에서 모든 것을 해결해야 했다. 이러한 어려운 환경은 수많은 여성을 자조 네트워크에 참여하게 했다. 많은 사람이 지역위원회에 참여했고 지역 자치단체에 인프라 개선을 요구했다.

이것은 종종 지치고 두려운 일이며 정치적인 반대뿐만 아니라, 여성은 집에 머물러야 한다고 믿는 지역 주민들의 반대를 불러일으켰다(Moser, 1987: 180~190). 그러나 이러한 활동은 사회적 변화에 영향을 미칠 뿐 아니라 여성을 변화시키기 시작한다는 점에서 중요하다. 여성 건강의 세계 정치에서 매우 중요한 요소인 기초적인 요구를 위한 활동은 심리적 및 경제적 임파워먼트의 잠재력이다. 이는 정신적·경제적 임파워먼트의 잠재력을 만들어낸다.

6. 건강을 위한 노동

제6장에서 살펴보았듯이 유급 노동이 여성의 안녕에 미치는 영향은 직업의 특성뿐만 아니라 가사노동의 부담과 사회경제적 환경을 반영한다는 점에서 복잡하다. 당연히 이러한 점은 노동 환경을 좀 더 건강하게 바꾸려는 여성들의 다양한 전략에 반영되었다.

조직적 차원의 전략

일반적으로 노동 보건과 안전 문제에 관한 운동에 여성이 참여하는 것은 제한되어왔다. 많은 여성은 소규모 작업장, 비공식적인 조합이 미미하거나 전혀 없는 임시 노동직에 고용되었다(Rowbotham and Mitter, 1994). 노동조합이 있더라도 보통은 남성 주도적이고 여성의 특정 문제에는 좀처럼 관심을 기울이지 않았다(War on Want, 1988). 최근에 이러한 경향은 바뀌기 시작했으며 일부에서는 구성원 모두의 요구를 평등하게 대변하는 것의 중요성을 인식하고 있다. 그러나 대부분의 조합에서 일반적인 건강, 특히 여성 건강은 우선순위가 낮고, 일자리와 임금을 위험한 상태로 만드는 현재의 경제 상황에 의해 이러한 상황은 계속될 것이다.

이에 대응해 많은 여성은 전통적인 노동조합의 협상 전략보다는 그들의 상황에 좀 더 적절한 다양한 전략을 개발했다. 대부분은 개별 작업장에서 진행된 소규모의 지역적인 운동이었다. 그러나 일부는 지금까지 여성 직업에서 나타난 가시적인 위협을 증명하려는 연구를 좀 더 광범위하게 진행했다. 이에 따른 결과는 다른 여성들에게 보급되었고, 때로는 규제 개선을 위한 운동으로 마무리되었다. 많은 연구가 신체적 위험뿐만 아니라 정신적인 위해를 포함한 노동 환경의 경험을 강조했다.

인도의 자영업여성연합(Self Employed Women's Association: SEWA)은 정치적으로 활동 경험이 없는 여성을 조직화하고 포함하면서, 연구와 노동 건강을 결합시켰다(Asian and Pacific Women's Resource Collection Network, 1989: 120). 여성 스스로 활동적으로 참여해 생활과 노동 수준에 대한 조사를 진행함으로써 운동 기반이 형성되었다(Jhabvala, 1994). SEWA는 국가가 법률을 제정할 때 여성을 고려하게 했고, 가사노동자들의 주장을 받아들이도록 노동조합운동과 국제노동기구(ILO)를 설득했다. 유사한 현장 연구가 도미니카공화국을 포함한 수많은 국가에서 진행되었다(Center of Investigation Para La Action Feminie, 1987).

행동하는 사무노동자

선진국에서는 주로 사무직 및 비서 업무와 같은 여성 영역에서 새로운 운동 전략을 찾아볼 수 있다. 사무노동의 건강 위해 대부분은 사무직 노동자가 직접 연구를 수행하고 결과를 발표함으로써 밝혀졌다(Stellman and Henifin, 1989). 그중에서도 반복성긴장장애의 역사는 가치 있는 사례 연구이다.

이는 1980년 초반 오스트레일리아에서 사무노동자와 다른 노동자에게 나타난 '증후군'이라고 보고되었으나, 초기에 고용주와 대부분의 의사는 그 존재를 부인했다. 그래서 많은 여성은 노동자 수천 명의 직접 증언뿐만 아니라 기존의 의학 연구를 이용해 그 문제를 인식시키기 위한 운동을 벌여왔다. 결과 보고서에는 많은 여성에게 직장을 포기하게 한 반복성긴장장애의 파괴적·재정적 영향뿐만 아니라, 신체적·정신적 영향이 포함되었다. 오스트레일리아에서는 반복성긴장장애가 보상받을 수 있는 산업재해로 인식되는 등 눈에 띄는 성과를 거두었다. 그러나 예방과 치료 서비스 모두에서 여전히 해결해야 할 많은 문제가 남아 있다. 따라서 이 운동은 오스트레일리아에서뿐만 아니라 반복성긴장장애가 여전히 공식적으로 인정받지 못하는 다른 국가에서 계속되고 있다.

성희롱에 맞서기

사무직 여성의 경험은 성희롱을 공공의 건강 문제로 부각시키는 데도 중요하다. 유사한 위험이 다른 많은 사업장에 존재하지만 문제를 인식시키기 위한 운동에서 사무직 여성들이 주요한 역할을 했다. 「성차별법」이 이미 제정된 국가의 일부 여성들은 성희롱을 법정으로 가져갔다. 특히 미국에서의 법적 대응은 다양한 지역에서의 조언 및 지지 센터 설립을 촉발시켰다. 그리고 많은 여성이 작업장에서 성희롱을 정의하고 범죄자 처벌을 위한 지침을 만드는 데 관여했다.

프랑스에서 이러한 과정은 여성폭력에 대응해 유럽연합(European Association Against Violence Against Women: AVFT)이 창시되면서 촉진되었다. 초기에는 유럽경제공동체(Europe Economic Community: EEC)의 후원을 받았으며, 현재는 국무장관 및 노동부의 재정 지원을 받고 있다(Louis, 1994). 이 조직의 회원들은 회의와 워크숍을 조직하고, 여성폭력을 분석하고 없애기 위한 간행물을 발간했다. 성희롱에 관련된 법을 바꾸기 위해 운동을 벌였고 작업장에서 성희롱을 당한 여성과 공동으로 작업했다. 비록 이 작업은 여성에 의해 운영되었지만 성희롱을 예방할 수 있다면 성 역할을 바꿀 필요가 있다는 것을 인식하는 남성 회원도 있었다(Louis, 1994).

이러한 운동을 벌였지만 대부분의 국가에서는 여전히 일터에서의 성적 압력에 대해 여성들은 공식적인 배상을 요구할 수 없다. 이러한 환경에서는 직접적인 행동만이 유일한 해결책이다. 말레이시아의 한 자유무역 지구에서 일하는 젊은 여성들은 정기적으로 공장과 기숙사 사이의 길에서 희롱을 당했다.

여성 노동자들은 이 상황을 바꾸기 위한 운동을 지지 받기 위해 집집마다 돌아다녔다. 마침내 이 문제를 논의하기 위해 모든 마을의회, 청년 집단, 교회집단과 종교 조직이 참여하여 회의가 개최되었다. 여성은 스스로 주도권을 갖고 토의를 이끌었다. 결과적으로 마을 주민들이 그러한 형태의 성희롱이 앞으로 발생하지 않게 한다는 데 서약함으로써 만장일치에 도달했다. 교회, 성당, 교단은 이 결정을 원활히 전달되는 데 이용되었고 골칫거리는 대부분 완화되었다(Rosa, 1987: 163~164).

공장노동자들의 저항운동

이 운동은 전기 및 직물처럼 산업에서 여성들이 조직한 공동체의 수준이 높아지고 있다는 것을 보여준다(Asian and Pacific Women's Resource Collection Network, 1989: 120~128). 지금까지는 이러한 운동이 거의 알려지지 않았으나, ≪땀방울(Drops of Sweat)≫ 같은 신문은 이러한 메시지를 더욱 널리 퍼뜨리기 시작했다(Rosa, 1994: 73). 일부 공장의 여성들은 노동조합을 통해 활동했으나 다른 여성들은 생계와 노동을 함께하는 비공식적인 방법을 사용했다. 스리랑카 지역 노동자 로히니(Rohini)의 편지는 다음과 같다.

우리는 스스로 조직하는 방법이 있다. 이는 우리에게 매우 중요하다. 얼마의 시간이 흐른 뒤 노동자들은 그 방법에 익숙해졌다. 예를 들어 새로운 생산 목표가 도입되는 것 같은 특정 상황에서 우리는 어떻게 행동해야 하는지를 안다. 시작 단계에서는 어렵지만 얼마 후에는 이러한 변화와 새롭고 다양한 방법이 개발되기 시작한다(Rosa, 1994: 86).

유사한 발전이 멕시코 시에서 보고되었는데 1985년 9월 19일 지진 이후 여성복 노동자들이 조합을 결성했다(Tirado, 1994). 많은 동료가 공장에서 죽어갔지만 고용주의 반응은 냉담했고 이에 충격을 받은 여성들은 자신의 상황을 개선하기로 결정했다. 조합의 목표와 전략은 광범위했다. 여성들은 작업장에서 위생과 안전을 개선하는 것(화장실의 휴지, 깨끗한 식수와 적절한 공간을 포함), 성희롱을 없애는 것, 일부 여성을 유산하게 하는 중노동에 종지부를 찍는 것, 그리고 임신했을 때 해고하는 관행을 중단할 것을 조합의 목표에 포함시켰다(Tirado, 1994: 111).

성 노동자의 건강과 안전

최근에 많은 국가에서 새로운 노동자 집단 중 하나가 건강과 안전 운동에 관여하기 시작했다. 바로 성 산업에 종사하는 노동자이다. 성매매는 항상 위험한 고용 형태이고, 지난 10년간에 걸친 HIV/에이즈의 확산으로 위험은 증폭되었다. 성 노동자의 건강을 감시하려는 대부분의 공식적 시도는 대체로 고객과 사회집단을 감염의 위험에서 보호하기 위해 고안되었으며, 처벌 방식의 접근이었다. 이에 대응해 세계 전역의 성매매 여성들은 자신들의 건강을 증진시키기 위해 특별히 설립된 조직에 참여하게 되었다.

이 중 가장 유명한 조직은 임파워 프로젝트(Empower project)로, 이는 태국의 성매매 중심 지구인 팟팡(Patpang)에서 일하는 여성들을 돕고 있다(Gracia Moreno and Claro, 1994). 최근 이와 유사한 조직이 전 세계의 많은 지역에서 활동하고 있는데(Bere and Ray, 1993: Ch. 14), 샌프란시스코의 캘리포니아 성매매 교육 프로젝트(California Prostitutes Education Project: CAL-PEP)는 여성들이 안전한 섹스를 협상할 수 있도록 돕는 운동을 개발했다. 이는 교육, 정보 제공, 의뢰, 안전한 섹스 워크숍, 지원집단, HIV와 성 전파성 감염 질환 검사, 그리고 이 산업에서 떠날 것을 선택한 성 노동자를 위한 직업 재활을 포함한다.

국제적 연대

현재, 노동건강운동을 하나로 모으기 위한 국제 네트워크가 형성되고 있다. 세계여성노동(women working worldwide) 같은 조직은 동일한 산업의 노동자 집단 사이에 직접적인 연락을 원활히 하기 위해 자원, 정보를 공유하는 수단을 제공하고 있다. 홍콩의 아시아 감독자 자원 센터, 아시아 여성을 위한 위원회 같은 조직은 지역적 기반에 근거해 유사한 활동을 장려하고 있다. 성 노동자의 건강과 인권에 대한 첫 국제회의는 1992년 12월 카메룬의 야운데(Yaoundé)에서 개최되었다. 또한 세계 전역의 성 노동자들과 고객들에게 HIV/에이즈 관련 서비스를 제공하는 네트워크를 준비하기 위해 런던의 성 노동 관련 HIV/에이즈 프로젝트는 연대를 강화할 예정이다.

우리는 여성이 가정과 직장뿐만 아니라 이 중간 영역에서도 자신의 조건을 바꾸기 위해 전면에서 싸우고 있는 것을 살펴보았다. 여성은 읽고 쓰는 능력으로 보건의료를 개선하며, 자신의 출산에 대해 통제력을 갖고, 경제적 독립성을 높이면서 진보하고 있다. 그러나 그들의 건강과 안전에 대한 주된 위협은 여전히 해결되지 않은 채 남아 있다. 그것은 바로 현실에서 계속되고 있는 남성의 폭력이다.

7. 여성폭력을 정치적 어젠다로

매일 수백만 여성들이 1948년 인권선언에 정식으로 기술된 신체적인 안전에 대한 권리를 보장받지 못하고 있다(Bucnh and Carillo, 1990). 이와 관련해 매치 인터내셔널(Match International)에서 세계 전역의 여성 집단을 대상으로 실시한 조사에서 1위를 차지한 것은 폭력이었다. 흑인 활동가 빌리 에이버리(Byllie Avery)는 다음과 같이 묘사한다. "여성들이 편하게 모여 자기 신변에 관한 수다를 떨다 보면 무엇보다 우리 삶에 존재하는 폭력 때문에 울게 된다"(Avery, 1990).

가정폭력은 가정의 신성한 의무 안에서 이루어지기 때문에 종종 무시된다. 이것은 사적이며 '시시한 언쟁'으로 치부되고, 대중의 관심사가 아닌 것처럼 취급되며, 성폭행 문제 역시 대부분 가려져 있다.

지난 20년간 수많은 국가에서 폭력의 거대한 부담을 가시화하는 데 기여한 많은 운동이 있었다(Dobash and Dobash, 1992; United Nations, 1989). 여성주의 네트워크 ISIS는 남미에서 여성에 대한 폭력과 싸우고 있는 집단이 400개에 이른다고 기록하고 있다(Heise, 1993). 그리고 이 문제가 범지구적 문제임을 보여주는 많은 국제적 운동 단체들이 있다. 남미와 캐러비언 여성들의 압력으로 11월 25일은 여성폭력에 대항하는 국제적인 날로 정해졌다. 해마다 이날 많은 국가에서 시위나 행사가 열린다. 폭력은 UN 여성증진부 업무의 중심이 되고 있다(United Nations, 1989b).

세계 전역에서 의미 있는 성과를 거두었으나 여전히 해결해야 할 문제가 많이 남아 있고, 특히 폭력이 증가하고 있는 국가에서 그러하다. 땅을 잃고 가난해지고 군부화되며 종교와 사회 가치가 근본주의로 옮겨가는 것 모두 폭력의 강도를 증가시키는 요인이 되고 있다.

생존자에 대한 지지

남성 폭력으로 인한 결과를 해결하는 초기 전략 중 한 가지는 생존자들을 위한 쉼터를 조직화하는 것이었다. 최초의 쉼터는 1971년 영국에 설립되었고 현재 그 숫자는 100개 이상으로 증가했다. 비록 상황은 끊임없이 변화하고 있지만 최근 미국에만 700개 이상의 기관이 있는 것으로 추정되고 있다(United Nations, 1989b: 77). 급격하게 증가하고 있는 강간위기센터(rape crisis center) 또한 성폭행으로 고통받는 여성에 대한 지원과 조언을 제공하고 있다.

제3세계 국가에서 쉼터와 위기센터 모두 1980년대에 빠르게 확산되었다. 가장 효과적인 발전 중 하나가 코스타리카에서 있었는데, 이곳의 페미니스트 정보활동센터(Centro Feminista de Informaciony Accin: CEFEMINA)에서는 폭력을 당한 여성(mujeres violentadas)을 위해 다양한 서비스를 제공했다(Cox, 1994). 말레이시아 최초의 여성 쉼터는 1981년에 세워졌고, 여성 생존자를 위한 서비스 네트워크는 현재 아시아, 오세아니아, 일부 아프리카 지역에서 조직되고 있다. 구사회주의 국가에서 알코올 중독 여성을 위한 조직이 처음으로 설립되기 시작했다. 1991년 체코에서는 '안전을 위한 백색 고리(White Circle of Safety)'가 설립되었다. 이 조직은 법적 권리와 자기방어에 대한 상담, 후원 세미나, 워크숍을 제공했다. 무엇보다 이 조직은 여성폭력에 대한 논의를 금기시하는 것을 깨기 위해 노력하고 있다(Siklova and Hradlikova, 1994).

쉼터와 위기센터의 즉각적인 목표는 여성이 폭력의 신체적·감정적·실제적 영향을 처리할 수 있도록 돕는 것이다. 이 과제에 대한 접근 방법은 다양하지만, 대부분은 여성들이 유사한 상황의 다른 이들과 자신의 경험을 공유하고 미래를 위해 긍정적 교훈을 배울 필요가 있다고 강조한다. 한 지원자는 말레이시아의 콸라룸푸르 쉼터에서 그녀가 하는 업무를 다음과 같이 묘사하고 있다.

폭력의 원인은 다양하고 인종 집단에 따라 조금씩 다를 수 있다. 예를 들어 인도 여성은 가난과 알코올 중독에 직면하고, 말레이인은 연애 문제가, 중국인은 금전 문제가 일반적이다. 그러나 아내를 때리는 남편들에게는 공통점이 있다. 그렇기 때문에 인종 집단이 달라도 유사한 상황의 어머니들은 서로를 격려하고 상처받은 감정을 치유하며 삶을 다시 시작하기 위한 자신감을 회복할 수 있다(Matsui, 1989: 154).

각기 다른 공동체의 여성들이 문제를 쉽게 공유할 수는 없지만, 말레이시아의 이러한 예는 모든 문화에서 지원과 학습이 지니는 잠재력에 대한 중요한 사례라고 할 수 있다.

쉼터의 수가 증가하고 있지만 대부분은 자금을 충분히 지급받지 못하고 있고 자발적 노동에 의지하고 있다. 1983년 피지의 수바(Suva)에 설립된 센터가 그 예가 될 수 있다. 설립 후 첫 5년 동안 센터에서 일하는 사람들이 폭력을 경험한 1,000명 이상의 여성을 돌보았다(Ali, 1990: 167). 10년 후에도 여전히 원조에 의존하고 있었고 원조의 대부분은 해외에서 온 것이었다. 국제연합인구기금(United Nationas Fund for Population Activities: UNFPA)에 대한 기금 신청은 센터의 존재가 피지의 이미지에 나쁜 영향을 줄 수 있다는 이유로 국가 차원에서 두 번이나 거절되었다.

이와 반대로 광범위한 로비로 일부 정부는 여성에 대한 폭력을 심각하게 받아들이게 되었다. 홍콩, 뉴질랜드, 일본, 브라질, 파푸아뉴기니, 말레이시아 여성 쉼터는 현재 정부 기금을 받고 있다. 특히 오스트레일리아에서 여성운동의 힘은 1975년에 이미 정부 중요한 지원을 이끌어냈다. 성폭력센터와 쉼터는 정부에서 기금을 받고 있으나 여성 집단에 의해 독립적으로 운영되고 다른 자발적 조직과 관계를 맺기도 한다. 그리고 경찰의 대응도 관심의 집중이 되어왔다. 브라질에서는 폭력 희생자를 돕기 위해 거의 100개의 여성 경찰 초소가 세워졌고, 인도에서는 '여성폭력 범죄지 수감소'가 수많은 도시에 세워졌다(Heise, 1993: 8).

예방을 위한 캠페인

여성들은 성폭력 생존자들을 위해 서비스를 제공할 뿐만 아니라, 폭력을 계속 장려하는 사회 환경을 바꾸기 위한 운동에 관여해왔다. 예를 들어 인도 여성들은 성범죄와 관련된 법을 바꾸려고 시도해왔다 (Gandhi and Shah, 1991: Ch. 3). 기존의 성폭행법에 항의하는 첫 집회는 1980년 국제 여성의 날 인도의 델리에서 개최되었다. 3,000명의 여성들이 참여한 이 집회에서 인도에서는 처음으로 자발적 여성운동에 대한 필요성이 공공연하게 주장되었다. '여성억압 반대 포럼'과 같은 집단은 혼인지참금 살인과 사티(sati)[8]에 관한 법을 바꾸기 위해 다른 조직과 연대했다. 유사한 운동이 파키스탄과 방글라데시에서 조직되었고, 여성

---

8 사티(Sati)는 인도에서 남편이 죽은 후 그의 아내를 산 채로 불태우는 관습이다.

들의 압력은 1980년 「혼인지참금법」 금지와 1983년 「여성학대법」 금지를 통과시키는 데 중요한 역할을 했다(Asian and Pacific Women's Resource Collection Network, 1989: 195; Matsui, 1989: 81).

일부 국가에서 지속적으로 폭력을 행사하는 사람들을 위한 치료 프로그램이 개발되었으나 그 효과는 아직 증명되지 않았다. 또 다른 공동체 교육 전략은 현재 폭력적이거나 잠재적으로 폭력성을 지닌 남성과 그들을 제어하도록 도울 수 있는 사람들에게 좀 더 많이 손을 내밀고자 노력하고 있다. 이러한 프로그램은 여성폭력의 현실과 폭력은 용납할 수 없음을 최대한 많은 사람에게 알리기 위해 다양한 전략을 사용해왔다. 자메이카의 연극 집단 지스트렌(Sistren)은 '성폭력 반대!(No! to Sexual Violence)'라는 팸플릿을 제공하는 연극을 제작했다(Ford-Smith, 1994). 이는 여성이 자신의 경험을 이해하고, 성폭력이 증가하는 데 대해 관심을 높이기 위해 기획한 교육적·문화적 운동의 시작점이었다.

오스트레일리아에서는 1989년 광범위한 예방 프로그램의 일부로 특별한 가정폭력 교육 운동이 시행되었다. 파푸아뉴기니에서는 리플릿, 비디오, 라디오 프로그램을 사용한 인상적인 운동을 전개했고, 국가 여성의회와 공동으로 다른 활동 프로그램도 수행되었다. 폭행당하는 여성을 보호하고 지지하기 위해 지역 집단에 의한 직접행동뿐만 아니라 국가 전역에 걸쳐 주민회의가 소집되었다. 폭력을 이슈로 광범위한 논쟁이 벌어지는 등 일부 성공 사례가 보고되었으나 여성에 대한 폭력의 위협은 여전히 매우 크게 남아 있다.

개선이 일부 이뤄질 수 있으나 남성 폭력이 의미 있게 감소하기 위해서는 더 폭넓은 사회 변화가 필요하다는 것은 분명하다. 불평등한 가족 관계에서 여성이 남성에게 사회경제적으로 의지하는 한, 여성은 계속 위험한 상태로 남아 있을 것이다. 여성에 대한 남성 폭력을 지속시키는 이러한 구조적 요인의 중요성은 최근 아프리카 국가 의회 구성원인 프레네 긴왈라(Frene Ginwala)의 연설에서 강조되었다. 그녀는 여성 불평등의 맥락에서 강력하게 폭력을 의제로 제출했고, 새로운 남아프리카를 위한 헌법은 여성을 차별하는 가정 풍습에서 여성을 보호해야 한다고 주장했다.

분리나 인종차별을 규정하는 그들의 문화를 존중해야 한다는 아프리카너(Africaner)9의 주장을 받아들일 수 없듯이, 우리는 사회적 수준에서 여성의 지위를 떨어뜨리는 문화적 풍습을 더는 용납할 수 없다. 인종 평등에 대한 공약이 절대적이듯이, 우리는 여성 평등에 대한 서약에 주의를 기울여야 한다. 여성 평등이 문화적 풍습에 대한 민감도나 가족 관계의 사생활을 존중하기 위해 줄어들 수는 없다(Hansson, 1991; 182).

8. 결론

이 책은 여성과 남성 모두를 위한 인간의 기본 욕구로서의 신체적·심리적 건강을 인정하면서 시작했다. 그리고 많은 여성에게 자신의 요구를 충족시킬 수 없도록 막는 경제적·사회적·문화적 장애가 무엇인지 조사했다. 이러한 요인 중 일부는 남녀 모두에게 적용된다. 예를 들면 부국과 빈국을 계속해서 분할하는 환경의 황폐화와 인종·계급의 장벽뿐만 아니라 소득과 부의 지구적 불평등과 같은 것이다. 그러나

---

9 남아프리카공화국의 네덜란드계 자손을 중심으로 하는 백인, 보어인을 말한다.

어떤 것들은 여성에게 국한된 것이다. 가사노동의 불평등한 부담, 가계 자원 할당에서의 차별, 자신의 성적 관심과 출산을 결정할 수 있는 능력에 대한 제한, 임금노동과 정치력에서의 불평등, 여성에게 계속 가해지는 남성의 폭력을 예로 들 수 있다.

마지막 장은 여성의 안녕을 제약하는 이러한 차별에 대한 대응을 살펴보았다. 우리는 현재 수백만 명이 더 좋은 건강을 위한 투쟁에 개인적·집단적으로 참여하고 있음을 알 수 있었다. 그들은 자신의 목표를 공식화하고 전략을 수립하며 자신의 환경에 적절한 방법을 고안했다. 이러한 운동은 '상향식(bottom up)'과 '하향식(top down)'으로 이루어지며, 중재 정책은 지방, 지역, 국제적 수준에서 행해졌다. 여성은 의료기관과 공식적 기관의 내부와 외부에서 변화를 위해 싸워 왔다. 일부는 자신을 여성주의자로 정의했으나 그렇지 않은 사람도 있다. 건강에 대한 여성의 권리에 대해 공통된 신념을 공유한다는 것을 제외하고는 어떠한 단일한 운동도 나타나지 않았다.

이 책은 처음부터 끝까지 여성이 겪는 삶의 구조를 구성하는 활동의 무한한 다양성에 대해 기술했다. 특히 타인의 안녕을 증진시키는 데 활동적으로 참여해야 함을 강조했다. 만약 여성 건강에 대한 요구가 충족되지 않는다면 이러한 활동을 수행할 능력은 임의로 제한될 것이고, 인간으로서 자신의 잠재력을 깨달을 수 없게 된다. 더 많은 사람이 조기 사망할 것이며, 더 많은 사람이 삶의 질이 저하되어 고통을 받을 것이다. 이러한 손실을 막기 위하여 여성의 건강과 관련된 권리와 이를 실현하기 위한 전략을 적절하게 수립하는 것은 여성주의 정치에 서뿐만 아니라 지속 가능한 개발, 정치적 자유, 경제사회적 정의를 위한 광범위한 운동에서도 중심적인 고려 사항이 되어야만 한다.

읽을거리

Asian and Pacific Women's Resource Collection Network, *Asian and Pacific Women's Resource and Action Series: health*(Kuala Lumpur: Asian and Pacific Development Centre, 1989).
아시아·태평양 지역 여성을 위한 자원과 아이디어를 제공하는 자료이다. 섹슈얼리티, 재생산, 가사, 임금노동, 폭력 문제를 다루며, 세계 다른 지역의 여성건강운동이 채택할 수 있는 모델을 제공한다.

Boston Women's Health Book Collective, *The New Our Bodies Ourselves*(New York: Touchstone Pucblishing Co., 1993).
몸과 건강을 스스로 조절하고자 하는 여성을 위한 중요한 고전이다.

Dankelman, I. and Davidson, J., *Women and Environment in the Third World: a blueprint for the future*(London: Earthscan, 1988).
제3세계에서 여성과 물리적 환경 사이의 관계에 대한 고무적인 해석이다. 여성보존론자와의 인터뷰 및 사례 연구를 담고 있으며 여성이 환경의 도전에 대응하기 위해 조직화할 수 있는 방안을 연구했다.

Davis, M., *Women and Violence: realities and responses worldwide*(London: Zed Books, 1994)
폭력에 대항한 여성운동에 관한 논문을 모은 것으로, 성폭력의 원인과 이를 없애기 위한 가장 효과적인 방법과 관련된 주요 문제를 제기한다. 전 세계에 걸쳐 매우 가치 있는 사례 연구를 포함하고 있다.

Gerber Fried, M., *Abortion to Reproductive Freedom: transforming a*

movement(Boston: South End Press, 1990).
미국 재생산 권리를 위한 투쟁에 참여한 활동가와 학자들의 논문 선집이다. 1960년대부터의 현재까지의 낙태권 투쟁의 역사와 비판을 담고 있으며 재생산권에 차이와 다양성이 더 많이 포함되어야 한다고 주장한다.

Sen, G., Germain. A. and Chen, C., *Population Policies Reconsidered: health, empowerment and human rights*(Cambridge Mass: Harvard University Press, 1994).
다양한 학자, 정책 결정가, 여성운동가의 논문 모음이다. 건강, 임파워먼트, 인권을 강조한 인구 정책과 정치의 향후 방향성에 대해 논하고 있다.

참고문헌

Abdullah, T. and S. Zeidenstein. 1982. *Village Women of Bangladesh: prospects for change*. Oxford: Pergamon Press.

Adler, N., H. David, B. Major, S. Roth, N. Russo and G. Wyatt. 1990. "Psychological responses after abortion." *Science*, vol.248, no.6(April), pp.41~43.

Adler, N., S. Keyes and P. Robertson. 1991. "Psychological issues in new reproductive technologies: pregnancy-inducing technology and diagnostic screening." in J. Rodin and A. Collins(eds.). *Women and New Reproductive Technologies: Medical, Psycho-social, Legal and Ethical Dilemmas*. Hillsdale, NJ: Lawrence Erlbaum Associates.

Agarwal, B. 1986. *Cold Hearths and Barren Slopes: the woodfuel crisis in the third world*. London: Zed Press.

Alfredsson, L., C. Spetz and T. Theorell. 1985. "Type of occupation and near future hospitalization for myocardial infarction and some other diagnoses." *International Journal of Epidemiology*, vol.14, no.3, pp.378~388.

Ali, S. 1990. "It's been a long road: a women's crisis centre in Australia." in *Health Sharing Women, The Healthsharing Reader*. Sydney: Pandora.

Allen, S. and C. Wolkowitz. 1987. *Homeworking: myths and realities*. London: Macmillan.

Amaro, H., L. Beckman and V. Mays. 1987. "A comparison of black and white women entering alcoholism treatment." *Journal of Studies on Alcohol*, vol.48, no.3, pp.220~228.

American Medical Association, Council on Ethical and Judicial Affairs. 1991. "Gender disparities in clinical decision making." *Journal of American Medical Association*, vol.266, no.4, pp.559~562.

Amnesty International. 1991. *Rape and Sexual Abuse: torture and ill-treatment of women in detention*. London: Amnesty International Secretariat.

Anastos, K. and C. Marte. 1991. 'Women: the missing persons in the AIDS epidemic," in N. McKenzie(ed.). *The AIDS Reader: social, political and ethical issues*. New York: Meridian.

Anastos, K. and S. Vermund. 1993. "Epidemiology and natural history." in

A. Kurth(ed.). *Until the Cure: caring for women with HIV*. London and New Haven: Yale University Press.

Anderson, M. 1988. *Thinking about Women: sociological perspectives on sex and gender*. London: Macmillan.

Andrews, B. and G. Brown. 1988. "Violence in the community: a biographical approach." *British Journal of Psychiatry*, vol.153, pp.305~312.

Aneshensel, C. 1986. "Marital and employment role-strain. social support and depression among adult women." in S. E. Hobfoll(ed.). *Stress, Social Support and Women*. New York: Hemisphere.

Aral, S. and K. Holmes. 1991. "Sexually transmitted diseases in the AIDS era." *Scientific American*, vol.264, no.2, pp.18~25.

Arber, S., N. Gilbert and A. Dale. 1985. "Paid employment and women's health: a benefit or a source of role strain?." *Sociology of Health and Illness*, vol.7, no.3, pp.375~401.

Armstrong, S. 1994. "Rape in South Africa: an invisible part of apartheid's legacy." *Focus on Gender*, vol. 2, no. 2, pp.35~39.

Arney, W.R. 1985. *Power and the Profession of Obstetrics*. Chicago: University of Chicago Press.

Asch, A. and M. Fine. 1990. "Shared dreams: a left perspective on disability rights and reproductive rights." in M. Gerber Fried(ed.). *Abortion to Reproductive Freedom: transforming a movement*. Boston: South End Press.

Asetoyer, C. 1993. "Fetal alcohol syndrome: a nation in distress." in *Sojourner: the Women's Forum*(March).

ASH Women and Smoking Group. 1990a. *Teenage Girls and Smoking: an expert report of the ASH Women and Smoking Group*. London: Action on Smoking and Health.

_____. 1990b. *Smoke Still Gets in their Eyes: an expert report of the ASH Women and Smoking Group*. London: Action on Smoking and Health.

Ashton, H. 1991. "Psychotropic drug prescribing for women." *British Journal of Psychiatry*, vol.158, supplement 10, pp.30~35.

Asian and Pacific Women's Resource Collection Network. 1989. *Asian and Pacific Women's Resource and Action Series: health*. Kuala Lumpur: Asian and Pacific Development Centre.

Avery, B. 1990. "Breathing life into ourselves: the evolution of the National

Black Women's Health Project." in E. White(ed.). *The Black Women's Health Book: speaking for ourselves.* Seattle: Seal Press.

Baer, H.(ed.). 1987. *Encounters with Biomedicine: case studies in medical anthropology.* New York: Gordon and Breach.

Baker, R. and S. Woodrow. 1984. "The clean, light image of the electronics industry: miracle or mirage?." in W. Chavkin(ed.). *Double Exposure: women's health hazards on the job and at home.* New York: Monthly Review Press.

Balasubrahmanyan, V. 1986. "Finger in the dyke: the fight to keep injectables out of India." in K. McDonnell(ed.). *Adverse Effects: women and the pharmaceutical industry.* Penang. Malaysia: International Organisation of Consumer Unions.

Ball, C. 1991. "When broken heartedness becomes a political issue." in T. Wallace with C. March(eds.). *Changing Perceptions: writings on gender and development.* Oxford: Oxfam.

Balter, M., D. Manheimer, G. Mellinger et al. 1984. "A cross-national comparison of anti-anxiety/sedative drug use." *Current Medical Research and Opinion*, vol.8(supplement 4), pp.5~18.

Bang, A., M. Bang, M. Baitule, Y. Choudhary, S. Sarmukaddam and O. Tale. 1989. "High prevalence of gynaecological diseases in rural Indian women." *Lancet*, vol.(i) pp.85~88.

Bang, R. and A. Bang. 1992. "Why women hide them: rural women's viewpoints on reproductive tract infections." *Manushi, A Journal About Women and Society*, vol.69, pp.27~30.

Banta, D. and S. Thacker. 1979. "Assessing the costs and benefits of electronic fetal monitoring." *Obstetrical and Gynaecological Survey*, vol.34, no.8, pp.627~642

_____. 1982. "The risk and benefits of episiotomy: a revie." *Birth*, vol.9, no.1, pp.25~30.

Banzhaf, M. 1990. "Race, women and AIDS: introduction." in ACT UP/NY Women and AIDS Book Group. *Women, AIDS and Activism.* Boston, Mass: South End Press.

Barbee, E. and Little, M. 1993. "Health, social class and African-American women." in S. James and, A. Busia(eds.). *Theorising Black Feminisms: the visionary pragmatism of black women.* Routledge.

Barnett, E. 1989. "Notes on nervios: a disorder of menopause." *Health Care for Women International*, vol.10, nos 2 and 3, pp.159~169.

Barnett, R. and N. Marshall. 1991. "The relationship between women's work and family roles and their subjective wellbeing and psychological distress." in M. Frankenhaeuser, U. Lundberg and M. Chesney(eds.). *Women, Work and Health: stress and opportunities.* New York: Plenum Press.

Barrett, M. and A. Phillips. 1992. *Destabilising Theory: contemporary feminist debates.* Cambridge: Polity Press.

Barrios de Chungara, D. with M. Viezzer. 1978. *Let Me Speak! Testimony of Domitila, a woman of the Bolivian mines.* London: Stage One Press.

Barroso, C. and C. Bruschini. 1991. "Building politics from personal lives: discussions on sexuality among poor women in Brazil." in C. Mohanty, A. Russo and L. Torres(eds.). *Third World Women and the Politics of Feminism.* Bloomington and Indianapolis: Indiana University Press.

Barry, U. 1988. "Abortion in the Republic of Ireland." *Feminist Review*, vol.29, pp.57~63.

Bart, P. 1981. "Seizing the means of reproduction: an illegal feminist abortion collective and how it worked." in H. Roberts(ed.). *Women, Health and Reproduction.* London: Routledge and Kegan Paul.

Bartley, M., J. Popay and J. Plewis. 1992. "Domestic conditions, paid employment and women's experiences of ill health." *Sociology of Health and Illness*, vol.14, no.3, pp.313~341.

Baruch, G., L. Biener and R. Barnett. 1987. "Women and gender in research on work and family stress." *American Psychologist*, vol.42, no.2, pp.130~136.

Bassett, M. and M. Mhloyi. 1991. "Women and AIDS in Zimbabwe: the making of an epidemic." *International Journal of Health Services*, vol.21, no.1, pp.143~156.

Bayer, R. 1982. "Reproductive hazards in the workplace: bearing the burden of fetal risk," *Millbank Memorial Fund Quarterly*, vol.60, no.4, pp.633~656.

Beary, M., J. Lacey and J. Merry. 1986. "Alcoholism and eating disorders in women of fertile age." *British Journal of Addiction*, vol.81, no.5,

pp.685~689.

Becker, G. 1981. *Treatise on the Family*. Cambridge Mass: Harvard University Press.

Beckman, L. 1980. "Perceived antecedents and effects of alcohol consumption in women." *Quarterly Journal of the Study of Alcohol*, vol.41, no.5, pp.518~530.

_____. 1984. "Treatment needs of women alcoholics." *Alcoholism Treatment Quarterly*, vol.1, no.2, pp.101~114.

Beckwith, B. 1985. "Boston Women's Health Book Collective: women empowering women." *Women and Health*, vol.10. no.1, pp.1~7.

Bell, N. 1992. "Women and AIDS: too little, too late?." in H. Bequaert Holmes and L. Purdy(eds.). *Feminist Perspectives in Medical Ethics*. Bloomington: Indiana University Press.

Bell, S. 1994. "Translating science to the people: updating the new Our Bodies Ourselves." *Women's Studies International Forum*, vol.17, no.1, pp.9~18.

Belle, D. 1990. "Poverty and women's mental health." *American Psychologist*, vol.45, no.3, pp.385~389.

Benton, J. 1993. "The role of women's organisations and groups in community development: a case study of Bolivia." in J. Momsen and V. Kinnaird(eds.). *Different Places, Different Voices: gender and development in Africa, Asia and Latin America*. London: Routledge.

Berer, M. 1993. "Population and family planning policies: women-centred perspectives." *Reproductive Health Matters*, no.1, pp.4~12.

Berer, M. and S. Ray. 1993. *Women and HIV/AIDS: an international resource book*. London: Pandora.

Berger. I. 1983. "Sources of class consciousness: South African women in recent labor struggles." *International Journal of African Historical Studies*, vol.16, no.1, pp.49~66.

Berk, S. 1985. *The Gender Factory: the apportionment of work in American households*. New York: Plenum.

Berman, B. and E. Gritz. 1991. "Women and smoking: current trends and issues for the 1990s." *Journal of Substance Abuse*, vol.3, pp.221~238.

Bernard, J. 1972. *The Future of Marriage*. New York: World Publishing.

Bernstein, B. and R. Kane. 1981. "Physicians' attitudes towards female patients."

Medical Care, vol.19, no.6, pp.600~608.

Binney, V., G. Harkll and J. Nixon. 1981. *Leaving Violent Men: a study of refuges and housing for battered Women*. Leeds: Women's Aid Federation.

Birke, L. 1986. *Women, Feminism and Biology*. Brighton: Wheatsheaf.

Birke, L., S. Himmelweit and G. Vines. 1990. *Tomorrow's Child: reproductive technologies in the 90s*. London: Virago.

Blackburn, C. 1991. *Poverty and Health: working with families*. Milton Keynes: Open University Press.

Blaxter, M. 1990. *Health and Lifestyles*. London: Routledge.

Blay, E. 1985. "Social movements and women's participation in Brazil." *International Political Science Review*, vol.6, no.3, pp.297~305.

Boston Women's Health Book Collective. 1971. *Our Bodies Ourselves*. New York: Simon and Schuster.

Boulton, M. 1983. *On Being a Mother*. London: Tavistock.

Bowler, R., D. Mergler, G. Huel, R. Harrison and J. Cone. 1991a. "Neuropsychoimpairment among former microelectronics workers." *Neurotoxicology*, vol.12, pp.87~104.

Bowler, R., D. Mergier, R. Harrison, S. Rauch and J. Cone. 1991b. "Affective and personality disturbances among female former microelectronics workers." *Journal of Clinical Psychology*, vol.47, no.1, pp.41~52.

Bradley, C. 1994. "Why male violence against women is a development issue: reflections from Papua New Guinea." in M. Davis(ed.). *Women and Violence: responses and realities worldwide*. London: Zed Press.

Brady, J. 1991. *1 in 3: women with cancer confront an epidemic*. Pittsburg and San Francisco: Cleis Press.

Braidotti, R., E. Charkiewicz, S. Hausler and S. Wieringa. 1994. *Women, the Environment and Sustainable Development: towards a theoretical synthesis*. London: Zed Press.

Braybrooke, D. 1987. *Meeting Needs*. Princeton: Princeton University Press.

Breslau, N., G. Davis, P. Andreski and E. Peterson. 1991. "Traumatic events and post traumatic stress disorder in an urban population of young adults." *Archives of General Psychiatry*, vol.48, no.3, pp.216~222.

Brettle, R. and C. Leen. 1991. "The natural history of HIV and AIDS in women." *AIDS*, vol.5, no.11, pp.1283~1292.

Bridgewood, A. and D. Savage. 1993. *General Household Survey 1991*. UK Office of Population Censuses and Surveys.

Briggs, A. and J. Oliver. 1985. *Caring: experiences of looking after disabled relatives*. London: Routledge and Kegan Paul.

Bronstein, A. 1982. *The Triple Struggle: Latin American peasant women*. War on Want.

Broom, D. 1986. "Occupational health of houseworkers." *Australian Feminist Studies*, vol.2, pp.15~33.

_____. 1993. *Damned if We Do: contradictions in women's health care*. Sydney: Allen and Unwin.

Broverman, I., D. Broverman, H. Clarkson, P. Rosenkrantz and S. Vogel. 1970. "Sex role stereotypes and clinical judgements of mental health." *Journal of Consulting and Clinical Psychology*, vol.34, no.1, pp.1~7.

Brown, G. and T. Harris. 1978. *Social Origins of Depression*. London: Tavistock.

Brown, J. 1992. "Introduction: definitions, assumptions, themes and issues." in D. Counts, J. Brown and J. Campbell(eds.). *Sanctions and Sanctuary: cultural perspectives on the beating of wives*. Boulder, Co: Westview Press.

Browne, A. and D. Finkelhor. 1986. "The impact of child sexual abuse: a review of the research." *Psychological Bulletin*, vol.99, no.1, pp.66~77.

Browne, S., D. Connors and D. Stern. 1985. *With the Power of Each Breath*. San Francisco: Cleis Press.

Bruce, J. 1987. "Users' perspectives on contraceptive technology and delivery systems: highlighting some feminist issues." *Technology in Society*, vol.9, pp.359~383.

Bruce. J. and D. Dwyer. 1988. "Purpose and overview." in D. Dwyer and J. Bruce(eds.). *A Home Divided: women and income in the third world*. Stanford, Ca: Stanford University Press.

Buckley, M. 1989. *Women and Ideology in the Soviet Union*. Brighton: Harvester.

Buckley, T., R. Hams, R. Doll, M. Vessey and P. Williarns. 1981. "Case control study of the husbands of women with dysplasia or carcinoma of the cervix uteri." *Lancet*, vol.(ii), pp.1010~1015.

Bularzik, M. 1978. "Sexual harassment in the workplace-historical notes." *Radical America*, July/August, pp.24~43.

Bullock, S. 1994. *Women and Work*. London: Zed Press.

Bunch, C. and R. Carillo. 1990. *Gender Violence: a development and human rights issue*. Dublin: Attic Press.

Burgess, A. and L. Holmstrom. 1979. *Rape, Crisis and Recovery*. Bowie: Robert, J. Brady.

Busfield, J. 1986. *Managing Madness: changing ideas and practice*. London: Hutchinson.

Buvinic, M., M. Lycette and W. McGreevy(eds.). 1983. *Women and Poverty in the Third World*. Baltimore, MD: Johns Hopkins Press.

Cairo Women's Health Book Collective. 1991. "Women's Lives and Health in Egypt." Cairo Women's Health Book Collective, c/o Dr Hind Khattab, Delta Consultants, 12 Mohamed EI-Hefni Street, 3rd Floor, Apt.7, Garden City, Cairo.

Camino, L. 1989. "Nerves, worriation and black women: a community study in the American south." *Health Care for Women International*, vol.10, nos 2 and 3, p.295~314.

Campbell, J. 1992. "Wife battering: cultural contexts versus western social sciences." in D. Counts, J. Brown and J. Campbell(eds.). *Sanctions and Sanctuary: cultural perspectives on the beating of wives*. Boulder, Co: Westview Press.

Campbell, R. and A. Macfarlane. 1990. "Recent debate on the place of birth." in J. Garcia, R. Kilpatrick and M. Richards(eds.). *The Politics of Maternity Care: services for childbearing women in twentieth century Britain*. Oxford: Clarendon Press.

Carovano, K. 1991. "More than mothers and whores: redefining the AIDS prevention needs of women." *International Journal of Health Services*, vol.21, no.1, pp.131~142.

Cartwright, A. 1988. "Unintended pregnancies that lead to babies." *Social Science and Medicine*, vol.27, no.3, pp.249~254.

Cates, W., J. Smith, R. Rochat and D. Grimes. 1982. "Mortality from abortion and childbirth: are the statistics biased?." *Journal of the American Medical Association*, vol.248, no.2, pp.192~196.

Centro de Investigacion Para la Accion Femenina. 1987. "Notes on a study of women workers in the Dominican Republic." in M. Davis(ed.). *Third World Second Sex 2*. London: Zed Press.

Cerullo, M. 1990. "Hidden history: an illegal abortion in 1968." in M. Gerber Fried(ed.). *From Abortion to Reproductive Freedom: transforming a movement.* Boston: South End Press.

Chalmers, I. 1989. "Evaluating the effects of care during pregnancy and childbirth." in I. Chalmers, M. Enkin and M. Keirse(eds.). *Effective Care in Pregnancy and Childbirth*, vol.2. Oxford: Clarendon Press.

Chalmers, I., J. Garcia, and S. Post. 1989. "Hospital policies for labour and delivery." in I. Chalmers, M. Enkin and M. Keirse(eds.). *Effective Care in Pregnancy and Childbirth*, vol.2. Oxford: Clarendon Press.

Chapkis, W. and C. Enloe. 1983. *Of Common Cloth: women in the global textile industry.* Amsterdam: Transnational Institute.

Chard, T. and M. Richards. 1977. *Benefits and Hazards of the New Obstetrics.* London: Heinemann.

Charlton, A. 1989. "Smoking and weight control in teenagers." *Public Health*, vol.98, no.5, pp.277-281.

Chavkin, W. 1984. *Double Exposure: women's health hazards on the job and at home.* New York: Monthly Review Press.

Chen, B., C. Hong, M. Pandey and K. Smith. 1990. "Indoor air pollution in developing countries." *World Health Statistics Quarterly*, vol.43, pp.127~138.

Chen, L., M. Gesche, S. Ahmed, A. Chowdhury and W. Mosley. 1974. "Maternal mortality in rural Bangladesh." *Studies in Family Planning*, vol.5, no.11, pp.334~341.

Chen, L., E. Huq, and S. d'Souza. 1981. "Sex bias in the allocation of food and health care in rural Bangladesh." *Population and Development Review*, vol.7, no.1, pp.55~70.

Chernin, K. 1983. *Womansize: the tyranny of slenderness.* London: Women's Press.

Chollat-Traquet, C. 1992. *Women and Tobacco.* Geneva: World Health Organization.

Christensen, E. 1989. "Alcohol as a component of wife battering." in Nordic Council for Alcohol and Drug Research, *Women, Alcohol and Drugs in the Nordic Countries.* Helsinki: NAD.

Christensen, J. 1991. "In Brazil, sterilising women is the method of choice." *Women's Global Network for Reproductive Rights Newsletter*, no.35(April-June),

pp.11~13.

Clare, A. 1991. "The benzodiazepine controversy: a psychiatrist's reaction." in J. Gabe(ed.). *Understanding Tranquilliser Use: the role of the social sciences*. London: Tavistock.

Clarke, A. and T. Montini. 1993. "The many faces of RU 486: tales of situated knowledges and technological constraints." *Science, Technology and Human Values*, vol.18, no.1, pp.42~78.

Coeytaux, F. 1988. "Induced abortion in sub-Saharan Africa: what we do know and what we do not know." *Studies in Family Planning*, vol.19, no.3, pp.186~189.

Cohen, B. 1984. *Human Aspects in Office Automation*. Oxford: Elsevier.

Coleman, L. and Dickinson, C. 1984. "The risks of healing: the hazards of the nursing profession." in W. Chavkin(ed.). *Double Exposure: women's health hazards on the job and at home*. New York: Monthly Review Press.

Colligan, M., M. Smith and J. Hurrell. 1977. "Occupational incidence rates of mental health disorders." *Journal of Human Stress*, vol.3, pp.34~39.

Commonwealth Department of Community Services and Health. 1989. *National Women's Health Policy: advancing women's health in Australia*. Canberra: Australian Government Publishing Service.

Cook, R. 1989. "Abortion laws and policies: challenges and opportunities." *Int. Journal of Gynaecology and Obstetrics*, Suppl.3, pp.61~87.

Cook, R. and D. Maine. 1987. "Spousal veto over family planning services." *American Journal of Public Health*, vol.77, no.3, pp.339~344.

Cooperstock, R. and H. Lennard. 1986. "Some social meanings of tranquilliser use." in J. Gabe and P. Williams(eds.). *Tranquillisers: social, psychological and clinical perspectives*. London: Tavistock.

Cornelisen, A. 1977. *Women of the Shadows: a study of the wives and mothers of Southern Italy*. New York: Vintage Books.

Correa, S. and R. Petchesky. 1994. "Reproductive and sexual rights: a feminist perspective." in G. Sen, A. Germain and L. Chen(eds.). *Population Policies Reconsidered: health, empowerment and rights*. Boston Mass: Harvard University Press.

Corrigan, E. and S. Butler. 1991. "Irish alcoholic women in treatment: early findings." *International Journal of the Addictions*, vol.26, no.3, pp.281~292.

Corrin, C. 1992. *Superwomen and the Double Burden: women's experience of change in central and eastern Europe and the former Soviet Union*. London: Scarlet Press.

Cottingham, J. and E. Royston. 1991. *Obstetric Fistulae: a review of available information*. Geneva: WHO.

Cotton, P. 1990. "Is there still too much extrapolation from data on middle aged white men?." *Journal of the American Medical Association*, vol.263, no.8, pp.1049~1050.

Counts, D., J. Brown and J. Campbell(eds.). 1992. *Sanctions and Sanctuary: cultural perspectives on the beating of wives*. Boulder, Co: Westview Press.

Counts, D. 1987. "Female suicide and wife abuse: a cross cultural perspective." *Suicide and Life-Threatening Behaviour*, vol.17, no.3, pp.194~204.

Covell, D. and C. Refshauge. 1986. "Jobs for women challenges BHP: unmasking discriminatory safety practices." in *Proceedings of Conference: Women's Health in a Changing Society*, vol.2, Adelaide, Australia, September 1985, available office of Women's Advisor 52 Pirie St, Adelaide, SA 5000.

Coward, R. 1989. *The Whole Truth: the myth of alternative health*. London: Faber and Faber.

Cox, E. 1994. "Gender violence and women's health in Central America." in M. Davis(ed.). *Women and Violence: realities and responses worldwide*. London: Zed Press.

Craig. M. 1981. *The Office Workers' Survival Handbook*. London: British Society for Social Responsibility in Science.

Crofton, J. 1990. "Tobacco and the third world." *Thorax*, vol.45, pp.164~169.

Crull, P. 1984. "Sexual harassment and women's health." in W. Chavkin(ed.). *Double Exposure: women's health hazards on the job and at home*. New York: Monthly Review Press.

Dalley, G. 1988. *Ideologies of Caring: rethinking community and collectivism*. London: Macmillan.

Daly, M. 1979. *Gyn/Ecology: the meta-ethics of radical feminism*. London: Women's Press.

Daniels, J. 1990. "Court-ordered Caesareans: a growing concern for indigent women." in M. Gerber Fried(ed.) *From Abortion to Reproductive Freedom: transforming a movement*. Boston, South End Press.

Dankelman, J. and I. Davidson. 1988. *Women and Environment in the Third World: alliance for the future*. London: Earthscan.

Das, L. 1988. "Violence against women: an Indian view." in Welsh Women's Aid, Report of the International Women's Aid Conference, Cardiff, 1988 (Available from WWA, 341-342 Crwys Road, Cardiff, Wales).

Das Gupta, M. 1987. "Selective discrimination against female children in rural Punjab, India." *Population and Development Review*, vol.13, no.1, pp.77~100.

Daswani, M. 1987. "Women against injectables." in K. Bhate, L. Menon, M. Gupte, M. Savara, M. Daswani, P. Prakash, R. Kashyap and V. Patel(eds.). In *Search of our Bodies: a feminist look at women, health and reproduction in India*. Bombay: Shakti.

Datar, C. 1988. "Reflection on the anti-rape campaign in Bombay." in S. Wieringa(ed.). *Women's Struggles and Strategies*. Aldershot: Gower Press.

Davey, B. 1986. "Cervical cancer: connections and causes." *Nursing Times*, 11 June.

Davin, D. 1987. "Gender and population in the People's Republic of China." in H. Afshar(ed.). *Women, State and Ideology*. London: Macmillan.

_____. 1992. "Population policy and reform: the Soviet Union, Eastern Europe and China." in S. Rai, H. Pilkington and A. Pbizacklea(eds.). *Women in the Face of Change*. London: Routledge.

Davis, A. 1981. *Women, Race and Class*. New York: Random House.

_____. 1990. "Racism, birth control and reproductive rights." in M. Gerber Fried(ed.). *From Abortion to Reproductive Freedom: transforming a movement*. Boston: South End Press.

Davis, D. and Guarnaccia, D. 1989. "Wealth, culture and the nature of nerves: an introduction." *Medical Anthropology*, vol.11, pp.1~13.

Davis, M. 1994. *Women and Violence: realities and responses worldwide*. London: Zed Press.

Davis, R. 1987. "Current trends in cigarette advertising and marketing." *New England Journal of Medicine*, vol.316, no.12, pp.725~732.

de Beauvoir, S. 1972. *The Second Sex*. H. M. Parshlay(trans.). Harmondsworth: Penguin(first published 1949).

de Bruyn, M. 1992. "Women and AIDS in developing countries." *Social Science and Medicine*, vol.34, no.3, pp.249~262.

De Matteo, 8. 1985. *Terminal Shock: the health hazards of video display terminals.* Toronto: NC Press.

De Maeyer, E. and M. Adiels-Tegman. 1985. "The prevalence of anaemia in the world." *World Health Statistics Quarterly*, vol.38, pp.302~316.

Denenberg, R. 1990a. "Treatment and trials." in The ACT UP/NY Women and AIDS Book Group. *Women, AIDS and Activism.* Boston, Mass: South End Press.

_____. 1990b. "Unique aspects of HIV infection in women" in The ACT UP/NY Women and AIDS Book Group. *Women, AIDS and Activism.* Boston, Mass: South End Press.

Devesa, S. and E. Diamond. 1980. "Association of breast cancer and cervical cancer incidences with income and education among whites and blacks." *J. National Cancer Inst.*, vol.65, pp.515~528.

Dietrieh, G. 1986. "Our bodies, ourselves: organising women on health issues." *Socialist Health Review*, March, pp.179~184.

DiGiacomo, S. 1992. "Metaphor as illness: postmodern dilemmas in the representation of body, mind and disorder." *Medical Anthropology*, vol.14, pp.109~137.

Dixon-Mueller, R. 1993. *Population Policy and Women's Rights: transforming reproductive choice.* Westport Conn: Praeger.

Dixon-Mueller, R. and J. Wasserbeit. 1991. *The Culture of Silence: Reproductive Tract Infections among Women in the Third World.* New York: International Women's Health Coalition.

Dobash, R. and R. Dobash. 1980. *Violence against Wives: a case against the patriarchy.* London: Open Books.

Dobash, P. and R. Dobash. 1992. *Women, Violence and Social Change.* London: Routledge.

Dorkenoo, E. and S. Elworthy. 1994. "Female genital mutilation." in M. Davis(ed.). *Women and Violence: responses and realities worldwide.* London: Zed Press.

Doty, P. 1987. "Health status and health services among older women: an international perspective." *World Health Statistics Quarterly*, vol.40, pp.279~290.

Douglas, M. 1966. *Purity and Danger.* London: Routledge and Kegan Paul.

Dowie, M., D. Foster, C. Marshall, D. Weir and J. King. 1982. "The illusion of safety." *Mother Jones*, June, pp.38~48.

Doyal, L. 1985a. "Women, health and the sexual division of labour: a case study of the women's health movement in Britain." *Critical Social Policy*, vol.7, pp.21~32.

_____. 1985b. "Women and the National Health Service: the carers and the careless." in E. Lewin and V. Olesen(eds.). *Women, Health and Healing: toward a new perspective*. London: Tavistock.

_____. 1987. "Infertility: a life sentence? Women and the National Health Service." in M. Stanworth(ed.). *Reproductive Technologies: gender, motherhood and medicine*. Oxford: Polity Press.

_____. 1994a. "Changing medicine: the politics of women's health." in J. Gabe, D. Kellehar and G. Williams(eds.). *Challenging Medicine*. London: Tavistock.

_____. 1994b. "Managing conception: self insemination and the limits of reproductive freedom." *Policy and Politics*, vol.22, no.2, pp.89~93.

Doyal, L., S. Epstein, K. Green, A. Irwin, D. Russell, F. Steward, R. Williams and D. Gee. 1983. *Cancer in Britain: the politics of prevention*. London: Pluto Press.

Doyal, L. and Doyal, L. 1984. "Western Scientific Medicine: a philosophical and political prognosis." in L. Birke and J. Silvertown(eds.). *More than the Parts: biology and politics*. London: Pluto Press.

Doyal, L. and I. Gough. 1991. *A Theory of Human Need*. London: Macmillan.

Dreifus, C. 1978. "Sterilizing the poor." in C. Dreifus(ed.). *Seizing our Bodies: the politics of women's health*. New York: Vintage Books.

Duckert, F. 1989. "The treatment of female problem drinkers." in Nordic Council for Alcohol and Drug Research. *Women, Alcohol and Drugs in the Nordic Countries*. Helsinki: NAD.

Duggan. L. 1986. "From birth control to population control: Depo Provera in South East Asia." in K. McDonnell(ed.). *Adverse Effects: women and the pharmaceutical industry*. Penang, Malaysia: International Organisation of Consumer Unions.

Dunne, F. 1988. "Are women more easily damaged by alcohol than men?." *British Journal of Addiction*, vol.83, pp.1135~1136.

Durward, L. 1988. *Poverty in Pregnancy: the cost of an adequate diet for expectant mothers*(with 1988 update). London: Maternity Alliance.

Dworkin, A. 1981. *Pornography: men possessing women*. London: Women's Press.

Dwyer, D. and J. Bruce(eds.). 1988. *A Home Divided: women and income in the third world*. Stanford, Ca: Stanford University Press.

Editorial. 1989. "Meeting the need for female sterilisation." *The Lancet*, vol.(ii), pp.1189~1190.

Edling, C. 1980. "Anaesthetic gases as an occupational hazard-a review." *Scandinavian Journal of Work, Environment and Health*, vol.6, pp.85~93.

Edwards, A. 1988. *Regulation and Repression*. Sydney, NSW: Alien and Unwin.

Ehrenreich, B., M. Dowie and S. Minkin. 1979. "The charge: gynocide. The accused: the US Government." *Mother Jones*, November.

Ehrenreich, B. and D. English. 1979. *For Her Own Good: one hundred and fifty years of the experts' advice to women*. London: Pluto Press.

Eichenbaum, L. and S. Orbach. 1985. *Understanding Women*. Harmondsworth: Penguin.

Eisenberg, L. 1977. "Disease and illness: distinctions between professional and popular ideas of sickness." *Culture Medicine and Psychiatry*, vol.1, pp.9~23.

el Dareer, A. 1982. *Women, Why do you Weep?* London: Zed Press.

El-Mouelhy, M. 1993. "Women's lives and health in Egypt." *Reproductive Health Matters*, 1, pp.113~116.

Elbourne, D., A. Oakley and I. Chalmers. 1989. "Social and psychological support during pregnancy." in I. Chalmers, M. Enkin and M. Keirse(eds.). *Effective Care in Pregnancy and Childbirth*, vol.2. Oxford: Clarendon Press.

Elson, D. and R. Pearson. 1981. "Nimble fingers make cheap workers: an analysis of women's employment in third world export manufacturing." *Feminist Review*, vol.7, pp.87~107.

Epstein, B. 1987. "Women's anger and compulsive eating." in M. Lawrence(ed.). *Fed Up and Hungry: women. oppression and food*. London: Women's Press.

Ericson, A. and B. Kallen. 1986a. "An epidemiology study of work with video screens and pregnancy outcome: I. registry study." *American Journal of Industrial Medicine*, vol.9, no.5, pp.447~457.

_____. 1986b. "An epidemiology study of work with video screens and pregnancy outcome: II. a case control study." *American Journal of Industrial Medicine*, vol.9, no.5, pp.459~475.

Ernster, V. 1985. "Mixed messages for women: a social history of cigarette smoking and advertising." *New York State Journal of Medicine*, pp.312, 384~388.

Estrada-Claudio, S. 1988. "Maternal deaths in the Philippines." *Health Alert*, vol.73, pp.237~243.

Ettore, E. 1992. *Women and Substance Use*. London: Macmillan.

Evason, E. 1991. "Women and poverty." in C. Davies and E. McLaughlin(eds.). *Women, Employment and Social Policy in Northern Ireland: a problem postponed*. Belfast: Policy Research Institute.

Evers.-Kiebooms, G., A. Swerts and H. Van den Berghe. 1988. "Psychological aspects of amniocentesis: anxiety feelings in three different risk groups." *Clinical Genetics*, vol.33, pp.196~206.

Ewan, C., E. Lowy and J. Reid. 1991. "Falling out of culture: the effects of repetition strain injury on sufferers' roles and identity." *Sociology of Health and Illness*, vol.13, no.2, pp.168~192.

Faden, R. 1991. "Autonomy, choice and the new reproductive technologies: the role of informed consent in prenatal genetic diagnosis." in J. Rodin and A. Collins(eds.). *Women and New Reproductive Technologies: medical, psychosocial, legal and ethical dilemmas*. Hillsdale. NJ: Lawrence Erlbaum Associates.

Faden. R., G. Geller, M. Powers(eds.). 1991. *AIDS, Women and the Next Generation: towards a morally acceptable public policy for HIV testing of pregnant women and newborns*. Oxford: Oxford University Press.

Falk, K., P. Gordon and M. Sora. 1979. "Mutogenicity in urine of nurses handling cytostatic drugs." *Lancet*, vol.(i), pp.1250~1251.

Farrant, W. 1985. "Who's for Amniocentesis? The politics of prenatal screening." in H. Homans(ed.). *The Sexual Politics of Reproduction*. Aldershot: Gower Press.

Fauveau, V., M. Koenig, J. Chakraborty and A. Chowdhury. 1988. "Causes of maternal mortality in rural Bangladesh 1970~1985." *Bulletin of WHO*, vol.66, no.5, pp.643~651.

Fernandez Kelly, M. 1984. "Maquiladoras: the view from inside." in K. Sacks and D. Remy(eds.). *My Troubles are Going to have Troubles with Me: everyday trials and triumphs of women workers*. New Brunswick, NJ: Rutgers

University Press.

Fiebach, N., C. Viscoli and R. Horwitz. 1990. "Differences between men and women in survival after myocardial infarction: biology or methodology?." *Journal of the American Medical Association*, vol.263, no.8, pp.1092~1096.

Finch, J. and D. Groves. 1983. *A Labour of Love: women, work and caring*. London: Routledge and Kegan Paul.

Finerman, R. 1989. "The burden of responsibility: duty, depression and 'nervios' in Andean Ecuador." *Health Care for Women International*, vol.10, nos 2 and 3, pp.141~157.

Finkelhor, D. 1991. "Child sexual abuse." in M. Rosenberg and M. Feinley(eds.). *Violence in America: a public health approach*. Oxford: Oxford University Press.

Finkler, K. 1989. "The universality of nerves." *Health Care for Women International*, vol.10, nos 2 and 3, pp.171~179.

Fisher, S. 1986. *In the Patient's Best Interest: women and the politics of medical decisions*. New Brunswick, NJ: Rutgers University Press.

Fleishman, J. 1984. "The health hazards of office work." in W. Chavkin(ed.). *Double Exposure: women's health hazards on the job and at home*. New York: Monthly Review Press.

Folbre, N. 1988. "The black four of hearts: towards a new paradigm of household economics" in D. Dwyer and J. Bruce(eds.). *A Home Divided: women and income ill the third world*. Stanford, Ca: Stanford University Press.

Folch-Lyon, E. de la, L. Macorra and S. Schearer. 1981. "Focus group and survey research on family planning in Mexico." *Studies in Family Planning*, vol.12, no.12, pp.409~432.

Foley, R. 1985. *Women and Health Care: self help health groups ill Britain*. South-ampton: Southampton Institute of Higher Education.

Fonn, S., B. Klugman and K. Debaeck. 1993. *Towards a National Screening Policy for Cancer of the Cervix in South Africa*. Johannesburg: Centre for Health Policy, University of the Witwatersrand.

Ford, N. and Koetsawang, S. 1991. "The sociocultural context of the transmission of HIV in Thailand." *Social Science and Medicine*, vol.33, no.4, pp.405~414.

Ford-Smith, H. 1994. "No! to sexual violence in Jamaica." in M. Davis(ed.). *Women and Violence: responses and realities worldwide*. London: Zed Press.

Fortney, J., I. Susanti, S. Gadlla, S. Saleh, S. Rogers, and M. Potts. 1986. "Reproductive mortality in two developing countries." *American Journal of Public Health*, vol.76, no.2, pp.134~138.

Forum Against the Oppression of Women. 1994. "Report of the National Meeting of Women's Organisations against Rape in India." in M. Davis(ed.). *Women and Violence: responses and realities worldwide*. London: Zed Press.

Foucault, M. 1979. *History of Sexuality*, vol.1. An Introduction. Robert Harley(trans.). Harmondsworth: Allen Lane.

Fox, S. 1991. "Toxic Work: women workers at GTE Lenkurt." Philadelphia: Temple University Press.

Frankenhaueser, M., U. Lundberg and M. Chesney(eds.). 1991. *Women, Work and Health: stress and opportunities*. New York: Plenum Press.

Free Tibet. 1994. "We have no rights, not even our bodies." in M. Davis(ed.). *Women and Violence: responses and realities worldwide*. London: Zed Press.

Freedman, L. and D. Maine. 1993. "Women's mortality: a legacy of neglect." in M. Koblinsky, J. Timyan and J. Gay(eds.). *The Health of Women: a global perspective*. Boulder, Co: Westview Press.

Fuentes, A. 1987. "They call it 'la operacion'." *New Internationalist*, October, pp.14~15.

Funk, N. 1993. "Abortion and German unification." in N. Funk and M. Mueller(eds.). *Gender Politics and Post Communism: reflections from Eastern Europe and the former Soviet Union*. London: Routledge.

Funk, N. and M. Mueller(eds.). 1993. *Gender, Politics and Post Communism: reflections from Eastern Europe and the former Soviet Union*. London: Routledge.

Fuszara, M. 1993. "Abortion and the formation of the public sphere in Poland." in N. Funk and M. Mueller(eds.). *Gender Politics and Post Communism: reflections from Estern Europe and the former Soviet Union*. London: Routledge.

Gabe, J. and S. Lipshitz-Phillips. 1986. "Tranquillisers as social control?." in J. Gabe and P. Williams(eds.). *Tranquillisers: social, psychological and clinical perspectives*. London: Tavistock.

Gabe, J. and N. Thorogood. 1986. "Tranquillisers as a resource." in J. Gabe and P. Williams(eds.). *Tranquillisers: social, psychological and clinical perspectives*. London: Tavistock.

Gabe, J. and P. Williams. 1986. "Tranquilliser use: a historical perspective." in J. Gabe and P. Williams(eds.). *Tranquillisers: social, psychological and clinical perspectives*. London: Tavistock.

Gahlot, D. 1993. "A spark of hope for slum dwellers." in Women's Feature Service(ed.). *The Power to Change: women in the third world redefine their environment*. London: Zed Press.

Gallagher, J. 1987. "Prenatal invasions and interventions: What's wrong with fetal rights." *Harvard Women's Law Journal*, vol.10, pp.9~58.

Gamarnikow, E. 1991. "Nurse or woman: gender and professionalism in reformed nursing, 1860~1923." in P. Holden and J. Littlewood(eds.). *Anthropology and Nursing*. London: Routledge.

Game, A. and R. Pringle. 1984. *Gender at Work*. London: Pluto Press.

Gandhi, N. and S. Shah. 1992. *The Issues at Stake: theory and practice in the contemporary women's movement*. New Delhi: Kali for Women.

Garcia, G. and S. Dacach. 1992. "Norplant: 5 years later." in B. Mintzes(ed.). *A Question of Control: women's perspectives on the development and use of contraceptive technology*. Amsterdam: Women and Pharmaceuticals Project, Health Action International and WEMOS.

Garcia, J., R. Kilpatrick and M. Richards. 1990. *The Politics of Maternity Care: services for childbearing women in twentieth century Britain*. Oxford: Clarendon Press.

Garcia Moreno, C. and A. Claro. 1994. "Challenges from the women's health movement: women's rights versus population control." in G. Sen, A. Germain and L. Chen(eds.). *Population Policies Reconsidered: health, empowerment and rights*. Cambridge, Mass: Harvard University Press.

Garforth, S. and Garcia, J. 1989. "Hospital admission practices." in I. Chalmers, M. Enkin and M. Keirse(eds.). *Effective Care in Pregnancy and Childbirth*, vol.2. Oxford: Clarendon Press.

Gavey, N. 1993. "Technologies and effects of heterosexual coercion." in S. Wilkinson and C. Kitzinger(eds.). *Heterosexuality: a feminism and psychology reader*. London: Sage.

Gerber Fried, M.(ed.). 1990a. *From Abortion to Reproductive Freedom: transforming a movement*. Boston: South End Press.

_____. 1990b. "Transforming the reproductive rights movement: the post

Webster agenda." in M. Gerber Fried(ed.). *From Abortion to Reproductive Freedom: transforming a movement.* Boston: South End Press.

Germain, A. and J. Ordway. 1989. *Population Control and Women's Health: balancing the scales.* New York: International Women's Health Coalition.

Germain, A., K. Holmes, P. Piot, and J. Wasserheit. 1992. *Reproductive Tract Infections: global impact and priorities for women's reproductive health.* New York: Plenum Press.

Gillet, J. 1990. "The Health of Women in Papua New Guinea." Papua New Guinea Institute of Medical Research Monograph no. 9, Kristen Press Inc., PO Box 712, Madang Papua New Guinea.

Gilliam, A. 1991. "Women's equality and national liberation." in C. Mohanty, A. Russo and L. Torres(eds.). *Third World Women and the Politics of Feminism.* Bloomington, Indiana: Indiana University Press.

Ginsberg, S. and Brown, G. 1982. "No time for depression: a study of help seeking among mothers of pre-school children." in D. Mechanic(ed.). *Symptoms, Illness Behaviour and Help Seeking.* New York: Prodist.

Glantz, H. and M. Backenheimer. 1988. "Substance abuse among elderly women." *Clinical Gerontologist*, vol.8, no.1, pp.3~26.

Glazer, N. 1988. "Overlooked, overworked: women's unpaid and paid work in the health services 'cost crisis'." *International Journal of Health Services*, vol.18, no.1, pp.119~137.

Glendinning, C. and J. Millar(eds.). 1987. *Women and Poverty in Britain.* Brighton: Harvester.

_____. 1992. *Women and Poverty in Britain in the 1990s.* Brighton: Harvester Wheatsheaf.

Goddard, V. 1987. "Women's sexuality and group identity in Naples." in P. Caplan(ed.). *The Cultural Construction of Sexuality.* London: Tavistock.

Goldhaber, M., M. Polen and R. Hiatt. 1988. "The risk of miscarriage and birth defects among women who use visual display terminals during pregnancy." *American Journal of Industrial Medicine*, vol.13, pp.695~706.

Gordon, L. 1976. *Woman's Body; Woman's Right: a social history of birth control in America.* New York: Grossman Publications.

Graham, H. 1987. "Women's smoking and family health." *Social Science and Medicine*, vol.25, no.1, pp.47~56.

_____. 1993. *Hardship and Health in Women's Lives*. Brighton: Harvester Wheatsheaf.
Graham, H. and L. McKee. 1980. "The first months of motherhood." *Health Education Council Research Monograph*, no.3.
Graham, H. and A. Oakley. 1981. "Competing ideologies of reproduction: medical and maternal perspectives on pregnancy." in H. Roberts(ed.). *Women, Health and Reproduction*. London: Routledge and Kegan Paul.
Graham, W. and Airey, P. 1987. "Measuring maternal mortality: sense and sensitivity." *Health Policy and Planning*, vol.2, no.4, pp.323~333.
Grant, A. 1989. "Monitoring the fetus during labour." in I. Chalmers, M. Enkin and M. Keirse(eds.). *Effective Care in Pregnancy and Childbirth*, vol.2. Oxford: Clarendon Press.
Greaves, L. 1987. *Background Paper on Women and Tobacco*. Ottawa: Health and Welfare Canada.
_____. 1990. "The meaning of smoking to women." in B. Durston and K. Jamrozik(eds.). *The global war*. Proceedings of the Seventh World Conference on Tobacco and Health, 1990, Perth, Government of Western Australia.
_____. 1990. "A historical interpretation of women's smoking." in B. Durston and K. Jamrozik(eds.). *The global war*. Proceedings of the Seventh World Conference on Tobacco and Health, 1990, Perth, Government of Western Australia.
Green, H. 1988. *Informal Carers: a study carried out as part of the 1985 general household survey*. London: OPCS, HMSO.
Greil, A. L., T. Leitko and K. Porter. 1988. "Infertility: his and hers." *Gender and Society*, vol.2, no.2, pp.172~199.
Grossman, R. 1979. "Women's place in the integrated circuit." in *Changing Role of South East Asian Women, South-East Asian Chronicle*, vol.66 and *Pacific Research*, vol.9, no.5, special joint issue, pp.2~17.
Gruber, J. and L. Bjorn 1982. "Blue collar blues: the sexual harassment of women autoworkers." *Work and Occupations*, vol.9, no.3, pp.271~298.
Grundfest Schoepf, B., W. Engundu, R. wa Nkera, P. Ntsomo and C. Schoepf. 1991. "Gender, power and risk or AIDS in Zaire." in M. Turshen(ed.). *Women and Health in Africa*. Trenton, NJ; Africa World Press.

Gulati, L. 1982. *Profiles in Female Poverty: a study off five poor women workers in Kerala*. Oxford: Pergamon.

Haan, M. 1985. "Job strain and cardiovascular disease: a ten year prospective study." *American Journal of Epidemiology*, vol.122, no.3, pp.532~533.

Hall, R. 1985. *Ask Any Woman: a London inquiry into rape and sexual assault*. Bristol: Falling Wall Press.

Hamblin, A. 1983. "Is a feminist heterosexuality possible?." in S. Cartledge and J. Ryan(eds.). *Sex and Love: new thoughts on old contradictions*. London: Women's Press.

Hamilton, J. 1985. "Avoiding methodological and policy making biases in gender-related research." in: *US Department of Health and Human Services, Women's Health: report of the Public Health Service Task Force on women's health issues*, vol.II, pp.54~64. Washington DC: US Government Printing Office.

Hamilton, S., B. Popkin and D. Spicer. 1984. *Women and Nutrition in Third World Countries*. New York: Bergin and Garvey.

Hammer, T. and P. Vaglum. 1989. "The increase in alcohol consumption among women: a phenomenon related to accessibility or stress?." A general population study. *British Journal of Addiction*, vol.84, pp.767~775.

Hancock, L. 1991. "Informed consent: women, surgery and lack of consent." in *Women and Surgery 1990 Conference Proceedings*. Melbourne: Healthsharing Women.

Handy, J. 1991. "The social context of occupational stress in a caring profession." *Social Science and Medicine*, vol.32, no.7, pp.819~830.

Hansen, E. and L. Launso. 1989. "Is the controlled clinical trial sufficient as drug technology assessment?." *Journal of Social and Administrative Pharmacy*, vol.6, pp.117~126.

Hansson, D. 1991. "Working against violence against women: recommendations from Rape Crisis (Capetown)." in S. Bazilli(ed.). *Putting Women on the Agenda*. Johannesburg: Ravan Press.

Haraway, D. 1991. "A manifesto for Cyborgs: science, technology and socialist feminism." in L. Nicholson(ed.). *Feminism/Post-Modernism*. London: Routledge.

Hardee-Cleaveland, K. and J. Banister. 1988. "Fertility policy and implementation in China. 1986-8." *Population and Development Review*, vol.14, no.2,

pp.245~285.

Harding, J. 1986. "Mood-modifiers and elderly women in Canada: the medicalization of poverty." in K. McDonnell(ed.). *Adverse Effects: women and the pharmaceutical industry*. Penang. Malaysia: International Organisation of ConUnions.

Harding, S. 1986. *The Science Question in Feminism*. Ithaca, NY: Cornell University Press.

Harding, S. 1987. "Introduction: is there a feminist method?." in S. Harding(ed.). *Feminism and Methodology: social science issues*. Milton Keynes: Open University Press.

Hardon, A. 1992. "Contraceptive research: women's perspectives." in B. Mintzes(ed.). *A Question of Control: women's perspectives on the development and use of contraceptive technology*. Amsterdam: Women and Pharmaceuticals Project, Health Action International and WEMOS.

Hardon, A. and L. Achthoven. 1991. "Norplant: a critical review." *Women's Global Network for Reproductive Rights Newsletter* 34(Jan-March), pp.17~24.

Harlow, S. 1986. "Function and dysfunction: a historical critique of the literature on menstruation and work." *Health Care for Women International*. vol.7, no.39.

Hart, N. 1988. "Sex, gender and survival: inequalities of life chances between European men and women." in A. J. Fox(ed.). *Inequality in Health within Europe*. Aldershot: Gower.

Hartmann, B. 1987. *Reproductive Rights and Wrongs: the global politics of population control and contraceptive choice*. New York: Harper and Row.

Hassold, T., S. Quillen and J. Yamane. 1983. "Sex ratio in spontaneous abortions." *Annals of Human Genetics*, vol.47, no.1, pp.39~47.

Hatch, M. 1984. "Mother, father, worker: men and women and the reproduction risks of work." in W. Chavkin(ed.). *Double Exposure: women's health hazards on the job and at home*. New York: Monthly Review Press.

Hatch, S. and Kickbusch, I.(eds.). 1983. *Self Help and Health in Europe*. Copenhagen: WHO.

Haw, M. A. 1982. "Women, work and stress." *Journal of Health and Social Behaviour*, vol.23, no.2, pp.132~144.

Haynes, S. 1991. "The effect of job demands, job control and new technologies on the health of employed women: a review." in M. Frankenhaueser, U. Lundberg and M. Chesney(eds.). *Women, Work and Health: stress and opportunities*. New York: Plenum Press.

Haynes, S. and Feinleib, M. 1980. "Women, work and coronary heart disease: prospective findings from the Framingham Heart Study." *American Journal of Public Health*, vol.70, no.2, pp.113~141.

Haynes. S., A. LaCroix, and T. Lippin. 1987. "The effect of high job demands and low control on the health of employed women." in J. Quick, R. Bhagat, J. Dalton and J. Quick(eds.). *Work, Stress and Health Care*. New York: Praeger.

Health Department Victoria. 1990. *Having a Baby in Victoria: final report of the ministerial review of birthing services in Victoria*. Melbourne: Health Department.

Healthsharing Women. 1990. *The Healthsharing Reader: women speak about health*. Syney: Pandora.

Heath, D. B. 1991. "Women and alcohol: cross cultural perspectives." *Journal of Substance Abuse*, vol.3, pp.175~185.

Heikkinen, E., W. Waters, and Z. Brzezinski(eds.). 1983. *The Elderly in Eleven Countries: a socio medical survey*. (Public Health in Europe no.21) (Copenhagen: WHO Regional Office for Europe).

Heise, L. 1993. "Violence against women: the missing agenda." in M. Koblinsky, J. Timyan and J. Gay(eds.). *The Health of Women: a global perspective*. Boulder, Co: Westview Press.

Held, P., Pauly, M., Bovberg, R. et al. 1988. "Access to kidney transplantation: has the United States eliminated income and racial differences?." *Archives of Internal Medicine*, vol.148, pp.2594~2600.

Helman, C. 1986. "Tonic, fuel, and food: social and symbolic aspects of the longterm use of psychotropic drugs." in J. Gabe and P. Williams(eds.). *Tranquillisers: social, psychological and clinical perspectives*. (London: Tavistock).

Hemminki, K., Niemi M-L, K. Koskinen and H. Vainio. 1980. "Spontaneous abortions among women employed in the metal industry in Finland." *International Archives of Occupational and Environmental Health*, vol.47, pp.53~60.

Hemminki, K., P. Mutanen, I. Saloniemi and K. Luoma. 1981. "Congenital malformations and maternal occupation in Finland: multivariate analysis."

Journal of Epidemiology and Community Health, vol.35, pp.5~10.

Hemminki, K., P. Mutanen, I. Saloniemi, Niemi M-L and H. Vainio. 1982. "Spontaneous abortions in hospital staff engaged in sterilising instruments with chemical agents." *British Medical Journal*, vol.285, pp.1461~1463.

Henifin, M. S. 1984. "The particular problems of video display terminals." in W. Chavkin(ed.). *Double Exposure: women's health hazards on the job and at home.* New York: Monthly Review Press.

Henshaw, S. 1990. "Induced abortion: a world review, 1990." *Family Planning Perspectives*, vol.22, no.2, pp.76~89.

Hepburn, C. and B. Gutierrez. 1988. *Alive and Well: a lesbian health guide.* Freedom, California: Crossing Press.

Hibbard, B. 1987. "An obstetric view of population screening programmes." Kings Fund Forum, London, 30 November to 2 December. Kings Fund Centre, 126 Albert Street, London NW1.

Hicks, C. 1988. *Who Cares? Looking after people at home.* London: Virago.

Hicks, E. 1993. *Infibulation: female mutilation in Islamic North Eastern Africa.* New York: Transaction Publishers.

Hillier, S. 1988. "Women and population control in China: issues of sexuality, power and control." *Feminist Review*, no.29, pp.101~113.

Hochschild, A. 1983. *The Managed Heart: commercialisation of human feeling.* San Francisco: University of California Press.

Hoick, S. 1987. "Hormonal contraceptives and the risk of cancer." *World Health Statistics Quarterly*, vol.40, pp.225~231.

Holden, P. and Littlewood, J. 1991. *Anthropology and Nursing.* London: Routledge.

Holland J., C. Ramazanoglou, S. Scott, S. Sharpe, R. Thomson. 1990. "Sex, gender and power: young women's sexuality in the shadow of AIDS." *Sociology of Health and Illness*, vol.12, no.3, pp.336~350.

Hollway, W. 1983. "Heterosexual sex: power and desire for the other." in S. Cartledge and J. Ryan(eds.). *Sex and Love: new thoughts on old contradictions.* London: Women's Press.

Holmberg, P. C. 1978. "Central nervous system defects in children born to mothers exposed to organic solvents during pregnancy." *Lancet*, vol(i), pp.177~179.

Holmes, H. and L. Purdy. 1992. *Feminist Perspectives in Medical Ethics.*

Bloomington and Indianapolis: Indiana University Press.

hooks, b. 1982. *Ain't. I. a Woman: black women and feminism*. London: Pluto Press.

Horowitz, S. and Kishwar, M. 1984. "Family life: the unequal deal." in M. Kishwar and R. Vanita(eds.). *In Search of Answers: Indian women's voices from Manushi*. London: Zed Press.

Howard, D. 1987. "Aspects of maternal morbidity: the experience of less developed countries." in D. Jelliffe and E. Jelliffe(eds.). *Advances in International Maternal and Child Health*, vol.7. Oxford: Clarendon Press. pp.1~35.

Human Fertilisation and Embryology Authority. 1993. *Annual Report 1992*(London).

Humm, M.(ed.). 1992. *Feminisms: a reader*. Brighton: Harvester Wheatsheaf.

Hunt, L. 1991. *Professional Experience Programme Report: women's health promotion, an international perspective*. Perth, Western Australia: School of Community and Language Studies. Edith Cowan University.

Hyndman, S. 1990. "Housing damp and health among British Bengalis in East London." *Social Science and Medicine*, vol.30, pt.1, pp.131~141.

Ibrahim, B. 1985. "Cairo's factory women." in E. Fernea(ed.). *Women and the Family in the Middle East*. Austin: University of Texas Press.

Illich, I. 1977. *Limits to Medicine: medical nemesis*. Harmondsworth: Penguin.

Infante, P., J. Wagoner, A. McMichael, et al. 1976. "Genetic risks of vinyl chloride." *Lancet*, vol.(i), pp.734~735.

International Agency for Research on Cancer. 1985. *Tobacco Habits other than Smoking betel-quid and areca-nut chewing and some related nitrosamines*. Lyon: WHO and IARC.

International Women's Health Coalition. 1991. *Reproductive tract infections in women in the Third World: national and international policy implications*. New York: IWHC.

ISIS International. 1985. "Women and health: the Brazilian experience." *Women's Journal*, no.3.

Jacob, T. and D. Bremer. 1986. "Assortative mating among men and women alcoholics." *Journal of Studies on Alcohol*, vol.47, pp.219~222.

Jacobson, B. 1981. *The Ladykillers: why cigarette smoking is a feminist issue*. London: Pluto Press.

_____. 1986. *Beating the Ladykillers: women and smoking*. London: Pluto Press.

Jacobson, J. 1990. *The Global Politics of Abortion Worldwatch Paper 97*. Washington DC: Worldwatch Institute.

_____. 1991. *Women's Reproductive Health: the silent emergency Worldwatch Paper 102*. Washington DC: Worldwatch Institute.

_____. 1992. "Women's health, the price of poverty." in M. Koblinsky, J. Timyan and J. Gay(eds.). *The Health of Women: a global perspective*. Boulder, Co: Westview Press.

Jacobus, H., E. Keller, and S. Shuttleworth. 1990. *Body/Politics: women and the discourses of science*. London: Routledge.

Jain, S. 1991. "Standing up for trees: women's role in the Chipko movement." in S. Sontheimer(ed.). *Women and the Environment. a Reader: crisis and development in the third world*. London: Earthscan.

'Jane.' 1990. "Just call 'Jane'." in M. Gerber Fried(ed.). *From Abortion to Reproductive Freedom: transforming a movement*. Boston: South End Press.

Jankowska, H. 1993. "The reproductive rights campaign in Poland." *Women's Studies International Forum*, vol.16, no.3, pp.291~296.

Janowitz, B., M. Nakamura, F. Lins, M. Brown and D. Clopton. 1982. "Caesarean section in Brazil." *Social Science and Medicine*, vol.16, no.1, pp.19~25.

Jasso,. S. and M. Mazorra. 1984. "Following the harvest: the health hazards of migrant and seasonal farmworking women." in W. Chavkin(ed.). *Double Exposure: women's health hazards on the job and at home*. New York: Monthly Review Press.

Jeffery, P., R. Jeffery and A. Lyon. 1989. *Labour Pains and Labour Power: women and childbearing in India*. London: Zed Press.

Jelin, E.(ed.). 1990. *Women and Social Change in Latin America*. London: Zed Press.

Jeyeratnam, J. 1990. "Acute pesticide poisoning: a major global health problem." *World Health Statistics Quarterly*, vol.43, pp.139~144.

Jhabvala, R. 1994. "Self Employed Women's Association: organising women by struggle and development." in S. Rowbotham and S. Mitter(eds.). *Dignity and Daily Bread: new forms of economic organising among poor women in the third world and the first*. London: Routledge.

Jochelson, K., M. Mothibeli and Leger J-P. 1991. "Human Immunodeficiency Virus and migrant labour in South Africa." *International Journal of Health Services*, vol.21, no.1, pp.157~173.

Jordan, B. 1983. *Birth in Four Cultures: a cross-cultural investigation of childbirth in Yucatan, Holland Sweden and the United States*, 3rd edition. Montreal: Eden Press.

_____. 1986. *Technology Transfer in Obstetrics: theory and practice in developing countries*. Department of Anthropology, Michigan State University, Working Paper 126.

Joseph, G. and J. Lewis. 1981. *Common Differences: conflicts in black and white feminist perspectives*. Boston: South End Press.

Kabeer, N. 1985. "Do women gain from high fertility?." in H. Afshar(ed.). *Women, Work and Ideology in the Third World*. London: Macmillan.

_____. 1991. *Gender, Production and Wellbeing: rethinking the household economy Discussion Paper 288*. Brighton: Institute of Development Studies, University of Sussex.

Kabir, S. 1992. "The Bangladesh Women's Health Coalition: an integrated approach to reproductive health services." in B. Mintzes(ed.). *A Question of Control: women's perspectives on the development and use of contraceptive technologies*. Amsterdam: Women and Pharmaceuticals Project Health Action International and WEMOS.

Kabir, S. and A. Germain. 1992. "Is RU 486/PG in its current form likely to be appropriate for women in Bangladesh." *Women's Global Network for Reproductive Rights Newsletter*, no.38, pp.39~44.

Kandiyoti, D. 1988. "Bargaining with patriarchy." *Gender and Society*, vol.2, no.3, pp.274~290.

Kaplan, M. and Knutson, S. 1980. "Women in manufacturing industries-ergonomic factors and deficiencies." in C. Zenz(ed.). *Developments in Occupational Medicine*. Chicago: Year Book Medical Publishers.

Karasek, R. 1979. "Job demands, job decision latitude and mental strain: implications for job redesign." *Administrative Science Quarterly*, vol.24, pp.285~307.

Karasek, R., D. Baker, F. Marxer, A. Ahlblom and T. Theorell. 1981. "Job decision latitude, job demands and cardiovascular disease: a prospective study of Swedish men." *American Journal of Public Health*, vol.71, no.7, pp.694~705.

Karasek, R., R. Russell and T. Theorell. 1982. "Psychology of stress and regeneration in job-related cardiovascular illness." *Journal of Human Stress*, vol.8(March), pp.29~42.

Karkal, M. 1985. "How the other half dies in Bombay." *Economic and Political Weekly*, 24 August, p.1424.

Kass, N. 1991. "Reproductive decision making in the context of HIV: the case for nondirective counselling." in R. Faden, G. Geller, M. Powers(eds.). *AIDS, Women and the Next Generation: towards a morally acceptable public policy for HIV testing of pregnantwomen and newborns*. Oxford: Oxford University Press.

Keirse, M., Enkin, M. and J. Lumley. 1989. "Social and professional support during childbirth." in I. Chalmers, M. Enkin and M. Keirse(eds.). *Effective Care in Pregnancy and Childbirth*, vol.2. Oxford: Clarendon Press.

Kelly, L. 1988. *Surviving Sexual Violence*. Oxford: Polity Press.

Kenyon, S. 1991. *Five Women of Sennar: culture and change in Central Sudan*. Oxford: Clarendon Press.

Keysers, L. and I. Smyth. 1991. "Reflections on global solidarity for women's health and reproductive rights." *Vena Journal*, vol.1, no.3, pp.26~31.

Khalifa, M. 1988. "Attitudes of urban Sudanese men toward family planning." *Studies in Family Planning*, vol.19, no.4, pp.236~243.

Khan, T. 1989. "Recent developments in contraceptive technology: risks and benefits." in E. Kessel and A. Awan(eds.). *Maternal and Child Care in Developing Countries*. Thun, Switzerland: Ott Publishers.

Khattab, H. 1992. *The Silent Endurance: social conditions of women's reproductive health in rural Egypt*. Amman, Jordan: UNICEF.

Kirchstein, R. 1991. "Research on women's health." *American Journal of Public Health*, vol.81, no.3, pp.291~293.

Kisekka, M. 1990. "AIDS in Uganda as a gender issue." in E. Rothblum and E. Cole(eds.). *Women's Mental Health in Africa*. New York: Haworth Park Press.

_____. 1992. "Women's organised health struggles: the challenge to women's associations." in M. Kisekka(ed.). *Women's Health Issues in Nigeria*. Zaria,

Nigeria: Tamaza Publishing Co.

Kishwar, M. 1984. "Introduction." in M. Kishwar and R. Vanita(eds.). *In Search of Answers: Indian women's voices from Manushi*. London: Zed Press.

Kitzinger, J. 1990. "Strategies of the early childbirth movement: a case study of the National Childbirth Trust." in J. Garcia, R. Kilpatrick and M. Richards(eds.). *The Politics of Maternity Care Services for Childbearing Women in Twentieth Century Britain*(Oxford: Clarendon Press).

Kitzinger, S. 1978. *Women as Mothers*. London: Fontana.

_____. 1989. "Childbirth and society." in I. Chalmers, M. Enkin and M. Keirse(eds.). *Effective Care in Pregnancy and Childbirth*, vol.1. Oxford: Clarendon Press.

Kleinman, A. 1988. *The Illness Narratives: suffering, healing and the human condition*. New York: Basic Books.

Kline, A., E. Kline and E. Oken. 1992. "Minority women and sexual choice in the age of AIDS." *Social Science and Medicine*, vol.34, no.4, pp.447~457.

Klugman, B. 1993. "Balancing means and ends-population policy in South Africa." *Reproductive Health Matters*, no.1, pp.44~57.

Koblinsky, M., Campbell, O. and Harlow, S. 1993. "Mother and more: a broader perspective on women's health." in M. Koblinsky, J. Timyan and J. Gay(eds.). *The Health of Women: a global perspective*. Boulder. Co: Westview Press.

Koenig, M. and d'Souza, S. 1986. "Sex differences in mortality in rural Bangladesh." *Social Science and Medicine*, vol.22, no.2, pp.15~22.

Kolder, V., J. Gallagher, and M. Parsons. 1987. "Court-ordered obstetrical intervention." *New England Journal of Medicine*, vol.316, no.19, pp.1192~1196.

Korvick, J. 1993. "Trends in federally sponsored clinical trials." in A. Kurth(ed.). *Until the Cure: caring for women with HIV*. London and New Haven: Yale University Press.

Koso-Thomas, O. 1987. *The Circumcision of Women: a strategy for eradication*. London: Zed Press.

Koss, M. 1988. "Hidden rape: sexual aggression and victimisation in a national sample of students in higher education." in A. Burgess(ed.). *Rope and Sexual Assault*. New York: Garland Publishing.

_____. 1990. "The women's mental health research agenda: violence against women." *American Psychologist*, vol.45, no.3, pp.374~380.

Krahn, D. 1991. "The relationship of eating disorders to substance abuse." *Journal of Substance Abuse*, vol.3, pp.239~253.

Kurth, A. 1993. "Introduction: an overview of women and HIV disease." in A. Kurth(ed.). *Until the Cure: caring for women with HIV*. London and New Haven: Yale University Press.

Kwast, B. 1987. *Roads to Maternal Death: case histories including comments on preventive strategy*. background paper prepared for Safe Motherhood Conference, Nairobi, Kenya, 10~13 February.

Kynch, J. 1985. "How many women are enough? sex ratios and the right to life." *Third World Affairs*. London: Third World Foundation. pp. 156~172.

Kynch, J. and A. Sen. 1983. "Indian women: well-being and survival." *Cambridge Journal of Economics*, vol.7, pp.363~380.

LaCheen, C. 1986. "Population control and the pharmaceutical industry." in K. McDonnell(ed.). *Adverse Effects: women and the pharmaceutical industry*. Penang, Malaysia: International Organisation of Consumer Unions.

LaCroix, A. and S. Haynes. 1987. "Gender differences in the health effects of work-place roles." in R. Barnett, L. Biener and G. Baruch(eds.). *Gender and Stress*. New York: Free Press.

Ladipo, O. 1989. "Preventing and managing complications of induced abortion in third world countries." *International Journal of Gynaecology and Obstetrics*, suppl.3, pp.21~28.

LaDou, J. 1986. "Health issues in the microelectronics industry." *State of the Art Reviews: Occupational Medicine*, vol.1, no.1(Jan-March), pp.1~11.

Laga, M. 1992. "Human immunodeficiency virus infection prevention: the need for complementary STD control." in A. Germain, K. Holmes, P. Piot and J. Wasserheit(eds.). *Reproductive Tract Infections: global impact and priorities for women's reproductive health*. New York: Plenum Press.

La Rosa, J. 1990. "Executive women and health: perceptions and practices." *American Journal of Public Health*, vol.80, no.12, pp.1450~1454.

Latif, A. 1989. "Genital ulcers and transmission of HIV among couples in Zimbabwe." *AIDS*, 3, pp.519~523.

Lawrence, M.(ed.). *Fed Up and Hungry: women, oppression and food*. London Women's Press.

Leon, R. 1990. "Bartolina Sisa: the Peasant Women's Organisation in Bolivia." in E. Jelin (ed.) *Women and Social Change in Latin America*. London: Zed Press.

Levinson, D. 1989. *Family Violence in Cross Cultural Perspective*. Newbury Park, Ca: Sage.

Lightfood-Klein, H. 1989. *Prisoners of Ritual: an odyssey into female genital circumcision in Africa*. New York: Haworth Press.

Lim, L. 1978. *Women Workers in Multinational Corporations: the case the electronics industry in Malaysia and Singapore*. Michigan University Occasional Papers in Women's Studies. Ann Arbor University of Michigan.

Lin, V. 1986. *Health, Women's Work and Industrialisation: women workers in the semiconductor industry in Singapore and Malaysia*. working paper no. 130, Michigan State University, Women in International Development.

Lincoln, R. and Kaeser, L. 1988. "Whatever happened to the contraceptive revolution?." *Family Planning Perspectives*, vol.20, no.1, pp.20~24.

Lindbohm, M-L, H. Taskinen and K. Hemminki. 1985. "Reproductive health of working women: spontaneous abortions and congenital malformations." *Public Health Review*, vol.13, pp.55~87.

Lindbohm M-L, H. Taskinen, and M. Sorsa. 1993. Reproductive health' in K. Kauppien(ed.). *OECD Panel Group on Women's Work and Health National Report: Finland*. Helsinki: Ministry of Social Affairs and Health.

Ling, C. 1991. "Women and the environment: the Malaysia experience." in T. Wallace and C. March(eds.). *Changing Perceptions: writings on gender and development*. Oxford: Oxfam.

Lisansky Gomberg, E. 1982. "Historical and political perspective: women and drug use." *Journal of Social Issues*, vol.38, no.2, pp.9~23.

Little, R. and J. Wendt. 1991. "The effects of maternal drinking in the reproductive period: an epidemiological review." *Journal of Substance Abuse*, vol.3, pp.187~204.

Llewellyn Davies, M. 1978. *Maternity: letter from working women*. London: Virago.

Lock, M. and D. Gordon(eds.). 1988. *Biomedicine Examined*. Dordrecht: Kluwer.

Lodl, K., A. McGettigan and J. Bucy. 1985. "Women's responses to abortion:

implications for post abortion support groups." *Journal of Social Work and Sexuality*, vol.3, nos2~3, pp.119~232.

Loewenson, R. 1991. "Harvests of disease: women at work on Zimbabwean plantations." in M. Turshen(ed.). *Women and Health in Africa*. Trenton NJ: Africa World Press.

London Hazards Centre. 1988. *Repetition Strain Injury: hidden harm from overuse*. London: London Hazards Centre Trust.

Lorber, J. 1984. *Women Physicians: careers, status and power*. London: Tavistock.

Louis M-V. 1994. "Sexual harassment in France: what stakes for feminist?." in M. Davis(ed.). *Women and Violence: responses and realities worldwide*. London: Zed Press.

Lovell, T. 1990. *British Feminist Thought: a reader*. Oxford: Basil Blackwell.

Low, S. 1989a. "Health, culture and the nature of nerves: a critique." *Medical Anthropology*, vol.11, pp.91~95.

_____. 1989b. "Gender, emotion and nervios in urban Guatemala." *Health Care for Women International*, vol.10, nos2~3, pp.115~140.

Lown, J. and Chenut, H. 1983. "The patriarchal thread?: a history of exploitation." In W. Chapkins and C. Enloe(eds.). *Of Common Cloth: Women in the global textile industry*. Amsterdam: Transnational Institute.

Luker, K. 1984. *Abortion and the Politics of Motherhood*. Berkeley: University of California Press.

Lupton, D. 1994. *Medicine as Culture: illness, disease and the body in western societies*. Newbury Park, Ca: Sage.

Macfarlane, A. and M. Mugford. 1984. *Birth Counts: statistics of pregnancy and childbirth*. London: HMSO.

Marschall, D. and J. Gregory. 1983. *Office Automation: Jekyll or Hyde?*. Cleveland Ohio: Working Women Education Fund.

Mann, J., D. Tarantola and T. Netter. 1992. *AIDS in the World: a global report*. Cambridge, Mass: Harvard University Press.

Marcelis, C. and M. Shiva. 1986. "EP drugs: unsafe by any name." in K. McDonnell(ed.). *Adverse Effects: women and the pharmaceutical industry*. Penang, Malaysia: International Organisation of Consumer Unions.

Marshall, J. 1980. "Stress amongst nurses." in C. Cooper and J. Marshall(eds.). *While Collar and Professional Stress*. Chichester: John Wiley.

Marte, C. 1992. "Cervical cancer." in J. Mann. D. Tarantola and T. Netter(eds.). *AIDS in the World: a global report*. Cambridge, Mass: Harvard University Press.

Martin, E. 1987. *The Woman in the Body: a cultural analysis of reproduction*. Milton Keynes: Open University Press.

Matsui, Y. 1989. *Women's Asia*. London: Zed Press.

Mauldin, W. and S. Segal. 1988. "Prevalence of contraceptive use: trends and issues." *Studies in Family Planning*, vol.19, no.6, pp.335~353.

Maynard, M. 1994. "Methods, practice and epistemology: the debate about feminism and research." in M. Maynard and J. Purvis(eds.). *Redefining Women's Lives from a Feminist Perspective*. London: Taylor and Francis.

Maynard, M. and J. Purvis(eds.). 1994. *Redefining Women's Lives from a Feminist Perspective*. London: Taylor and Francis.

Maynard-Tucker, G. 1989. "Women's status as a factor in male and female decision making about the use of contraception: a case study from rural Peru." Working Paper 191, Michigan State University, Women in International Development.

Mbivso, H. and Adamchak, D. 1989. "Condom use and acceptance: a survey of male Zimbabweans." *Central African Journal of Medicine*, vol.35, pp.519~558.

McCarthy, P. et al. 1985. "Respiratory conditions: effects of housing and other factors." *Journal of Epidemiology and Community Health*, vol.39, pt.1, pp.15~19.

McCurdy, S. A., Schenker, M. and Lassiter. D. 1989. "Occupational injury and illness in the semiconductor manufacturing industry." *American Journal of Industrial Medicines*, vol.15, no.5, pp.499~510.

McDonald, A. D., N. Cherry, C. Delorme and J. McDonald. 1986. "Visual display units and pregnancy: evidence from the Montreal Survey." *Journal of Occupational Medicine*, vol.28, no.12, pp.1226~1231.

McDonnell, K. 1987. "At cross purposes on abortion." *New Internationalist*, vol.176, pp.18~20.

McDowell, L. and R. Pringle. 1992. *Defining Women*. Oxford: Polity Press.

McFarlane, J., B. Parker, K. Soeken and L. Bullock. 1992. "Assessing for abuse during pregnancy: severity and frequency of injuries and associated entry into prenatal care." *Journal of the American Medical Association*, vol.267, no.23, pp.92~94.

McLaney, H. and Hurrell, J. 1988. "Control, stress and job satisfaction in Canadian nurses." *Work and Stress*, vol.3, pp.217~224.

Mebrahtu, S. 1991. "Women, work and nutrition in Nigeria." in M. Turshen (ed.). *Women and Health in Africa*. Trenton NJ: Africa World Press.

Medicine in Society. 1983. *Special issue on nurses and nursing*, vol.8, no.4, pp.14~35.

Meehan, E. 1985. *Women's Rights at Work: campaigns and policy in Britain and the United States*. London: Macmillan.

Meirik, O., B. Kallen, U. Gauffin and Ericson, A. 1979. "Major malformations in infants born of women who worked in laboratories while pregnant." *Lancet*, vol.(ii), p.91.

Merchant, K. and K. Kurz. 1993. "Women's nutrition through the life cycle: social and biological vulnerabilities." in M. Koblinsky, J. Timyan and J. Gay(eds.). *The Health of Women: a global perspective*. Boulder, Co: Westview Press.

Mergler, D. and N. Vezina. 1985. "Dysmenorrhoea and cold exposure." *Journal of Reproductive Medicine*, vol.30, no.2, pp.106~111.

Mernissi, F. 1975. "Obstacles to family planning practice in urban Morocco." *Studies in Family Planning*, vol.6, no.12, pp.418~425.

Messing. K., L. Dumais and P. Romito. 1993. "Prostitutes and chimney sweeps both have problems: towards full integration of both sexes in the study of occupational health." *Social Science and Medicine*, vol.36, no.1, pp.47~55.

Mies, M. 1986. *Patriarchy and Accumulation on a World Scale: women in the international division of labour*. London: Zed Press.

Miles, A. 1988. *Women and Mental Illness: the social context of female neurosis*. Brighton: Wheatsheaf Books.

_____. 1991. *Women Health and Medicine*. Milton Keynes: Open University Press.

Miller, B. 1981. The Endangered Sex: neglect of female children in rural North India. Ithaca, NY: Cornell University Press.

Minority Rights Group. 1980. "Female circumcision, excision and infibulation." Scilla Mclean(ed.). *MRG*, report no.47.

Mintzes, B.(ed.). 1992. *A Question of Control: women's perspectives on the development and use of contraceptive technology*. Amsterdam: Women and Pharmaceuticals Project, Health Action International and WEMOS.

Mintzes, B., A. Hardon and J. Hanhart. 1993. *Norplant: under the skin*. Amsterdam: Women's Health Action Foundation, Women and Pharmaceuticals Project and WEMOS.

Mitchell, J., P. Hatsukami, E. Eckert and R. Pyle. 1985. "Characteristics of 275 patients with bulimia." *American Journal of Psychiatry*, vol.142, no.4, pp.482~485.

Mitter, S. 1986. *Common Fate, Common Bond: women in the global economy*. London: Pluto Press.

Mohanty, C. 1991. "Introduction: Cartographies of struggle: third world women and the politics of feminism." in C. Mohanty, A. Russo and L. Torres(eds.). *Third World Women and the Politics of Feminism*. Bloomington and Indianapolis: Indiana University Press.

Mohanty, C., A. Russo and L. Torres. 1991. *Third World Women and the Politics of Feminism*. Bloomington and Indianapolis: Indiana University Press.

Momsen, J. and J. Townsend. 1987. *Geography of Gender in the Third World*. London: Hutchinson.

Montini, T. and S. Ruzek. 1989. "Overturning orthodoxy: the emergence of breast cancer treatment policy." *Research in the sociology of health care*, vol.8. Greenwich CT: JAI Press. pp.3~32.

Moore, H. 1988. *Feminism and Anthropology*. Oxford: Polity Press.

Morgall, J. 1993. "Medical technology assessment: a useful occupation or useless diversion?." *Women's Studies International Forum*, vol.16, no.6, pp.591~604.

Morgan, D. and S. Scott. 1993. "Bodies in a social landscape." in S. Scott and D. Morgan(eds.). *Body Matters, essays on the sociology of the body*. Brighton: Falmer Press.

Morgan, L. 1987. "Dependency theory in the political economy of health: an anthropological critique." *Medical Anthropology*, vol.1, no.2, pp.131~154.

Morgan, P. 1987. "Women and alcohol: the disinhibition rhetoric in an analysis of domination." *Journal of Psychoactive Drugs*, vol.19, no.2, pp.129~133.

Morris, L. 1990. *The Workings of the Household*. Oxford: Polity Press.

Morton, W. and T. Ungs. 1979. "Cancer mortality in the major cottage industry." *Women and Health*, vol.4, pp.345~354.

Moser, C. 1987. "Mobilisation is women's work: struggles for infrastructure in Guayaquil, Ecuador." in C. Moser and L. Peake(eds.). *Women, Human Settlements and Housing*. London: Tavistock.

_____. 1989. "Gender planning in the third world." *World Development*, vol.17, no.11.

Moser, C. and L. Peake(eds.). 1987. *Women, Human Settlements and Housing*. London: Tavistock.

Mosher, W. and W. Pratt. 1985. *Fecundity and Infertility in tile United States 1965~1982*. Washington, DC: National Center for Health Statistics, Public Health Services.

Motsei, M. 1993. *Detection of Woman Battering in Health Care Settings, the case of Alexandra Health Clinic*. Centre for Health Policy, Paper 30. Johannesburg: University of Witwatersrand.

Mpangile, G., M. Leshabari and D. Kihwele. 1993. "Factors associated with induced abortion in public hospitals in Dar es Salaam, Tanzania." *Reproductive Health Matters*, no.2, pp.21~31.

Mtimavalye, L. and Belsey, M. 1987. *Infertility and Sexually Transmitted Disease: major problems in maternal and child health and family planning*. New York: Population Council.

Murphy, M. 1981. "Social consequences of vesico-vaginal fistula in Northern Nigeria." *Journal of Biosocial Science*, vol.13, pp.139~150.

Murphy-Lawless, J. 1993. "Fertility, bodies and politics: the Irish case." *Reproductive Health Matters*, no.2, pp.53~64.

Muvman Liberasyon Fam of Mauritius. 1989. "Mauritius: ongoing campaign for legal abortion." *Women's Global Network for Reproductive Rights Newsletter*, Jan~March, pp.19~20.

Nairne, K. and G. Smith. 1984. *Dealing with Depression*. London: Women's Press.

National Occupational Health and Safety Commission. 1986. *Repetitive Strain Injury: a report and model code of practice*. Canberra: Australian Government Publishing Service.

Nicholson, L. 1991. "Introduction." in L Nicholson(ed.). *Feminism/Post Modernism*. London: Routledge.

Norboo, T., M. Yahya, N. Bruce, J. Heady and K. Ball. 1991. "Domestic pollution and respiratory illness: a Himalayan village." *International Journal of Epidemiology*, vol.20, no.3, pp.749~757.

Nordstrom, S., L. Beckman, and I. Nordenson. 1979a. "Occupational and environmental risks in and around a smelter in Northern Sweden, V. Spontaneous abortion among female employees and decreased birth weight in their offspring." *Hereditas*, vol.90, pp.291~296.

_____. 1979b. "Occupational and environmental risks in and around a smelter in Northern Sweden, VI. Congenital malformations." *Hereditas*, vol.90, pp.297~302.

Nowrojee, S. 1993. "Speaking out for sexual and reproductive health." *Women's Global Network for Reproductive Rights Newsletter*, no.44, pp.16~17.

Oakley, A. 1974. *The Sociology of Housework*. London: Martin Robertson.

_____. 1976. *Housewife*. Harmondsworth: Penguin.

_____. 1979. *Becoming a Mother*. Oxford: Martin Robertson.

_____. 1981. *From Here to Maternity: becoming a mother*. Harmondsworth: Penguin.

_____. 1984. *The Captured Womb: a history of the medical care of pregnant women*. Oxford: Basil Blackwell.

_____. 1987. "From walking wombs to test tube babies." in M. Stanworth(ed.). *Reproductive Technologies: gender, motherhood and medicine*. Oxford: Polity Press.

Oakley, A. and M. Richards. 1990. "Women's experiences of Caesarean delivery." in J. Garcia, R. Kilpatrick and M. Richards(eds.). *The Politics of Maternity Care: services for childbearing women in twentieth century Britain*. Oxford: Clarendon Press.

Office of Health Economics. 1987. *Women's Health Today*. London: OHE.

Office of Population Censuses and Surveys(OPCS). 1986. *Occupational Mortality: Decennial Supplement, England and Wales 1979~80*. London: HMSO.

Orbach, S. 1978. *Fat is a Feminist Issue*. London: Hamlyn.

_____. 1986. *Hunger Strike: the anorectic's struggle as a metaphor for our age*. London: Faber and Faber.

Oren, L. 1974. "The welfare of women in labouring families in England 1860~1950." in M. Hartman and L. Banner(eds.). *Clio's Consciousness Raised: new perspectives on the history of women*. London: Harper and Row.

O'Sullivan, S. 1987. *Women's Health: a Spare Rib reader*. London: Pandora.
Otto, R. 1986. *Teachers under Stress*. Melbourne: Hill of Content.
Pahl, J. 1989. *Money and Marriage*. London: Macmillan.
Palmer, R., D. Chaloner and R. Oppenheimer. 1992. "Childhood sexual experience with adults reported by female patients." *British Journal of Psychiatry*, vol.160, pp.261~265.
Paltiel, F. 1987. "Women and mental health: a post Nairobi perspective." *World Health Statistics Quarterly*, vol.40, pp.233~266.
Panos Institute. 1990. *Triple Jeopardy: woman and AIDS*. London: Panos Publications.
_____. 1992. *The Hidden Cost of AIDS: the challenge of HIV to development*. London: Panos Publications.
Papanek, H. 1990. "To each less than she needs, from each more than she can do: allocations, entitlements and value." in I. Tinker(ed.). *Persistent Inequalities: women and world development*. Oxford: Oxford University Press.
Paykel, E. 1991. "Depression in women." *British Journal of Psychiatry*, vol.158, suppl.10, pp.22~29.
Payne, S. 1991. *Women, Health and Poverty: an introduction*. Brighton: Harvester Wheatsheaf.
Peay, M. and E. Peay. 1988. "The role of commercial sources in the adoption of a new drug." *Social Science and Medicine*, vol.26, no.12, pp.1183~1189.
Pember Reeves, M. 1980. *Round About a Pound a Week*. London: Virago.
Petchesky, R. 1979. "Workers, reproductive hazards and the politics of protection: an introduction." *Feminist Studies*, 5(Summer), pp.233~245.
_____. 1986. *Abortion and Women's Choice: the state, sexuality and reproductive freedom*. London: Verso.
Petticrew, M., M. McKee and J. Jones. 1993. "Coronary artery surgery: are women discriminated against?." *British Medical Journal*, vol.306, pp.1164~1166.
Pfeffer, N. 1992. "From private patients to privatization." in M. Stacey(ed.). *Changing Human Reproduction: social science perspectives*. London: Sage.
Pfeffer, N. and A. Woollett. 1983. *The Experience of Infertility*. London: Virdgo.
Phillips, A. and Rakusen, J. 1989. *The New Our Bodies Ourselves: a health book by and for women*. Harmondsworth: Penguin.

Piepe, T., B. Cattermole, P. Charlton, F. Motley, J. Morey and P. Yerrell. 1988. "Girls smoking and self esteem-the adolescent context." *Health Education Journal*, vol.47, pp.83~85.

Pies, C. 1985. *Considering Parenthood: a workbook for lesbians*. San Francisco: Spinsters Ink.

Placek, P., S. Taffel and M. Moien. 1988. "1986: C-sections rise; VBAC's inch upward." *American Journal of Public Health*, vol.78, pp.562~563.

Plichta, S. 1992. "The effects of woman abuse on health care utilisation and health status." *Women's Health*(Jacobs Institute), vol.2, no.3, pp.154~162.

Pollack, S. 1985. "Sex and the contraceptive act." in H. Homans(ed.). *The Sexual Politics of Reproduction*. Aldershot: Gower Press.

Popay, J. 1992. "My health is all right. but I'm just tired all the time: women's experiences of ill health." in H. Roberts(ed.). *Women Health Matter*. London: Routledge.

Popay, J. and G. Jones. 1990. "Patterns of wealth and illness among lone parents." *Journal of Social Policy*, vol.19, pp.499~534.

Pope. H., J. Hudson, J. Jonas and D. Yurgelun-Todd. 1983. "Bulimia treated with imipramine: a placebo-controlled double-blind study." *American Journal of Psychiatry*, vol.140, pt.5, pp.554~558.

Population Information Programme. 1980. "Complications of abortion in developing countries." *Population Reports Series F*, no.7, Baltimore, Md: Johns Hopkins University.

Prather, L. 1991. "Decoding advertising: the role of communication studies in explaining the popularity of minor tranquillisers." in J. Gabe(ed.). *Understanding Tranquilliser Use: the role of the social sciences*. London: Tavistock.

Prather, L. and S. Fidell. 1986. "Sex differences in the content and style of medical advertisements." in J. Gabe and P. Williams(eds.). *Tranquillisers: social, psychological and clinical perspectives*. London: Tavistock.

Pringle, R. 1992. "Absolute sex? Unpacking the sexuality/gender relationship." in R. Connell and G. Dowsett(eds.). *Rethinking Sex: social theory and sexuality research*. Melbourne: Melbourne University Press.

Protein-Calorie Advisory Group(PAG). 1977. *Women in Food Production, Food Handling and Nutrition: with special emphasis on Africa: final report*. New

York: Protein-Calorie Advisory Group of the United Nations System, UN.

Pugh, H., C. Power, P. Goldblatt and S. Arber. 1991. "Women's lung cancer mortality, socioeconomic status and changing smoking patterns." *Social Science and Medicine*, vol.32, no.10, pp.1105~1110.

Raikes, A. 1989. "Women's health in East Africa." *Social Science and Medicine*, vol.28, no.5, pp.447~459.

Ramazanoglou, C. 1993. *Up Against Foucault: explorations of some tensions between Foucault and feminism*. London: Routledge.

Rapp, R. 1987. "Moral pioneers: women, men and fetuses on a frontier of reproductive technology." *Women and Health*, vol.13, nos1~2, pp.101~116.

Ray, L. 1991. "The political economy of long-term minor tranquilliser use." in J. Gabe(ed.). *Understanding Tranquilliser Use: the role of the social sciences*. London: Tavistock.

Raymond, J., R. Klein and L. Dumble. 1991. *RU 486: Misconceptions, Myths and Morals*. Cambridge, Mass: Institute of Women and Technology.

Reed, B. 1985. "Drug misuse and dependency in women: the meaning and implications of being considered a special population or minority group." *International Journal of the Addictions*, vol.20, no.1, pp.13~62.

Reid, E. 1992. "Gender, knowledge and responsibility." in J. Mann, D. Tarantola and T.Netter(eds.). *AIDS in the World: a global report*. Cambridge, Mass: Harvard University Press.

Reid, J., C. Ewan and E. Lowy. 1991. "Pilgrimage of pain: the illness experiences of women with repetition strain injury and the search for credibility." *Social and Medicine*, vol.32, no.5, pp.601~12.

Reid, M. and Garcia, J. 1989. "Women's views of care during pregnancy and child birth." in I. Chalmers, M. Enkin and M. Keirse(eds.). *Effective Care in Pregnancy and Childbirth*. Oxford: Clarendon Press.

Remennick, L. 1991. "Epidemiology and determinants of induced abortion in the USSR." *Social Science and Medicine*, vol.33, no.1, pp.841~848.

Rennie, S. 1993. "Breast cancer prevention: diet versus drugs." *MS Magazine*, (May/June), pp.38~46.

Repetti, R., K. Matthews and I. Waldron. 1989. "Employment and women's health: effects of paid employment on women's mental and physical health." *American Psychologist*, vol.44, no.11, (November), pp.1394~1401.

Rich, A. 1980. "Compulsory heterosexuality and lesbian existence." *Signs*, vol.5, no.4, pp.631~660.

Richgels, P. 1992. "Hypoactive sexual desire in heterosexual women: a feminist analysis." *Women and Therapy*, vol.12, nos1/2, pp.123~135.

Richic, B. 1990. "AIDS: in living color." in E. White(ed.). *The Black Women's Health Handbook*. Seattle: Seal Press.

Roberts, H. 1985. *The Patient Patients: women and their doctors*. London: Pandora.

Robertson, M. 1992. "Lesbians as an invisible minority in the health services arena." *Health Care for Women International*, vol.13, no.2, pp.155~164.

Robinson, J. 1982. "Cancer of the cervix: occupational risks of husbands and wives and possible preventive strategies." in J. Jordan, F. Sharp and A. Singer. *Preclinical Neoplasia of the Cervix*. Royal College of Obstetricians and Gynaecologists.

Robinson, J., B. Hibbard and K. Laurence. 1984. "Anxiety during a crisis: emotional effects of screening for neural tube defects." *Journal of Psychosomatic Research*, vol.28, no.2, pp.163~169.

Rochat, R., L. Koonin, H. Atrash, J. Jewett and the Maternal Mortality Collaborative. 1988. "Maternal mortality in the United States: report from the maternal mortality collaborative." Obstetrics and Gynaecology, vol.72, no.1, pp.91~97.

Rodda, A. 1991. *Women and the Environment*. London: Zed Press.

Rodin, J. and J. Ickovics. 1990. "Women's health: review and research agenda as we approach the 21st century." *American Psychologist*, vol.45, no.9, pp.1018~1034.

Rogers, R. and J. Salvage. 1988. *Nurses at Risk: a guide to health and safety at work*. London: Heinemann.

Rogow, D. 1986. "Quality of care in international family planning: a feminist contribution." in *Contraceptive Development Process and Quality of Care in Reproductive Health Services*. New York: International Women's Health Coalition and Population Council.

Rohsenow, D., R. Corbett and D. Devine. 1988. "Molested as children: a hidden contribution to substance abuse?." *Journal of Substance Abuse Treatment*, vol.5, no.1, pp.13~18.

Roldan, M. 1985. "Industrial outworking: struggles for the reproduction of working class families and gender subordination." in N. Redcliff and E. Mingione(eds.). *Beyond Employment*. Oxford: Basil Blackwell.

Rom, W. 1976. "Effects of lead on the female and reproduction: a review." *Mount Sinai Journal of Medicine*, vol.43, no.5, pp.542~552.

Romito, P. 1990. "Post-partum depression and the experience or motherhood." *Acta Obstetricia and Gynecologica, Scandinavica*, vol.69, Suppl.154, pp.1~37.

_____. 1993. "Work and health in mothers of young children: who cares?". *Proceedings of Conference on Women, Health and Work*, CAPS. Barcelona, 11~12 November.

Romito, P. and Zalateo, C. 1992. "Social history of a research project: a study on early post-partum discharge." *Social Science and Medicine*, vol.34, no.3, pp.227~235.

Rooney, C. 1992. *Antenatal Care and Maternal Health: how effective is it?, A review of the evidence*. Geneva: WHO.

Rosa, K. 1987. "Organising women workers in the free trade zone. Sri Lanka." in M. Davis(ed.). *Third World: Second Sex 2*. London: Zed Press.

_____. 1994. "The conditions and organisational activities of women in Free Trade Zones: Malaysia. Philippines and Sri Lanka 1970~1990." in S. Rowbotham and S. Mitter(eds.). *Dignity and Daily Bread: new forms of economic organising among poor women in the third world and the first*. London: Routledge.

Rose, H. and J. Hanmer. 1976. "Women's liberation: reproduction and the technological fix." in D. Barker and S. Allen(eds.). *Sexual Divisions and Society: process and change*. London: Tavistock.

Rosenberg, H. 1984. "The home is the work place: hazards, stress and pollutants in the household." in W. Chavkin(ed.). *Double Exposure: women's health hazards on the job and at home*. New York: Monthly Review Press.

Rosenberg, M., P. Feldblum and E. Marshall. 1987. "Occupational influences on reproduction: a review of recent literature." *Journal of Occupational Medicine*, vol.29, no.7, pp.584~591.

Rosenfeld, J. 1992. "Maternal work outside the home and its effect on women and their families." *Journal of the American Women's Association*, vol.47, no.2, p.47.

Ross, L. 1993. "African-American women and abortion 1800~1970." in S. James and A. Busia(eds.). *Theorizing Black Feminism: the Visionary pragmatism of black women*. London: Routledge.

Rosser, S. 1992. "Re-visioning clinical research: gender and the ethics of experimental design." in H. Holmes and L. Purdy(eds.). *Feminist Perspectives in Medical Ethics*. Bloomington and Indianapolis: Indiana University Press.

Rothenberg, R., M. Woelfel, R. Stoneburner, J. Milberg, R. Parker and B. Truman. 1987. "Survival with the acquired immune deficiency syndrome." *New England Journal of Medicine*, vol.317, no.21, pp.1297~1302.

Rothman, B. 1988. *The Tentative Pregnancy: prenatal diagnosis and the future of motherhood*. London: Pandora.

_____. 1989. *Recreating Motherhood: ideology and technology in a patriarchal society*. New York: W.W. Norton.

Rowbotham, S. and S. Mitter. 1994. *Dignity and Daily Bread: new forms of economic organising among poor women in the third world and the first*. London: Routledge.

Royston, E. and S. Armstrong. 1989. *Preventing Maternal Deaths*. Geneva: World Health Organisation.

Rubin, G. 1975. "The traffic in women: notes on the political economy of sex." in R. Reiter(ed.). *Toward an Anthropology of Women*. Boston: Monthly Review Press.

Russell, D. 1982. *Rape in Marriage*. New York: Macmillan.

_____. 1986. *The Secret Trauma: incest in the lives of women and girls*. New York: Basic Books.

Ruzek, S. 1978. *Women's Health Movement: feminist alternatives to medical control*. New York: Praeger.

_____. 1980. "Medical responses to women's health activists: conflict, accommodaand co-optation." *Research in Sociology of Health Care*. Greenwich, CT: JAI Press. vol.1, pp.334~335.

_____. 1991. "Women's reproductive rights: the impact of technology." in J. Rodin and A. Collins(eds.). *Women and the New Reproductive Technologies: medical, psychosocial, legal and ethical dilemmas*. Hillsdale, NJ: Lawrence

Erlbaum Associates.

Sachs, B., P. Layde, G. Rubin and R. Rochat. 1982. "Reproductive mortality in the United States." *Journal of the American Medical Association*, vol.247, no.20, pp.2789~2792.

Saffron, L. 1983. "Cervical cancer: the politics of prevention." *Spare Rib*, 29 April.

Salvage, J. 1985. *The Politics of Nursing*. London: Heinemann.

Salzberger, L., S. Magidor, A. Avgar and J. Baumgold-Land. 1991. *Patterns of Contraceptive Behaviour among Jerusalem Women Seeking Pregnancy Counselling*. Hebrew University, Jerusalem: Paul Baerwald School of Social Work.

Sanday, P. R. 1981. "The socio-cultural context of rape: a cross cultural study." *Journal of Social Issues*, vol.37, no.4, pp.5~27.

Sandmaier, M. 1992. *The Invisible Alcoholics: women and alcohol*, 2nd ed. Blue Ridge Summit, Pennsylvania: TAB Books.

Schei, B. and L. Bakketeig. 1989. "Gynaecological impact of sexual and physical abuse by a spouse: a study of a random sample of Norwegian women." *British Journal of Obstetrics and Gynaecology*, vol.96, no.12, pp.1379~1383.

Scheper-Hughes, N. and M. Lock. 1987. "The mindful body: a prolegomenon to future work in medical anthropology." *Medical Anthropology Quarterly*, vol.1, no.1, pp.6~41.

Schrijvers, J. 1988. "Blueprint for undernourishment: the Mahaweli River Development Scheme in Sri Lanka." in B. Agarwal(ed.). *Structures of Patriarchy: the state, the community and the household*. London: Zed Press.

Schwartz, E. 1990. "The engineering of childbirth: a new obstetric programme as reflected in British obstetric textbooks 1960~1980." in J. Garcia, R. Kilpatrick and M. Richards(eds.). *The Politics of Maternity Care: services for childbearing women in twentieth century Britain*. Oxford: Clarendon Press.

Scott, H. 1984. *Working your Way to the Bottom: the feminisation of poverty*. London: Pandora.

Scott, J. 1984. "Keeping women in their place: exclusionary policies and reproduction." in W. Chavkin(ed.). *Double Exposure: women's health hazards on the job and at home*. New York: Monthly Review Press.

_____. 1993. "The impact of Norplant on poor women and women of colour in the US." *Women's Global Network for Reproductive Rights Newsletter*, no.42, pp.16~18.

Scritchfield, S. 1989. "The infertility enterprise: IVF and the technological construction of reproductive impairments." in D. Wertz(ed.). *Research in the Sociology of Health Care*. Greenwich, CT: JAI Press.

Seager, J. and A. Olson. 1986. *Women in the World: an international atlas*. London: Pan.

Segal, L. 1987. *Is the Future Female: troubled thoughts on contemporary feminism*. London: Virago.

_____. 1990. *Slow Motion: changing masculinities. changing men*. London: Virago.

Seidel, G. 1993. "The competing discourses of HIV/AIDS in sub-Saharan Africa: discourses of rights and empowerment vs discourses of control and exclusion." *Social Science and Medicine*, vol.36, no.3, pp.175~194.

Sen, A. 1988. "Family and food: sex bias in poverty." in T. Srinivasan and P. Bardham(eds.). *Rural Poverty in South Asia*. New York: Columbia University Press.

_____. 1985. *Commodities and Capabilities*. Amsterdam: Elsevier.

_____. 1990a. "Gender and co-operative conflicts." in I. Tinker(ed.). *Persistent Inequalities: women and world development*. Oxford: Oxford University Press.

_____. 1990b. "More than 100 million women are missing." *The New York Review of Books*, 20 December, pp.61~66.

Sen, G. and Grown, C. 1988. *Development, Crises and Alternative Visions*. London: Earthscan.

Shah K. 1989. *Enquiry on the Epidemiology and Surgical Reapir of Obstetric Related Fistulae in South-East Asia*. background paper prepared for WHO Technical Working Group on Vesica-Vaginal Fistulae.

Shaaban, B. 1988. *Both Right and Left Handed: Arab Women talk about their lives*. London: Women's Press.

Shapiro, T. 1985. *Population Control Politics: women, sterilisation and reproductive choice*. Philadelphia: Temple University Press.

Shearer, H. 1989. "Maternity patients' movements in the United States 1826~1985." in I. Chalmers, M. Enkin and M. Keirse(eds.). *Effective Care in Pregnancy and Childbirth*. Oxford: Clarendon Press.

Shiva, V. 1989. *Staying Alive: women, ecology and development*. London: Zed Press.

Shiva, M. 1992. "Women equal tubes, wombs and targets?." *Women's Global Network for Reproductive Rights Newsletter*, Jan~March, pp.9~12.

Shorter, E. 1984. *A History of Women's Bodies*. Harmondsworth: Penguin.

Siklova, J. and J. Hradlikova. 1994. "Women and violence in post-communist Czechoslovakia." in M. Davis(ed.). *Women and Violence: responses and realities worldwide*. London: Zed Press.

Silverman, M. and P. Lee. 1974. *Pills, Profits and Politics*. Berkeley: University of California Press.

Simkin, P. 1986. "Is anyone listening? Lack of clinical impact of randomised controlled trials of electronic fetal monitoring." *Birth*, vol.13, pp.219~222.

Simmons, J. 1990. "Abortion: a matter of choice." in E. White(ed.). *The Black Women's Health Book: speaking for ourselves*. Seattle: Seal Press.

Sinclair, D. 1985. *Understanding Wife Assault: a training manual for counsellors and advocates*. Ontario: Ministry of Community and Social Services.

Smith, D. 1992. "Choosing ourselves. black women and abortion." in M. Gerber Fried(ed.). *Abortion to Reproductive Freedom: transforming a movement*. Boston: South End Press.

Smith, G., G. Taylor and K. Smith. 1985. "Comparative risks and costs of female sterilisation." *American Journal of Public Health*, vol.75, no.4, pp.370~374.

Smith, P. 1992. *The Emotional Labour of Nursing: how nurses care*. London: Macmillan.

Smyke, P. 1991. *Women and Health*. London: Zed Press.

Snell, W., S. Belk and R. Hawkins. 1987. "Alcohol and drug use in stressful times: the influence of the masculine role and sex-related personality attributes." *Sex Roles*, vol.16, nos7~8, pp.359~373.

Snitow, A., C. Stansell and S. Thompson. 1984. *Powers of Desire: the politics of sexuality*. London; Virago.

Sontheimer, S. 1991. *Women and the Environment, a Reader: crisis and development in the third world*. London: Earthscan.

Sorensen, G. and L. Verbrugge. 1987. "Women, work and health." *American Review of Public Health*, vol.8, pp.235~251.

Stacey, M. 1992. "Social dimensions of assisted reproduction." in M. Stacey(ed.). *Changing Human Reproduction: social science perspectives*. London: Sage.

Stafford, R. 1990. "Alternative strategies for controlling rising Caesarian rates." *Journal of the American Medical Association*, vol.263, no.5, pp.683~687

Stanko, E. 1985. *Intimate Intrusions women's experience of male violence*. London: Routledge and Kegan Paul.

Stanley, K., J. Stjernsward and V. Koroltchouk. 1987. "Women and cancer." *World Health Statistics Quarterly*, vol.40, pp.267~278.

Stanworth, M. 1987. *Reproductive Technologies: gender, motherhood and medicine*. Oxford: Polity Press.

Stark, E. and Flitcraft, A. 1991. "Spouse abuse." in M. Rosenberg and M. Fenley(eds.). *Violence in America: a public health approach*. Oxford: Oxford University Press.

Starrs, A. 1987. *Preventing the Tragedy of Maternal Deaths: a report on the International Safe Motherhood Conference, Nairobi*. Washington DC: World Bank, World Health Organisation and United Nations Fund for Population Activities.

Stebbins, K. 1991. "Tobacco, politics and economics: implications for global health." *Social Science and Medicine*, vol. 33, no. 12, pp. 1317~1326.

Stein, A., P. Cooper, E. Campbell, A. Day and P. Altham. 1989. "Social adversity and perinatal complications: their relation to postnatal depression." *British Medical Journal*, vol.298, pp.1073~1074.

Stein, Z. 1990. "HIV prevention: the need for methods women can use." *American Journal of Public Health*, vol.80, no.4, pp.46~462.

Stein, Z. and M. Hatch. 1986. *Reproductive problems in the Workplace*. Philadelphia: Hanley and Belfus.

Stellman, J. 1977. *Women's Work, women's health: myths and realities*. New York: Pantheon.

Stellman, J. and M. Henifin. 1989. *Office Work Can be Dangerous to Your Health*. New York: Pantheon.

Stevens, P. 1992. "Lesbian health care research: a review of the literature from 1970." *Health Care for Women International*, vol.13, no.2, pp.91~120.

Stevens, P. and A. Meleis. 1991. "Maternal role of clerical workers: a feminist analysis." *Social Science and Medicine*, vol.32, no.12, pp.1425~1433.

Stewart, S. and G. Glazer. 1986. "Expectations and coping of women undergoing in vitro fertilisation." *Maternal-Child Nursing Journal*, vol.15, no.2,

pp.103~113.
Strandberg, M., K. Sandback, O. Axelson and L. Sundell. 1978. "Spontaneous abortions among women in hospital laboratories." *Lancet*, vol.(i), pp.384~385.
Sundari Ravindran, T. 1986. *Health Implications of Sex Discrimination in Childhood: a review paper and annotated bibliography prepared for WHO/UNICEF*. Geneva: WHO, UNICEF/FHE 86.2.
_____. 1993. "Women and the politics of population development." *Reproductive Health Matters*, no.1, pp.26~38.
Swett, C., C. Cohen, J. Surrey, A. Compaine and R. Chavez. 1991. "High rates of alcohol use and history of physical and sexual abuse among women out-patients." *American Journal of Drug and Alcohol Abuse*, vol.17, no.1, pp.49~60.
Taattola., K. and P. Susitaival. 1993. "Occupational health and safety problems among women in Finnish agriculture." in K. Kauppinen(ed.). *OECD Panel Group on Women's Work and Health National Report: Finland*. Helsinki: Ministry of Social Affairs and Health.
Taylor, D. 1987. "Current usage of benzodiazepines in Britain." in H. Freeman and Y. Rue(eds.). *Benzodiazepines in Current Clinical Practice*. London: Royal Society of Medicine.
Thaddeus, S. and D. Maine. 1991. *Too Far to Walk: maternal mortality in context*. New York: Centre for Population and Family Health, Faculty of Medicine. Columbia University.
Thiam, A. 1986. *Black Sisters Speak Out: feminism and oppression in black Africa*. London: Pluto Press.
Tirado, S. 1994. "Weaving dreams, constructing realities: the Nineteenth of September National Union of Garment Workers in Mexico." in S. Rowbotham and S. Mitter(eds.). *Dignity and Daily Bread: new forms of economic organising among poor women in the thirdworld and the first*. London: Routledge.
Tobin, J., S. Wassertheil-Smoller, J. Wexler, et al. 1987. "Sex bias in considering coronary bypass surgery." *Annals of Internal Medicine*, vol.107, pp.19~25.
Toubia, N. 1985. "The social and political implications of female circumcision: the case of Sudan." in E. Warnock Fernea(ed.). *Women and the Family in the Middle East: new voices of change*. Austin: University of Texas Press.

_____. 1993. *Female Genital Mutilation: A call for global action*. New York: Women Ink.

Tudiver, S. 1986. "The strength of links: international women's health networks in the eighties." in K. McDonnell(ed.). *Adverse Effects: women and the pharmaceutical industry*. Penang, Malaysia: International Organisation of Consumer Unions.

Turner, B. 1992. *Regulating Bodies: essays in medical sociology*. London: Routledge.

UK Royal College of General Practitioners. 1974. *Oral Contraceptives and Health*. Pitman Medical.

_____. 1986. *Morbidity Statistics from General Practice 1981-2 Third National Survey*. London: HMSO.

Ulin, P. 1992. "African women and AIDS: negotiating behavioural change." *Social Science and Medicine*, vol.34, no.1, pp.63~73.

Ulrich, H. 1987. "A study of change and depression among Havik Brahmin women in a South Indian village." *Culture Medicine and Psychiatry*, vol.11, pp.261~287.

Ungerson, C. 1987. *Policy is Personal: sex, gender and informal care*. London: Tavistock.

UNICEF. 1990. *The State of the World's Children 1989*. Oxford: Oxford University Press.

United Nations. 1991. "The world's women 1970~1990: trends and statistics." *Social Statistics and Indicators*, Series, K, no.8. New York: UN.

_____. 1989a. "Levels and trends of contraceptive use as assessed in 1988." *Population Studies*, no.110. New York: United Nations.

_____. 1989b. *Violence against Women in the Family*. Vienna: Centre for Social Development and Humanitarian Affairs.

United Nations Institute for the Advancement of Women(INSTRAW). 1991. "Women, water and sanitation." in S. Sontheimer(ed.). *Women and the Environment, a Reader: crisis and development in the third world*. London: Earthscan.

United States National Institutes of Health. 1992. *Opportunities for Research on Women's Health*. NIH Publication no. 92-3457. Washington, DC: US Department of Health and Human Services.

United States Public Health Service. 1985. *Women's Health: report of the Public*

Health Service task force on women's health issues. Washington DC: US Department of Health and Human Services.

US Congress Office of Technology Assessment. 1988. *Infertility: medical and social choices*. Washington DC: US Government Printing Office.

US Department of Health and Human Services. 1989. *Reducing the Health Consequences of Smoking: 25 years of progress*. Washington, DC: DHHS.

US Merit Systems Protection Board. 1981. *Sexual Harassment in the Federal Workplace: is it a problem?*. Washington DC: US Government Printing Office.

Ussher, J. 1989. *The Psychology of the Female Body*. London: Routledge.

Valverde, M. 1985. *Sex, Power and Pleasure*. Toronto: Women's Press.

Vance, C.(ed.). 1984. *Pleasure and Danger: exploring female sexuality*. London: Routledge.

Vannicelli, M. and L. Nash. 1984. "Effects of sex bias on women's studies on alcoholism." *Clinical and Experimental Research*, vol.8, no.3, pp.334~346.

Venkatramani, S. 1986. "Female infanticide: born to die." *India Today*, June 15 10~17. Reprinted in J. Radford and D. Russell(eds.). 1992. *Femicide: the politics of women killing*. Buckingham: Open University Press.

Verbrugge, L. 1984. "How physicians treat mentally distressed men and women." *Social Science and Medicine*, vol.18, no.1, pp.1~9.

_____. 1985. "An epidemiological profile of older women." in M. Haug, A. Ford and M. Sheafor(eds.). *The Physical and Mental Health of Older Women*. New York: Springer.

_____. 1986. "From sneezes to adieux: stages of health for American men and women." *Social Science and Medicine*, vol.22, no.11, pp.1195~1212.

Verbrugge, L. and R. Steiner. 1981. "Physician treatment of men and women patients: sex bias or appropriate care?." *Medical Care*, vol.19, no.6, pp.609~632.

Vessey, M. and J. Nunn. 1980. "Occupational hazards of anaesthesia." *British Medical Journal*, vol.281, pp.696~698.

Vickers, J. 1991. *Women and the World Economic Crisis*. London: Zed Press.

Waldron, I. 1986a. "What do we know about the causes of sex differences in mortality?." *Population Bulletin of the United Nations*, vol.18, pp.59~76.

_____. 1986b. "The contributions of smoking to sex differences in mortality."

Public Health Reports, vol.101, no,2, pp.163~173.

_____. 1987. "Patterns and causes of excess female mortality among children in developing countries." *World Health Statistics Quarterly*, vol.40, pp.194~210.

_____. 1991. "Effects of labour force participation on sex differences in mortality and morbidity." in M. Frankenhaeuser, U. Lundberg and M. Chesney(eds.). *Women, Work and Health: stress and opportunities*. New York: Plenum Press.

Waldron, l. and J. Jacobs. 1989. "Effects of labor force participation on women's health: new evidence from a longitudinal study." *Journal of Occupational Medicine*, vol.30, no.12, pp.977~983.

Walker, J. 1990. "Mothers and children." in ACT UP/NY Women and AIDS Book Group. *Women, AIDS and Activism*. Boston, Mass: South End Press.

Walker, L. 1979. *The Battered Woman*. New York: Harper and Row.

Warnock, M. 1985. *A Question of Life: the Warnock Report on human fertilisation and embryology*. Oxford: Basil Blackwell.

War on Want. 1988. *Women Working Worldwide: the international division of labour in the electronics, clothing and textiles industries*. Available from War on Want, 37~39 Great Guildford Street, London SE1.

Warr, P. and G. Parry. 1982. "Paid employment and women's psychological wellbeing." *Psychological Bulletin*, vol.91, no,3, pp.498~516.

Warren, M. 1987. "Better safe than sorry." *New Internationalist*, October, p.22.

Wasserheit, J. 1989. "The significance and scope of reproductive tract infections among third world women." *International Journal of Gynaecology and Obstetrics*, Suppl.3, pp.145~168.

Wasserheit, T. and K. Holmes. 1992. "Reproductive tract infections: challenges for international health policy, programs and research." in A. Germain, K. Holmes, P. Piot and J. Wasserheit(eds.). *Reproductive Tract Infections: global impact and priorities for women's reproductive health*. New York: Plenum Press.

Watson, S.(ed.). 1990. *Playing the State*. London: Verso.

Weeks, J. 1986. *Sexuality*. London: Tavistock.

Weissman, M. and G. Klerman. 1977. "Sex differences and the epidemiology of depression." *Archives of General Psychiatry*, vol.24, pp.98~111.

Wells, J. and L. Batten. 1990. "Women smoking and coping: an analysis of women's experience of stress." *Health Education Journal*, vol.49, no.2, pp.57~60.

Wenger, N. 1990. "Gender, coronary heart disease and coronary bypass surgery." *Annals of Internal Medicine*, vol.112, no.8, pp.557~558.

Westlander, G. and B. Magnusson. 1988. "Swedish women and new technology." in G. Westlander and J. Stellman(eds.). *Women and Health*, vol.13. New York: Haworth Press.

Whatley, M. 1988. "Beyond compliance: towards a feminist health education." in S. Rosser(ed.). *Feminism Within the Science and Health Care Professions: overcoming resistance*. Oxford: Pergamon.

Whelehan, M. 1988. *Women and Health: cross cultural perspectives*. Granby, Mass: Bergin and Garvey.

Whitbeck, C. 1991. "Ethical issues raised by the new medical technologies." in J. Rodin and A. Collins(eds.). *Women and New Reproductive Technologies: medical, psychosocial, legal and ethical dilemmas*. Hillsdale, NJ: Lawrence Erlbaum.

White, C. 1993. "Close to home in Johannesburg: gender oppression in township households." *Women's Studies International Forum*, vol.16, no.2, pp.149~163.

Whitehead, M. 1988. *The Health Divide: inequalities in health in the 1980s*. HarmondsPenguin.

Williams, P. and C. Bellantuono. 1991. "Long-term tranquilliser use: the contribution of epidemiology." in J. Gabe(ed.). *Understanding Tranquilliser Use: the role of the social sciences*. London: Tavistock.

Wilsnack, R. and R. Cheloha. 1987. "Women's roles and problem drinking across the lifespan." *Social Problems*, vol.34, no.3, pp.231~248.

Wilsnack, S. and Wilsnack, R. 1991. "Epidemiology of women's drinking." *Journal of Substance Abuse*, vol.3, pp.133~157.

Wilsnack, R. S. Wilsnack and A. Klassen. 1984. "Women's drinking and drinking problems: patterns from a 1981 national survey." *American Journal of Public Health*, vol.74, no.11, pp.1231~1218.

Witz, A. 1992. *Professions and Patriarchy*. London: Routledge.

Wolfson, D. and J. Murray. 1986. *Women and Dependency: women's personal accounts of drug and alcohol problems*. London: DAWN.

Womankind Worldwide. n.d. *Our Health is Our Only Wealth. Women's Lives,*

no.3, available from 122 Whitechapel High Street, London E1 7PT.
Womankind Newsletter. 1994. no.1, 'Changes in Chingleput', p.5.
Women's Global Network for Reproductive Rights(WGNRR). 1992. *Report of the Maternal Morbidity and Mortality Campaign 1992.* Amsterdam: WGNRR.
Women's Health Matters. 1993. *Research Round-Up,* no.1, p.101.
Worcester, N. and M. Whatley. 1988. "The response of the health care system to the women's health movement: the selling of women's health centers." in S. Rosser(ed.). *Feminism within the Science and Health Care Professions: overcoming resistance.* Oxford: Pergamon.
Working Woman. 1984. *9 to 5 Stress Survey.* Cleveland Ohio: Working Women's Education Fund.
World Bank. 1993. *World Development Report 1993: investing in health.* Oxford: Oxford University Press.
World Health Organisation, Special Programme of Research. Development and Research Training in Human Reproduction. 1981. "A cross cultural study of menstruation: implications for contraceptive development and use." *Studies in Family Planning,* vol.12, no.1, pp.3~16.
World Health Organisation, Regional Office for Europe. 1983. *Women and Occupational Health Risks.* EURO Reports and Studies. 76, Copenhagen.
World Health Organisation. 1984. *Biomass Fuel Combustion and Health.* Geneva: WHO.
_____. 1985. "Appropriate technology for birth." *Lancet,* vol.(ii), pp.436~437.
_____. 1986a. *Having a Baby in Europe.* Copenhagen: WHO Regional Office for Europe.
_____. 1986b. *Maternal Mortality Rates: a tabulation of available information.* Geneva: WHO.
_____. 1986c. "Control of cancer of the cervix uteri." *Bulletin of the World Health Organisation,* vol.64, no.4, pp.607~618.
_____. 1989. *The Risks to Women of Pregnancy and Childbearing in Adolescence.* Geneva: WHO/MCH/89.5, Division of Family Health, WHO.
_____. 1990. *Global Programme on AIDS: report of the meeting on research priorities relating to women and HIV/AIDS.* Geneva, 19~20 November. Geneva: WHO.
_____. 1991. *Infertility: a tabulation of available data on prevalence of primary and*

secondary fertility, Programme on Maternal and Child Health and Family Planning. Geneva: WHO.

_____. 1992. *Women's Health: across age and frontier*. Geneva: WHO.

_____. 1993. *Fertility Regulating Vaccines: report of a meeting between women's health advocates and scientists to review the current status of the development of fertility regulating vaccines*. Geneva: WHO.

_____. 1994. *Women's health counts, Proceedings of a conference on the health of women in Eastern and Central Europe, Vienna, February 1994, Comparative analysis and country reports*. Copenhagen: WHO.

World Health Organisation and International Women's Health Coalition. 1991. *Creating Common Ground: report of a meeting between women's health advocates and scientists*(WHO/HRP/ITT/91). Geneva: WHO.

Worth, D. 1989. "Sexual decision making and AIDS: why condom promotion among vulnerable women is likely to fail." *Studies in Family Planning*, vol.20, no.6, pp.291~307.

Wright, P. and A. Treacher(eds.). 1982. *The Problem of Medical Knowledge: examining the social construction of medicine*. Edinburgh: Edinburgh University Press.

Young, K. 1993. *Planning Development with Women: making a world of difference*. London: Macmillan.

Young, K., C. Wolkowitz and R. McCullagh. 1981. *Of Marriage and the Market*. London: CSE Books.

Yuval Davis, N. 1989. "National reproduction and the demographic race in Israel." in H. Afshar(ed.). *Woman, Nation, State*. London: Macmillan.

Zimmerman, M. 1987. "The women's health movement: a critique of medical enterprise and the position of women." in B. Hess and M. Marx Ferree(eds.). *Analyzing Gender: a handbook of social science research*. Newbury Park, Ca: Sage.

Zola, I. 1975. "Medicine as an institution of social control." in C. Cox and A. Mead(eds.). *A Sociology of Medical Practice*. Collier Macmillan.

Zopf, P. 1989. *American Women in Poverty*. New York: Greenwood Press.

Zwi, A. and A. Cabral. 1991. "Identifying high risk situations for preventing AIDS." *British Medical Journal*, vol.303, pp.1527~1529.

___ 지은이 소개

레슬리 도열(Lesley Doyal)

영국 브리스틀 대학의 정책대학(Health and Social Care in the School for Policy Studies) 교수이다. 젠더 연구의 세계적인 학자로 주요 연구 분야는 젠더와 건강, 보건정책, 국제보건이다. 대표 저서인 『무엇이 여성을 병들게 하는가(What Makes Women Sick: Gender and the Political Economy of Health)』가 여러 나라에서 번역되어 관련 국제 학회의 기조 강연자로 초청받고 있다. WHO를 비롯해 UN, Global Forum for Health Research, European Institute for Women's Health의 자문위원으로 활동하고 있다.

___ 옮긴이 소개

김남순

연세대 의과대학을 졸업하고 서울대 보건대학원에서 박사학위를 받았다. 현재 동국대 의과대학 예방의학교실에 재직 중이다. 『국가 암관리 정책에 대한 성별영향분석평가』(공저), 『한국 여성의 건강통계』(공저), 『아름다운 중년: 중년 여성의 건강문제』(공저), 「한국 여성의 만성질환 현황과 정책과제」 등을 연구했다.

김동숙

서울대 약학대학을 졸업하고 고려대 보건학협동과정 박사과정을 수료했다. 현재 건강보험심사평가원에 재직 중이다. 『노인의 PID(potentially inappropriate drug) 사용양상 연구』 등을 연구했다.

박은자

중앙대 약학대학을 졸업하고 서울대 보건대학원 박사과정을 수료했다. 현재 한국보건사회연구원에 재직 중이다. 『항생제내성 경제성평가 연구』(공저) 등을 연구했다.

송현종

이화여대 보건교육과를 졸업하고 연세대에서 보건학 박사학위를 받았다. 한국보건사회연구원을 거쳐 현재 건강보험심사평가원에 재직 중이다. 『국가 암관리 정책에 대한 성별영향분석평가』(공저), 『한국 여성의 건강통계』(공저), 『장애인의 의료접근성 향상을 위한 개선방안』(공저), 「보건분야 통계 생산에 대한 성 인지적 관점에서의 현황분석 및 정책과제」 등을 연구했다.

이희영
고려대 의과대학을 졸업하고 서울대 보건대학원에서 석사학위를 받았다. 현재 한국보건의료연구원에 재직 중이다. 『한국 여성의 건강통계』(공저) 등을 연구했다.

정진주
이화여대 사회학과를 졸업하고 캐나다 토론토 대학에서 박사학위를 받았다. 한국여성정책연구원 연구위원을 거쳐 현재 이화여대 한국여성연구원 연구교수로 재직 중이다. 『여성의 시민적 권리와 사회정책: 여성노동자의 삶의 질을 중심으로』(공저), 「보건분야 국가연구개발사업의 성인지성 향상을 위한 외국정책 고찰: 미국과 유럽연합의 사례」, 「젠더와 건강: 성인지보건정책을 위한 시론」 등을 연구했다.

지선미
고려대 의과대학을 졸업하고 동 대학원에서 박사학위 과정을 밟고 있다. 현재 국립보건연구원에서 재직 중이다. 『임상진료지침 수용개작 매뉴얼』(공저), 『한국형 임상진료지침 평가도구』(공저) 등을 연구했다.

한울아카데미 1240

무엇이 여성을 병들게 하는가
젠더와 건강의 정치경제학

ⓒ 김남순, 2010

지은이 ǀ 레슬리 도열
옮긴이 ǀ 김남순·김동숙·박은자·송현종·이희영·정진주·지선미
펴낸이 ǀ 김종수
펴낸곳 ǀ 도서출판 한울

책임편집 ǀ 이교혜

초판 1쇄 인쇄 ǀ 2010년 3월 15일
초판 1쇄 발행 ǀ 2010년 3월 22일

주소 ǀ 413-832 파주시 교하읍 문발리 507-2(본사)
    121-801 서울시 마포구 공덕동 105-90 서울빌딩 3층(서울 사무소)
전화 ǀ 영업 02-326-0095, 편집 02-336-6183
팩스 ǀ 02-333-7543
홈페이지 ǀ www.hanulbooks.co.kr
등록 ǀ 1980년 3월 13일, 제406-2003-051호

Printed in Korea.
ISBN 978-89-460-5240-6 93510(양장)
ISBN 978-89-460-4241-4 93510(반양장)

* 책값은 겉표지에 있습니다.
* 이 도서는 강의를 위한 학생판 교재를 따로 준비했습니다.
  강의 교재로 사용하실 때에는 본사로 연락해주십시오.